民国文献

整理与研究发展报告 2016

刘民钢　蔡迎春 ◎ 主编

國家圖書館出版社

图书在版编目（CIP）数据

民国文献整理与研究发展报告 . 2016 / 刘民钢，蔡迎春主编 . —北京：国家图书馆出版社，2016.11

ISBN 978-7-5013-5959-2

Ⅰ . ①民…　Ⅱ . ①刘…　②蔡…　Ⅲ . ①中国历史—文献—研究报告—民国 Ⅳ . ① K258.07

中国版本图书馆 CIP 数据核字（2016）第 242371 号

书　　名	民国文献整理与研究发展报告（2016）	
著　　者	刘民钢　蔡迎春　主编	
责任编辑	邓咏秋	
助理编辑	靳志雄　梁　盼	
出　　版	国家图书馆出版社（100034 北京市西城区文津街 7 号）	
	（原书目文献出版社 北京图书馆出版社）	
发　　行	010-66114536　66126153　66151313　66175620	
	66121706（传真）　66126156（门市部）	
E-mail	nlcpress@nlc.cn（邮购）	
Website	www.nlcpress.com →投稿中心	
经　　销	新华书店	
印　　装	河北三河弘翰印务有限公司	
版　　次	2016 年 11 月第 1 版　2016 年 11 月第 1 次印刷	
开　　本	710×1000（毫米）　1/16	
印　　张	24.5	
字　　数	367 千字	
书　　号	ISBN 978-7-5013-5959-2	
定　　价	58.00 元	

本书编委会

主　　编　刘民钢　蔡迎春

副 主 编　庄　雷

编委会成员

主　任　刘晓敏

副主任　陈　恒　刘民钢

委　员（以姓氏笔画为序）

马国平　刘民钢　刘晓敏　庄　雷　吴志荣

陈少川　陈　恒　陈渊平　苏智良　蔡迎春

编写组成员（以姓氏笔画为序）

组　长　蔡迎春

副组长　庄　雷

成　员（以姓氏笔画为序）

朱　叶　李玉宝　庄　雷　杜慧平　张雅琴

段晓林　雷顺利　蔡迎春　蔡　颖　戴建国

前　言

这是连续第二年度发表的《民国文献整理与研究发展报告》(简称《发展报告》)。上一年度(2015年)的《民国文献整理与研究发展报告》出版后,不少学者和朋友给了我们很好的建议和很大的鼓励,使得我们有信心来启动和完成这第二本《发展报告》。

本年度的《发展报告》基本延续了上一年度的编纂格局,未做大的改变。因为我们发现,把《发展报告》分为上编(年度报告)和下编(专题报告)两个部分,比较有利于我们的工作。这样做既可以较为全面地反映上一年的民国文献的整理和研究工作,也有利于对一些专题的民国文献的整理和研究状况进行全面和深入的总结。这样做的意图也是希望通过一段时间(5—10年)的积累,把民国文献总的整理和研究状况作一个全面的总结,或有裨益于民国文献的整理出版工作和研究工作。

当然,我们的《发展报告》还有很多的不足,比如未能包括重要的民国文献研究的学术会议,也未能包括民国研究著作中对文献本身的研究。这些缺憾在本年度的报告中,我们还没有能一一补足。

其实,真正让我们感到遗憾的是,我们对民国文献的整理和研究的年度工作还只是一个简单的叙述,我们还没能做到在介绍整理和研究工作状况的同时,对这项工作的进展进行一定的评述。因为我们深深地认识到,要真正做好一份《发展报告》是一件极不容易的事，不仅需要认真的文献梳理，不仅需要对这项工作深刻的认识、深入的研究，更需要犀利而深邃的眼光，使得写作者不仅能够看到现在的工作，更能够看到研究的需求和未来的发展。就目前而言，这还是我们力不能及的。现在完成这项工作的还是一个年轻的团队。这个团队，不仅具有较高的学历，而且有热情、有活力，但是从学术上说也还比较年轻。因此现在的《发展报告》还只能是一个平面的报告，还不是一个立体的报告。我们将把由简单概述到简单述评作为我们的工作方向。

我们真诚地希望学界的前辈和朋友们，能给我们的《发展报告》提出更多的意见和建议。我们会认真地听取，认真地努力，把这份《发展报告》坚持下去。

我们一定会努力。

上海师范大学图书馆馆长　刘民钢

2016 年 7 月

目　录

下编　民国文献整理与研究专题报告

上　编

民国文献整理与研究年度报告

（2015 年）

第一章　民国文献整理出版综述

根据对出版机构网站、网上书店、书商征订目录、新书发布等出版信息以及图书馆书目数据等的检索和统计（检索统计日期截至 2016 年 3 月 31 日），2015 年整理影印的民国文献成果丰硕，共出版文献 79 种 6000 余册，涉及出版机构 20 多家。在出版规模上，无论是种数还是册数，较 2014 年有显著提高，出版社数量也较 2014 年有所增加，出版物的内容、形式依然体现和沿袭了近年民国文献整理与影印出版的规律和发展态势。

一、影印出版的基本情况

2015 年影印出版的民国文献共 79 种 6000 余册（详见表 1-1），涉及国家图书馆出版社、上海科学技术文献出版社、上海书店出版社、中华书局、南京大学出版社、大象出版社、凤凰出版社等 20 多家出版机构，整理出版的民国文献主要包括政治、历史、教育、文学、经济、艺术等各个方面，整理的文献类型包括期刊、图书、档案、公报以及各种资料综合汇编等多种形式。

表 1-1 2015 年民国文献影印出版目录

书　　名	丛书名	出版社	册数
民国教育史料丛刊		大象出版社	1120
民国抗日战争史料丛刊		大象出版社	1020
中国影戏大观	中国电影史料影印本丛书	东方出版社	1
影印中国家谱文献		敦煌文艺出版社	20
近代教会大学历史文献丛刊	南开大学中国社会史研究中心资料丛刊	凤凰出版社	80
近代文科工具书	南开大学中国社会史研究中心资料丛刊	凤凰出版社	43
近代世界地理志	南开大学中国社会史研究中心资料丛刊	凤凰出版社	46
中国近代铁路史资料选辑	南开大学中国社会史研究中心资料丛刊	凤凰出版社	104
江苏近现代社会救济与慈善文献丛刊	南开大学中国社会史研究中心资料丛刊	凤凰出版社	48
民国时期新疆档案汇编		凤凰出版社	100
潮汕侨批集成·第三辑	华人华侨研究资料丛刊	广西师范大学出版社	36
词学季刊		国家图书馆出版社	3
重庆图书馆藏刘赞廷藏稿		国家图书馆出版社	16
工商半月刊	民国文献资料丛编	国家图书馆出版社	60
桂政纪实（1932—1941）	民国文献资料丛编	国家图书馆出版社	3
海军公报（1929—1937）	民国文献资料丛编	国家图书馆出版社	73
近代著名图书馆馆刊荟萃五编		国家图书馆出版社	24
京报副刊	民国文献资料丛编	国家图书馆出版社	7
抗日战争史料丛编·第二辑	民国文献资料丛编	国家图书馆出版社	50
抗战阵亡将士资料续编	民国文献资料丛编	国家图书馆出版社	9
历代佛教传记文献集成		国家图书馆出版社	136
梅兰芳游美日记		国家图书馆出版社	1

（续表）

书　　名	丛书名	出版社	册数
民国参政院议事录（1914—1916）	民国文献资料丛编	国家图书馆出版社	2
民国名家词集选刊		国家图书馆出版社	16
民国时期地方概况资料汇编	民国文献资料丛编	国家图书馆出版社	43
民国时期公藏书目汇编	民国文献资料丛编	国家图书馆出版社	36
民国时期经济调查资料续编	民国文献资料丛编	国家图书馆出版社	30
民国时期社会调查资料续编	民国文献资料丛编	国家图书馆出版社	30
民国时期审计史料汇编・第一辑	民国文献资料丛编	国家图书馆出版社	27
民国时期音乐文献汇编	民国文献资料丛编	国家图书馆出版社	30
民国时期职业教育文献辑刊	民国文献资料丛编	国家图书馆出版社	30
民国时期中国文学史著作廿七种	民国文献资料丛编	国家图书馆出版社	13
民国文献类编		国家图书馆出版社	1000
清末民国旧体诗词结社文献续编		国家图书馆出版社	40
商标公报（1923—1948）	民国文献资料丛编	国家图书馆出版社	106
稀见嘉兴抗战旧影集		国家图书馆出版社	1
天津地区图书馆编印旧版书目汇刊		国家图书馆出版社	22
现代中国之记录——中国报刊情报集（1924—1931）	民国文献资料丛编	国家图书馆出版社	89
中国人民抗日战争纪念馆藏台湾义勇队档案汇编		国家图书馆出版社	6
中国省别全志		国家图书馆出版社	50
中华抗战期刊丛编		国家图书馆出版社 南京师范大学出版社	67
国际检察局讯问记录（英文版）		国家图书馆出版社 上海交通大学出版社	70
中国近现代教育资料汇编		海豚出版社	140

（续表）

书　　名	丛书名	出版社	册数
日本降书：日本政府向同盟国投降降书		南京出版社	1
日本降书：日本政府向中国投降降书		南京出版社	1
重庆图书馆藏抗战大后方调查统计资料		南京大学出版社	75
汪伪政府公报·地方卷		南京大学出版社	80
汪伪政府公报·中央卷		南京大学出版社	101
民国诗歌史著集成		南开大学出版社	21
同盟国的胜利——世界抗日战争图志		上海锦绣文章出版社	7
民国首版文学经典·第二辑		上海科学技术文献出版社	33
民国首版学术经典·第二辑		上海科学技术文献出版社	31
淞沪抗战史料丛书		上海科学技术文献出版社	12
中国杂志		上海科学技术文献出版社	38
词学季刊	民国期刊集成	上海书店出版社	4
新潮	民国期刊集成	上海书店出版社	2
学术丛编	民国期刊集成	上海书店出版社	6
艺术丛编	民国期刊集成	上海书店出版社	6
中流	民国期刊集成	上海书店出版社	2
民国书画金石报刊集成		上海书画出版社	28
满铁内密文书		社会科学文献出版社	30
老上海电影画报		天津古籍出版社	40
老上海电影画报续编·新华画报		天津古籍出版社	4
老上海电影画报续编·青青电影		天津古籍出版社	18
时代漫画		西南财经大学出版社	4

（续表）

书　名	丛书名	出版社	册数
中国近现代女性学术丛刊续编（八）		线装书局	32
战时日本外务省涉华密档补编（二）		线装书局	104
血与火的记忆：台湾抗日档案文献诗文选编		线装书局	3
日军宣抚班档案史料		线装书局	2
日本开拓团档案史料		线装书局	7
红藏：进步期刊总汇（1915—1949）		湘潭大学出版社	428
民国时期藏事问题英文档案选编		学苑出版社	23
护国运动文献史料汇编		云南人民出版社	10
青田华侨档案汇编（民国）·第二辑		浙江古籍出版社	1
北碚图书馆藏地方文献珍本丛刊		中华书局	100
重庆图书馆藏民国时期未刊书丛编		中华书局	120
辽宁省图书馆藏民国时期东北大学毕业论文全集		中华书局	120
中华书局藏民国时期《鼎崎春秋》编校稿		中华书局	6

（一）文献类型

2015 年的民国影印出版物，涉及文献类型较多，从出版品种上看，包括期刊 18 种，图书 13 种，档案 14 种，公报 4 种，图片集 2 种，调查报告、书目索引各 2 种，家谱、论文集、日记、曲本各 1 种。另外，还有依某一主题汇集，包括书、刊、档案、未刊稿、书信、油印本等在内的各种类型文献的资料汇编 19 种（见图 1-1）。

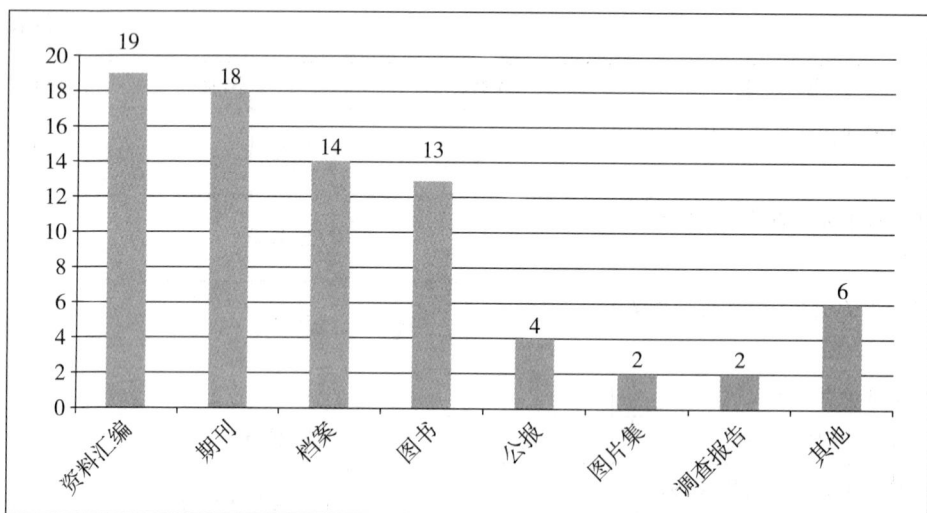

图 1-1　2015 年影印出版的民国文献类型分布（按种）

从出版册数上看,资料汇编最多,达到 4142 册,其次为期刊 829 册,图书 355册,公报 360 册,论文集 120 册,档案 386 册,调查报告 60 册,书目索引 58 册,家谱20 册,图片集 8 册,曲本 6 册(见图 1-2)。

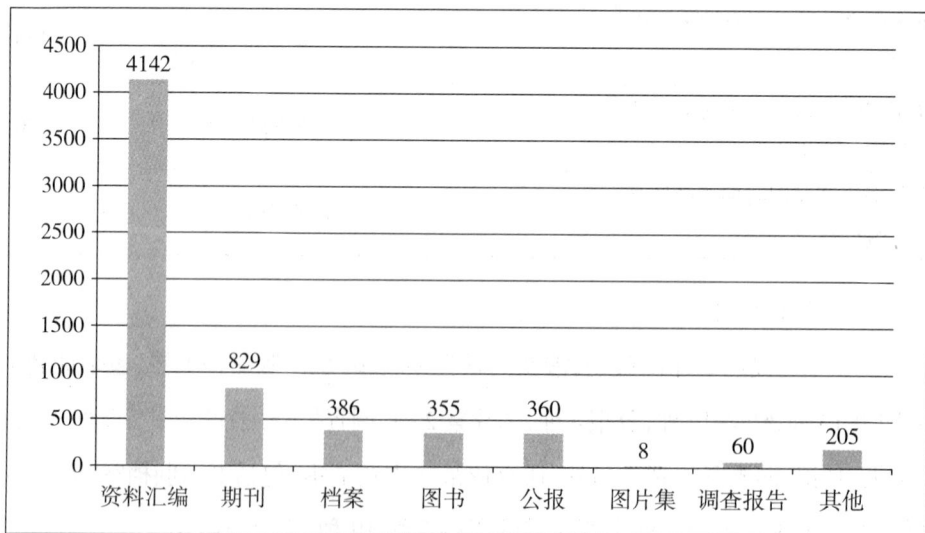

图 1-2　2015 年影印出版的民国文献类型分布（按册）

1. 期刊

从 2015 年的出版统计来看,民国期刊仍然是 2015 年民国文献整理出版的重点,全年期刊类出版物共 18 种 829 册,占全部出版物品种的近 23%。其出版形式大部分是民国时期出版的某一种较有影响或收集较齐全单刊的单行影印出版,如《词学季刊》《京报副刊》《时代漫画》《新潮》《学术丛编》《艺术丛编》《中国杂志》《中流》《工商半月刊》等。以汇编形式出版的期刊类出版物也有一些,主要有《红藏:进步期刊总汇》《近代著名图书馆馆刊荟萃五编》《民国书画金石报刊集成》《中华抗战期刊丛编》等。

2. 图书

图书出版方面,2000 年以前,民国文献的整理出版大部分以期刊为主,2000 年后,出版界开始关注图书,但相较期刊来说,数量一直较少。2015 年,图书的整理出版受到了一定的重视,全年 79 种出版物中,图书有 13 种,占到全年出版量的近 17%。与期刊类出版物有所不同的是,图书的整理出版,更多的并不是单行出版,而是专题图书的汇编,如《民国时期中国文学史著作廿七种》《民国时期地方概况资料汇编》《民国诗歌史著集成》《民国名家词集选刊》《重庆图书馆藏刘赞廷藏稿》《中国省别全志》《近代文科工具书》《近代世界地理志》等。另外,也有一些以丛书形式单行出版的民国图书,如《民国首版文学经典·第二辑》《民国首版学术经典·第二辑》等。纯粹单行本图书的影印再版相对较少,仅有《桂政纪实》《中国影戏大观》等为数不多的几种。

3. 档案

2015 年整理出版民国档案 14 种 386 册,均以专题的形式汇编成书,其中规模较大的有《国际检察局讯问记录》《满铁内密文书》和《民国时期新疆档案汇编》。另外还有几种比较小型的档案汇编集,如《民国参政院议事录(1914—1916)》《青田华侨档案汇编(民国)·第二辑》以及《日本降书:日本政府向同盟国投降降书》《日本降书:日本政府向中国投降降书》等。

4. 公报

公报的开发整理，自 20 世纪 90 年代中国第二历史档案馆整理《国民政府公报》《政府公报》开始，影印出版一直持续不断。2000 年后，国家图书馆出版社、全国图书馆文献缩微复制中心、线装书局等出版机构陆续影印出版包括政府公报、教育公报、司法公报等在内的出版物。2015 年影印出版公报 4 种 360 册，涉及政府、经济、军事等方面，主要有《汪伪政府公报·中央卷》《汪伪政府公报·地方卷》《海军公报（1929—1937）》以及《商标公报》等。

5. 资料汇编

近年来，依某一主题汇集各类型文献的资料汇编类出版物的出版比重越来越大，已经成为当前民国文献整理影印出版的主要形式。2015 年出版的资料汇编类影印出版物 19 种，是所有类型出版物中最多的，占全年全部出版品种的近 1/4，册数高达 4142 册，远远超过其他所有类型文献的出版量，占全年所有民国文献出版物总量的近 70%，其中出版体量超过 1000 册的超大型丛书就有三种：包括大象出版社《民国教育史料丛刊》，共 1120 册、大象出版社《民国抗日战争史料丛刊》，共 1020 册，以及国家图书馆出版社《民国文献类编》，共 1000 册。体量超过 100 册的大型丛书也为数不少，如中华书局《北碚图书馆藏地方文献珍本丛刊》《重庆图书馆藏民国时期未刊书丛编》，海豚出版社《中国近现代教育资料汇编》，凤凰出版社《中国近代铁路史资料选辑》等。此外，这一类型的出版物还有国家图书馆出版社《抗日战争史料丛编·第二辑》《民国时期审计史料汇编·第一辑》《民国时期音乐文献汇编》《民国时期职业教育文献辑刊》，凤凰出版社《近代教会大学历史文献丛刊》《江苏近现代社会救济与慈善文献丛刊》，上海科学技术文献出版社《淞沪抗战史料丛书》，南京大学出版社《重庆图书馆藏抗战大后方调查统计资料》以及云南人民出版社《护国运动文献史料汇编》等。

6. 其他类型

除上述类型的文献外，2015 年整理出版的民国文献中，还包括调查报告、书目索引、家谱、论文集、日记等类型的文献。这些文献品种数量不多,均只有1—2种,主要有《民国时期经济调查资料续编》《民国时期社会调查资料续编》《民国时期公藏书目汇编》《天津地区图书馆编印旧版书目汇刊》《影印中国家谱文献》《辽宁省图书馆藏民国时期东北大学毕业论文全集》《梅兰芳游美日记》《中华书局藏民国时期〈鼎崎春秋〉编校稿》等。

（二）出版机构

2015年,影印出版民国文献的出版社20余家,其中国家图书馆出版社出版物品种最多,共30种,其次为凤凰出版社6种,线装书局和上海书店出版社各5种,上海科学技术文献出版社和中华书局各4种,南京大学出版社、天津古籍出版社各3种,大象出版社2种,南京出版社2种;东方出版社、敦煌文艺出版社、海豚出版社、南开大学出版社、上海锦绣文章出版社、上海书画出版社、社会科学文献出版社、西南财经大学出版社、湘潭大学出版社、浙江古籍出版社、云南人民出版社、广西师范大学出版社、学苑出版社各出版1种;上海交通大学出版社、南京师范大学出版社分别与国家图书馆出版社合作出版1种(见图1-3)。

国家图书馆出版社自21世纪以来,依托国家图书馆丰富的民国文献资源及各收藏机构的大力襄助,积极开展民国时期专题文献的整理和出版,在民国文献的保存保护、整理出版方面处于龙头地位,目前已形成《民国文献资料丛编》、《民国期刊资料分类汇编》、《民国名人日记信札》系列、《抗战及对日战犯审判文献》系列以及《民国外文类影印图书》系列等民国文献整理出版几大系列。2015年国家图书馆出版社的民国文献影印出版主要延续已成形的《民国文献资料丛编》和《抗战及对日战争审判文献》两个系列(详见表1-1)。未入上述系列的出版成果还有一些文化、文学等方面文献,如《近代著名图书馆馆刊荟萃五编》《词学季刊》《清末民国旧体诗词结社文献续编》等;综合类的超大型文献汇编如《民国文献类编》,以及一些专题图片集,如《稀见嘉兴抗战旧影集》。此外,还与上海交通大学出版社合作出版《国际检察局讯问记录》(英文版),与南京师范大学出版社合作出版

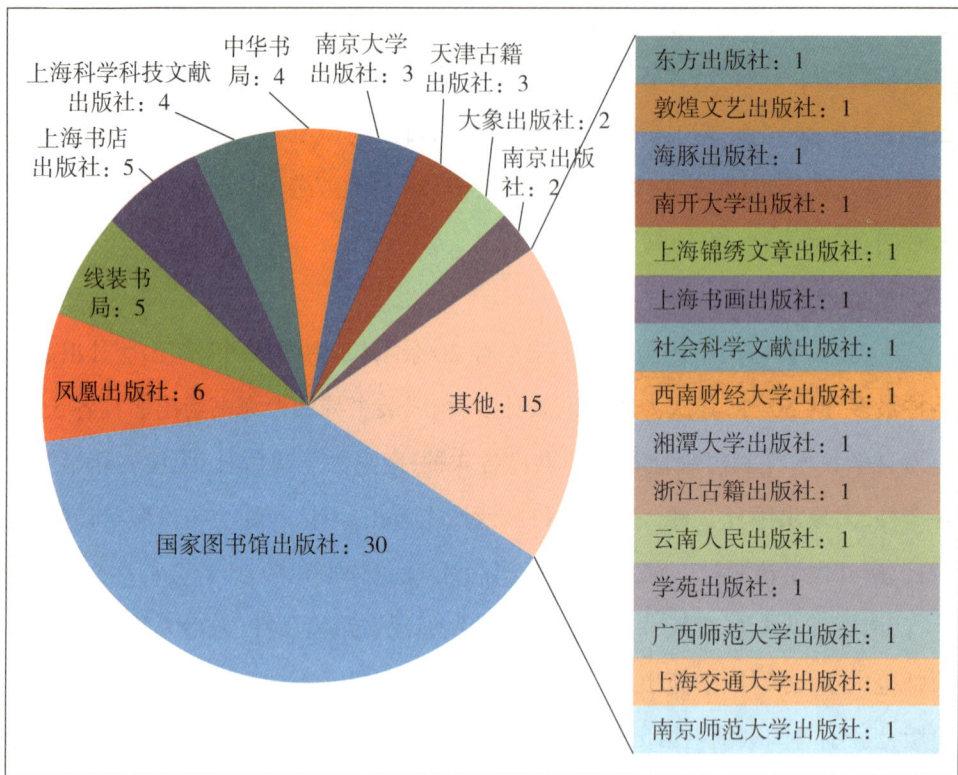

图1-3　2015年民国文献影印出版机构分布（按种）

《中华抗战期刊丛编》。

大象出版社、凤凰出版社、上海科学技术文献出版社、上海书店出版社、中华书局、南京大学出版社从20世纪八九十年代开始关注民国文献的整理及影印，一直是民国文献的主要出版机构。2015年，几家出版社继续延续民国文献这一选题，亦有影印出版成果问世。

其中大象出版社以出版大型、超大型民国文献为主要特色，此前曾出版影响较大的《民国史料丛刊》及其续编，成书计2268册，堪称鸿篇巨制。2015年大象出版社除依然沿袭一贯的大型出版特色外，开始从专题角度挖掘文献，推出两套超大型专题汇编《民国教育史料丛刊》及《民国抗日战争史料丛刊》，两套书的规模均超过 1000 册。

凤凰出版社自 2013 年推出《南开大学中国社会史研究中心资料丛刊》,开始大量整理影印出版民国文献。2014 年出版了包括《近代修身教育文献丛书》《民国大学校史资料汇编》《近代图书馆史料汇编》《民国国际贸易史料汇编》《民国职业教育史料汇编》等在内的大型影印民国文献多达 10 种,2015 年仍有上佳表现,整理出版了《近代教会大学历史文献丛刊》《近代文科工具书》《近代世界地理志》《中国近代铁路史资料选辑》《江苏近现代社会救济与慈善文献丛刊》及《民国时期新疆档案汇编》等 6 种文献。

上海科学技术文献出版社继 2014 年《民国首版文学经典》《民国首版学术经典·第一辑》后,2015 年推出第二辑,分别收录图书 20 余种 30 余册。另外还出版单行本的期刊《中国杂志》及资料汇编《淞沪抗战史料丛书》。

上海书店出版社继续推出《民国期刊集成》系列,出版《词学季刊》《新潮》《学术丛编》《艺术丛编》《中流》5 种单刊;中华书局依托辽宁省图书馆、北碚图书馆、重庆图书馆馆藏及自身藏书,出版《辽宁省图书馆藏民国时期东北大学毕业论文全集》《北碚图书馆藏地方文献珍本丛刊》《重庆图书馆藏民国时期未刊书丛编》及《中华书局藏民国时期〈鼎崎春秋〉编校稿》;南京大学出版社继《国民政府司法公报》后,继续整理公报类文献,2015 年出版《汪伪政府公报·地方卷》及《汪伪政府公报·中央卷》,同时出版的还有《重庆图书馆藏抗战大后方调查统计资料》。

作为民国文献影印出版的新生力量,湘潭大学出版社、南开大学出版社、上海书画出版社、社会科学文献出版社、敦煌文艺出版社、西南财经大学出版社、云南人民出版社加入整理出版行列,2015 年也均有民国文献整理成果推出,分别出版《红藏:进步期刊总汇(1915—1949)》《民国诗歌史著集成》《民国书画金石报刊集成》《满铁内密文书》《影印中国家谱文献》《时代漫画》《护国运动文献史料汇编》等民国时期文献。

二、影印出版文献内容概述

2015 年,影印出版的民国文献涉及历史、文学、政治、艺术、经济、文化教育等各个方面,其中历史类 16 种,文学类 10 种,政治类 14 种,艺术类 9 种,经济类 6 种,综合类 7 种,文化教育类 5 种,家谱、宗教、书目、军事、人物传记、社会调查、工具书、地理志、社会科学、自然科学等各 1–2 种(见图 1–4)。

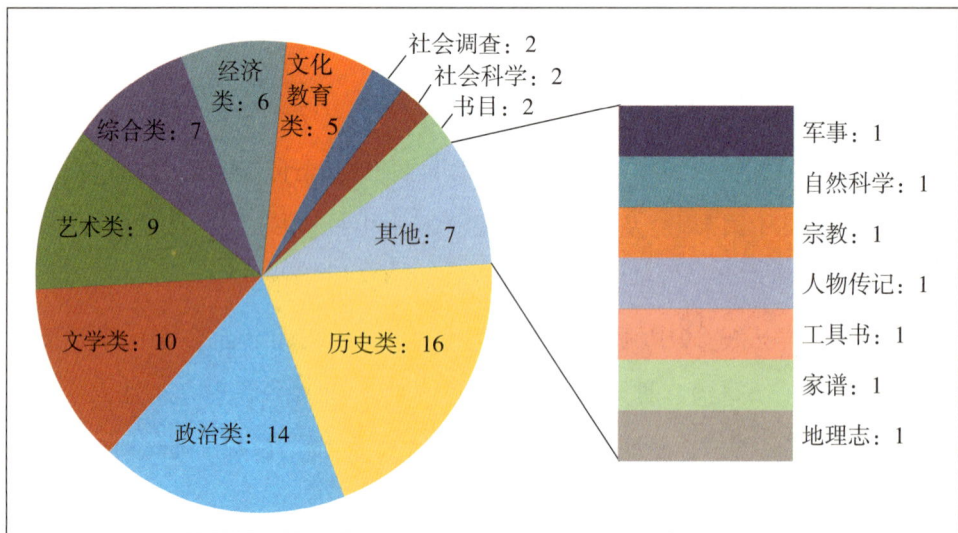

图 1–4 2015 年民国文献影印出版内容分类统计(按种)

(一)政治类

2015 年出版政治类影印文献 14 种,主要为东京审判系列文献、政府档案、"满铁"档案、华侨档案、党史期刊以及日本涉华档案史料的整理和汇编。

关于日本投降及东京审判的影印出版文献主要有南京出版社出版的《日本降书:日本政府向中国投降降书》《日本降书:日本政府向同盟国投降降书》以及国家图书馆出版社的《国际检察局讯问记录》。两种《日本降书》系从中国第二历史档案馆和宁波市江东区档案馆所获当年日本签署的两份投降书的原件复制件,还原

1945 年 9 月 2 日与 9 月 9 日的日本投降签字过程始末,披露了仪式进行过程中许多鲜为人知的细节。《国际检察局讯问记录》是国家图书馆出版社《东京审判系列文献丛刊》选题的延续,与上海交通大学出版社合作出版。该书根据美国国家档案馆所藏关于远东国际军事法庭审判的国际检察局文书整理汇编而成,包括人物、事件、团体等 470 个案件,具有极高的文献价值。

关于政府档案,主要有国家图书馆出版社《民国参政院议事录(1914—1916)》和南京大学出版社《汪伪政府公报·中央卷》《汪伪政府公报·地方卷》。《民国参政院议事录(1914—1916)》收录福建图书馆藏民国三年(1914)至五年(1916)的"参政院议事录"5 种,记录参政院自民国三年 6 月 20 日开院至民国五年被解散期间所议事之各案。《汪伪政府公报·中央卷》收录汪精卫伪政府与梁弘志"维新"政府公报中央部分 33 种,《地方卷》收录汪伪统治区域内的各地政府编辑出版的地方公报,包括江苏省政府公报、上海市政府公报、安徽省政府公报、浙江省政府公报、湖北省政府公报、广东省政府公报、广州市政府公报等。

作为民国文献整理的重要内容之一,"满铁"资料一直受到重视,此前广西师范大学出版社以《满铁密档》丛书的形式,出版了一批"满铁"专题资料。2015 年,社会科学文献出版社整理出版《满铁内密文书》,内容大部分属于"满铁"历史本身问题,也含有与"满铁"直接、间接相关,或由"满铁"延伸、衍生及背景问题。

在华侨档案整理方面,浙江古籍出版社出版《青田华侨档案汇编(民国)·第二辑》,集中展示民国时期青田华侨历史变迁的脉络,对研究青田侨乡历史文化乃至全国的华侨文化,有着重要的史料价值[①]。广西师范大学出版社《潮汕侨批集成·第三辑》,收录东南亚地区潮汕籍华人华侨与祖国亲属往来侨批 2.5 万余件,寄批时间主要为 20 世纪 30 年代至 80 年代,是研究华侨史、移民史的重要资料。

---

① 《青田华侨汇编(民国)》第二辑出版[EB/OL][2016-03-31].http://blda.bl.gov.cn/news.aspx?nid=d10a9f98-9ec3-420d-9710-bc5178a9d099

关于党史文献的整理，湘潭大学出版社出版《红藏：进步期刊总汇（1915—1949）》，全书 428 册，收集、整理了 1915 年至 1949 年间中国共产党领导或影响下主办和创办的进步期刊 151 种，其中大多数刊物是 1949 年以来首次公开出版，对研究中共党史和中国新闻史、新文学史等具有重要的史料价值①。

另外，政治类相关出版物还有线装书局出版《日军宣抚班档案史料》《日本开拓团档案史料》《战时日本外务省涉华密档补编（二）》等一系列涉华档案史料以及学苑出版社《民国时期藏事问题英文档案选编》等藏事档案史料。

（二）文化教育类

2015 年出版文化教育类影印文献共 4 种，主要包括教育文献及图书馆馆刊的收集和汇编。

在教育类文献整理出版方面，规模最大，收录文献数量最多的当属大象出版社《民国教育史料丛刊》。该书精选民国版教育类书籍 4000 种，成书 1120 册，内容包括教育基础档案、教育理论、教材三大类，分别收录民国各级教育部门颁布的年鉴、统计、法规条例、公报、学校概览及办学情况；专家学者在教育领域的研究成果（论著、译著）以及中小学教材、师范教材和职业教材，包括教科书、教学法、课程标准等，对研究中国近代教育史及百年来中国教材编写的演变和历程具有重要的史料价值和研究意义。

以教材为主要内容汇编的教育文献还有海豚出版社出版的《中国近现代教育资料汇编（民国篇）》，该书整理出版了从 1910 年开始至 1945 年间，包含从初小到高中及成人教育使用的教材，除当时学生的教材课本外，还包括很大一部分课外读物、教授用书以及教材大纲，详实地呈现了民国时期教育事业的发展和教育理念。

国家图书馆出版社《民国时期职业教育文献辑刊》则是职业教育的专题汇编

---

① 红藏面世［EB/OL］［2016-03-31］.http：//news.163.com/14/1226/06/AECEBSM700014Q4P.html

文献。全书 30 册,收入展现民国时期职业教育发展状况的各种文献 100 余种,收录范围除论著和公开出版物外,还包括各种期刊中时人关于职业教育的讨论、职业教育发展状况及问题、各地关于职业教育的政策等资料,是研究民国时期职业教育发展史的重要文献。

民国时期共有教会大学 23 所,是近代中国教育史上不可忽视的力量。凤凰出版社出版的《近代教会大学历史文献丛刊》收入近代教会大学有关资料百余种,包括丰富的校史资料和珍稀短刊、断刊,具有较高价值。

在图书馆期刊整理出版方面,国家图书馆出版社出版的《近代著名图书馆馆刊荟萃五编》,是《近代著名图书馆馆刊荟萃》系列的收官之作,共收录各种图书馆刊物 20 余种,涵盖国立图书馆,省、市、县立公共图书馆,私立图书馆,学校图书馆,专门图书馆等多个系统。包括民国时期图书馆学核心期刊《学风》、台湾省图书馆编印《图书月刊》、浙江省立图书馆编印《图书展望》、浙江流通图书馆编印《中国出版月刊》等,对于研究图书馆学、文献学、阅读史和出版史等都有价值。

（三）文学类

2015 年文学类影印文献共 10 种,主要为诗词文献、文学史论著以及文学期刊、文学著作的整理出版。

诗词文献的整理出版,是 2015 年文学类影印出版的主要选题,出版成果较多,包括国家图书馆出版社《民国名家词集选刊》《清末民国旧体诗词结社文献续编》,南开大学出版社《民国诗歌史著集成》以及国家图书馆出版社和上海书店出版社分别出版的《词学季刊》。

《民国名家词集选刊》收录民国名家词集 89 种,反映了不同作者群体的分布情况和创作成就;《清末民国旧体诗词结社文献续编》收入清末民国的旧体诗词、社团诗词结集、会员名录等文献 40 余种,其中既有南社这样的全国性大社团,也有地方性的小型社团,对研究近现代诗词、文人社团等有着较大的参考价值。《民国诗歌史著集成》收录的诗歌史著,有的曾不断再版,如朱光潜《诗论》、梁启超《中国之美文及其历史》，有的属第一次发掘，如王玉章 1934 年在复旦讲课的油印讲义《中国诗史讲义》。这些著作，对研究中国诗歌理论和近现代文学，具有重要参考价值[①]。创刊于 1933 年 4 月的《词学季刊》是当时国内研究词学的唯一学术性刊物，在现代词史上有着非常重要的地位。上海书店出版社曾于 1985 年影印出版该刊。2015 年，上海书店出版社再次整理影印出版该刊。同年，国家图书馆出版社亦出版该刊，并编制了详细目录。

在文学史论著的整理方面，国家图书馆出版社出版《民国时期中国文学史著作廿七种》，选取包括曾毅《订正中国文学史》、张长弓《中国文学史新编》、刘毓盘《中国文学史》等 27 种创作于民国时期的早期中国文学史著作，既有中国文学史的通论之作，亦有分体文学史之作，均为近年来国内未见出版的较为稀见的文学史文献资料。

在文学期刊的整理方面，上海书店出版社影印出版《中流》《新潮》两种文学期刊，国家图书馆出版社出版《京报副刊》。《新潮》创刊于 1919 年 1 月，主要刊载文学创作和翻译文学作品，是新文化运动的重要阵地。《中流》创刊于 1936 年 9 月，侧重杂文、随笔，刊登各种体裁的文学作品。《京报副刊》1924 年 12 月创刊，是以文学为主的综合性刊物，五四时期的四大副刊之一，主要撰稿人为鲁迅、孙伏园、周作人、向培良等。国家图书馆出版社出版的《京报副刊》是对《京报副刊》的首次完整影印，同时还编纂了总目录和篇名、著作索引。

民国文学著作的整理出版，则有《民国首版文学经典·第二辑》，收录包括萧红《呼兰河传》、徐志摩《爱眉小札》、柳亚子《怀旧集》、苏曼殊《曼殊六记》、蒋光慈《丽莎的哀怨》、孙梦雷《英兰的一生》等民国文学经典著作 20 余种 30 余册。

（四）经济类

2015 年经济类影印文献共 6 种，包括国家图书馆出版社出版的工商、审计及

---

① 民国诗歌史著集成［J］. 文学与文化 .2015（3）

经济调查等方面的文献 4 种以及凤凰出版社出版的铁路史资料 1 种。

关于工商文献的整理，出版有《工商半月刊》和《商标公报（1923—1948）》。前者全面介绍民国时期国内工商实业兴办情况，报道国内外经济要闻，公布各种统计资料，并刊有经济法规及工商部工作计划、与外国通商条约等，是研究民国时期经济发展的重要刊物。后者收录北洋政府商标局编印的《商标公报》（1923 年9 月—1927 年 12 月）和南京国民政府商标局编印的《商标公报》（1928 年 2 月—1948 年 6 月），是研究我国近代商标图样、商标历史以及工商业发展历史的重要史料。

审计方面的文献，则出版有《民国时期审计史料汇编·第一辑》，收录 1914—1948 年出版的审计类书籍史料 63 种，包括审计法规、政府审计、普通审计三部分。

关于经济调查资料，出版有《民国时期经济调查资料续编》，收录民国时期的经济调查报告 209 种，很多都是抗战时期的调查资料，是研究民国经济史、地方经济史、抗战史的重要参考。

关于铁路史的资料，凤凰出版社出版《中国近代铁路史资料选辑》，全书 104册，收录晚清至民国时期与铁路相关资料 142 种，既有全国性的宏观统计，也有各个区域、各条线路的统计及调查报告，是研究中国近代铁路史、交通史、经济史和社会史的重要资料汇编。

（五）历史类

2015 年影印出版的历史类民国文献，主要包括抗战史料、地方史料以及护国运动史料，共 16 种。

1. 抗战史料

2015 年适逢抗战胜利 70 周年，因此，抗战题材的出版较为集中，且数量较多。包括文献汇编 8 种，图片集 2 种。其中规模最大的当为大象出版社出版的《民国抗日战争史料丛刊》。该书精选民国版关于抗日战争的文献资料近 4400 种，成书1020 册，包括国民政府各行业公报、年鉴统计、研究论著、纪实考察报告、大事记、战争纪要、演说词、言论集、战报、写真记、纪念册、回忆录等，全面反映和记录从正面主战场到敌后游击战场的抗战史实及战时中国经济社会的概貌，还涉及苏联远东战场、太平洋战场、东南亚战场以及战时中国与美、英、苏等各盟国的军事合作和外交关系。对研究第二次世界大战史、中日近现代关系史、日本侵华史、中国人民抗战史具有十分重要的学术文献价值。

　　国家图书馆出版社抗战史料方面的主要出版物有《抗日战争史料丛编·第二辑》《中华抗战期刊丛编》《中国人民抗日战争纪念馆藏台湾义勇队档案汇编》及《抗战阵亡将士资料续编》。《抗日战争史料丛编·第二辑》，全书50册，收录国家图书馆、上海图书馆、近代史所等所藏的抗战珍稀文献300余种，包括日军暴行写真册、目击记及相关报道、伪军履历册、沦陷区秘密调查报告等，以未刊文献、机密文件为主，部分为油印本、手稿本，为抗战珍稀文献的首次集中整理和披露①。《中华抗战期刊丛编》由国家图书馆出版社与南京师范大学出版社合作出版，全书67册，收录1936—1946年间中国共产党在国统区和根据地出版的期刊80余种，其中既有《江南》《先锋》《抗敌》《拂晓》《战士》等大型刊物，也收入很多根据地零散的小刊，其中不少是新四军、八路军军部和江苏、山东等地敌后抗日根据地所出版的期刊，都属新中国成立后首次公开影印出版。《中国人民抗日战争纪念馆藏台湾义勇队档案汇编》以中国人民抗日战争纪念馆所藏台湾义勇队档案为底本影印出版，全书6册，主要包括台湾义勇队的宣传、组织、总务三方面的档案文件。《抗战阵亡将士资料续编》，全书9册，收录阵亡将士名录、阵亡烈士传记以及阵亡将士的纪念册等资料十余种，包括《中华民国忠烈将士姓名录》《追悼郭仲华烈士纪念特刊》等。

　　线装书局出版《血与火的记忆：台湾抗日档案文献诗文选编》遴选有关台湾抗日档案、文献、文章、诗词，展现台湾同胞自1895年《马关条约》割台到1945年台

---

　　① 国家图书馆集中首发三套大型抗日文献—民国时期文献保护网［EB/OL.］［2016-03-31］.http://mgwxbh.nlc.gov.cn/xwdt/201512/t20151214_201924.html

湾光复长达半个世纪的抗日史实。

上海科学技术文献出版社《淞沪抗战史料丛书》汇集民国时期有关上海抗战的具有代表性的通讯、纪实、回忆录及报告文学等鲜为人知的孤本、藏本影印重版，内容涵盖一二·八淞沪抗战和八·一三淞沪抗战，反映淞沪抗战的全貌。

另外，为纪念抗战胜利 70 周年，一些大型画册也相继出版，上海锦绣文章出版社出版的大型图册《同盟国的胜利——世界抗日战争图志》，以 300 多万字、10000余幅图片的规模，全景式地展现中国抗日战争正面战场和敌后战场。国家图书馆出版社出版《稀见嘉兴抗战旧影集》。该书是嘉兴市图书馆依托上海师范大学历史系的科研力量编撰而成，运用 1000 余幅珍贵的历史影像重新演绎，在江浙抗战史上占有重要地位，但此前仅有见诸文字的嘉兴抗战史。

2. 地方史志

2015 年出版 5 种民国地方史志文献，其中 1 种为凤凰出版社出版，其余均为国家图书馆出版社出版。

凤凰出版社根据中国第二历史档案馆馆藏民国时期新疆档案影印出版《民国时期新疆档案汇编》，收录民国北京政府时期（1912—1927）和南京政府时期（1928—1949）新疆省政府及新疆都督与中央政府的来往公文，反映了这一时期新疆地区的军事活动、内政兴革、社会生活、基础建设、文化、教育事业的各个方面。

国家图书馆出版社的《民国时期地方概况资料汇编》收录有关民国时期地方概况史料 80 余种，内容涵盖了民国时期大部分行政地区，包括地方概况史料、城市概览指南及各县概况三类，为珍贵的第一手地方史料。

《中国省别全志》由日本著名的间谍机构东亚同文会编纂，包括《支那省别全志》（18 卷）和《新修支那省别全志》（9 卷）。两种《全志》的编纂完全使用实地调查报告材料，真实记录风土民俗、水文地貌等，具有极高的史料价值。

《重庆图书馆藏刘赞廷藏稿》收录清末民国时期刘赞廷纂图志数十种以及《西康建省纪要》《唐藏交通择要》《驻藏大臣考》《三十年游藏记》等。其手稿对西康、西藏地区的风俗、文化和清末民国时期的一些变迁做了详实记录,至今还对康藏地区的了解和研究有很大启发和帮助作用。

《桂政纪实（1932—1941）》分篇记述广西政治建设、经济建设、文化建设、军事建设,对新桂系十年建设进行较为系统、详尽的记录和总结,是研究民国广西史、"新桂系"史极为重要的文献资料。

3. 护国运动史料

云南人民出版社《护国运动文献史料汇编》汇辑了1915年12月25日云南护国首义领导人唐继尧、蔡锷、李烈钧等人的日记、书信、遗墨、回忆录、电文电函、文牍和当年的社会舆论评价及相关研究等,收录文献45种,其中不乏稿本、抄本等原始资料,是研究护国运动的重要史料。

（六）民国艺术类

2015年民国艺术类影印文献共出版9种,包括音乐、绘画、金石、电影和戏曲方面的资料。

《民国时期音乐文献汇编》共收录近现代各类音乐文献137种。其中特别珍贵的文献有民国初年沈庆鸿编纂的《民国唱歌集》,有影响的中小学音乐教科书,如朱稣典编《新中华音乐课本》、教育部编《小学音乐教材》《中学音乐教材》等,同时还收录《音乐杂志》《乐艺》《新乐潮》三种比较重要的音乐期刊。该书反映民国时期音乐文献的原貌,对于当代的音乐学研究和音乐创作有重要价值。

《时代漫画》1934年1月在上海创刊,是一本有"中国唯一首创讽刺和幽默画刊"之誉的漫画杂志,聚拢了鲁少飞、张光宇、张正宇、林语堂、张乐平、黄苗子、丰子恺、丁聪等一大批当时有名的漫画家。2014年浙江人民美术出版社以单册呈现的形式影印出版该刊,2015年,西南财经大学出版社合订为4册出版。

电影史料方面,东方出版社2015年影印出版徐耻痕编《中国影戏大观》,该书是中国20世纪20年代出版的电影史料书,该书"拟搜罗全国影戏界事实轶闻,汇为一编",保存了中国无声片时期的很多史料,是研究中国早期电影的重要文献。天津古籍出版社 2015 年出版《老上海电影画报》《老上海电影画报续编·新华画报》和《老上海电影画报续编·青青电影》三种电影文献,收录 20 世纪 20—50 年代创刊于上海的重要影刊,代表性的有《电声》《明星特刊》《影戏杂志》《现代电影》《电影艺术》《明星画报》《新华画报》《青青电影》等,是中国影业发展及中国电影研究的珍贵史料。

书画金石报刊虽然在民国报刊总数中所占比例不高,但它对于民国时期书画金石的创作和研究之演进,起到了举足轻重的作用。上海书画出版社《民国书画金石报刊集成》为民国时期书画金石类报刊的合集,共收录报刊 21 集,其中包括北平的《故宫周刊》《湖社月刊》,上海的《金石画报》《草书月刊》,杭州的《金石书画》,重庆的《书学》等具有较高学术性和史料价值的报刊,全面展示了民国时期金石书画报刊的整体面貌。

上海圣仓明智大学主办发行的《艺术丛编》创刊于 1916 年 5 月,1920 年 6 月停刊。内容有罗振玉、王国维、邹安等辑的《殷墟书契后编》《殷文存》《周金文存》《明器图录》等,收录大量金石文献的图片资料。上海书店出版社 2015 年影印出版该刊。

《中华书局藏民国时期〈鼎峙春秋〉编校稿》为中华书局所藏民国时期清宫大戏《鼎峙春秋》曲本编校稿的影印本。此稿当为 1935 年前后商务印书馆编辑书稿的毛样,非常珍贵。

（七）综合类

2015 年影印出版的综合类文献共 7 种,除国家图书馆出版社《民国文献类编》《现代中国之记录——中国报刊情报集（1924—1931）》,凤凰出版社《近代文科工具书》,线装书局《中国近现代女性学术丛刊续编（八）》外,其余《重庆图书馆藏民国时期未刊书丛编》《辽宁省图书馆藏民国时期东北大学毕业论文全集》《北碚图书馆藏地方文献珍本丛刊》等几种,均是中华书局依据各地图书馆馆藏整理出版。

《民国文献类编》是“民国时期文献保护计划”的重要出版成果,全书 1000 册,总目1册,收录文献近5000种。选目以存世较少、较为珍稀的官方出版物、机构出版物、内部文件为主。每一类下文献的编排,书名、作者、出版者、出版年等项目的著录,主要参考《民国时期总书目》。

清华大学图书馆整理,国家图书馆出版社出版的《现代中国之记录——中国报刊情报集（1924—1931）》,由民国时期的日本驻华机构燕尘社编辑。燕尘社每月从《交通日报》《晨报》《京报》《东方时报》《社会日报》《益世报》《世界日报》等报纸中辑录重要情报,系统记录了中国政治、社会的变迁,是研究民国史的重要参考资料。

凤凰出版社《近代文科工具书》收录晚清民国文科工具书30部,同时还收录6部与社会运动、社会问题有关的辞典,是社会史研究的重要参考资料。

民国文献是重庆图书馆的一大馆藏特色。该馆不仅有民国时期的政府出版物,更有大量尚未公开出版的油印内部资料。中华书局《重庆图书馆藏民国时期未刊书丛编》将重庆图书馆所藏近600种民国时期未刊文献汇编影印出版,包括南洋华侨协会秘书处编《南洋情报》《南洋资源表述》,盐务总局编《民国二十九年盐务总局年报》,顾颉刚著《中国上古史研究讲义》等,是民国史研究重要的资料补充。

《辽宁省图书馆藏民国时期东北大学毕业论文全集》收录民国时期东北大学自1930年至1946年的毕业论文512篇。这批论文多有金毓黻、周传儒、姜亮夫、高亨等学术大家的评语,有些评语本身就是一篇短小精悍的学术文章,许多论文作者日后也成为较有名的学者,如张亮采、李符桐等。论文一定程度上反映了民国时期中国高等教育状况和学生的学术水平,是研究东北大学校史和民国教育史的重要原始资料。

（八）其他类

除上述学科外,2015年的民国文献影印出版,还有关于家谱、人物传记、宗教、书目、军事文献、地理文献的整理,社会调查资料、社会学、社会科学、自然科学学术文献的汇编。

家谱文献的整理主要有敦煌文艺出版社出版的《影印中国家谱文献》。该书从近 1.5 万部明清及民国时期的家谱文献中精选了序跋 1500 余篇,覆盖姓氏 300 余个。其中收录的民国时期家谱包括民国三年湖南长沙《王氏支谱》、民国十七年浙江诸暨《诸暨凤仪楼氏宗谱》、民国十年山东安丘《赵氏族谱》、民国十八年湖南沅江《萧氏族谱》等。

人物传记文献的整理,主要有国家图书馆出版社出版的《梅兰芳游美日记》,全书为梅兰芳始于 1929 年 12 月的访美演出日记。访美日记现存有两种版本,该书将其中一种抄本影印,另一种芜杂漫漶的日记版本加以排印附后,是研究梅兰芳生平事迹的重要原始资料。

宗教文献方面,国家图书馆出版社出版《历代佛教传记文献集成》,全书 136 册,汇集 1949 年以前能采集到的佛教汉字传记文献,涵盖官修的佛藏善本,散落民间的印本史料,以及大量民国时期报刊、佛教刊物中的人物传记资料。

书目汇编方面,有国家图书馆出版社出版《民国时期公藏书目汇编》和《天津地区图书馆编印旧版书目汇刊》两种文献。前者收录 100 多种产生于民国时期的公藏书目,包括国立北平图书馆、中央图书馆,各地公共图书馆、高校图书馆、中小学图书馆、专门图书馆等公藏机构的藏书目录,特别注重收录中小型书目和有特色的专门图书馆的藏书目录,如《国立北平图书馆现藏中国官书目录》《国立音乐专科学校图书目录》《中央陆军军官学校图书馆军事学图书目录》《上海总商会商业图书馆图书目录》等,对于研究民国时期公藏机构的藏书规模、分类体系、藏书的聚散流变,以及民国时期图书出版情况等,具有重要的参考价值。后者主要汇集了民国以来天津地区几家著名图书馆所编印的旧版书目,其中包括民国书目 6 种,对了解天津地区图书馆发展及天津地区古籍旧版图书收藏情况具有较好的资料价值。

军事文献方面,国家图书馆出版社出版的《海军公报(1929—1937)》,收录南京国民政府海军部公报室编印以及汪伪政权海军部编印的两种《海军公报》。南京国民政府编印的《海军公报》是中国近代海军史上第一份中央海军机构出版的公报性出版物,创办于 1929 年,至 1937 年停办,共出 96 期,内容涉及海军法规、命令、公牍、调查、专载、海军消息等,比较全面地反映民国时期海军部的发展,对民国军事史,尤其是海军史的研究有着重要价值。

有关地理文献的整理出版成果有凤凰出版社的《近代世界地理志》,该书收录晚清民国域外地理文献 53 种,涉及欧洲、美洲、日本、俄罗斯等地区,反映了当时国人对中国及世界地理的认识。另外还收录部分近代地理教科书,可窥见当时地理教学之面貌及社会对地理学之重视。

民国时期,出于对中国国情的了解与改良社会的需要,社会调查盛极一时,形成了大量珍贵的调查资料。2015 年整理出版的社会调查资料有两种,它们是南京大学出版社《重庆图书馆藏抗战大后方调查统计资料》和国家图书馆出版社《民国时期社会调查资料续编》。

关于社会学方面的文献,有凤凰出版社出版的《江苏近现代社会救济与慈善文献丛刊》。该书汇集晚清民国百余年间江苏地区 129 种社会救济与慈善活动一手文献,是研究晚清民国江苏社会经济、政治、文化重要的第一手史料。

自然科学方面,上海科学技术文献出版社基于上海图书馆徐家汇藏书楼的馆藏,影印出版《中国杂志》。该刊创刊于 1923 年 1 月,是近代西方人在华创办的最重要的英文汉学杂志之一,被学界形容为“包罗万象的人文和自然资料宝库”。与以往乃至同期汉学杂志较多关注中国的历史、宗教不同,《中国杂志》刊登了大量自然科学和应用科学等方面的研究文章,几乎涵盖了中国的方方面面,从中可见现代科学技术的发展,为 20 世纪汉学研究注入了新活力,这也使得该刊成为一份真正意义上的综合性汉学期刊。

另外,还有一些社会科学学术文献的出版,如上海科学技术文献出版社《民国首版学术经典·第二辑》和上海书店出版社《学术丛编》。前者包括鲁迅《中国小说史略》、梁漱溟《东西文化及其哲学》、蔡元培《中国理论学史》、梁启超《中国历史研究法》、胡适《中国哲学史大纲》等名家名作 20 余种 30 余册;后者上海书店出版社影印出版的《学术丛编》，是民国时期专门刊载金石文献的高水准的学术性刊物，所收著作除罗振玉、王国维二人的论著外，还刊载了许多流传不广的图书。

三、民国文献整理出版的特点

（一）出版机构的特点及分布

从 2015 年出版机构的分布来看，出版过 1 种以上民国文献的出版机构 20 余家，其中国家图书馆出版社出版 30 种文献，合计 2000 余册。从出版品种量上看，国家图书馆出版社的优势地位非常明显。除国家图书馆出版社外，一些传统的民国文献整理出版机构，如上海书店出版社、线装书局、上海科学技术出版社、大象出版社、中华书局、南京大学出版社、凤凰出版社等，2015 年也有不俗表现，尤其是大象出版社，更是以 2 种 2140 册的出版数量，在出版册数上甚至超过了国家图书馆出版社。凤凰出版社近年在民国文献出版方面也有甚佳表现，2014—2015 年共出版大中型影印文献近 20 种。另外一些从未出版过民国文献的出版机构，如敦煌文艺出版社、西南财经大学出版社、湘潭大学出版社、社会科学文献出版社、上海书画出版社、云南人民出版社等，2015 年也加入了整理出版行列，各自有 1—2 种整理出版成果面世，且均为成套、成系列的大中型出版物。

（二）出版特色的形成及打造

随着国家对民国文献整理出版的重视和加强，一些主要的出版机构已经逐渐形成自己的出版特色和系列。从 2015 年出版情况看，出版机构都继续保持或着力打造自己的出版特色。如国家图书馆出版社《民国文献资料丛编》和《抗战及对日战争审判文献》系列，上海书店出版社《民国期刊集成》系列，凤凰出版社《南开大学中国社会史研究中心资料丛刊》系列，南京大学出版社《政府公报》系列，上海科学技术文献出版社《民国首版》系列等；大象出版社则通过超大型专题文献的出版，在专题出版以及出版规模、出版数量上形成自己的特色和影响。

（三）出版数量的规模及趋势

2015年民国文献的影印出版，可以说是成果丰硕的一年，全年共出版民国文献79种，6000余册，远远超过了2014年50余种2000余册的数字。其中数量超1000册的超大型出版物3种，超100册的大型出版物11种，20册以上中型出版物34种，大中型出版物的品种量，占到全年度出版物品种量的近61%。从出版物种册数来看，大中型出版物仍旧是2015年民国文献影印出版的主流，相较于2014年，更有向大规模发展的趋势。

（四）出版内容的延续及进展

2015年民国文献整理，在内容上具有一定的延续性，如国家图书馆出版社在图书馆学期刊、诗词文献、经济社会调查资料、抗战史料、书目索引、东京审判系列，上海科学技术文献出版社在民国学术经典和文学经典，浙江古籍出版社在华侨档案，凤凰出版社在地理志资料的整理方面，都体现了文献整理的延伸性和延续性。

2015年，国家图书馆出版社出版《近代著名图书馆馆刊荟萃五编》，这是继《近代著名图书馆馆刊荟萃》一、二、三、四编以及《国立北平图书馆英文期刊汇编》《中华图书馆协会会报》《文华图书馆学专科学校季刊》《图书馆学季刊》等一系列图书馆学的期刊整理出版后的又一成果；社会经济调查资料也一直是国家图书馆出版社的主要选题，2013年出版《民国时期社会调查资料汇编》《民国时期经济调查资料汇编》，2015年，经过进一步的整理选编，推出上述两种调查资料的续编，即《民国时期社会调查资料续编》及《民国时期经济调查资料续编》；诗词整理方面，继2013年《清末民国旧体诗词结社文献》后，2015年出版《清末民国旧体诗词结社文献续编》；《抗日战争史料丛编》第一辑、第二辑，2014、2015年相继推出；《抗战阵亡将士资料汇编》《抗战阵亡将士资料续编》分别于2012、2015年出版；2015年出版的《民国时期公藏书目汇编》，在时间体系上接续2010年出版的《明清以来公藏书目汇刊》，使公藏书目的整理编辑更加完整。2013年以来，《东京审判系列文献丛刊》相继出版了《远东国际军事法庭庭审记录》《远东国际军事法庭判决书》

和《远东国际军事法庭证据文献集成》等文献，2015 年再度对该题材文献进行挖掘整理，出版了《国际检察局讯问记录》。

上海科学技术文献出版社推出的《民国首版学术经典》和《民国首版文学经典》两个系列，分别于 2014 和 2015 年出版第一辑和第二辑；浙江古籍出版社《青田华侨档案汇编（民国）》第一辑和第二辑，也于 2014、2015 年相继出版；线装书局《中国近现代女性学术丛刊》及其续编十集，自 2010 至 2015 年陆续出版；广西师范大学出版社《潮汕侨批集成》第一至三集，分别于 2007、2011 及 2015 年出版；凤凰出版社在地理文献资料的整理方面，也体现出一定的延续性，继 2014 年《近代中国地理志》后，2015 年出版《近代世界地理志》。

（五）出版选题的特点及问题

2015 年民国文献出版选题的一个显著的特点是抗战文献出版较为集中。出版社为配合抗战胜利 70 周年纪念，推出的抗战题材文献多达 10 余种，不仅出版《民国抗日战争史料丛刊》、《抗日战争史料丛编·第二辑》《中华抗战期刊丛编》《中国人民抗日战争纪念馆藏台湾义勇队档案汇编》《抗战阵亡将士资料续编》《淞沪抗战史料丛书》《外国记者眼中的抗日战争》等文献汇编型出版物，还有《同盟国的胜利——世界抗日战争图志》《稀见嘉兴抗战旧影集》等图片集，同时也包括一些与抗战相关题材的出版物，如《日本降书：日本政府向中国投降降书》《日本降书：日本政府向同盟国投降降书》《国际检察局讯问记录》，以及大部分内容反映抗战时期经济情况的《民国时期经济调查资料续编》等。

2015 年出版选题的另一特点是省级公共图书馆，甚至一些县级馆、机构馆的馆藏受到重视。这方面的出版物主要有《重庆图书馆藏刘赞廷藏稿》《重庆图书馆藏抗战大后方调查统计资料》《辽宁省图书馆藏民国时期东北大学毕业论文全集》《重庆图书馆藏民国时期未刊书丛编》《北碚图书馆藏地方文献珍本丛刊》《中华书局藏民国时期〈鼎峙春秋〉编校稿》等。

当然，在选题方面，仍然存在重复出版的问题。如浙江人民美术出版社 2014

年年底出版民国期刊《时代漫画》，西南财经大学出版社又于 2015 年再度影印出版；上海书店出版社以单刊形式影印出版《艺术丛编》一刊，在同年上海书画出版社出版的《民国书画金石报刊集成》一书中，收入该刊；《词学季刊》也于同年被国家图书馆出版社和上海书店出版社出版。凤凰出版社 2014 年出版的《民国职业教育史料汇编》和国家图书馆出版社 2015 年出版的《民国时期职业教育文献辑刊》，各自收入民国时期职业教育文献 80—100 余种，两种职业教育文献所收资料，亦有交叉重复。

（六）出版项目的支持与推动

"民国时期文献保护计划"是国家图书馆在 2011 年策划的一个项目，从 2013 年开始面向全国组织申报民国时期文献出版项目，至 2015 年，共立项 91 项，5497 册。目前已出版 50 项，共 2960 册①。2015 年出版的《民国文献类编》《国际检察局讯问记录》《抗日战争史料丛编·第二辑》《抗战阵亡将士资料汇编》《中华抗战期刊》等，均是"民国时期文献保护计划"资助项目成果。另外，《中国近代铁路史资料选辑》《民国时期新疆档案汇编》等图书，也获得"十二五"国家重点出版图书出版规划项目或国家出版基金项目支持。各级出版项目的资助和支持，有力地推动和促进了民国文献的整理和出版。

---

① 2016 年民国时期文献整理出版申报项目专家评审会在国图召开［EB/OL.］［2016-04-07］. http：//mgwxbh.nlc.gov.cn/xwdt/201604/t20160407_201958.html

第二章　民国文献学术研究综述

通过"全国哲学社会科学规划办公室"网站检索①，共获得 2015 年与"民国文献"相关的立项课题 6 项，其中重点课题及重大课题各 1 项，一般课题 3 项，西部课题 1 项。通过"中国知网""维普期刊资源整合服务平台"和"万方数据知识服务平台"，以"民国文献""抗战文献"等为关键词共检索出与民国文献相关的研究论文 47 篇，其中报刊论文 46 篇，学位论文 1 篇。这些论文主要集中于抗战文献与民国文献保护的研究，也有对各图书馆民国文献馆藏特色及民国文献各学科的分类研究。

以上检索截止时间为 2016 年 5 月 6 日。

一、民国文献研究情况

（一）课题立项

2015 年获得的与民国文献相关的国家级社科课题共有 6 项，具体见表 2-1。

---

① 　全国哲学社会科学规划办公室［EB/OL］.［2016-4-10］. http：//www.npopss-cn.gov.cn/

表 2-1　2015 年获得立项与民国文献相关的国家社科课题

项目类型	项目编号	项目形式	课题名称	申请人
国家社科	15ZDB043	重大项目	西柏坡时期中国共产党历史文献整理与研究	李建强
国家社科	15AZD039	重点项目	长征红色文化遗址考证与文献整理研究	李康平
国家社科	15BTQ034	一般项目	滇缅抗战文献的收集整理与研究	魏国彬
国家社科	15BTQ035	一般项目	伪满时期日本战争罪行文献史料整理与研究	高承龙
国家社科	15BTQ038	一般项目	晚清至民国时期流传于民间的阿拉伯文献搜集整理	马和斌
国家社科	15XTQ005	西部项目	晚清民国时期南海文献整理与研究	王琦

（二）学术论文

经过检索，共获得与民国文献相关的期刊论文 47 篇，学位论文 1 篇，具体见表 2-2、2-3。

表 2-2　2015 年与民国文献研究相关的期刊论文

作　者	题　名	刊　名
曹雯	浅谈云南省图书馆抗战文献的研究与利用	无线互联科技
曹辛华	民国诗词学文献的整理与研究及其意义	泰山学院学报
曹辛华	晚清民国旧体诗词结社文献的类型、特点及其价值	复旦学报（社会科学版）
曹辛华	论抗日战争诗词文献的整理、研究与意义	社会科学战线
陈功文	民国文献发微	高校图书馆工作
陈桂香	近 10 年国内民国文献保护研究综述	图书馆学刊
陈桂香	抗战大后方歌谣的艺术特色——基于重庆图书馆藏抗战文献的调查实践	公共图书馆
陈湛绮	浅谈公共图书馆藏民国时期商会文献	数字与缩微影像
程积安	探讨民国文献整理工作的问题与改进措施	数字与缩微影像
邓程元	民国机械纸文献去污方法研究	中国科技信息

（续表）

作　者	题　名	刊　名
杜慧平	《申报》数据库比较——兼论民国文献数据库建设	中国索引
扶小兰；唐伯友	台湾地区及国外重点抗战文献现状调查研究	图书馆
顾宇等	真空微波—冷冻联合干燥在民国文献脱酸中的应用研究	南京师范大学学报（工程技术版）
韩丽花	太谷县图书馆藏民国文献概述及保护	科教文汇（上旬刊）
景月亲	民国音乐文献保护的良好开端——《民国时期音乐文献总目》简评	人民音乐
李会敏；马秀娟	高校图书馆民国文献保护探索	科技情报开发与经济
李少军	中国共产党发动和领导抗战伟业的历史见证——抗战时期日本侵略者相关文献考察	党的文献
林明；张珊珊	民国时期文献修复技术探讨	图书馆论坛
林明等	我国图书馆民国时期文献保护状况调查	国家图书馆学刊
刘安东；王兆辉	民国时期四川地区经济类油印史料提要举隅——基于重庆图书馆藏民国文献	四川图书馆学报
刘春华等	南京艺术学院图书馆民国艺术文献整理	科技情报开发与经济
刘威；向舒	重庆图书馆馆藏抗战文献资源撷华——以抗战图书为例	河南图书馆学刊
刘伟华	民国时期文献价值概览	新世纪图书馆
马庆楠	抗战时期蒋介石对共产党政策演变的文献综述	学理论
秦慧；马廷中	四川民族地区民国教育文献述略	中华文化论坛
沈金芬；刘霏霏	浙江图书馆馆藏舟山地方文献资料（清—民国）初探	浙江国际海运职业技术学院学报
沈璇	养在深闺人未知——外文古籍文献及民国时期馆藏状况调查——以广东省立中山图书馆为例	内蒙古科技与经济
孙晓辉	博弋钩沉　存史致远——《民国时期音乐文献总目》书评兼及《民国音乐文献集成》编纂	音乐艺术（上海音乐学院学报）
唐伯友；任竞	加强抗战文献资源建设促进重庆抗战文化研究——兼论"十三五"期间重庆抗战文献资源建设工作的基本思路	重庆行政（公共论坛）

（续表）

作　者	题　名	刊　名
万芳等	民国时期中医文献特点探究	中华中医药杂志
王华	华侨抗战文献的类型梳理与分布概述	图书馆
王菊明	中西杂糅：民国二十四年图书馆文献分类法探析	图书馆工作与研究
王玲丽	民国报刊文献数字化建设探究——以上海图书馆为例	信息技术与信息化
王兆辉；闫峰	重庆中国抗战大后方历史文献中心的建设现状与发展研究	图书馆
王志刚	从《南京图书馆民国文献珍本图录》看民国文献整理	科技情报开发与经济
吴碧蓉等	伪报刊文献中所揭示的共产党领导的抗战斗争	南京政治学院学报
杨姜英	馆藏商务印书馆民国文献调查与思考——以张元济图书馆为例	内蒙古科技与经济
殷琛	图书馆民国文献保护对策探析——以镇江市图书馆民国文献馆藏保护为例	图书情报论坛
余英华；傅瑛	存古救弊　去芜存精——民国皖籍文人对中国戏曲文献的整理之功	学术界
张春梅	浅析民国文献分级保护体系的构建——基于复旦大学图书馆民国文献管理的思考	大学图书馆学报
张春梅；陈永英	CASHL 民国文献传递服务需求分析与对策研究	上海高校图书情报工作研究
张付东	民国《孝经》学文献述略	广东技术师范学院学报
张云	民国医药文献研究现状	中国中医基础医学杂志
周丽华等	民国时期美术文献资源整理工作现状及建设——以广州美术学院图书馆为例	河南图书馆学刊

表 2-3　2015 年与民国文献研究相关的学位论文

作者	题名	学校
熊姗姗	民国时期武术书籍文献研究	武汉体育学院

二、学术研究综述

（一）抗战文献的研究

抗战文献指的是在抗日战争爆发以来出版或撰写的与抗战有关的一切中外文文献，从中反映抗战时期中国社会的政治、经济、文化面貌等。

2015 年度抗战文献研究相关课题共 4 项，其中重点课题及重大课题各 1 项，一般课题 2 项。河北师范大学李建强和孙继民教授、河北省委党校、西柏坡纪念馆共同申报的《西柏坡时期中国共产党历史文献整理与研究》课题为国家社科基金重大项目。项目分为西柏坡时期中国共产党文书资料整理与研究、西柏坡时期中国共产党报刊史料整理与研究等子课题，旨在以历史文献学的方法，系统深入整理与研究西柏坡时期中国共产党历史文献。

南昌航空航天大学李康平教授申报的《长征红色文化遗址考证与文献整理研究》课题，是对长征红色文化遗址考证与文献整理全景式的研究，旨在为构建"中国工农红军长征红色文化馆"提供设计思路与文献支撑。

保山学院图书馆魏国彬《滇缅抗战文献的收集整理与研究》与延边大学高承龙《伪满时期日本战争罪行文献史料整理与研究》。两者均以抗战时期的历史文献为整理与研究对象。

适逢抗战胜利 70 周年的特殊时期，抗战文献整理与研究是 2015 年热点之一，相关论文多集中于抗战文献收藏及文献价值的研究。建于 1947 年的重庆图书馆开馆伊始就以收集、整理抗战文献为工作重心。刘威等《重庆图书馆馆藏抗战文献资源撷华——以抗战图书为例》列举了重庆图书馆所藏抗战文献中的诸多珍贵地方文献，如《陪都鸟瞰》《重庆市建筑规则》等。这类文献具有鲜明的地域特色，是抗战历史的真实记录和特殊社会转型思想文化的主要载体，对抗战文化研究有一定的参考价值与意义。文中统计了重庆图书馆收藏的抗战文献孤本 3000 余种，其中 1937 年商务印书馆出版的抗战文献《中国商事法》（1937 年上、下册）真本在全世界仅存两套。陈桂香《抗战大后方歌谣的艺术特色——基于重庆图书馆馆藏抗战文献的调查实践》以重庆图书馆馆藏抗战文献的调查实践为依托，介绍了抗战大后方歌谣的四大艺术特色：通过大量的抗战历史事实，控诉日军野蛮暴行，歌颂民众英勇斗争；用激昂的"战歌"姿态鼓动民众的抗战激情；用叙事抒情的"悲歌"意境激扬民众的战斗力；用地方方言来贴近民众、教育民众、发动民众。

唐伯友等《加强抗战文献资源建设　促进重庆抗战文化研究——兼论"十三五"期间重庆抗战文献资源建设工作的基本思路》一文，在响应抗战胜利70周年党中央对抗战资料搜集与保护的号召下，提出了"十三五"工作方向：重庆图书馆、重庆中国抗战大后方历史文献中心建设抗战文献资源的根本宗旨是服从政治大局，服务学术研究；基本工作是继承历史遗产，加速文献开发；基本方向是加强学术研究，强化海外合作；基本保障是加强机构建设，着力人才培养。

除走在全国前列的重庆抗战文献中心之外，其他地区也在尝试探索各地抗战文献的典藏、保护与利用的研究。曹雯《浅谈云南省图书馆抗战文献的研究与利用》以云南省图书馆馆藏的抗战文献为例，对抗战文献的收藏现状做了整理及数据分析，论述了研究及利用抗战文献的重要意义。扶小兰等《台湾地区及国外重点抗战文献现状调查研究》一文，调查了台湾地区"国史馆"、中国国民党党史馆、美国国家档案馆、国会图书馆、斯坦福大学胡佛研究所等机构内重要抗战文献的典藏现状，总结了海外现存抗战文献数量庞大，地域分布不均；文献载体多元，信息价值丰富；语言种类繁多，工作难度极大等三大特点。文章亦提出了台湾地区及国外抗战文献的征集与利用所面临的人力、财力和法律的问题，提出加快抗战文献国际交流合作执行主体建设、明确执行主体的行政地位、加强抗战文献等特种文献进出境法律问题专题研究等建议。

部分论文还从抗战文献的史料价值方面做了相关研究。李少军《中国共产党发动和领导抗战伟业的历史见证——抗战时期日本侵略者相关文献考察》，从抗战文献考证的角度展现了七七事变后国内全面抗战的局面。吴碧蓉等的《日伪报刊文献中所揭示的共产党领导的抗战斗争》,列举日伪报纸中刊载的八路军和其他抗日武装作战的消息和报道,对国民党指责抗日军队"游而不击"的污蔑进行了一一驳斥。

（二）民国文献保护研究

民国文献具有较高的历史文物价值、史料价值和艺术价值,早在20世纪80年代,民国文献保护工作就已经开始。2012年2月23日,国家"民国时期文献保护计划"正式启动后,更是引起了业界的高度重视。

陈桂香《近10年国内民国文献保护研究综述》主要从民国文献的保护观念、民国文献的专业人才队伍培养、民国文献的脱酸、民国文献的修复、民国文献的影印、民国文献的缩微和数字化等六个方面综述了2004—2013年间民国文献保护研究的发展历程和主要成果。文章以270篇论文为基础,全面完整地揭示民国文献保护领域研究的发展历程和最新成果。从国内民国文献研究论文分布情况来看,论文数量从2008年开始出现大规模增长,每年基本保持在20篇以上;论文发表的期刊以图书情报类居多,占总数的50%,其次是大学学报、档案类、历史类期刊,占比21%。文章强调培养专业的民国文献修复人才要从学习民国文献保护知识、加强单位之间的合作交流、走职业化和高等教育并存之路三方面着手。谈到民国文献脱酸技术应用时,作者指明纸张脱酸技术的设备引进方面的资金缺乏现状;民国文献修复技术目前仍处于初级阶段,目前国内可行的修复方法有裱书页法、聚酯胶片保存法、纸浆补书机与边缘局部裱相结合法。民国文献的影印出版最能保持民国文献的原貌,但仅适用于清晰且价值较高的文献;缩微和数字化则是目前最常用的有效措施,重庆图书馆于2006年率先完成馆藏主要民国文献的数字化。针对各馆目前普遍存在的缺乏统一领导、共享程度较低等问题,作者提出了保护工作机制、民国文献全文检索系统建立的必要性。

图书馆对民国文献的保护现状颇受瞩目。林明等对41家图书馆进行问卷调查,并撰写《我国图书馆民国时期文献保护状况调查》一文。论文显示我国图书馆民国时期文献保护工作已取得一些阶段性成果，但保护工作仍然需要不断深化：部分图书馆对民国时期文献馆藏数量、破损情况缺乏全面认识，普查工作需继续深入；民国时期文献保护工作需制定更详备的使用限制措施及载录格式转换计划，提高民国时期文献存藏环境控制手段的专业程度，"防""治"结合保护文献；优化民国时期文献保护技术手段、加强修复人才队伍建设。李会敏等《高校图书馆民国文献保护探索》通过深刻剖析目前高校图书馆民国文献保护工作中存在的问题，如保护意识不强、保存条件差、资金缺乏、缺乏修复人员和技术手段等，对做好高校图书馆民国文献保护工作提出了若干建议：通过增加空气过滤器、为文献加装保护书皮或封闭式樟木书橱等方式改善藏书环境；多渠道筹集资金增加修复设备、材料工具等；培养素质较高的修复人员；民国文献数字化的同时配以原文影像等。张春梅《浅析民国文献分级保护体系的构建——基于复旦大学图书馆民国文献管理的思考》，从复旦大学图书馆民国文献管理的实际出发，提出了分级保护的观点。论文认为分级保护是民国文献保护应当采取的路径。分级保护不仅有利于有限的保护资源实现最优化配置，而且有助于甄选出珍本、善本和孤本文献，优先予以抢救性保护。民国文献分级保护体系的构建包括馆藏民国文献摸底调查、民国文献等级划分标准、民国文献保护级别、民国文献保护措施等四个模块。构建分级保护体系的出发点在于区分民国文献等级，按照不同等级采取相应的保护措施，实现文献的有效保护和管理。殷琛《图书馆民国文献保护对策探析——以镇江市图书馆民国文献馆藏保护为例》，则根据镇江市图书馆馆藏民国文献收藏保护现状，提出了统计缺失、没有目录、无专门的民国文献借阅制度等现实问题，探析了地方图书馆加强民国文献保护的对策和必要性。

民国时期文献因用纸和装帧形式复杂等原因，修复难度较大。林明等的《民国时期文献修复技术探讨》在分析民国文献破损情况及其成因的基础上，就修复补纸及装帧方式的选择、修复方式与修复理念的取舍、平装民国文献封皮修复等方面展开论述，对适用于民国时期文献纸张修补、文献装订的具体操作技术进行探讨。论文提出了文献修复配纸的重要性，由于民国文献纸张强度太低，因而过硬的补纸会对其造成损坏，多选择相对柔软的厚皮纸；常用的纸浆补书方式，即利用混料纤维纸浆对书页破损处进行填补，从民国文献的修复应用效果来看，其牢固性和耐久性还需时间的验证。民国文献完成纸张修复后的装订不宜使用铁质订书钉，变更装帧方式又易改变书籍的原始风貌，不利于保存原书的文物价值，作者倾向于在民国文献修复中实施"最少干预"原则，选择麻线或棉线固定，以保持文献原有的平订方式。论文同时还提出应综合借鉴中西方文献修复技艺，广泛实践，根据实际情况及时调整修复理念，探索出符合民国文献修复需要的方法体系。

其他技术在民国文献修复方面的应用也在探索中。顾宇等的《真空微波－冷冻联合干燥在民国文献脱酸中的应用研究》，通过采用真空微波－冷冻联合干燥工艺对脱酸后的整体文献进行干燥实验，进而比较真空冷冻干燥采用微波预处理与不采用微波预处理的冻干曲线以及对比文献干燥后的品质，得出该工艺在民国文献水溶液脱酸中的可行性。邓程元的《民国机械纸文献去污方法研究》通过系列实验，找到了高锰酸钾溶液对纸张上的霉斑去除的适宜浓度，弄清了高锰酸钾、碱、明矾、皂荚、香樟树叶对真菌的抑制作用，为民国文献修复及保护提供借鉴。

民国文献数据库建设是民国文献保护的重要措施之一。王玲丽的《民国报刊文献数字化建设探究——以上海图书馆为例》立足于上海图书馆 2014 年开展的馆藏民国文献的全文数字化项目，阐述了民国时期报刊及相关文献数字化的必要性；阐释了进行数字化扫描的工作步骤和注意事项；论证了报刊进行数字化扫描的优点。在此基础上概括了对民国报刊文献进行数字化建设的作用和主要意义。杜慧平的《〈申报〉数据库比较——兼论民国文献数据库建设》通过对最具代表性的四家《申报》数据库进行比较，总结他们在收录范围、检索和浏览功能上的优缺点，结合民国文献和其用户的特点，讨论了目前民国文献数据库建设需要重视和改进的地方。

民国文献的整理工作也不容忽视。程积安《探讨民国文献整理工作的问题与改进措施》对国家图书馆前整理工作中的常见问题进行总结,如摄制清单内容繁多,信息冗余,依赖手工填写;组卷过程较为繁琐,需要手工计算;页码清点规则混乱,给后续质检工作带来困扰。作者提出了相应的改进措施:将数据库与文献清单相关联,有效利用数据库系统里的文献信息;借助网络的实时性和交互性,精简摄制清单条款,减少纸质单据的流通;引入智能组卷功能,实现组卷过程自动化;规范页码清点工作规则,定制固定格式。论文指出前整理工作是整个文献微缩工作的基础,对后续的工作环节产生重要的影响,应当借助现代的网络技术与日益发展的计算机技术,将相应问题解决好,才能推动民国文献缩微工作的进步。

（三）民国文献馆藏特色研究

各图书馆的民国文献收藏各有特色。沈璇《养在深闺人未知——外文古籍文献及民国时期馆藏状况调查——以广东省立中山图书馆为例》,介绍了广东省中山图书馆外文古籍文献及民国时期馆期情况、文献来源、种类、特色。这些外文书籍多来自于当时图书馆的购买、订购,海外华侨的捐赠,以及与其他馆交换捐赠,无论在装帧与内容上都独具特色,是珍贵的文化遗产,颇具学术、艺术、文物的价值。刘春华等《南京艺术学院图书馆民国艺术文献整理》阐述了南京艺术学院图书馆馆藏民国艺术文献概况。南京艺术学院图书馆馆藏民国艺术文献7000多册,其中包含珍贵画册、美术理论著作、乐谱、音乐理论等类型。文章从文献查重、文献分类、制作整理目录、制定摘要、随书借书卡整理、破损文献处理等方面,阐述了民国艺术文献整理思路与方法。周丽华等《民国时期美术文献资源整理工作现状及建设——以广州美术学院图书馆为例》整理了广州美术学院图书馆馆藏的美术图书、美术期刊及画报等民国文献收藏概况,在肯定收藏价值的同时总结了保护匮乏、重藏轻用的弊端,提出了民国美术文献资源集中收藏、构建特色数据库的建议。杨姜英《馆藏商务印书馆民国文献调查与思考——以张元济图书馆为例》一文整理了张元济图书馆馆藏商务印书馆出版的特色文献,据统计,馆藏该类文献已达到晚清、民国时期商务印书馆出版总量的1/6,文献种类包括教科书、辞书、古籍、西书、丛书等类型。其中还收藏了较有特色的老版本文献,如 1917 年—1919 年版《中华民国教育新法令》(6 册)、1929 年版《东方图书馆概况》、1932 年版《上海商务印书馆被毁记》。沈金芬等《浙江图书馆馆藏舟山地方文献资料(清—民国)初探》对浙江图书馆馆藏舟山地方文献(清—民国)进行了调查,其主要种类有地方名人著述、地方报刊资料、舟山游记文献及普陀山旅游书刊、舟山老地图、定海浙江省水产试验场的渔业资料等。

还有对各区县图书馆馆藏民国文献所做的研究。韩丽花的《太谷县图书馆藏民国文献概述及保护》简要介绍了太谷县图书馆民国文献馆藏情况,该馆民国版图书典藏近万册,残本近千册,其中数量较多、保存较好的有《四部备要》和《万有文库》两套丛书,对民国文献的保存也起到一定的补充作用。

(四)其他方面专题研究

民国文献各专题研究的课题与文章数量逐年增多,内容广泛,还包括音乐、美术、中医、教育、体育等方面。

西北民族大学马和斌的课题《晚清至民国时期流传于民间的阿拉伯文献搜集整理》主要研究民国时期民间流传的阿拉伯文献。海南大学王琦的国家社科基金项目《晚清民国时期南海文献整理与研究》旨在填补民国时期南海文献研究与整理的空白。

对民国音乐文献的研究文章有数篇。2013 年钱仁平主编的《民国时期音乐文献总目》是目前国内唯一的一部回溯性民国音乐文献专题目录。景月亲《民国音乐文献保护的良好开端——〈民国时期音乐文献总目〉简评》从统计的数量、收藏文献类型的多样以及文献详情著录、检索的便捷性等方面肯定了《民国时期音乐文献总目》的价值与地位。孙晓辉《博弈钩沉　存史致远——〈民国时期音乐文献总目〉书评兼及〈民国音乐文献集成〉编纂》也认为《民国时期音乐文献总目》一书是中国近现代音乐史料建设、学科发展背景下的重要成果之一。该文从"存史"意识和全球视野下引领近现代音乐史学科建设的高度,在该书基础上可以进一步普查、增补编辑《民国时期音乐文献集成》。对于如何审视新旧冲突、中西对接的民国时期的音乐文献分类，如何增补海峡两岸乃至海外对民国音乐的记录、描述和研究文献目录，如何以"异域之眼"看待中国音乐在民国时期发生的重大转型等史料收集及其编目工作提出积极的建议。

曹辛华在《民国诗词学文献的整理与研究及其意义》《晚清民国旧体诗词结社文献的类型、特点及其价值》及《论抗日战争诗词文献的整理、研究与意义》三篇论文中全面整理与研究了民国诗词学文献，填补了民国学术史特别是民国诗词学史的空白。作者文中提到抗战诗词是民国诗词的重要组成部分，因而梳理与抗战相关诗词作家文献，整理当时出现的与抗战密切相关的诗词社团、诗词群体、诗词期刊等文献，对民国诗词史、民国诗词文献的研究有促进意义。

民国文献研究对其他学科的研究起着一定的辅助作用。余英华等的《存古救弊 去芜存精——民国皖籍文人对中国戏曲文献的整理之功》论述了民国时期皖籍文人以文献整理的方式为中国传统戏曲的发展做出的贡献，并完成了汉语辞书史上第一部戏曲辞书的撰写。万芳等的《民国时期中医文献特点探究》论述了民国时期医学期刊、报纸、医书的大量增印对医学信息交流、医学知识普及等的促进作用。熊姗姗的硕士论文《民国时期武术书籍文献研究》运用文献资料法、书籍收集法、数理统计法和逻辑分析法等方法，以民国时期出版的武术书籍为研究对象，分析了民国时期武术研究的主要成就和特点。

第三章　民国档案研究综述

民国档案作为历史档案的一部分,是我国历史文献的重要组成部分,其史料价值不容小觑。在政治、经济、文化、军事、宗教等传统研究领域,以及工业史、商业史、科技史、医药史等学科史的研究中,民国档案发挥着越来越大的作用。

根据对出版机构网站、网上书店、书商征订目录、新书发布等出版信息以及图书馆书目数据等的检索和统计,2015 年与民国档案相关的出版成果共 18 种近 580 册。通过《全国哲学社会科学规划办公室》网站检索①,共获得 2015 年与民国档案相关的立项课题 8 项,其中重大课题 1 项,一般课题 7 项。通过查询教育部网站②,得到与民国档案有关的规划基金项目 2 项、青年基金项目 2 项;最后,再通过"中国知网""维普期刊资源整合服务平台"和"万方数据知识服务平台"检索,获得 2015 年以民国档案为主题的报刊文章 5 篇,期刊及会议论文 53 篇,学位论文 3 篇。

以上检索截止时间为 2015 年 4 月 10 日。

---

① 全国哲学社会科学规划办公室 [EB/OL].[2016-4-10]. http://www.npopss-cn.gov.cn/
② 教育部社会科学司 [EB/OL].[2016-4-10]. http://www.moe.edu.cn/s78/A13/A13_gggs/A13_sjhj/201509/W020150911492688152390.pdf

一、民国档案研究情况

（一）出版成果

经过查询,共检索出 2015 年各类型民国档案出版成果 18 种,具体见表 3-1。

表 3-1 2015 年出版与民国档案相关的成果

书 名	出版社	出版形式
国际检察局讯问记录（英文版）	国家图书馆出版社； 上海交通大学出版社	影印
中国人民抗日战争纪念馆藏台湾义勇队档案汇编	国家图书馆出版社	汇编
民国参政院议事录（1914—1916）	国家图书馆出版社	汇编
青田华侨档案汇编：民国（共 2 辑）	浙江古籍出版社	汇编
日本降书：日本政府向同盟国投降降书	南京出版社	影印
日本降书：日本政府向中国投降降书	南京出版社	影印
满铁内密文书	社会科学文献出版社	影印
上海市档案馆藏近代中国金融变迁档案史料汇编	上海远东出版社	汇编
商标公报（1923—1948）	国家图书馆出版社	影印
海军公报（1929—1937）	国家图书馆出版社	影印
汪伪政府公报·地方卷	南京大学出版社	影印
汪伪政府公报·中央卷	南京大学出版社	影印
民国时期新疆档案汇编	凤凰出版社	影印
招商局船谱	社会科学文献出版社	专著
打虎前鉴——清朝民国贪官档案判读	群众出版社	专著
"废约"外交家王正廷	福建教育出版社	专著
傅斯年遗札	社会科学文献出版社	专著
龙泉晚清民国司法档案	浙江大学出版社	专著

（二）学术研究

1. 课题立项

2015 年获得的与民国档案相关的国家级社科课题 8 项，教育部基金 4 项，具体见表 3-2。

表 3-2　2015 年获得立项与民国档案相关的课题情况

项目类型	项目编号	项目形式	课题名称	申请人
国家社科	15ZDB128	重大项目	清末民国时期图书馆事业档案整理与研究	姚乐野
国家社科	15BDJ054	一般项目	日本馆藏涉新四军档案的翻译、整理与研究	彭程
国家社科	15BMZ013	一般项目	库玛尔路鄂伦春协领公署满文档案整理与研究	吴春娟
国家社科	15BZS098	一般项目	英藏基督教与近代中国麻风病救治档案整理与研究	周东华
国家社科	15BZS070	一般项目	商务印书馆档案抄件整理与研究	周武
国家社科	15BZS016	一般项目	基于未刊公馆档案之印尼华人社会结构研究	沈燕清
教育部基金	15YJA770010	规划项目	日本外交文书所载福建事变档案文献翻译与研究	李亮
教育部基金	15YJA770016	规划项目	抗战时期华中地区日军毁损文献罪行的研究——以高校图书馆、博物馆、档案馆馆藏为例	乔菊英
教育部基金	15YJCZH227	青年项目	秦皇岛港藏民国时期外文人事档案的翻译、整理与研究	张阳
教育部基金	15YJCZH219	青年项目	秦皇岛港藏民国时期外文气象档案（1923—1949）整理与研究	张海艳

2. 学术论文

经过检索，共获得与民国档案相关的期刊论文 53 篇，学位论文 3 篇，具体见表

3-3、3-4。

表 3-3　2015 年与民国档案研究相关的期刊论文

作　　者	题　　名	刊　　名
蔡迎春	回眸与展望：民国档案学术研究的发展现状与特征	上海师范大学学报（哲学社会科学版）
蔡迎春	民国档案整理出版的分期及特征	出版发行研究
曹必宏	民国时期内地与西藏的边茶贸易——以档案史料为中心的考察	思想战线
曹文娟	民国北平救济院收容妇女"悬像择配"之考察——以 1935 年北平市社会局档案为中心	历史教学（下半月刊）
陈红民	民国时期意大利与中国关系的档案史料——以《陈公博访意报告书》（1938 年）为例	安徽史学
傅旭芬；徐立望	青田民国时期涉侨档案简介	浙江档案
耿军	民国档案数字化整理	考试周刊
耿军	浅析民国档案数字化前整理中业务培训的必要性	考试周刊
苟德仪	任炜章研究三题——基于民国《渠县档案》为中心的考察	西华师范大学学报（哲学社会科学版）
黄菊艳	广东省档案馆馆藏台湾历史档案概况	广东档案
黄菊艳	广东省档案馆馆藏香港档案史料概况	广东档案
菅荣军	保定民国时期一份合资经营卷烟厂业务的合同	档案天地
课题组	民国荣县档案整理工作侧记	法律史评论
寇凤凯	民国时期云游道士进京述论——以民国档案为中心的考察	宗教学研究
李洋	龙泉司法档案中的现代法治理念"人权保障"	景德镇学院学报
李常宝	抗战期间正面战场官兵伤残的国家应对——基于民国档案的研究	民国档案
李庆宏；刘婷	三十年来四川鸦片问题研究述论——兼论《南部档案》中鸦片史料分布及价值	西昌学院学报（社会科学版）
李学功	新发现的朱镜宙六封相关信函——兼论朱镜宙与朱家骅的交往及其人生信仰的面向	湖州师范学院学报

（续表）

作　者	题　名	刊　名
凌受勋	清代、民国时期水码头宜宾的商贸和物流——基于档案史料的考察	宜宾学院学报
刘超建；孙燕京	乌昌地区民国婚姻档案的主要特征与史料价值	新疆大学学报（哲学·人文社会科学版）
刘丽颖	略论历史档案征集工作的意义和途径	兰台内外
刘楠楠	"民国档案与抗日战争研究学术研讨会"会议综述	民国档案
刘项新	库玛尔路鄂伦春满文枪支档案刍议	满语研究
陆琳等	苏州民国档案整理与开发利用研究	图书馆理论与实践
吕媛	南京市鼓楼区档案馆征集一批城市历史变迁老照片	档案与建设
马鑫；顾岿君	档案再现松花江航线"前世今生"	兰台内外
宋继伟	台湾地区馆藏档案在南海问题研究中的应用探析	河海大学学报（哲学社会科学版）
宋淑睿；冯馨雨	从馆藏民国徽章探究档案背后的抗日故事	档案管理
苏云龙	阳江市档案馆馆藏民国时期形成的抗战史料概况	广东档案
孙文婧	抢救被遗忘的历史——会理县收集抢救清代、民国档案纪实	四川档案
王华	晚清民国华侨档案整理与研究	河南图书馆学刊
王浩浩	1938年的天津特别市——以相关档案资料为中心的考察	黑龙江史志
王有粮	基层命案与民国刑法：以新繁档案为中心的初步考察	法律史评论
王增强；陈世利	民国时期的小学毕业证及其背后的故事	山东档案
魏怡勤	一份抗战胜利档案背后的悲壮故事	档案与建设
吴海琰	从馆藏民国学校历史档案中校服样式规程说开去	北京档案

（续表）

作　者	题　名	刊　名
吴景平；张闳	中国战时外交的再研究与再思考——以蒋介石日记、宋子文档案等海外文献为中心	中学历史教学参考
吴蕴慧	民国时期苏州城墙存废困境之档案纪实	山西档案
肖红飞	温岭民国档案的内容及开发利用实践	浙江档案
谢海林	从《张佩纶日记》看其流放生活和钦慕对象	博览群书
徐立望	重新发现青田——民国青田华侨档案史料论述	浙江档案
徐正蓉	民国年间云南曲靖恭家坝水利纠纷——以档案为中心的考察	保山学院学报
闫柯菲	浅析语言发展对档案文化的影响——以秦皇岛耀华玻璃厂民国时期外文董事会档案资料整理与研究为例	校园英语
姚永超	中国近代海关的《海务报告》考论	国家航海
尹伟；张如华	打开绍兴商会档案的尘封记忆	浙江档案
尹昕等	清华大学图书馆收藏的民国毕业论文的整理与研究	大学图书馆学报
翟玉霞	海外民国档案史料征集	中国档案
张海艳；董劲伟	秦港民国英文气象档案（1923—1949）相关问题初探	兰台世界
赵午	于荣县拍录民国档案有感	法律史评论
周文娟；黄伟萍	《门牌户次册》档案简介	浙江档案
朱琪	民国档案数字化前原数据整理编目	中国档案

表3-4　2015年与民国档案研究相关的学位论文

作　者	论文名称	作者单位
梁璞	黄冈地区民国名人档案文献开发利用研究	华中师范大学
刘德召	从龙泉司法档案看我国民国时期刑事诉讼制度	浙江工商大学
王雅云	"新秩序"与"旧风俗"：民国时期龙泉县招赘婚诉讼研究	华东师范大学

二、民国档案研究综述

为了对民国档案的整体研究情况进行综述,本文主要分成两个部分:一是对民国档案的整理出版情况进行综述,主要涉及 2015 年民国档案的影印及汇编出版;二是对民国档案的学术研究情况进行综述,主要涉及 2015 年民国档案的出版专著、课题立项及学术论文。

（一）出版成果

1. 档案类

（1）抗战系列

《中国人民抗日战争纪念馆藏台湾义勇队档案汇编》,以中国人民抗日战争纪念馆所藏台湾义勇队档案为底本影印出版,计 3000 余页。主要包括台湾义勇队的宣传、组织、总务三方面的档案文件,涉及宣传工作、队员入队志愿书、人员考核、队员个人档案、名册暨人事统计、员工调派、庶务、法令、优待军属、办理赴台手续等内容,为中国人民抗战史和近代史研究提供了第一手资料。

《国际检察局讯问记录》是国家图书馆和上海交通大学合作整理出版的东京审判系列文献取得的又一重要成果,根据美国国家档案馆所藏关于远东国际军事法庭审判的国际检察局文书整理汇编而成,包括国际检察局对以东条英机为首的 28 名被告和其他甲级战犯嫌疑人以及相关证人、旁证人、具体事件、各类团体的审讯记录和调查报告等,其中国际检察局对东条英机、土肥原贤二、岸信介等战犯及嫌疑人所做的原始讯问笔录,均属国内首次完整披露。同时,作为《远东国际军事法庭庭审记录》和《远东国际军事法庭证据文献集成》的有力补充,也是揭露日本在二战期间的战争暴行的又一铁证,对东京审判、日本侵华史等专题研究,均具有较高的档案文献价值。

《日本降书:日本政府向同盟国投降降书》与《日本降书:日本政府向中国投降

降书》，系南京出版社从中国第二历史档案馆和宁波市江东区档案馆所获当年日本签署的两份投降书的原件复制件。两本降书都配有中文简体横排译文，还有对当年受降仪式过程的介绍，揭露了仪式进行过程中许多鲜为人知的细节，并配以珍贵的历史图片及文物照片。

（2）政治系列

《民国参政院议事录（1914—1916）》收录了福建省图书馆藏民国3年至5年参政院议事录，主要为"参政院纪事""参政院代行立法院秘密会议议事录"和"参政院代行立法院会议议事录"，共五册，记录了参政院自民国3年6月20日开院至民国5年被解散期间所议事之各案，内容涉及参政院会议规则案、行政诉讼法案、户籍法案等相关法案，皆为誊清抄正之文本，各议案篇末皆钤盖有议长林长民等职事的印章，殊为可贵。

《满铁内密文书》按专题设卷，主要有四类：一是档案文件；二是专题文书；三是官方文书；四是其他文书。所收材料超半数是"秘"级资料，含特秘、极秘等。其余也都是非公开的内部文书，也有很多满铁手抄本和少数复印件。内容大部分属于满铁自身历史，也含有与满铁直接、间接相关问题，或由满铁延伸、衍生及背景问题。本书所辑内密文书，大部分出自满铁，兼有其他机关文书，这些文书几乎全都是站在侵略者的立场，为侵略扩张服务的。选编和刊出此类文书，可以在认识其立场观点基础上，了解其历史史实和政策取向。全面综合深入地研究满铁，有助于澄清世界历史的一些大是大非问题。

（3）其他系列

《上海市档案馆藏近代中国金融变迁档案史料汇编》，对上海市档案馆馆藏的近代中央银行档案进行系统的整理，总结其成功经验，汲取历史教训，这对我国构建多样性的金融市场体制，应对更为复杂的局势，保障经济的平稳发展，具有重要的现实资政参考价值与作用；《青田华侨档案汇编（民国）》第二辑，主要以真实的档案史料，集中展示了民国时期青田华侨历史变迁的清晰脉络。

2. 公报类

《汪伪政府公报·中央卷》和《汪伪政府公报·地方卷》，前者收录汪精卫伪政府与梁弘志"维新"政府公报中央部分 33 种。后者作为《汪伪政府公报·中央卷》的姊妹编，将其统治区域内的各地政府编辑出版的地方公报收集整理后结集影印出版，所收录内容有：江苏省政府公报、上海市政府公报、安徽省政府公报、浙江省政府公报、杭州市政府公报、湖北省政府公报、汉口市政府公报、广东省政府公报、广州市政府公报。

《商标公报（1923—1948）》，收录民国时期《商标公报》共 408 期，含北洋政府商标局第 1–124 期，南京国民政府商标局第 1–283、285 期。其中南京国民政府商标局第 284 期，虽多方搜求，仍未找到，只得暂缺。《商标公报》内容除刊登最新申请注册商标外，还有工商企业呈请商标注册的行政通告，也有大量政府对商标进行管理的法律、法令，商标公函，商标评审案例，包括商标局评定书、再评定书，商标局异议审定书、异议再审定书、诉愿决定书等有关商标管理、争议方面的详细资料，这些是研究我国近代商标图样、商标历史极为重要的资料，也是研究民国时期工商业发展极为重要的史料。

《海军公报（1929—1937）》收录了南京国民政府海军部公报室编印的《海军公报》，从 1929 年至 1937 年，共 96 期，其内容涉及海军法规、命令、公牍、调查、专载、海军消息等，比较全面反映了民国时期海军部的发展，将对民国军事史尤其是海军史的研究起到一定的积极作用。同时，汪伪政权海军部也曾编印过《海军公报》，为使广大读者能了解这一段历史，本书也将其一并影印出版。

（二）学术研究

2015 年对民国档案的整理与研究可以说是引起了学界的诸多关注，本年度获得立项的国家社科基金有 8 项，教育部基金 4 项。其中重大课题 1 项，规划项目 2 项，一般项目 7 项，青年项目 2 项，选题主要集中在图书馆事业档案、抗战档案、外交档案、气象档案等领域。相对于 2014 年，对民国档案的相关研究论文在数量上也有明显的增长，由 2014 年的近 20 篇增加到 2015 年度的 56 篇，研究主题范畴也更为全面。

1. 民国档案管理研究

本年度民国档案管理方面的研究主要集中在民国档案概况、整理和开发利用方面。

（1）民国档案概况

广东省档案馆馆藏历史档案中保存了大量抗日战争时期，以及战前和战后形成的与台湾有关的历史档案资料以及不少记录香港地区历史情况的档案，这些档案主要分布在馆藏清代档案、海关档案、民国档案、革命历史档案等几类档案中。黄菊艳在《广东省档案馆馆藏台湾历史档案概况》和《广东省档案馆馆藏香港档案史料概况》两篇论文中，分别对广东省档案馆藏台湾和香港的历史档案进行梳理和介绍。

《门牌户次册》档案是户籍档案，记录了街巷门牌、住户情况等信息。民国时期，政府对户籍制度相当重视，1912 年开展了全国性的人口普查，1927 年建立了户口调查常规制度，1931 年颁布了《户籍法》。宁波海曙区档案馆现存的《门牌户次册》档案共有 5 册，由宁波警察局第二分局、第六分局于民国 35 年编造。它们记载了当时宁波城厢（今海曙区）10 条路、22 条街、82 条巷、98 个村门牌号相对应的住户、商店情况。周文娟和黄伟萍在《〈门牌户次册〉档案简介》中对此进行了详细介绍。

孙文婧的《抢救被遗忘的历史——会理县收集抢救清代、民国档案纪实》和吴蕴慧的《民国时期苏州城墙存废困境之档案纪实》两篇论文，前者对会理县抢救清代及民国档案的具体情况进行介绍。后者则对民国时期苏州城墙的变迁、面临的问题与困境以及逐渐陷入了留之无用、拆之可惜的尴尬局面，最终在 20 世纪 50 年代全国范围内掀起的"拆城"运动中，苏州城墙结束了自己的历史命运的档案进行纪实性概述。

苏云龙的《阳江市档案馆馆藏民国时期形成的抗战史料概况》，从日本侵略军侵占阳江的概况、馆藏民国时期形成的抗日战争档案资料两个方面对阳江市档案馆馆藏民国时期形成的有关抗战档案资料进行整理分析。

（2）民国档案整理

在档案界，历史档案是指在中华人民共和国成立前，各机关、团体、部队、企业、事业单位以及著名人物在社会活动中形成的档案。由于客观因素，有些档案长期分散在各处，甚至在个人手中，就需要通过多条渠道进行征集，而档案的征集是一项社会性的工作，需要档案部门主动面向社会去发现、去挖掘、去征集。刘丽颖在《略论历史档案征集工作的意义和途径》对此问题进行详细论述。

耿军的《民国档案数字化整理》和《浅析民国档案数字化前整理中业务培训的必要性》两篇论文，前者在中国第二历史档案馆馆藏民国档案整理现状及问题的基础上，按照数字化时代对档案整理的新要求，对做好数字化时代民国档案整理工作进行论述。后者对中国第二历史档案馆积极顺应数字化和大数据时代的发展潮流，率先在国家级档案馆中开展"馆方老师指导、整理业务外包"的新型档案数字化工作实践模式进行介绍，从而热切呼唤馆方及时对外包公司员工实施业务培训。

苏州民国档案保存环境较好，注重收藏地方文献，收藏系统独具特色，近年来注重数字化技术的应用，开展了多项地方文献编研工作，在民国档案的开放展示方面也取得了一定经验。陆琳等在《苏州民国档案整理与开发利用研究》一文中，对苏州民国档案整理与开发利用中出现的问题进行介绍，提出应采取相应措施，如强化民国档案保护意识、培养专业人才、开展民国档案深加工工作、举办特色民国档案展览等，以加强民国档案的保护与利用。

尹昕等在《清华大学图书馆收藏的民国毕业论文的整理与研究》中，对清华大学图书馆收藏 831 篇民国毕业论文，通过对照校史档案进行整理，以详实的数据揭示了这批论文的年代、学科分布情况以及外观方面的时代特点，指出在选题和写作方式上，这批论文呈现出关注国计民生、紧跟学术前沿、强调实证研究、注重外语能力、多见名师批语等特点，与其他特色馆藏形成互补。

当今信息技术的飞速发展和互联网络的无限延伸，数字化、网络化、信息化已深刻影响着人们的工作和生活，社会已进入到数字时代、大数据时代，未来档案馆将朝着成为数字化档案馆的方向发展，馆藏档案数字化是档案信息化建设的重要内容，也是档案工作融入社会主流生活的客观要求和深度利用档案资源服务社会的必然选择。朱琪《民国档案数字化前原数据整理编目》一文中，对如何解决好馆藏海量文献的整理编目，以便顺利实现民国档案数字化的文化保护与利用进行论述。

此外，王华在《晚清民国华侨档案整理与研究》中，对中国第一历史档案馆、中国第二历史档案馆、广东省档案馆、福建省档案馆以及侨乡各级档案馆中收藏的晚清民国时期华侨档案进行整理与研究；蔡迎春的《民国档案整理出版的分期及特征》，以时间为序，将民国档案的整理出版分成三个时期，阐述民国档案出版状况和特征；闫柯菲在《浅析语言发展对档案文化的影响——以秦皇岛耀华玻璃厂民国时期外文董事会档案资料整理与研究为例》对秦皇岛耀华玻璃厂民国时期外文董事会档案进行整理与分析，深刻解释了中国文化中所使用的档案语言的独特的要求和功能。

（3）民国档案开发

温岭民国档案中的民国地籍档案和北洋时期的档案十分珍贵，数量之多居浙江省内县级综合档案馆的首位。肖红飞的《温岭民国档案的内容及开发利用实践》，对温岭民国档案的主要内容以及温岭市档案馆从发挥凭证作用、发挥参考研究价值、发挥宣传引导作用三个方面对温岭民国档案的开发利用实践进行论述。

2. 民国政治档案研究

随着南海争端的逐渐升级，我国南海维权压力面临巨大挑战，历史性权利的维护在南海维权斗争中发挥越来越重要的作用。宋继伟在《台湾地区馆藏档案在南海问题研究中的应用探析》一文中探讨台湾地区馆藏的民国时期南海档案的重要作用,并分析馆藏档案的分布和类型,借助"档案资源整合查询平台"分析南海档案的搜集与利用,以期从档案应用视角为南海问题的历史依据研究提供支持,并且认为搜集、整理和利用好留存于台湾地区的民国时期档案,对于应对当前越南、菲律宾南海问题"司法化"挑战具有十分重要的现实意义。

鄂伦春族昔以捕猎为生。随着与外界的接触,鄂伦春人狩猎工具逐渐改进,石质箭头和骨质枪头、铁质箭头和铁质扎枪、弓箭等工具逐渐被弃用,枪支日益受到猎民的喜爱。1918年形成的库玛尔路鄂伦春满文枪支档案,真实地记录了库玛尔路鄂伦春正白旗头佐及二佐枪支种类、枪支数量、所有者及铅丸火药的购买渠道等信息,对于了解民国时期库玛尔路鄂伦春枪支使用状况具有参考价值。刘项新的《库玛尔路鄂伦春满文枪支档案刍议》有详细描述。

民国时期,天津各个地区的行政隶属关系复杂多变。1928年首设天津特别市,属国民政府直接管辖,档案资料中记录了日占时期的天津特别市行政组织条例。王浩浩的《1938年的天津特别市——以相关档案资料为中心的考察》就以这些档案资料为研究对象,从文献的角度对天津特别市的范围和行政制度进行简单探究,揭露了日本侵略者力图从各个方面控制天津城市的野心。

3. 民国经济档案研究

民国时期,由于政治等方面的原因,内地与西藏经贸往来受到一定影响,但川康、云南等地茶叶仍然是西藏同胞日常生活必需品,并从不同渠道运往西藏等地。曹必宏《民国时期内地与西藏的边茶贸易——以档案史料为中心的考察》,以中国第二历史档案馆所藏相关档案中有关民国时期内地与西藏经贸往来中占最重要地位的边茶贸易——包括川茶、康茶和滇茶运销西藏的情况进行梳理,以详实的数据指出内地与西藏地区的边茶贸易尽管由于种种原因不尽顺利,且数量呈下降之势,但川康滇地区的茶叶,仍源源不断输往西藏地区,为藏民提供了生活必需品。同时,"茶叶一项,从来为内地与西藏经济上主要之联系,亦即中枢对藏政教运用之所资藉。"正是由于包括边茶贸易在内的内地与西藏经贸往来的持续开展，从而加强了内地与西藏间的交通建设、人员交往和汉藏交流。

我国烟草发展史，起始于保定的卷烟厂。1902年，时任直隶总督袁世凯提出，在保定直隶农务局试办烟厂，随后，保定农务局设厂制造纸烟，开中国官办卷烟工业之先河。菅荣军在保定市档案馆偶翻档案，发现一份有关"合资经营卷烟厂业务的合同"抄件，该合同立于中华民国25年12月1日，合同内容反映了合资经营卷烟厂的业务，从一个侧面，佐证了保定烟草发展的悠久历史。他在《保定民国时期一份合资经营卷烟厂业务的合同》一文中进行全文抄录。

长江、金沙江、岷江水系从宜宾流过的优越地理环境，形成了宜宾的水码头和清、民国时期宜宾以物流为中心的商贸基本格局。宜宾贸易市场以诚信为基础，以临河商圈的栈房贸易为特色，以火神楼茶馆为交易中心，以高度发达的银钱业为金融保障，逐渐形成了川、滇、黔结合部最大的商贸中心和物资集散中心，为宜宾现代商业的发展和社会进步奠定了基础。凌受勋的《清代、民国时期水码头宜宾的商贸和物流——基于档案史料的考察》，对档案史料中与宜宾商贸和物流相关的资料进行揭示，从而分析宜宾对促进大西南经济带和长江经济带的交融和互补以及为中国西部经济的发展做出的历史性贡献。

1983年，绍兴县档案馆将在县公安局注明是"废品"的28麻袋档案收集进馆，经过加工整理后，从中发现了一大批绍兴县商会档案。这些档案主要涉及绍兴商会自光绪三十一年十二月（1905年）成立以来，在商务活动中形成的各种文书和票证材料，如商会和各同业公会的章程、行商执照、商业合同、股票、信函以及照会、说帖等。这批档案内容完整系统，时间持续连贯，真实记录了绍兴商会的发展路程、相关活动及其作用，是研究绍兴商会历史的珍贵档案。尹伟、张如华在《打开绍兴商会档案的尘封记忆》中对此进行详细介绍。

4. 民国抗战档案研究

中国第二历史档案馆主办，吉林大学文学院与社科处协办，《民国档案》杂志社、吉林大学文学院历史系承办的"民国档案与抗日战争研究学术研讨会",于2015 年 7 月 16—18 日在长春召开,来自全国各地档案界、史学界的 70 余位专家学者参加了会议,提交论文 40 余篇。刘楠楠在《"民国档案与抗日战争研究学术研讨会" 会议综述》中对会议内容进行综述。此次会议主要是对抗战时期政治、经济、军事、教育宣传及文化发展、政治人物、档案史料与抗日战争研究等若干问题进行研讨。

全面抗战爆发后,正面战场负伤官兵数量剧增,国民政府为此逐渐出台应对措施,以收容救治伤残官兵,并在诊治之后按照伤愈者归队和残废者教养的方式进行分类处置,此举一定程度上承担起了政府应尽的责任,体现了国家对于军队伤残崇德报功的政治道义。李常宝《抗战期间正面战场官兵伤残的国家应对——基于民国档案的研究》从民国档案中挖掘和梳理相关资料和数据,通过对照抗战八年残废官兵人数与收容教养实有人数,提出国民政府的收容教养工作远未达到旌表"为国成残者" 的政治初衷。

宋淑睿、冯馨雨《从馆藏民国徽章探究档案背后的抗日故事》和魏怡勤《一份抗战胜利档案背后的悲壮故事》则主要是从民国档案中深度挖掘出一个个可歌可泣的抗战故事,从一个侧面反映了抗战期间日军侵华战争中犯下的滔天罪行,用中国人民英勇抗击日寇不屈不挠的民族精神,提醒我们要珍藏保护和利用好这些民国实物档案,不忘国耻,凝聚起新的民族精神,抵御外部侵扰,维护世界和平,抓住发展机遇,为实现中华民族伟大复兴的中国梦,做出我们的贡献。

5. 民国社会档案研究

《南部档案》是目前国内时间跨度较长、较为系统完整的清代州县地方档案,共保存档案 8186 卷,主要分吏、户、礼、兵、刑、工、盐七房归档。李庆宏、刘婷在《三十年来四川鸦片问题研究述论——兼论〈南部档案〉中鸦片史料分布及价值》中,通过对三十年来学界对四川鸦片问题研究的梳理,同时对《南部档案》有关鸦片的史料分布情况进行对比,从区域交流、消费市场等角度对其史料价值进行解读。

民国时期，社会救济获得一定发展，一些传统的做法经过改良被延续下来，对贫困和失足妇女的救济从传统的官媒择配和善堂择配逐渐发展为"悬像择配"。"悬像择配"有固定程序，救济院、北平社会局对请领人调查严格。请领人主要是一些小商人、店铺伙计、小地主、小工厂主。尽管表面看来，这一制度尊重妇女的意愿，体现婚姻自主，举办新式婚礼，甚至集体婚礼，符合当时新生活运动移风易俗的要求，但实际上请领人需要交纳膳食费和慈善捐，仍然含有买卖婚姻的因素，使妇女在婚姻上仍然依附于男性。曹文娟《民国北平救济院收容妇女"悬像择配"之考察——以1935年北平市社会局档案为中心》以民国档案中的具体事例为案例对此社会现象进行分析和评价。

乌昌地区各县市档案馆藏有较为丰富的民国档案，且关于婚姻方面的数量相当可观。刘超建、孙燕京《乌昌地区民国婚姻档案的主要特征与史料价值》一文就其婚姻档案的基本情况、主要特征及对社会史研究的史料价值等方面作了初步探讨，认为婚姻档案对社会史研究价值主要是能够为移民社会的婚姻形态、人际关系、司法实践、乡村治理、人口结构、社会变迁等方面研究提供第一手的资料。

王旭的《打虎前鉴——清朝民国贪官档案判读》则是一部专涉贪腐主题的历史人物随笔，也是迄今为止国内收录历代贪官人物最全的一部评传。本书以清朝和民国这两个历史朝代更替和败亡为鉴，揭示了近百名重磅贪官的恶行。

6. 民国名人档案研究

名人档案是历史发展的印记，有着浓郁的地方特色，通过名人档案可以看到社会发展的历史轨迹。名人档案因为其形成原因，许多散存在个人手中，如不及时收集和整理，很容易遗失、损毁，造成不可弥补的损失，收集整理这些珍贵的名人资料，建立名人文献档案库，对于研究当地的社会生活、政治变革、经济发展水平及文化的传承具有深远意义。梁璞《黄冈地区民国名人档案文献开发利用研究》，对黄冈地区民国名人档案文献的开发利用以及在开发过程中面临的分散与滞后等问题进行研究，并在此基础上，对黄冈民国名人档案文献进行资源整合，组织管理，从而为实现黄冈地区民国名人档案的社会共享提供依据。

傅斯年（1896~1950），教育家、史学家，山东聊城人。早年就读于北京大学，后留学英国和德国。1926年回国后，任广州中山大学文学院院长，创建中山大学语言历史研究所。1928年任中央研究院历史语言研究所所长，后任社会科学研究所所长、中央博物院筹备主任、北大代理校长等职。1949年任台湾大学校长。王汎森等人编著的《傅斯年遗札》收录了傅斯年致亲友及各类机关的私人、公务书札，收信人有蔡元培、罗家伦、胡适、李济、顾维钧、李四光等各界著名人物。书中提供的大量珍贵的原始文献，以"中研院"史语所所藏"傅斯年档案""史语所档案""史语所考古组档案"为主，兼取"中研院"近代史所"朱家骅档案"、南京第二历史档案馆及《胡适遗稿及秘藏书信》《罗家伦先生文存补遗》等公开出版物。由于傅斯年身份的多样性，这批书信是观察中国近代政治、外交、教育、学术研究的发展，以及研究傅斯年个人生平的重要史料。

任炜章，四川南部县人，曾任国民革命军第二十军第四混成旅副旅长、渠县县长、红四方面军独立师师长，后在川陕苏区肃反期间被杀。关于任炜章的研究成果虽多，但有许多基本的学术问题尚未解决。任炜章在渠县县长任内遗留下来的档案，成为解决这些问题的原始依据。苟德仪在《任炜章研究三题——基于民国〈渠县档案〉为中心的考察》中，通过梳理民国《渠县档案》等资料，对争议较大的三个问题，任炜章之名、任炜章任职渠县时间、捐资慰劳十九路军史实进行重新考订，期望纠正既有研究的错误，为下一步研究奠定基础。

朱镜宙系民国时期著名财政金融家，早期为民初著名新闻报人，后履职西北、西南，于财税改革多有己见与创获。抗战后逐步淡出政经界，遁入空门。1949年去台后创办台湾印经处，为台湾佛教界重要人物。李学功的《新发现的朱镜宙六封相关信函——兼论朱镜宙与朱家骅的交往及其人生信仰的面向》，对台湾"中研院"近史所档案馆藏《朱家骅档案》中收录的未及刊布的朱镜宙与民国政要朱家骅往来的数封相关信札资料进行梳理，从中概可缕析二朱关系及抗战后朱镜宙人生信仰的面向。

王正廷（1882~1961），是民国时期最重要的外交家之一，同时又以"中国奥运之父"知名。完颜绍元的专著《"废约"外交家王正廷》依据民国外交档案及最新披露的王正廷自述等丰富的历史文献资料，广泛参考和汲取学术界最新的研究成果，对他在屈辱、抗争和磨难中蹒跚于废除不平等条约的艰难旅程以及相关的政治社会活动，做出全景式观照。

7. 民国教育档案研究

辛亥革命后，新文化运动的春潮唤醒了人们对美的渴望，这些都在服装上得到了体现，中国式学生制服也从这时开始。中国真正意义上的校服是由西方国家的教会在中国创办学校时引入的。当时，最典型的中国式男生校服是在当时深受学生喜爱的中山装，而颇受日本款式影响的制式装校服，则成了女学生的最爱。男学生虽然有中山服，但是也并没有完全被接受，仍有学生坚持长马褂当道，而长马褂配西裤，脚底一双布鞋则是当时最时髦的学生装扮。吴海琰的《从馆藏民国学校历史档案中校服样式规程说开去》，对当时的校服式样进行图示和对比。

王增强、陈世利《民国时期的小学毕业证及其背后的故事》，对诸城市档案馆的两本非常特殊的档案——民国三十一年一所初级小学和高级小学的毕业证书及存根进行探究，以期揭示在档案背后的不为人知的故事。

8. 民国司法档案研究

民国司法档案从司法史、社会史、法律社会史三个层面，为研究中国司法从传统到近代的演变，包括制度、程序、法理、实践等各方面的过渡和衔接以及法律与社会变迁之关系、近代中国地方经济民生、政治军事、宗族组织、婚姻形态、社会问题等各个方面，提供了极为丰富的第一手资料。

2007年浙江大学在浙江龙泉县档案馆发现的民国年间龙泉地方法院的档案，是继巴县档案、南部县档案、台湾淡新档案、宝坻档案、黄岩档案之后，民国时期司法档案的又一次重大发现，也是我国发现最完整的一批民国时期的基层法律档案文书。龙泉司法档案共有 17333 卷,88 万余页,共计约 100 万字,时间自咸丰八年始,至民国 38 年止,实际记录的诉讼案件超过 2 万个。此批司法档案涉及刑事、民事案件以及其他纠纷过程中出现的各类诉讼文书,不仅在很大程度上反映了清末到新中国成立之前,我国法律制度及地方司法实践从传统到近代变革的完整过程,而且生动展现出近代浙江南部社会结构、经济形态、家庭婚姻、民众观念等各个方面的实际样态,几乎涵盖了普通民众生活的全部内容。

为更好地保护与利用这批宝贵的档案文书,浙江大学历史系从 2007 年起通过数字化与编目、整理与出版、学术研讨与考察活动、学术研究等一系列活动,对龙泉档案展开全面的整理与研究工作,成果斐然。2015 年主要有浙江大学出版社的《龙泉晚清民国司法档案》,以及刘德召的学位论文《从龙泉司法档案看我国民国时期刑事诉讼制度》。后者通过对龙泉司法档案进行深入研究以及全面的评介的基础上,着重挖掘其法学价值,通过具体的案例将民国时期刑事诉讼的特色展示出来,并从立法和实践两方面指出了对我国当代刑事司法制度建设的可借鉴之处。而王雅云的《"新秩序"与"旧风俗":民国时期龙泉县招赘婚诉讼研究》,在利用司法档案、法律文书、家谱、口述成果、报刊等资料的基础上,以龙泉招赘婚诉讼为个案,分析清末民国时期民法变迁给传统社会带来的种种影响,着重揭示民众、宗族和地方司法机构对民法变革的应对和利用,最终探讨民法近代化的问题。

民国新繁县司法档案所涉杀人案件 84 件,其判决大抵都依照相关法条做成,王有粮《基层命案与民国刑法:以新繁档案为中心的初步考察》对其对应关系进行分析,依照个罪的规定在新旧刑典中是否承续或是否发生形式变化的情况之不同,将刑事罪名分为四类:未变之罪、已变之罪、新设之罪、消逝之罪,并对其进行深层揭示和解读。

9. 民国外交档案研究

陈红民《民国时期意大利与中国关系的档案史料——以〈陈公博访意报告书〉（1938 年）为例》,主要分为三个部分:第一部分是对民国时期中国与意大利关系中文研究成果与史料刊布的简要总结;第二部分介绍三种重要的中意关系新史料:台北"国史馆"藏"蒋中正总统文物"、台湾"中央研究院"近代史研究所档案馆藏"外交部档案"、美国斯坦福大学胡佛研究所藏"蒋介石日记",并简要说明它们对于中意关系研究的意义;第三部分是根据陈公博访问意大利的报告书来论述抗日战争初期的中意关系。本文的主旨在于说明,新档案的发现已为从深度与广度两个方面拓展民国时期中意关系研究提供了新的可能性。

美国斯坦福大学胡佛研究所、哥伦比亚大学珍稀书籍和手稿图书馆、国家档案馆、国会图书馆;英国国家档案馆;日本外务省外交史料馆、防卫厅防卫研究所图书馆和东京大学社会科学研究所;中国台湾地区的"中研院"近史所和"国史馆"。这些机构收藏有蒋介石日记,孙中山、宋庆龄等人文稿,宋子文、孔祥熙、陈光甫、顾维钧等民国政要档案,与战时中国外交密切相关的美国人士史迪威、魏德迈、陈纳德、居里、杨格、拉铁摩尔等人档案,以及各国与中国外交档案。吴景平、张闳《中国战时外交的再研究与再思考——以蒋介石日记、宋子文档案等海外文献为中心》认为,蒋介石是中国历史上曾经出现过的非常重要的人物,蒋介石所起的历史作用决定了其日记是不容忽视的。有关中国近现代史的海外档案文献具有真实性、国际性、权威性的特点,价值极高,对我们拓宽历史视野,更好地尊重和理解历史有重要意义。吴景平认为,近代中国并非仅仅是沉沦、不堪的历史,中国为改变不平等的国际地位做出了大量努力,值得我们后人永远铭记。战时外交取得了一定成就,提升了中国的国际地位,但也出现了一些难以弥补的缺憾。

10. 民国华侨档案研究

青田华侨是中国海外移民的核心力量,至今仍发挥着重大的影响力。让世人感兴趣的是:为什么今天在欧洲具有主导影响力的是以青田华侨为核心的浙江人,而不是具有几百年移民历史的广东、福建人? 为什么同在浙江省,是偏僻的山区小县青田大规模地向海外移民,而非交通更加便利、信息更加发达的宁波、绍兴、台州等地区? 为什么在改革开放以后,青田华侨相比于其他地区华侨,能立刻占据先机,迅速在欧洲以及世界其他地区扎根,成为中国海外移民的重要组成部分？徐立望在《重新发现青田——民国青田华侨档案史料论述》中,通过梳理和分析民国青田涉侨档案史料对此问题给出较为详细的论述。同时,傅旭芬、徐立望的《青田民国时期涉侨档案简介》对青田县档案馆馆藏的民国档案中原真性好、史料价值高、门类各异、内容丰富的97卷涉侨档案进行介绍。

11. 其他民国档案研究

民国年间南盘江流域曲靖坝子水旱灾害频现,为应对灾害,政府进行曲靖恭家坝水利工程建设。在工程兴修的过程中,民众以建坝闸会引致洪水反对建闸,政府却坚持建闸,圩区民众与政府双方爆发冲突并产生水利纠纷,之后政府通过一系列应对措施,成功解决纠纷。该纠纷的成功解决,是云南水利问题的一个典型,然而此事件却无碑记,更没有形成相应的水利规定,值得探究和反思。徐正蓉《民国年间云南曲靖恭家坝水利纠纷——以档案为中心的考察》以档案文件为基础,对这次水利纠纷进行了总体性的历史梳理,在当前环境史研究中具有非常重要的价值。

民国时期气象事业发展十分缓慢,只有一些零星气象站点的建立,管理名目繁多,头绪复杂,导致气象数据流失严重,保存不完整。在此背景下,秦皇岛港现存民国英文气象档案则具有重要科技价值,张海艳、董劲伟《秦港民国英文气象档案(1923—1949)相关问题初探》从秦港民国英文气象档案内容和气象数据来源两个方面进行梳理,气象数据主要来源于大沽口气象观测站和秦皇岛海关。英文气象档案的梳理对秦皇岛地区气象研究是一大补充,甚至对整个气象史的完善都大有裨益。

除征税等本体业务外,中国近代海关的第二大职能任务是管理海务和港务。在长达数十年的管理工作期间,中国近代海关留下了大量的海务和港务档案。1909—1937年的海务年度报告,是反映清末与民国时期海关海务和港务工作业绩的最重要和最翔实的珍贵资料,其内容覆盖面广、连续性强、权威性高,具有较高的学术研究及工程应用等科学价值。姚永超《中国近代海关的〈海务报告〉考论》,

对《海务报告》的编印概况、栏目设置及其前后变化、所附图表和附录、利用价值进行考据。

民国时期，云游道士来到北京后往往受到警察的怀疑，通常被带回警局讯问，多数依据相关律文受到处罚。这些道士未能及时了解情况，调整自身的行为，他们依靠化缘能够取得很好的经济收入，与民众的信赖密不可分。1914—1942年，进京的道士日益年轻化，在财富观念上日益功利，但仍然有不少道士为道教事业努力，显示出处于衰落状态中的道教仍然不乏复兴的希望。北京市档案馆收藏了民国时期云游道士进京的11个案件，这些档案留下了他们的供述，详细记录了他们的姓名、籍贯、来京动机等，寇凤凯在《民国时期云游道士进京述论——以民国档案为中心的考察》一文中对这些档案进行系统研究，从微观史学的角度，依据这些微小的案件中所蕴含的细节，深入了解普通道士在北京的生活经历、收入水平及其中所反映出来的思想认识水平、宗教素质等，以期能够更加细致地认识民国道教。

航运业是招商局的祖业，招商局的船队是招商局最具历史意义的代表。而招商局的每一艘船又是招商局历史的承载，见证了中国近现代航运业发展演变的轨迹。胡政的专著《招商局船谱》主要以招商局档案为主要依据，采图文、中英文互照的形式，以船舶入局时间为主线加以编排，详细考证了720多艘船舶的资料，精选出近300幅珍贵船图，分别从"晚清时期""民国时期""新中国成立之后"三个时期进行梳理和论述，从而展现出一部完整的招商局船舶发展谱册。

第四章　民国报刊研究综述

　　通过查询国家图书馆、上海图书馆、2015 年出版机构提供的征订书目，得到与民国报刊有关的出版成果 20 部（影印、汇编类丛书 15 部，专著 5 部），其中专以民国报刊为影印对象的丛书占较大比重；专著继续从"史"的角度对民国的新闻、出版等行业作理论方面的深入挖掘；通过检索全国哲学社会科学规划办公室网站①，查得 2015 年与民国报刊有关的重点项目 1 项、一般项目 5 项、青年项目 2 项；通过查询教育部网站②，得到与民国报刊有关的规划基金项目 3 项、青年基金项目 4 项；在中国知网、万方数字化期刊网等查询平台，以"民国"并"报刊"为主题进行检索（检索截止时间为 2016 年 3 月 21 日），共查得 2015 年与民国报刊密切相关的学术论文 44 篇、学位论文 11 篇。这些论文涉及新闻出版、中国近现代史、中国文学、图书情报、戏剧电影与电视艺术、美术、书法、雕塑、摄影、教育理论与管理、农业经济、民族学、社会学、行政学及宗教与军事等相关专业。本文力图通过对这些文献的综述，揭示 2015 年学界对民国报刊关注的热点和理论研究新方向，期望为学界把握研究的新动向提供帮助。

---

　　①　全国哲学社会科学规划办公室［EB/OL］.［2016-4-10］. http：//www.npopss-cn.gov.cn/n/2015/0625/c219469-27206694.html

　　②　教育部社会科学司［EB/OL］.［2016-4-10］. http：//www.moe.edu.cn/s78/A13/A13_gggs/A13_sjhj/201509/W020150911492688152390.pdf

一、民国报刊研究情况

（一）出版成果

2015 年与民国报刊相关的出版成果共 20 部，具体见表 4-1。

表 4-1　2015 年与民国报刊相关的出版成果

书　　名	作　　者	出版社	出版形式
近代教会大学历史文献丛刊	王强	凤凰出版社	影印
中国近代铁路史资料选辑	江沛	凤凰出版社	影印
近代著名图书馆刊荟萃五编	顾烨青	国家图书馆出版社	影印
抗日战争史料丛编·第二辑	中国社会科学院近代史所 中国抗日战争史学会	国家图书馆出版社	影印
历代佛教传记文献集成	李印来	国家图书馆出版社	影印
民国时期音乐文献汇编	钱仁平	国家图书馆出版社	影印
民国时期职业教育文献辑刊	楼世洲	国家图书馆出版社	影印
商标公报（1923—1948）	农商部商标局等	国家图书馆出版社	影印
现代中国之记录——中国报刊情报集（1924—1931）	清华大学图书馆	国家图书馆出版社	影印
中华抗战期刊丛编	江苏省档案馆； 南京师范大学抗战研究中心	南京师范大学出版社 国家图书馆出版社	影印
中国杂志	上海图书馆	上海科学技术文献出版社	影印
民国期刊集成	王国维等	上海书店出版社	影印
民国书画金石报刊集成	上海书画出版社	上海书画出版社	影印
护国运动文献史料汇编	王水乔；刘大伟	云南人民出版社	汇编
中国影戏大观	徐耻痕	东方出版社	汇编
中国报学史	戈公振	中国文史出版社	专著

（续表）

书　名	作　者	出版社	出版形式
福建近代出版史研究	张雪峰	中国书籍出版社	专著
天津新闻史	马艺	天津人民出版社	专著
"骂"与《新青年》批评话语的建构	李哲	山东文艺出版社	专著
民国时期上海民俗书刊出版研究——商业·启蒙与知识分子的文化坚守	杨茜	民族出版社	专著

（二）学术研究

1. 课题立项

2015 年与民国报刊相关的国家社科课题共有 8 项、教育部基金项目共有 7 项，具体见表 4-2。

表 4-2　2015 年与民国报刊相关的课题情况

项目类型	项目编号	项目形式	课题名称	申请人
国家社科	15AZW012	重点项目	香港报刊文学史	赵稀方
国家社科	15BZW130	一般项目	中国现代文学报刊作品系年及数据库建设	张新民
国家社科	15BTQ042	一般项目	20 世纪上半叶中国自主出版的英文报刊研究	黄芳
国家社科	15BZW176	一把项目	中国教会大学期刊文学现象研究	刘丽霞
国家社科	15BZS015	一般项目	民国时期伊斯兰教报刊研究	马景
国家社科	15BZW155	一般项目	民国报纸副刊与现代作家佚文发掘整理研究	刘涛
国家社科	15CYY011	青年项目	鸳鸯蝴蝶派通俗文学期刊译介史研究	修文乔
国家社科	15CZW048	青年项目	晚清民国时期报人小说与报刊新闻的互文性研究	康鑫

（续表）

项目类型	项目编号	项目形式	课题名称	申请人
教育部基金	15YJA710038	规划项目	革命媒体与马克思主义大众化——基于延安时期《解放日报》的考察	张根福
教育部基金	15YJA751033	规划项目	《小说月报》（1921—1931）在中国新文学生成中的作用	谢晓霞
教育部基金	15YJA860017	规划项目	晚清民国时期报业管理思想专题研究	曾来海
教育部基金	15YJC751027	青年项目	民国经济视域中的《小说月报》（1910—1932）研究	李直飞
教育部基金	15YJC770053	青年项目	基于《满洲评论》的中日领土领海问题研究	祝力新
教育部基金	15YJC880118	青年项目	中国近代教育期刊发展史研究（1901—1949）	喻永庆
教育部基金	15YJC860039	青年项目	华北抗日根据地中国共产党报刊研究	张金凤

2. 学术论文

经过检索，共获得与民国报刊相关的期刊论文44篇，学位论文11篇，具体见表4-3、4-4。

表4-3　2015年与民国报刊研究相关的学术论文

作　者	题　名	刊　名
黄朝钦	风云激荡时代的报刊与人物风流——辛亥革命时期浙江的报业与报人分析	浙江传媒学院学报
静恩英	民国报纸研究综述	东南传播
许同文	戴季陶报刊编辑活动研究	新闻界
施欣	论李烈钧新闻思想及其报刊实践	南昌航空大学学报（社会科学版）
李杰琼	近代小型报的诞生及与小报的差异	青年记者

（续表）

作　者	题　名	刊　名
叶俊	抗战时期统一战线策略下《新华日报》与重庆《新民报》的交往与合作	新闻大学
周叶飞	民国初年政治报刊的共和想象及其纷争——以《民立报》为例	河南大学学报（社会科学版）
王倩	民国时期《益世报》学生运动报道研究——以'五·四运动'为中心的考察	新闻世界
白子阳	民国时期上海女性报刊发展的艰难历程	新闻研究导刊
李文健	天津报刊对鲁迅逝世的多维呈现	重庆工商大学学报（社会科学版）
徐晨阳	马素与《民国西报》的创办及发展	上海文化
杨茜	论出版对学术发展的促进作用——以民国时期商务印书馆民俗书刊出版为例	出版广角
胡曦	汉口中西报的舆论观与新闻观	湖北社会科学
孙景鹏	关于《晨报副刊》的史实辨正	新文学史料
郭昭璟	史量才时期的《申报》经营之道	现代经济信息
刘宗灵	民国初年的学生、传媒与商业出版——以《商务印书馆》及其《学生杂志》为例	唐都学刊
王斯涵	浅谈民国年间无名杂志《太平杂志》	视听
钱承军	吴定九早期报刊实践活动考略	贵图学苑
李从娜	画里话外：民国画报对女性裸体的表现与品评——以《北洋画报》为例	新闻与传播
冯帆；姚欣然	《大公报》副刊与近代中国女性解放	新闻前哨
邱涛	报刊叙事中的"中山舰事件"——以《广州民国日报》和《申报》为中心的考察	教学与研究
胡小兵	民初梁启超宪政思想研究——以《庸言》为中心	法治与社会
李萌	中外近代媒体对"交际花"报道的女性主义研究——以《申报》和《北华捷报》对唐瑛的报道为例	海外英语

（续表）

作　者	题　名	刊　名
关昉	从民国报刊资料看彝族土司岭光电两次赴南京请愿事迹——以四川、南京报刊为中心	民族史研究
汪洋	抗战时期回族穆斯林的爱国与兴教——以回民报刊为中心的考察	中国穆斯林
王胜	民国知识阶层的海疆危机诉说与应对之策——基于30年代初报刊关于九小岛事件报道的考察	云南师范大学学报（哲学社会科学版）
杜京	中国报纸副刊的审美引领	传媒
周素珍；卢世楠	民国早期报纸副刊的面貌	编辑之友
张武军	《中央日报》、《新华日报》副刊与抗战文学的发生	首都师范大学学报（社会科学版）
李群	二十世纪三十年代《大公报》文艺的京派文学批评空间	学术交流
张瑜	由"推襟送抱"引发的文战——成舍我、张春帆关于《九尾龟》的论争	中国现代文学研究丛刊
李肖雅	《大公报》"星期论文"的评论互动	青年记者
张忠梅	透过《华北画报》简析民国电影杂志命运	出版与版权
但敏	民国时期电影海报的传播与兴盛简述	兰台世界
王艳莉	上海"孤岛"时期的音乐生活——以《北华捷报》《字林西报》中的"读者之声"为史料	上海音乐学院学报
邹元江	票友族群与梅兰芳表演艺术的"创新"——以《梅郎集》为研究个案	民族艺术
秦慧；马廷中	四川民族地区民国教育文献述略	中华文化论坛
贺朝霞	民国报刊中的新疆教育关注	新疆社科论坛
吴民；石良	我们今天怎样教戏剧——《北洋画报》关于中华戏专资料的现代启示	戏剧文学
赵威	以阳正阴，阴阳和合——《太平洋报》女性广告视野下的女性形象研究	戏剧之家

（续表）

作　者	题　名	刊　名
白润生；荆淡清	民国孕育时期的少数民族新闻业	长安大学学报（社会科学版）
刘莉	民国回族报刊话语下的"穆斯林女子剪发问题"争论透视	北方民族大学学报（哲学社会科学版）
袁剑	二十世纪三四十年代拉铁摩尔理论的"省略"——以民国报刊与文献的梳理与分析为例	西南民族大学学报（人文社科版）
李文健	1928—1937 年间天津新闻事业概况	新闻研究导刊

表 4–4　2015 年与民国报刊研究相关的学位论文

作　者	论文题名	作者单位
文明星	民国时期贵州报业研究	贵州大学
张敏	民国时期图书馆学期刊研究	苏州大学
熠丽瑰	民国初期《蒙文白话报》研究	内蒙古大学
郑秀娟	民国时期的《时与潮》研究	河北大学
李明星	报端已觉韶光换，只道当时是寻常——从《徽州日报》看民国时期徽州乡村的近代化变迁	安徽大学
黄姝	1937—1945 年《申报》文学广告研究	西华师范大学
马林	民国上海沪剧报刊研究	上海师范大学
袁佳	民国西安电影文化生态研究（1927—1937）	西北大学
郝思佳	民国电影期刊与上海的大众娱乐文化——以《青青电影》为中心	河北大学
任乐然	《生活》周刊（1925—1933 年）与民国时期的职业审美教育	东北师范大学
李佳丽	试论张季鸾报刊活动及其办报思想	河北经贸大学

二、民国报刊研究综述

为了对民国报刊的整体研究情况进行全面综述,本文主要分成两个部分:一是对民国报刊的整理出版情况进行综述，主要涉及的是 2015 年民国报刊的影印出版及汇编出版；二是对民国报刊的学术研究情况进行综述，主要涉及 2015 年民国报刊的出版专著、课题立项及学术论文等方面。

（一）整理出版

中国的近代报刊肇始于 19 世纪初期的外国传教士。受其启发和影响，我国的知识分子也在六七十年代开始了自己的办报办刊生涯。有学者统计，整个近代中国人创办的各类报刊约有 2000 种[①]！这些报刊或直接或间接地记录了民国社会动荡然而思想陆离的现实，为从事近代历史、文学、社会史、新闻史、传媒史、小说史、风俗史等各领域的研究者提供了极其宝贵的原始资料，这是目前民国报刊得以方兴未艾地影印出版的重要原因。2015 年影印出版的数十部大型丛书中，以民国报刊为内容来源的有 15 部，这 15 部丛书中完全以报刊为底本进行影印的有 7 种（见表 4-1），从中可见报刊在民国文献整理与研究中的重要作用。

1. 完全以报刊为底本的影印出版文献

顾烨青主编的《近代著名图书馆馆刊荟萃五编》总 24 册，国家图书馆出版社出版。本丛书共收录各种图书馆刊物十六种，涵盖原国立图书馆，省、市、县立公共图书馆，私立图书馆，学校图书馆，专门图书馆等多个系统。本编所收录的刊物，有的仅发行一期或少数几期，但其学术价值却很大，如民国时期图书馆学核心期刊《学风》、1946 年台湾省图书馆编印的《图书月刊》、浙江省立图书馆编印的《图书展望》、浙江流通图书馆编印的《中国出版月刊》等，这对于研究民国图书馆学、文献学和出版史等都有很高的价值。

影印本《商标公报（1923—1948）》是《民国文献资料丛编》之一种，总 106 册，国家图书馆出版社出版。《商标公报》是由北洋政府和南京国民政府商标管理部门等主编出版的商标管理方面的综合性刊物，从 1923 年 9 月至 1948 年 6 月共编

---

① 王凤超. 中国报刊史话［M］. 北京：商务印书馆，1991：12

辑发行了 409 期。该刊既是工商业者宣示商品品牌的官方证明,也是政府下达政令公文指导行政事务的有效工具。这些公报是研究商标发展史的重要依据,也是研究民国经济的重要文献。

《现代中国之记录——中国报刊情报集(1924—1931)》是《民国文献资料丛编》中的一种,国家图书馆出版社出版。该刊原名《现代支那之记录》,为中文报刊资料集,由民国时期的日本驻华机构燕尘社编辑,于 1924 年 7 月开始出版,至1932 年 5 月结束,每月发行一期。燕尘社每月从《交通日报》《晨报》《京报》《东方时报》《社会日报》《益世报》《世界日报》等报纸中辑录重要情报,分内政、外交、借款、财政、经济、交通等门类,每类以时间为序,记载该月逐日发生的重要事件。该书每月出版一册,每册约 500 页,并编制当月的总索引,1924—1932 年间从未间断,总计 89 册,2700 余万字。该刊系统地记录了中国政治、社会的变迁,是研究民国史的重要参考资料。

江苏省档案馆、南京师范大学抗战研究中心等机构共同推出的《中华抗战期刊丛编》,由南京师范大学出版社、国家图书馆出版社联合出版。该书共 67 卷,4.2 万多页,集中收录了抗战时期敌后抗日根据地和重庆、上海出版的抗战期刊 55 种553 册,大多为 1939 年至 1945 年间最为艰苦时期出版,存世稀少,极其珍贵,具有极高的史料价值和学术研究价值。

上海图书馆编《中国杂志》总 38 册,上海科学技术文献出版社出版。《中国杂志》是近代西方人 1923—1941 年在上海出版的最重要的汉学杂志之一,主要刊登中西方学者对中国事物的研究文章。《中国杂志》刊登了很多关于自然科学和应用科学方面的研究文章,对于促进西方世界了解中国、推动近代欧美汉学的发展发挥了重要作用,具有很高的史料价值及学术价值,这使得该刊成了一份真正意义上的综合性汉学期刊。

上海书店出版社近些年陆续对民国期间的重要报刊以《民国期刊集成》的形式进行了影印出版,广受好评。2015 年影印出版的有《词学季刊》(4 册)、《新潮》

（2 册）、《学术丛编》（6 册）、《艺术丛编》（6 册）、《中流》、《大众生活》及《大众生活》（香港）等民国重要期刊。《词学季刊》创刊于 1933 年 4 月 1 日，主编者为龙沐勋（龙榆生），由上海民智书局出版发行。《词学季刊》在现代词史上有着非常重要的地位，它是现代词学成熟的标志。《新潮》为北京大学新潮社主办的文化月刊，创办于 1919 年，发行至三卷二号止，共出 12 期，是"五四"时期非常有影响力的刊物，曾发表过李大钊、蔡元培、鲁迅等人的作品。《学术丛编》又名《广仓学宭丛书甲类》，王国维主编，月刊，上海仓圣明智大学刊行，1916 年创刊，共出 24 卷（册），《学术丛编》所收著作除罗振玉、王国维等名家论著外，多为流传不广的图书，极其珍贵。《艺术丛编》又名《广仓学宭丛书乙类》，邹安主编，双月刊。上海仓圣明智大学刊行，1916 年创刊，共出 24 期（册），《艺术丛编》原刊印数较少，为今日一般学者所不易见。所收著作由罗振玉、邹安等名家编撰，多为稀见图书，附载的学人、名流照片，也多不见于他处。《中流》杂志 1936 年 9 月 5 日创刊于上海，现代文学半月刊，黎烈文主编，上海杂志公司发行，至 1937 年 8 月 5 日停刊，共 22 期。该刊内容涵盖评论、散文、小说、诗歌、戏剧、书评、游记、人物印象、通讯、报告文学、生活记录等各种体裁形式的作品。《大众生活》收录了在上海创刊直至被国民党政府关闭时刊发的 16 期的内容，作品体裁有新闻、论文、小说、诗、通讯报告、散文杂感等。《大众生活》（香港）收录了该周刊在香港复刊创立新一号直至太平洋战争爆发时刊发的新三十号的内容，作品内容与上海版《大众生活》基本一样。

上海书画出版社编《民国书画金石报刊集成》总 28 册，为民国时期北平、上海以及其他地区书画金石类报刊的合集，共收录报刊二十一集，其中包括北平的《故宫周刊》《湖社月刊》《艺林旬刊》、上海的《金石画报》《草书月刊》《艺术丛编》、杭州的《金石书画》、重庆的《书学》等具有较高学术性和史料价值的报刊，全面展示了民国时期金石书画报刊的整体面貌。

2. 部分选编民国期刊的影印出版文献

王强主编《近代教会大学历史文献丛刊》总 80 册，凤凰出版社出版。民国时期的教会大学是近代中国教育史上不可忽视的,本丛书收集影印了近代教会大学有关资料百余种,包括丰富的校史资料和珍稀短刊、断刊,具有较高的价值。

江沛主编《中国近代铁路史资料选辑》总104册,凤凰出版社出版。中国近代铁路史资料浩如烟海,散见于诸多报刊、图书及大量档案中。由江沛主编的《中国近代铁路史资料选辑》分年鉴、管理、营运、线路、产业及理论六大类,收录晚清至民国时期与铁路相关资料142种,既有全国性的宏观统计,也有全国各个区域、各条线路的统计及调查报告,是研究中国近代铁路史、交通史、经济史、社会史不可缺少的重要资料。书中所收杂志类刊物如《铁路杂志》《铁路协会月刊》等都是不可多得的重要史料。

李印来编著《历代佛教传记文献集成》总136册,国家图书馆出版社出版。该书汇集了现今能收集到的佛教各种汉字传记文献,涵盖官修的佛藏善本、散落民间的印本史料以及大量民国时期报刊、佛教刊物中的人物传记资料。本书的影印出版,能够为佛教界、学术界提供大量的研究素材,特别是将民国时散见于报刊中的佛教人物资料辑录出来,方便了学者治学,有一定的史料价值。

上海音乐学院教授钱仁平主编《民国时期音乐文献汇编》是《民国文献资料丛编》的一种,国家图书馆出版社出版。该书共收录近现代各类音乐文献137种,精装30册,分为音乐理论、音乐教育及中小学音乐教科书、歌曲、器乐曲、工具书和参考资料、音乐期刊等六类。在本书最后,收录了三种比较重要的音乐期刊:《音乐杂志》(国立音乐学院音乐艺文社)、《乐艺》(国立音乐专科学校乐艺社)、《新乐潮》(北平爱美乐社)。该书反映民国时期音乐文献的原貌,对于当代的音乐学研究和音乐创作都有重要价值。

楼世洲主编《民国时期职业教育文献辑刊》也是《民国文献资料丛编》中的一种,总30册,国家图书馆出版社出版。该丛书主要包括职业教育法令和政策,职业教育会议,统计调查资料,职业学校教师、课程、教材、设施,各地职业教育发展状况,中华职业教育社,职业教育理论,实业教育,女子职业教育等九个方面,这些资料不仅包括论著和公开出版物，还包括各种期刊中当时学者关于职业教育的讨论、职业教育发展状况及问题、各地关于职业教育的政策等资料，是研究民国时期职业教育发展的重要资料。其中辑录一些民国期刊中的职业教育史料，如《学部官报》《中华教育界》《北京大学日刊》《教育杂志》《河北月刊》《上海教育周刊》《江苏教育》《闽政月刊》《福建教育》《河南实业周刊》等。

王水乔、刘大伟主编的《护国运动文献史料汇编》，由云南人民出版社出版。该书以云南省图书馆馆藏大量护国运动文献史料为基础，共收录45种、55件，总计500余万字，分为10卷本影印出版。护国首义领导人唐继尧、蔡锷、李烈钧等人及若干当事人的日记、遗墨、回忆录、稿本、抄本及当时报刊所记载的史事和社会舆论等原始珍贵史料均收入其中。

《中国影戏大观》是《中国电影史料影印本丛书》中的一种，由东方出版社出版。《中国影戏大观》是中国20世纪20年代著名电影理论家、作家徐耻痕编辑出版的电影史料书，上海合作出版社1926年4月出版。现影印本除收入编者徐耻痕《中国影戏之溯源》一文外，又辑录了上海23家影片公司的创立经过，90位电影企业家、导演、编剧、演员的简历，各电影公司出品的影片目录和12种电影书刊的调查，并附几十幅电影从业人员——主要是女演员的照片及签名，是研究中国早期电影的重要文献。

《中国报学史》是我国报学专家戈公振在民国期间出版的一部专著，新中国成立后，三联书店、中国书店多次影印，2015年中国文史出版社再次出版。《中国报学史》首次全面、系统地叙述了中国新闻事业发展的历史，汇集了大量的第一手材料，基本勾勒出了中国新闻事业产生、发展的大致脉络，被公认为我国新闻学及报学发展历史的开山名作。

（二）学术研究

1.民国新闻出版报刊研究

（1）民国报刊研究在理论深度挖掘上成果丰硕

2015年民国新闻出版史研究领域一个重要特点是"史"类著作出现较多，且地方史较多,这是非常值得注意的现象。张雪峰著《福建近代出版史研究》一书以政治变迁为视角,通过对近代出版机构和报刊出版活动的梳理,阐述了福建近代出版业从创始、调整、发展、繁荣,直至衰亡的百年历程。马艺著《天津新闻史》一书钩沉了近代以来天津新闻业的整个历史发展过程,考察了英敛之的《大公报》、严复的《国闻报》、梁启超的《庸言》、雷鸣远的《益世报》等天津大报,采用了很多一手资料,是一部详尽的新闻史。杨茜著《民国时期上海民俗书刊出版研究——商业·启蒙与知识分子的文化坚守》一书以近代上海出版人的视角,对民国时期上海民俗书刊进行了考察,对民国时期出现大量有关民俗学、民间文学的作品或研究著作的现象进行分析。

除以上专著外,一些专家、学者继续从理论方面对民国报刊有关问题作了有益探索。张敏的《民国时期图书馆学期刊研究》是一篇综论民国时期图书馆学期刊的博士论文,文章分析指出,民国期间全国各地陆续创办了 164 种图书馆学期刊。这些期刊在地域上集中于苏浙沪及北京、广东等地,它们不仅保存了丰富的图书馆史及相关文化史的文献资源,传承了"爱国、爱馆、爱书、爱人"的图书馆精神,也推动了中国近代图书馆学学术团体的形成和图书馆学学科体制的确立。文明星的硕士论文《民国时期贵州报业研究》指出,自 1906 年始到 1949 年 11 月 15 止,贵州地区先后出版的各类报纸 403 种。这些报纸记录了贵州从晚清到解放战争时期的各个历史阶段的演变,记录了当时贵州社会的发展状况,记录了半个世纪以来贵州人民的人情风貌,为后世留下了弥足珍贵的报刊史料。黄朝钦的《风云激荡时代的报刊与人物风流——辛亥革命时期浙江的报业与报人分析》一文梳理了辛亥革命时期浙江进步报人在省内(杭州、宁波、绍兴、金华、湖州)、省外(上海)和海外(东京)的主要报刊活动及特点,指出这些报刊活动不仅有力地推动了革命运动,还丰富并发展了我国的新闻事业史,也为民国新闻业奠定了基础。文章最后还指出,当时进步报人的报刊思想中存在着较浓的工具理性色彩及一定的狭隘地域意识。静恩英的《民国报纸研究综述》认为,自二十一世纪起,民国报纸研究开始起飞,研究热情一直持续到今天。民国报纸研究既有广度又有一定深度,从报纸内容分析到报业经营管理,报纸与社会、受众的关系、广告理论、报业法律法规、报纸功能等等都有涉及。但在受众、传播效果等方面还需进一步拓展。李佳丽的硕士论文《试论张季鸾报刊活动及其办报思想》认为,张季鸾先生是中国报业伟人,他的报刊活动和办报思想影响一代代报人,对当时的社会和报业产生重要影响。许同文的《戴季陶报刊编辑活动研究》认为,戴季陶是民国初年著名的新闻活动家,其新闻活动以 1913 年为界,可以分为"天仇时期"和"后天仇时期"。戴季陶的报刊编辑活动以民主革命为基本立场,以国际视野关照中国现状,对普通民众甚是关注,其文章以针砭时弊的政论、时评为主,后期的报刊活动促进了马克思主义在中国的传播。施欣《论李烈钧新闻思想及其报刊实践》认为,李烈钧积极运用报刊和报界为其军事行动、政治运动、内政实施与财政改革服务,文章指出总结和归纳其新闻思想与报刊实践,对当前的报业革新、报刊转型具有镜鉴作用和参考价值。

（2）对重要报刊的研究成果丰硕

熠丽瑰的硕士论文《民国初期〈蒙文白话报〉研究》认为,《蒙文白话报》不仅在当时的蒙古地区灌输"五族共和"理念,笼络和威慑蒙古上层,维护国家统一方面起了相当大的作用,还普及了法律、文化教育、民族经济等方面的知识,同时也和《藏文白话报》《回文白话报》一同组成了一个"少数民族文字报系",这在民族报刊发展史上是前所未有的。郑秀娟的《民国时期的〈时与潮〉研究》认为,《时与潮》是一个以翻译为主的政治综合性刊物,在国内外通讯不畅的条件下,以"报道时代潮流,沟通中西文化"为宗旨,专事报导国际情势、附带评论国内问题,它对鼓舞国人士气、加强国内团结、树立抗战必胜的信念起到了一定的作用。李杰琼的《近代小型报的诞生及与小报的差异》从"近代小型报诞生的历史语境""近代小型报与小报的区别""研究小型报的历史意义"三个方面对小型报与小报的差异作了论述。叶俊的《抗战时期统一战线策略下〈新华日报〉与重庆〈新民报〉的交往与合作》认为,抗战爆发后,重庆《新民报》与中国共产党机关报《新华日报》之间,从人员到业务等各方面都有着密切的来往,这些交往成为中国共产党争取中间势力,争取主张第三条道路的民主派人士支持的重要渠道,也推动了《新民报》由中间路线向"偏左"路线转移。周叶飞的《民国初年政治报刊的共和想象及其纷争——以〈民立报〉为例》认为,民国初年以《民立报》为代表的政治报刊呈现出"去政党化"的潮流,寻求独立的身份认同,以共和原理而不是政党意志介入政治纷争。随着"二次革命"的发生和"中华革命党"的建立,以《民立报》《甲寅》为代表的政论报刊,或重返革命,或迅速停刊,揭示出逻辑说理的报刊范式在民初的挫折。王倩的《民国时期〈益世报〉学生运动报道研究——以'五·四运动'为中心的考察》认为,学生运动作为传统社会运动的一种,可以从《益世报》对学生运动的报道中看出报刊与社会运动之间的关联性,从而探究在当代中国,大众媒介如何进行社会运动报道。白子阳的《民国时期上海女性报刊发展的艰难历程》试图通过对民国时期开办的几种典型女性报刊的梳理来说明当时的女性报刊发展的艰难历程。

随着现代学人对民国报刊研究的持续升温,这一现象在国家级课题上也得到了体现。国家社科一般项目有黄芳《20世纪上半叶中国自主出版的英文报刊研究》、马景《民国时期伊斯兰教报刊研究》两项。教育部规划基金项目有张根福《革命媒体与马克思主义大众化——基于延安时期〈解放日报〉的考察》、曾来海《晚清民国时期报业管理思想专题研究》、李直飞《民国经济视域中的〈小说月报〉(1910—1932)研究》、祝立新《基于〈满洲评论〉的中日领土领海问题研究》、张金凤《华北抗日根据地中国共产党报刊研究》等。

与新闻出版相关的论文还有,李文健《天津报刊对鲁迅逝世的多维呈现》、李文健《1928—1937年间天津新闻事业概况》、徐晨阳《马素与〈民国西报〉的创办及发展》、杨茜《论出版对学术发展的促进作用——以民国时期商务印书馆民俗书刊出版为例》、胡曦《汉口中西报的舆论观与新闻观》、孙景鹏《关于〈晨报副刊〉的史实辨正》、郭昭璟《史量才时期的〈申报〉经营之道》、刘宗灵《民国初年的学生、传媒与商业出版——以商务印书馆及其〈学生杂志〉为例》、王斯涵《浅谈民国年间无名杂志〈太平杂志〉》、钱承军《吴定九早期报刊实践活动考略》等。

2. 近代历史报刊研究

（1）对政治事件及宪政思想的研究

报道政治事件的有邱涛的《报刊叙事中的"中山舰事件"——以〈广州民国日报〉和〈申报〉为中心的考察》，该文认为事件爆发后，当时的报纸有不同的叙事：《广州民国日报》由于党报性质，将事件"掩饰"为无关紧要的局部问题；《申报》作为对政治事件具有强烈好奇心的商业报纸，因事件诡异，信息不畅，将事件猜测为一场内斗、"反赤"运动。两者与历史事实均有距离，却在一定程度上反映、塑造了时人的事件认知。但该事件在两份报纸的版面上，均未占据重要位置和比例。事件的即时影响力，在蒋介石当局的刻意"掩饰"下，在当时国人普遍更重视的北方政局频出"大事件"的冲击下，显得无关紧要。这与近代历史叙事中浓墨重彩、意义重大的"中山舰事件"形成了鲜明的对比。关昉的《从民国报刊资料看彝族土司岭光电两次赴南京请愿事迹——以四川、南京报刊为中心》认为，民国时期，南京国民政府在民族政策方面对西南少数民族始终未给予足够重视，1936年、1947年国民政府先后两次筹备召开国民大会时，相关的组织条例当中也未对彝族代表名额和参政权利给予明确规定。为引起国民政府重视，部分彝族精英分子曾先后两次组织请愿团体赴南京活动，其中来自凉山地区的暖带密田坝土千户岭光电，不仅参与到了两次请愿活动之中，而且他还出面组织了"西康省夷族参政请愿团"，并在其中出力甚多。胡小兵的《民初梁启超宪政思想研究——以〈庸言〉为中心》认为，梁启超被称作近代"报刊巨头"，《庸言》杂志就是他1912年结束逃亡回到祖国后创办的第一份报纸，他把这份报纸作为归国后宣传宪政思想的舆论阵地，他的宪政思想今天依然值得我们继续学习。

（2）对地域热点问题的关注

除以上研究热点外，学者们还对民国期间报刊上的地域热点问题予以了关注。李明星的硕士论文《报端已觉韶光换，只道当时是寻常——从〈徽州日报〉看民国时期徽州乡村的近代化变迁》以区域社会变迁为视角,考察了1933年至1944年期间的《徽州日报》,力图还原民国时期徽州乡村社会在政治、法律、教育、娱乐生活领域出现的新变化,并以国货运动、妇女运动和倡议农村复兴为例,呈现徽州乡村社会在近代化变迁中的心态与诉求。汪洋的《抗战时期回族穆斯林的爱国与兴教——以回民报刊为中心的考察》一文,以报刊为中心,论述时人如何从经典与教义出发,理解抗战、支持抗战以及试图推进个人与宗教的进步。王胜的《民国知识阶层的海疆危机诉说与应对之策——基于30年代初报刊关于九小岛事件报道的考察》认为,20世纪30年代初"面对海疆边政危机",知识阶层倾向于将其定性为"掠夺时代"的重演,由此兴起了强烈的"固边圉而保主权"意识。在九小岛事件发生之后的建言献策中,他们没有停留在单从外交实践层面去解决九小岛事件,而是着眼于从深层次、多方位入手,包括宣传教育、擘画经营南海疆域等,以期从根本上明确中国的海疆国土并对之有效管辖。更为重要的是部分知名学者关于南海海域中岛屿分布的描绘和归属定位,为后来南海U形线的绘制做了技术与舆论上的准备。

（3）对近代都市女性的关注

有关近代都市女性的研究是民国报刊研究的一个重要领域。陈瑶的硕士论文《民国上海知识女性的家政生活——以〈妇女杂志〉（1915—1931）为中心》一文,以民国初年到三十年代初的女性报刊,尤其围绕《妇女杂志》这一典型刊物,以其发行的1915—1931年这十七年刊物内容为研究区间,探讨其中所呈现的女性家政生活,指出晚清民国时期的家政与传统家政的意涵发生了变化,实施主体也逐渐向由女性独立承担的境地倾斜,这其中蕴含的社会角色构建,不得不令人深思。李萌的《中外近代媒体对"交际花"报道的女性主义研究——以〈申报〉和〈北华捷报〉对唐瑛的报道为例》以当时最主流的《申报》和《北华捷报》对交际花代表唐瑛的报道为例,采用话语分析的方法对当时的媒体性别话语进行分析,通过了解中外传统性别话语结构的特点,进而更好地改善女性在性别话语结构中的弱势地位,恢复女性社会文化地位,提升女性整体价值,以实现理性基础上的男女自由平等。冯帆、姚欣然的《〈大公报〉副刊与近代中国女性解放》一文认为,《大公报》的众多专刊很多地记录和呈现了20世纪二三十年代中国社会的变化,而其中的女性副刊,更对研究民国时期中国妇女解放有着深远的意义。

李从娜《画里话外:民国画报对女性裸体的表现与品评——以〈北洋画报〉为例》一文,认为民国时期受到西方文明与艺术文化的影响,以《北洋画报》为代表的一批画报及其他文化消费品,在宣扬女性裸体审美意义的艺术旨趣之下,大量呈现中外画家、摄影师的女性裸体画作和摄影作品。然而中西杂糅、新旧并存的都市社会中,面对走入公共视线的女性裸体图像,民众的观看与品评不可避免包含隐秘的身体欲望,甚至陷入艺术与色情的纠葛,体现出复杂的文化情境。画报对女性裸体的表现,带有女性解放的意味,而画报内外的性别审视仍然在证明一个事实:即依然没有摆脱男权中心的藩篱。

3. 近代文学报刊研究

(1)对民国报纸副刊及文学性版面的关注

杜京的《中国报纸副刊的审美引领》是一篇通论中国报纸副刊审美的文章,作者认为副刊是中国报纸的重要组成部分,它是区别于新闻版面和栏目的传播形式。中国报纸的副刊起源于清末,早期报纸副刊的内容主要是小说、杂文、笔记等,多为闲情雅致的"消闲文字"。辛亥革命后,资产阶级革命派运用报纸进行革命宣传,开始将副刊用于配合新闻版的宣传报道。周素珍、卢世楠的《民国早期报纸副刊的面貌》认为,报纸副刊从其诞生之日起,就曾以媚俗、迎合的面孔取悦大众。奇闻异事、滑稽故事、武侠和言情小说,以及俗词理曲等等,以其内容的趣味性和消闲性,为读者提供了茶余饭后的谈资笑料,如张恨水的小说《春明外史》《金粉世家》《啼笑因缘》等,就是这个时期报纸副刊登载的热门小说。黄姝的硕士论文《1937—1945年〈申报〉文学广告研究》一文通过对1937—1945年《申报》文学广告的整理研究,在分类、归纳出的四类广告的基础上,用历史、政治的视野重新审视抗战时期的文学广告,探讨民族战争、党派之争的政治背景下文学广告的产生与发展。同时,针对文学广告与文学、政治的关系,借用社会学、传播学的方法考察广告在文学发生过程中蕴含的社会价值。具体、清晰的文学广告实例与文学、社会学、政治学、传播学等不同领域的抽象理论相结合,为研究文学广告与政治的关系提供了另一种角度与方式。李群的《二十世纪三十年代〈大公报·文艺〉的京派文学批评空间》指出,《大公报·文艺》曾经组织了多次关于"书评"的讨论,在批评家、作者、读者、编者的多元对话中,比较完整地展现了一个京派文学批评空间。他们重视文学批评的独立意义与读者的存在,在文学实践中,用自己的文学体验来追求"纯文学"的审美境界,在此基础上提出文学批评的审美标准。

　　与此相关的国家级课题有赵稀方《香港报刊文学史》(国家社科重点项目)、张新民《中国现代文学报刊作品系年及数据库建设》(国家社科一般项目)、刘丽霞《中国教会大学期刊文学现象研究》(国家社科一般项目)、刘涛《民国报纸副刊与现代作家佚文发掘整理研究》(国家社科一般项目)、修文乔《鸳鸯蝴蝶派通俗文学期刊译介史研究》(国家社科青年项目)、康鑫《晚清民国时期报人小说与报刊新闻的互文性研究》(国家社科青年项目)、谢晓霞《〈小说月报〉(1921—1931)在中国新文学生成中的作用》(教育部规划项目)等。

　　(2)对民国报刊的关注

　　李哲的专著《"骂"与〈新青年〉批评话语的建构》,通过《新青年》《新潮》等杂志话语形态的考察,探讨"骂"这一文化现象在"五四新旧之争"中的历史意义及后果。张武军的《〈中央日报〉、〈新华日报〉副报与抗战文学的发生》一文考察和分析了《中央日报》和《新华日报》的副刊,认为从"卢沟桥主题艺术运动"的策划到联合作家们团结起来成立"文协"等全国性组织,都是由《中央日报》及副刊或台前或幕后所主导。事实上《中央日报》《新华日报》这两大报纸副刊共同处在民国历史文化这一语境下,它们之间并非只是对台戏,还有更多复杂的关联,由此可以帮助我们进一步发掘抗战文学的丰富性、多面性和开放性。张瑜《由"推襟送抱"引发的文战——成舍我、张春帆关于〈九尾龟〉的论争》指出，1917年1月底至2月初，成舍我和张春帆在《民国日报》《神州日报》上展开的关于小说《九尾龟》的论争，彰显出近代报刊启蒙理想与消闲趣味的冲突，以及报刊对市场份额的积极抢占和作家对文坛话语权的有意争夺。李肖雅《〈大公报〉"星期论文"的评论互动》，认为《大公报》是一个时代的记录者，具有很高的史学价值。1934年，《大公报》每周日的社评版开设"星期论文"栏目，刊登由社外名人撰写的评论，在20世纪30年代形成了由公共知识分子引导的舆论空间与舆论氛围。

4. 近代影视传媒报刊研究

马林的硕士论文《民国上海沪剧报刊研究》认为，沪剧刊物的诞生发展无疑是依托于沪剧的发展，后者不仅提供了创办刊物的内在诉求和内容来源，而其逐步壮大的观众群体则直接转化为沪剧刊物的主要消费者。而沪剧刊物从诞生伊始，即将鼓吹沪剧改良和社会教育，报道剧界新闻和艺人动态等作为重要旨在，更为重要的是其架起了剧迷与剧界的桥梁，从而以第三方的身份间接或直接地推动了沪剧的发展。袁佳的硕士论文《民国西安电影文化生态研究（1927—1937）》一文通过对1927—1937年间西安的电影传播机构、电影报刊、电影人的考查，认为民国时期西安电影文化呈现出一种传统与现代、乡土与都市、保守与激进相伴相生、并存杂陈的独特样态，而此种"乡土城市"的文化意识，在西安电影文化的后续发展中长期存在，影响深远。但敏的《民国时期电影海报的传播与兴盛简述》认为，电影院宣传栏上的招贴、报纸上的广告、电影公司的特刊封面等具有文字、图形这些海报基本要素，均属于早期的电影海报范畴。民国时期的电影业的迅猛发展、印刷术及相关技术的发展，均有力地促进了电影海报的传播与兴盛。张忠梅的《透过〈华北画报〉简析民国电影杂志命运》一文以《华北画报》的创办发展为线索，对民国时期电影杂志的命运作了探索，民国电影杂志在20世纪初创建后，经历了二三十年代的繁荣，抗日战争爆发后，电影杂志在时代激荡中产生了分化和对立。郝思佳的硕士论文《民国电影期刊与上海的大众娱乐文化——以〈青青电影〉为中心》认为，

《青青电影》是 1934 年 4 月在上海创刊的一部重要且有代表性的电影刊物,它见证了 20 世纪 30 年代至 50 年代初的中国电影史。刊物设有多种栏目,登载内容基本围绕上海的电影明星和电影动态展开,呈现出民国上海电影业的繁荣图景。东西方文化的碰撞、上海大都市的发展和电影业的兴起,成为《青青电影》这一刊物发芽与壮大的温室。《青青电影》顺应上海市民心态和电影业发展的需要,致力于传播电影文化、介绍电影动态、塑造明星形象。刊物与明星、影迷三者之间,存在着颇为微妙之关系。《青青电影》所体现的信息,展示出了上海市民的生活方式及社会心理,同时对上海社会文化的研究有着重要价值。邹元江的《票友族群与梅兰芳表演艺术的"创新"——以〈梅郎集〉为研究个案》认为,在几次莅沪中,梅兰芳强烈地感受到沪上票友与京都票友观赏趣味的差异,使他更加主动地排演新戏。梅兰芳在民国初年的声誉鹊起,尤其民国二年至民国九年其在上海声名震天,与其在报刊出版业拥有一批忠实的票友族群的推动息息相关。

5. 近代教育与艺术报刊研究

秦慧、马廷中《四川民族地区民国教育文献述略》对四川民族地区民国教育文献包括档案、方志、报刊等进行粗略介绍,揭示其珍贵价值,为学界提供参考。任乐然的硕士论文《〈生活〉周刊(1925—1933 年)与民国时期的职业审美教育》指出,《生活》周刊中都不乏对于职业教育理念的宣传和引导:民众如何在职场中把握好自己,做好工作,愉快地生活等等。作为一份影响力极强的大众主流报刊,其对于上海及江浙地区青年的职业指导和日常生活中的引导作用都是不可小觑的。贺朝霞《民国报刊中的新疆教育关注》认为,民国报刊关注的新疆教育重点有这么几方面:介绍新疆教育之困难,以引起各方重视解决;重视新疆学生到内地学习交流,提高新疆青少年的求学机会;记录抗战时期新疆各族学子的爱国情怀,这些给我们今天的教育文化事业带来诸多有益的启示。吴民、石良的《我们今天怎样教戏剧——〈北洋画报〉关于中华戏专资料的现代启示》认为,《北洋画报》对民国戏剧教育传承多有记载,这些记载往往着眼于舞台演出,以具体演出及其接受为线索予以品评和推介,因而具有更为重要的实践意义,为今天的戏剧教育提供了鲜活的、可资借鉴的宝贵材料。其中,戏剧教育的宗旨与意义、戏剧演员的修养和功夫、学生演员的实践及推广、社会各方的支持与鼓励,是《北洋画报》中华戏专史料所反复强调的,此文即对该部分史料进行符合学理之分析阐述,以期为当下戏剧教育传承提供帮助。与此相关的论文还有袁剑的《二十世纪三四十年代拉铁摩尔理论的"省略"——以民国报刊与文献的梳理与分析为例》。

王艳莉的《上海"孤岛"时期的音乐生活——以〈北华捷报〉〈字林西报〉中的"读者之声"为史料》一文,以上海最具代表性和影响力的西文报纸《北华捷报》和《字林西报》为主要史料,评述上海"孤岛时期"的音乐生活。在诸多栏目中,尤以"读者之声"专栏最具特色,其不具有猎奇的视角,内容更贴近日常生活,是读者表达个人意见的重要途径,是真正的大众舆论。该专栏涉及音乐会、音乐家、乐队等几乎所有上海租界的音乐活动,信息量大、观点新颖,对探究特殊战争时期的上海城市音乐文化,梳理战争、政治、革命和音乐的关系具有独特的史料价值。赵威的《以阳正阴,阴阳和合——〈太平洋报〉女性广告视野下的女性形象研究》一文,对《太平洋报》之女性广告进行史料分析,以个案分析、计量分析作为研究方法,以女性广告设计者、报刊编辑者、女学创办者的男性视角,从女性广告视野探讨民国初期女性的社会形象,以期窥知当时女性之教育状况和社会地位。与此相关的研究还有喻永庆《中国近代教育期刊发展史研究（1901—1949）》(教育部青年基金项目)。

6. 近代民族宗教报刊研究

白润生、荆淡清《民国孕育时期的少数民族新闻业》指出,自19世纪90年代开始,维新运动兴起并逐渐活跃起来,资产阶级改良派掀起了第一次国人办报高潮。受这一思潮的影响,少数民族报人也积极投身到这场文化运动中来,使得少数民族新闻事业在这一时期产生并蓬勃发展起来。从少数民族报人的新闻活动、少数民族报刊、海内外中国少数民族文字报纸三个方面对民国孕育时期的少数民族新闻业进行了研究,作者认为这些不同少数民族报刊的创立为民国时期的少数民族新闻业发展奠定了坚实基础。刘莉的《民国回族报刊话语下的"穆斯林女子剪发问题"争论透视》指出,20世纪30年代,回族报刊上出现了一股关于"穆斯林女子剪发问题"的讨论热潮,这场争论与当时的社会背景密切相关,受到西方文化和汉族妇女解放运动兴起的女子剪发潮流影响。透视这些争论会发现,其争论的具体进程及表现本身被抹上了浓烈的伊斯兰宗教色彩,是伊斯兰教"建筑"在头发上的种种符号和想象,其实质是回族社会对回族女性社会地位及社会分工的再塑造。刘莉另有《晚清民国回族报刊对回族女性问题的话语关注》一文,该文认为在中国封建传统社会中,回族女性属于边缘化的弱势群体,没有受到太多的关注与重视。但是随着回族新文化运动的展开和回族报刊的蓬勃发展,回族社会第一次公开讨论女性发展问题。通过晚清民族报刊对回族女性在文化教育、婚姻家庭、宗教信仰、社会生活等方面的关注与讨论可以看出,把妇女问题作为倡导整体社会改革与回族自身建设的一部分,其实是回族社会发展的内在理念和策略,妇女问题与国家、宗教、教育、婚姻、习俗等问题彼此配合、呼应,呈现出共生状态。

第五章　民国教材研究综述

民国时期是传统教育向新式教育过渡的转型时期,教育思想、教育理论、学科设置、教材编写大变革的时代背景使得民国教材折射出特定时期的历史痕迹,具备了别样的特点。这些教材的主要目标是养成人、建造人,它始终围绕人性来编,特别强调人与自然的关系、人与社会的关系、人与世界的关系,这是民国时期教材的一个根本特点。因此,研究民国教材尤其是民国文科教材,对当今教材的编写和改革都将发挥重要的借鉴意义。

根据对出版机构网站、网上书店、书商征订目录、新书发布等出版信息以及上海图书馆、国家图书馆等大型图书馆网站目录数据等的检索和统计,2015 年与民国教材相关的出版成果共 220 种 673 册。通过查询教育部网站[①],得到与民国教材有关的规划基金项目 1 项、青年基金项目 2 项。最后,经检索"中国知网""维普期刊资源整合服务平台""万方数据知识服务平台",以"民国教材""民国教科书""民国老教材"为关键词共得到并筛选出 2015 年与民国教材相关的学术论文 36 篇(检索时间截至 2016 年 4 月 5 日)。研究主题多集中在教材学科特性方面,共 30 篇,占比达 80% 以上,而涉及教材其他方面问题研究的共 6 篇,占比不足 20%。

---

① 2015 年度教育部人文社会科学研究规划基金. 青年基金. 自筹经费项目立项一览表［EB/OL］.［2016-4-10］. http://www.moe.edu.cn/s78/A13/A13_gggs/A13_sjhj/201509/W020150911492688152390.pdf

一、民国教材研究情况

（一）出版成果

经过检索,共获得 2015 年与民国教材相关的出版物共 222 种、675 册。具体见表 5-1。

表 5-1   2015 年出版的与民国教材相关的成果

书　　名	作　　者	出版社	整理形式	种/册数
民国四川话英语教科书	（加）启尔德	四川人民出版社	影印	1/1
民国教育史料丛刊（部分教材）	李景文、马小泉	大象出版社	影印	220/673
清末民初女子教科书的文化特性	刘景超	知识产权出版社	专著	1/1

（二）学术研究

1.课题立项

2015 年获得的与民国教材相关的教育部课题共有 3 项,具体见表 5-2。

表 5-2   2015 年与民国教材相关的教育部立项课题

项目编号	项目类型	课题名称	申请人
15YJC740002	青年项目	日帝殖民时期朝鲜半岛汉语教科书的发掘与研究	毕信燕
15YJC752049	青年项目	日本教科书中的"军国美谈文学"研究（1894—1945）	周萍萍
15YJA880014	规划项目	"人的形象"塑造及其教育意义:基于清末以来小学语文教材的视角	范远波

2.学术论文

经过检索,共获得与民国教材相关的期刊论文 29 篇,学位论文 7 篇,具体见表5-3、5-4。

表 5-3　2015 年与民国教材研究相关的期刊论文

作　者	题　名	刊　名
庄东明	民国中学语文经典课文概览	语文建设
沈迪	开明国语课本插图设计研究	语文教学通讯
戴梦媛、沈玲蓉	从文言到白话——民国小学语文教科书语体演变	现代语文
沈玲蓉	儿童本位：民国小学语文教科书选文编排	教育理论与实践
刘绪才	民国国文教材中的胡适新诗	语文建设
刘绪才	民国中学国文教材中的周作人作品	语文建设
严元元	从《中华女子国文教科书》看民国初期女子教育	时代教育
李汉朝	民国小学语文教科书儿童本位探析	语文建设
赵颖霞、沙占华	民国中期（1917—1937）小学语文教科书的变革——以《开明国语课本》为考察中心	保定学院学报
张月萍	叶圣陶与《开明国语课本》	中国编辑
于锦恩	民国时期东南亚人士编写的国语（华语）教材研究	华文教学与研究
刘霞	民国教科书中的公民教育——以《开明国语课本》为例	基础教育
廖苗、吴彤	百年小学科学教科书中的科学观变迁	科学技术哲学研究
柴西勤	民国初期小学科学课程与教科书的特色与启示	课程·教材·教法
李娜	民国小学历史教科书中的抗战记忆	世界知识
徐泽林、陈明智	《统计通论》的版本、内容及影响	统计研究
李雪婷、代钦	清末民国时期统计学教材的发展	内蒙古师范大学学报（教育科学版）
张学婷	民国时期我国自编初中英语教科书的成就论述	兰台世界
牟英梅	民国时期我国自编初中英语教科书研究	兰台世界
李楠、孟凡红、李莎莎、万芳	从民国时期中药教材探讨中药教育的发展	北京中医药
黄鑫	论民国时期中医方剂学教材的成绩及问题	中国中医药图书情报杂志

（续表）

作　者	题　名	刊　名
张伟、孙冠军	民国《新主义教科书——算术课本》研究	集宁师范学院学报
罗仕明	民国时期的中国美术史类教材编写状况研究	美术教育研究
王洁	民国时期心理学课程的发展	文史博览（理论）
李新、杨杨	民国时期三次全国教育会议对乡土教材出版的影响及启示	编辑之友
胡安徽	清末民国贵州乡土教材生态教育资料初探	长江师范学院学报
刘超	书局的权势网络与知识生产——以民国时期教科书编写发行为中心	人文杂志
朱琳	新千年以来我国民国教科书研究述评	济南大学学报（社会科学版）
吴小鸥、褚兴敏	张元济与中国现代教科书发展	宁波大学学报（教育科学版）

表 5-4　2015 年与民国教材研究相关的学位论文

作　者	题　名	学　校
王晶晶	民国时期小学国语教科书练习系统研究	山东师范大学
李欣倩	民国时期小学语文教科书——《共和国教科书新国文》之分析	上海师范大学
董立政	民国时期小学语文教科书的美育观念研究	山东师范大学
张琦	民国小学语文教材审美价值研究——以《开明国语课本》为例	上海师范大学
李月	民国小学国语教科书文本研究	东北师范大学
范璐璐	民国前期初小修身教科书研究	山东师范大学
朱冰林	民国教科书中的学术与政治——以《现代初中教科书·本国史》为中心	华中师范大学

二、民国教材研究综述

为了对民国教材的整体研究情况进行全面综述,本章主要分成两个部分:一是对民国教材的整理出版情况进行综述，主要针对 2015 年民国教材的影印出版；二是对民国教材的学术研究情况进行综述，主要针对 2015 年民国教材的出版专著、课题立项及已发表学术论文。

（一）整理出版

2015 年民国教材的影印情况，主要有两项：一项是四川人民出版社影印的（加）启尔德所著《民国四川话英语教科书》，本书是一部 100 多年前教外国人如何说四川话的中英文对照教材。这本教材由华西医院创始人加拿大人启尔德编写，1917 年由华西协和大学印刷出版。本书底本来自于收藏在加拿大多伦多大学图书馆的教材原件，特点是将四川的方言用英语表达出来，方便外国人学习四川话，也能帮助四川人掌握英语的日常表达。另一项是由大象出版社出版的《民国教育史料丛刊》（李景文、马小泉主编），内含 220 种、673 册影印民国各类教材。详情见表 5–5。

表 5–5 《民国教育史料丛刊》所收民国教科书目录

序号	题　名	出版社	编著者	应有册数	实收册数
1	复兴社会教科书	商务印书馆	马精武、王志成、顾绢明、顾会华	8	8
2	复兴社会课本	商务印书馆	王志成、沈百英	8	8
3	复兴初小社会教科书	商务印书馆	马精武、王志成	8	8
4	复兴高小社会教科书（1、4）	商务印书馆	顾绢明、顾会华	4	2
5	基本教科书高小社会（1）	商务印书馆	韦息予	4	1
6	新中华社会课本（1、2、3、4、5、7、8）	新国民图书社	蒋镜芙	8	7
7	复兴公民训练教本·初小	商务印书馆	盛子鹤、周鉴溪、束樵如、张耿西、陈湘衡、蔡儋人	8	8
8	复兴公民教科书高小	商务印书馆	胡钟瑞、赵复	4	4
9	教授法批评要诀	中国图书公司	周维城、陆承谟	1	1

（续表）

序号	题　名	出版社	编著者	应有册数	实收册数
10	小学教科书的改革	华华书店	沈百英、周谷城、孙福熙、周士信	1	1
11	小学教科书评论	正中书局	吴研因等	1	1
12	新小学高级公民课本	中华书局	朱文叔	4	4
13	新中华三民主义课本高小	中华书局	陆绍昌	4	4
14	初等小学新修身（1、3、5、6、7）	商务印书馆	沈愿、戴克敦	8	5
15	共和国教科书新修身（6、7）	商务印书馆	武进、沈愿、戴克敦	8	2
16	共和国教科书新修身乙种	商务印书馆	沈秉钧等	1	1
17	新制中华修身教科书高小	中华书局	戴克敦、沈颐、陆费达	9	9
18	新制中华修身教科书初小	中华书局	戴克敦、沈颐、陆费达	12	12
19	新小学国语指导	儿童书局	林琼新	1	1
20	复兴教科书国语首册	商务印书馆	赵景源、沈百英、沈秉廉	1	1
21	复兴国语教科书·初小	商务印书馆	沈百英等	8	7
22	复兴国语教科书·高小	商务印书馆	丁谷音等	4	4
23	复兴国语课本·初小	商务印书馆	庄俞、陈伯吹、吕金录	8	7
24	复兴国语课本·高小	商务印书馆	沈百英、宗亮寰	4	4
25	复兴说话教科书	商务印书馆	齐铁恨	4	4
26	复兴说话教本	商务印书馆	何容、黎锦熙、白涤洲、王向	8	8
27	共和国教科书法制大要	商务印书馆	陈承泽	1	1

（续表）

序号	题　　名	出版社	编著者	应有册数	实收册数
28	共和国教科书法制概要	商务印书馆	陶保霖	1	1
29	共和国教科书经济大要	商务印书馆	贺绍章	1	1
30	基本教科书国语	商务印书馆	戴洪恒	4	4
31	共和国教科书新国文	商务印书馆	庄俞、沈颐	8	8
32	学校生活速写	北新书局	杨晋象	1	1
33	开明国语课本	开明书店	叶绍钧	4	4
34	共和国教科书新理科	商务印书馆	凌昌焕、杜亚泉	6	6
35	新小学教科书国语读本	中华书局	黎锦晖、易作霖、陆费达	11	11
36	新学制小学教科书初级国语读本	世界书局	魏冰心、范祥善、朱羽新	8	8
37	新学制小学教科书高级国语读本	世界书局	秦同培、陈和祥	4	4
38	新学制小学教科书高级国语文读本	世界书局	魏冰心	2	2
39	新中华国语读本	中华书局	朱文叔	4	4
40	复兴历史教科书	商务印书馆	徐映川	4	4
41	新中华历史课本	中华书局	李直、郑昶洪	4	4
42	复兴算术教科书	商务印书馆	顾柟、胡达聪	4	4
43	复兴地理教科书	商务印书馆	冯达夫	4	4
44	音乐教育论	正中书局	青柳善吾、吴承均、吴秉常	1	1
45	新课程标准适用复兴算术教科书	商务印书馆	顾柟等	4	4
46	复兴算术课本	商务印书馆	沈百英、王渐仁	2	2
47	共和国教科书新历史	商务印书馆	傅运森	6	6
48	共和国教科书新算术	商务印书馆	寿孝天、骆师会	14	14

（续表）

序号	题 名	出版社	编著者	应有册数	实收册数
49	开明算术课本	开明书店	刘鱼宇	4	4
50	新中华珠算课本	新国民图书社	雷琛	2	2
51	复兴常识教科书	商务印书馆	徐映川、徐应昶	8	8
52	共和国教科书矿物学	商务印书馆	杜亚泉	1	1
53	复兴劳作教本	商务印书馆	熊翥高	12	12
54	艺术教育	大东书局	丰子恺	1	1
55	小学音律活动	正中书局	高梀	1	1
56	复兴卫生教本	商务印书馆	费赞九、陈湘衡、俞嘉瑞、张若南	8	8
57	复兴卫生教科书	商务印书馆	程瀚章	4	4
58	复兴卫生课本	商务印书馆	周建人、宗亮寰	8	8
59	国民教师	商务印书馆	薛天汉	1	1
60	复兴自然教科书	商务印书馆	周建人、宗亮寰、沈百英	8	8
61	复兴自然课本	商务印书馆	刘佩忠、宗亮寰	8	8
62	开明常识课本	开明书店	傅彬然	8	8
63	新制中华理科教科书	中华书局	顾树森	9	9
64	新制中华农业教科书	中华书局	沈慰宸、丁锡华	6	6
65	新中华常识课本	中华书局	蒋镜芙、吴桂仙	8	8
66	新中华工作课本	中华书局	朱稣典、姜丹书	4	4
67	新中华农业课本	中华书局	杨卿鸿	4	4
68	新中华自然课本	中华书局	杨卿鸿、糜赞治	8	8
69	新中华教科书工用艺术课本	中华书局	朱稣典、姜丹书	8	8
70	复兴音乐教本	商务印书馆	王石珍	4	4
71	复兴音乐教科书	商务印书馆	沈秉廉	4	4
72	新中华教科书音乐课本	中华书局	朱稣典	8	8

（续表）

序号	题　　名	出版社	编著者	应有册数	实收册数
73	新中华小学教师应用音乐	中华书局	朱稣典	1	1
74	新中华音乐课本	中华书局	朱稣典	8	8
75	新中华中等乐理课本	中华书局	索树白	1	1
76	复兴教科书美术	商务印书馆	吴中望	4	4
77	复兴美术教本	商务印书馆	胡葆良、沈祖光	8	8
78	共和国教科书新图书	商务印书馆	李维纯、余翰	1	1
79	复兴体育教本	商务印书馆	束云逵、蔡雁宾、沈百英	4	4
80	复兴初级中学教科书家事	商务印书馆	陈意	3	3
81	开明文言读本	开明书店	吕叔湘、朱自清、叶圣陶	2	2
82	新课程标准适用初中国文读本	中华书局	朱文叔、舒新城、陆费逵	6	6
83	复兴初级中学公民课本	商务印书馆	孙伯骞、周新民	5	5
84	复兴初级中学公民教本	商务印书馆	李之鸥、周淦	5	5
85	复兴初级中学教科书公民教员准备书（1、2）	商务印书馆	蒋建白	3	2
86	复兴高级中学教科书公民（1、2、3、4、6）	商务印书馆	李震东、张云伏、胡泽、吴士栋	6	5
87	复兴高级中学教科书论理学	商务印书馆	吴士栋	1	1
88	复兴初级中学教科书国文	商务印书馆	傅东华	6	6
89	复兴高级中学国文课本	商务印书馆	何炳松、孙俍工	6	6
90	开明实用文讲义	开明书店	张石樵	1	1

（续表）

序号	题　名	出版社	编著者	应有册数	实收册数
91	复兴高级中学教科书国文（1、2、4、5）	商务印书馆	傅东华	6	4
92	新课程标准适用初中本国史（2、3、4）	中华书局	姚绍华	4	3
93	高中本国史	开明书店	罗元鲲	3	3
94	共和国教科书国文读本	商务印书馆	许国英	4	4
95	开明世界史教本	开明书店	刘叔琴、陈登元	1	1
96	共和国教科书国文读本评注（1、2、3）	商务印书馆	许国英	4	3
97	新中华风琴课本	中华书局	朱稣典、徐小涛	1	1
98	共和国教科书文法要略	商务印书馆	庄庆祥	2	2
99	共和国教科书算术	商务印书馆	寿孝天	1	1
100	基本教科书初级中学国文	商务印书馆	傅东华、陈望道	6	6
101	开明国文读本	开明书店	王伯祥	6	6
102	开明国文讲义	开明书店	夏丏尊、叶圣陶、宋云彬、陈望道	3	3
103	开明活叶文选注释	开明书店	张同光、宋云彬、蒋伯潜、韩楚原、王伯祥	8	8
104	开明活叶文选总目	开明书店		1	1
105	复兴初级中学教科书算术	商务印书馆	骆师会	2	2
106	开明英文文法	开明书店	林语堂	1	1
107	开明音乐教本	开明书店	丰子恺、裘梦痕	1	1
108	开明新编高级生物学	开明书店	贾祖璋	1	1
109	现代初中教科书国文	商务印书馆	庄适	6	6
110	高级中学用新中华国文	新国民图书社	沈颐	6	6

（续表）

序号	题　名	出版社	编著者	应有册数	实收册数
111	查理斯密初等代数学	商务印书馆	王家猷	1	1
112	新中华教科书国语与国文	新国民图书社	朱文叔	6	6
113	高级中学师范科用新中华社会学及社会问题	中华书局	吴泽霖	1	1
114	共和国教科书中学英文读本	商务印书馆	甘永龙、广富灼、蔡文森	4	4
115	开明英文讲义	开明书店	林语堂、林幽	2	2
116	开明第三英文读本	开明书店	林语堂	1	1
117	共和国教科书高等小学英文读本	商务印书馆	甘永龙、广富灼、蔡文森	1	1
118	共和国教科书东亚各国史	商务印书馆	傅运森	1	1
119	新制西洋史教本	中华书局	张相	2	2
120	复兴初级中学教科书外国史	商务印书馆	何炳松	1	1
121	复兴高级中学教科书外国史	商务印书馆	何炳松	2	2
122	复兴高级中学教科书卫生学	商务印书馆	程瀚章	1	1
123	现代初中教科书世界地理	商务印书馆	王钟麒	2	2
124	现代初中教科书世界史	商务印书馆	傅运森	2	2
125	新学制高级中学教科书西洋史	商务印书馆	陈衡哲	2	2
126	高级中学用新中华本国史	新国民图书社	金兆梓	3	3
127	共和国教科书自然地理	商务印书馆	傅运森	1	1

（续表）

序号	题　名	出版社	编著者	应有册数	实收册数
128	投考大学全书地理之部	师友出版公司	陈铎民	0	0
129	初级中学用新中华外国史（语体）	新国民图书社	郑昶	1	1
130	初级中学用新中华外国史	新国民图书社	金兆梓	1	1
131	复兴初级中学教科书本国史	商务印书馆	傅纬平	4	4
132	复兴高级中学教科书本国史	商务印书馆	吕思勉	2	2
133	复兴初级中学教科书本国地理	商务印书馆	傅角今	4	3
134	初级中学学生用开明本国史教本	开明书店	周予同	2	2
135	高级中学用新中华自然地理	中华书局	杨文洵	1	1
136	现代初中教科书本国史	商务印书馆	王钟麒、顾颉刚	3	3
137	复兴高级中学教科书自然地理	商务印书馆	王谟	1	1
138	共和国教科书人文地理	商务印书馆	傅运森	1	1
139	开明新编高级本国史	开明书店	杨东团	2	2
140	复兴高级中学教科书外国地理	商务印书馆	苏继顾	2	1
141	复兴初级中学教科书外国地理教育准备书	商务印书馆	曹玉麐	1	1
142	新制中华算术教科书	中华书局	赵秉良	9	9
143	复兴高级中学教科书本国地理	商务印书馆	王成组	3	3
144	开明新编初级本国地理	开明书店	田世英	5	5

（续表）

序号	题　　名	出版社	编著者	应有册数	实收册数
145	现代初中教科书本国地理	商务印书馆	王钟麒	2	2
146	开明物理学讲义	开明书店	沈乃启、夏承法	1	1
147	初级中学用新中华本国地理	新国民图书社	钟毓龙	2	1
148	高级中学用新中华本国地理	新国民图书社	葛绥成	1	1
149	共和国教科书植物学	商务印书馆	杜亚泉	1	1
150	初级中学学生用开明算术教本	开明书店	周为韦	2	2
151	初级中学用开明算学教本算术	开明书店	周为韦、刘熏宇、章克标、仲光然	1	1
152	现代初中教科书算术	商务印书馆	严济慈	1	1
153	初级方程式论	商务印书馆	L. E. Dickson、黄新泽	1	1
154	复兴初级中学教科书代数	商务印书馆	虞明礼	2	2
155	复兴初级中学教科书代数学	商务印书馆	虞明礼	3	3
156	共和国教科书代数学（中学校用）	商务印书馆	骆师会	2	2
157	复兴初级中学教科书几何	商务印书馆	余介石	2	2
158	现代初中教科书代数学	商务印书馆	吴在澜	2	2
159	共和国教科书立体几何（中学校用）	商务印书馆	黄元吉	1	1
160	共和国教科书中学用器画图式	商务印书馆	黄元吉	1	1

（续表）

序号	题名	出版社	编著者	应有册数	实收册数
161	高级中学用新中华代数学	中华书局	余介石	1	1
162	共和国教科书平面几何（中学校用）	商务印书馆	黄元吉	1	1
163	复兴初级中学教科书三角	商务印书馆	周元谷	1	1
164	民国新教科书几何学（中学校师范学校用）	商务印书馆	秦汾、秦沅	1	1
165	民国新教科书几何学问题详解	商务印书馆	崔朝庆	1	1
166	复兴高级中学教科书几何学	商务印书馆	胡术五、余介石、张通谟	1	1
167	复兴高级中学教科书三角学	商务印书馆	李蕃	1	1
168	共和国教科书平三角大要（中学校用）	商务印书馆	黄元吉	1	1
169	复兴高级中学教科书平面几何学	商务印书馆	胡敦复、荣方舟	1	1
170	复兴高级中学教科书立体几何学	商务印书馆	胡敦复、荣方舟	1	1
171	开明几何讲义	开明书店	刘薰宇	1	1
172	初级中学学生用开明算学教本几何	开明书店	周为韦、刘薰宇、章克标、仲光然	2	2
173	现代初中教科书几何	商务印书馆	周宣德	2	2
174	复兴初级中学教科书三角教员准备书	商务印书馆	陈岳生	1	1
175	初级中学学生用开明算学教本三角	开明书店	周为韦、刘薰宇、章克标、仲光然	1	1
176	现代初中教科书三角术	商务印书馆	刘正经	1	1

（续表）

序号	题　名	出版社	编著者	应有册数	实收册数
177	复兴初级中学教科书物理学实验	商务印书馆	陈岳生	1	1
178	复兴高级中学教科书解析几何学	商务印书馆	徐任吾、仲子明、王云五	1	1
179	复兴初级中学教科书物理学	商务印书馆	周颂久	2	2
180	现代初中教科书矿物学	商务印书馆	杜若城	1	1
181	共和国教科书物理学（中学校用）	商务印书馆	王季烈	1	1
182	初级中学学生用开明物理学教本	开明书店	戴运轨	2	2
183	复兴高级中学教科书化学实验	商务印书馆	金仲眉、王义钰、陈永丰、蒋芹	1	1
184	现代初中教科书物理学	商务印书馆	周昌寿	1	1
185	复兴初级中学教科书化学	商务印书馆	舒重则	2	2
186	复兴高级中学教科书化学实验教程	商务印书馆	郑贞文、黄开绳	1	1
187	复兴初级中学教科书化学	商务印书馆	韦镜权、柳大纲	2	2
188	复兴初级中学教科书化学实验	商务印书馆	谭勤余	1	1
189	复兴高级中学教科书化学	商务印书馆	郑贞文	2	2
190	共和国教科书化学（中学校用）	商务印书馆	王季烈	1	1
191	复兴高级中学教科书生物学实验	商务印书馆	江栋成	1	1

（续表）

序号	题　名	出版社	编著者	应有册数	实收册数
192	化学学校	商务印书馆	Wilhelm Ostwald、汤元吉	3	3
193	初级中学学生用开明化学教本	开明书店	程祥荣	1	1
194	初级中学学生用开明化学新教本	开明书店	沈鼎三	2	2
195	现代初中教科书化学	商务印书馆	郑贞文	1	1
196	高级中学学生用新中华化学	中华书局	黄德溥	2	2
197	复兴初级中学教科书动物学	商务印书馆	周建人	2	2
198	复兴高级中学教科书生物学	商务印书馆	陈桢	1	1
199	复兴高级中学教科书物理学	商务印书馆	周昌寿	2	2
200	共和国教科书动物学（中学校用）	商务印书馆	徐善祥、杜亚泉、杜就田	1	1
201	初级中学学生用开明植物学教本	开明书店	王蕴如	1	1
202	现代初中教科书动物学	商务印书馆	杜就田	1	1
203	现代初中教科书植物学	商务印书馆	凌昌焕	1	1
204	高中师范科用新中华生物学	新国民图书社	费鸿年	1	1
205	师范学校教科书学校卫生学	商务印书馆	商务印书馆编译所	1	1
206	高级中学用新中华生物学	中华书局	陈兼善	1	1
207	共和国教科书生理学（中学校用）	商务印书馆	杜亚泉、凌昌焕	1	1

（续表）

序号	题　名	出版社	编著者	应有册数	实收册数
208	复兴初级中学教科书卫生学	商务印书馆	程瀚章	3	3
209	初级中学用新中华生理卫生（语体）	中华书局	麇赞治	1	1
210	现代初中教科书生理卫生学	商务印书馆	顾寿白	1	1
211	初级中学学生用开明生理卫生学教本	美成印刷公司	顾寿白	1	1
212	师范学校教科书卫生	商务印书馆	赖斗岩、苏德隆	1	1
213	复兴初级中学教科书农业	商务印书馆	褚乙然	6	6
214	开明图画讲义	开明书店	丰子恺	1	1
215	现代初中教科书水彩画	商务印书馆	杨长济	1	1
216	开明音乐讲义	开明书店	丰子恺	1	1
217	初级中学学生用开明音乐教本	开明书店	丰子恺、裘梦痕	6	6
218	复兴初级中学体育教本	商务印书馆	王复旦	3	3
219	复兴初中图画教科书（1、2、3、5、6）	商务印书馆	王济远	6	5
220	复兴高级中学体育教本	商务印书馆	王毅诚	3	3

（二）学术研究

从所刊发的论文主题与国家级课题立项情况来看，2015年民国教材研究重点可分为学科主题民国教材研究与其他主题民国教材研究两大类。

1. 学科主题民国教材研究

关于学科主题的民国教材研究多集中在语文科方面，德育、科学、历史、统计、英语、中医科目教材研究次之,数学、美术、心理科方面教材仅有少量论文涉及。

（1）民国教材研究主体科目——民国语文教材研究

这方面的研究主要包括科研课题一项及若干学术研究论文。

2015年有关民国语文教材的立项课题为范远波申请的《"人的形象"塑造及其教育意义:基于清末以来小学语文教材的视角》,属教育部规划基金项目（15YJA880014）。这方面的论文成果大致可分成具体研究、抽象研究、综合研究三种类型。

①具体研究

具体研究主要涉及课文内容本身、课文辅助内容（如插图、练习系统）、语体、选文编排、名人作品收录、教材编写等问题的研究。

庄东明《民国中学语文经典课文概览》一文采用定量分析的方法,对1912—1937年间的32套中学语文教材进行统计,分别统计出民国中学语文的初中十佳散文课文、高中十佳散文课文、中学十佳诗歌课文、中学十佳词作课文,以及民国初中十佳作家、高中十佳作家,借以撩开民国中学经典语文课文的面纱。

对课文辅助内容进行研究有沈迪的《开明国语课本插图设计研究》和王晶晶《民国时期小学国语教科书练习系统研究》两篇文章。前者探讨了民国时期的小学语文教材——《开明国语课本》的插图设计,发现其插图与插图相互联系,插图与课文形成有机统一,符合儿童的阅读习惯,能够激发儿童的学习兴趣,启发儿童想象力,其插图设计在今天仍然值得教材编写者们借鉴。后者对文中选取的五套民国时期小学国语教科书进行分析,并比较这五套书的练习系统,总结出民国时期小学国语教科书在当下给我们的四点启示:一是拼音与生字的识记注重理解与趣味性;二是注重写作训练的指导性;三是注重课题知识与生活经验相结合;四是尊重儿童心理发展规律,循序渐进。

关于语体研究,戴梦媛、沈玲蓉二人合作的《从文言到白话——民国小学语文教科书语体演变》一文以民国时期小学语文教科书为样本,将文言到白话语体的演变分为三个阶段，并进行分析。作者认为小学阶段的教科书不仅要引导学生多背诵经典诗文，还应该背诵一些洋溢着中华传统精髓的白话文，共同走向"文白相融、和谐共生"的汉语言语体发展的美好未来。

沈玲蓉《儿童本位：民国小学语文教科书选文编排》一文从选文取向、选文内容、选文文体等方面详细分析了民国初期赫尔巴特儿童本位思想下的选文编排、民国中期杜威儿童本位观下的选文编排和民国后期儿童本位本土化的选文编排，指出民国小学语文教科书"儿童本位本土化"的历程，为儿童本位思想指导下的课程改革配套教科书提供了借鉴。

有关名人作品被课文收录的研究有两篇。胡适的新诗集《尝试集》在出版后获得了可观的发行量并在后来的教材编写中多次被收入中学国文教材，新诗进入中学国文教材与胡适关系密切。刘绪才《民国国文教材中的胡适新诗》一文指出，《尝试集》充分采用"白话的字""白话的文法""白话的自然音节"，开始了真正意义上的"诗体大解放"创作，具有"开风气之先"的艺术特质，正是其易懂、学生易于接受的原因，使得白话新诗大量进入中学国文教育。另一篇是刘绪才所作《民国中学国文教材中的周作人作品》，文章分析了周作人的新文学作品是如何进入国文教育系统和进入国文教育系统时在内容、形式方面的知识选择。作者认为，周作人的作品频繁地进入中学国文教材，并同时受到国文教育的国家知识体系的制约，文章的知识空间逐步得以确定，才会逐渐在教育实践中成为对中学生影响至深的新文学经典。

教材编写方面的研究成果是李欣倩的《民国时期小学语文教科书——〈共和国教科书新国文〉之分析》一文，对《共和国教科书新国文》一书的现实意义、出版背景、编写理念、选文题材和选文来源等进行了详细的分析，并归纳了该教材的编写经验：教科书的编写紧扣教育宗旨，时代性突出，其编排内容体现出一定的科学性，整套教科书的编写初具现代小学语文教科书的雏形。

②抽象研究

抽象研究主要包括通过教材观察问题，对教材编写理念、名人与教材、教材审美价值、文本内容等方面的研究。

　　通过对教材的分析观察来透视民国教育问题是教材研究的一个方面。严元元《从〈中华女子国文教科书〉看民国初期女子教育》一文结合《中华女子国文教科书》的内容，从女子教育的兴起与发展、民国时期女子教育的进步性、民国初期女子教育的历史局限性等方面，对民国初期的女子教育进行了初步探讨。指出女子教育的兴起与发展，推动了女性思想的解放、女性地位的提高，这对促进当今的女性教育不断与时俱进也有着一定的参考意义。

　　有关教材的编写理念的有三篇论文。李汉朝《民国小学语文教科书儿童本位探析》一文通过分析辛亥革命时期、北洋军阀时期、国民党统治时期、中央苏区和抗日根据地时期这五大时期的小学语文教科书，指出"儿童本位"的教育理念十分必要，但小学语文教材也应当承担着"启蒙""养正"的神圣职责。赵颖霞、沙占华的《民国中期（1917—1937）小学语文教科书的变革——以〈开明国语课本〉为考察中心》一文分析了《开明国语课本》的编写理念，认为该教材在一定程度上反映了民国中期小学语文教科书变革的社会影响和历史成就。以《开明国语课本》为代表的民国小学语文教科书，所呈现的超越时代的形式和内容特征仍值得更深入系统的研究。董立政《民国时期小学语文教科书的美育观念研究》一文试图从"陶养情感"的角度揭示教科书中美育观念的缘起、演化、呈现和意义，作者指出：教科书中的美育观不仅有助于了解民国时期的审美风尚之变化，而且为当下教育中的情感缺失提供了借鉴，有独特实践价值和意义。

　　张月萍《叶圣陶与〈开明国语课本〉》一文探讨名人与教材。文章探寻了叶圣陶与《开明国语课本》的关系。作者指出，《开明国语课本》是原创经典儿童文学作品，确立了民国小学语文课本的新范式，注重现代人文精神。教材关涉一个国家民族的未来，尤其是小学语文教材，因此教育者和教材出版者对此还需深思。

　　关于教材的审美价值研究主要有张琦的学位论文《民国小学语文教材审美价值研究——以〈开明国语课本〉为例》，文章以《开明国语课本》为研究对象，首先对该教材的编辑背景和编辑特点进行探究,然后从题材、体裁、言语、插图、书写五大因素分析该教材所蕴含的审美价值,结尾总结了教材中审美价值的特点和对当今教材的启示。

对教材文本的研究,《民国小学国语教科书文本研究》一文通过对商务国语教科书、世界书局国语课本和开明国语课本这三种出自不同出版社的小学国语教科书的分析研究,总结出可供人教版小学语文教科书借鉴的几点内容:在文本体裁方面,现代教科书应在文体选编上更加完善,增加实用文、戏剧等文体;在文本内容方面,人教版小学语文教科书应注重儿童本位主义,使课文内容更贴近儿童周围生活,尤其要加强儿童道德精神、劳动意识、生活常识的积累;在文本语体方面,人教版小学语文教科书应在小学的第二学段增加浅近的寓言、成语、历史人物故事、生活常识类的文言文。

专著方面,2015年出版有刘景超博士所著《清末民初女子教科书的文化特性》一书,该书系统介绍了清末民初这一特殊历史转折时期,在女子教科书上所折射出来的女子教育问题和社会政治问题。主要内容集中在:清末民初女子教科书的演进、文化阐释、文化传承、文化创新,以及最后对这些文化特性的思考与启示。该书具体介绍了1905—1922年间,女子教科书从出现、成熟,到最后衰落退出的发展过程,通过历史的客观呈现,分析当时女子教科书的文化本质和功能,并反映了社会的文化特性:有创新也有衰落。

③综合研究

综合研究主要是两方面内容兼有涉及的研究。主要有于锦恩《民国时期东南亚人士编写的国语（华语）教材研究》一文,文章首先统计了目前能见到的民国时期东南亚人士编写的国语教材,然后分析了东南亚本土国语教材的编写者、内容导向、知识处理方式及效果,最后总结了民国时期东南亚人士编写国语教材对今人的启发。作者认为民国时期东南亚人士自己编写的国语教材虽然数量不多,但开启了国语教材编写本地化的先河,加速了东南亚国语教学本地化的进程。

（2）其他科目的教材研究

主要包括民国德育教材研究，民国科学教材研究，民国历史教材研究，民国统计教材研究，民国英语教材研究，民国中医教材研究，民国数学、美术、心理教材研究。

①民国德育教材研究

《开明国语课本》通过公民形象的塑造，展现了亲子之间、师生之间、伙伴之间的平等公民关系，使公民教育既充分体现了 20 世纪初中国社会农耕文明和传统伦理文化的特征，又具有鲜明的时代特色。刘霞《民国教科书中的公民教育——以〈开明国语课本〉》一文以叶圣陶编撰、丰子恺作图的《开明国语课本》为例，剖析了民国时期公民教育的内容和特点，探讨了母语教科书渗透公民教育的合理方式。

范璐璐《民国前期初小修身教科书研究》一文以《民国老课本·修身国文·小学卷》和《共和国教科书·新修身·初等小学校》为主要研究对象，从教科书的发展进程、内容特点、修身要求及其实践效果等方面对民国前期初小修身教科书进行研究，并挖掘其对当前小学品德教材编写、小学生品德教育及个人修身等方面的启示。

②民国科学教材研究

柴西勤《民国初期小学科学课程与教科书的特色与启示》一文提到，这些教科书课文结构简单、知识呈现重演绎、内容选择强调实用性，对当下小学科学课程改革具有重要启示：改革应立足于本国实际并不断地进行教学实验等。

③民国历史教材研究

历史教科书是传播民族观和历史观的重要载体，抗战历史是对国民实施现代教育、爱国教育，形塑国民民族意识的重要元素。透过历史教科书，不仅可以回忆民族的历史、文化，更可以审视时人的教育思想。李娜《民国小学历史教科书中的抗战记忆》一文，对抗战初期、伪政权时期和抗战胜利后不同版本的历史教科书进行剖析，指出了受时局和政治立场等因素影响，不同的教科书对于抗战和整个二战的书写也有差异。

朱冰林《民国教科书中的学术与政治——以〈现代初中教科书·本国史〉为中心》一文选取顾颉刚的《现代初中教科书本国史》作为对象，通过对《本国史》曲折编纂过程、北洋和南京国民政府两个不同时期的审查命运以及商务印书馆的出版状况进行梳理，深入分析《本国史》教科书在"疑古"、历史分期、体例编排等方面的特点，并以政治与学术等多方关系为视角，考察1929年教科书查禁事件背后隐藏的深层原因，从而观察民国时期的政局和学术。

④民国统计教材研究

《统计通论》是20世纪上半叶在中日两国十分流行的社会统计学教材。该书包含社会统计学最基本的内容，它不仅在日本普及了西方近代统计学理论和方法，而且在中国推动了传统统计思想方法的转变，在晚清、民国时期的统计学教育中发挥了重要作用。徐泽林、陈明智《〈统计通论〉的版本、内容及影响》一文主要研究了《统计通论》的前身《统计学讲义》与中文译著《统计讲义录》的关系，以及《统计通论》的中日文版本和著译者的生平，分析其内容以及横山雅男对一些统计知识的理解，进而探讨《统计通论》在中国统计史上的作用。

李雪婷、代钦《清末民国时期统计学教材的发展》一文，梳理了清末民国时期在中国盛行的数理统计学与社会统计学教材。通过对清末和民国时期中国使用的典型统计学教材的分析，考察当时统计学教材的内容及特点，并进一步窥探清末民国时期的统计学教育，以期对当今的统计学教育有一定的借鉴作用。

⑤民国英语教材研究

2015年针对民国英语教科书的论文有2篇，都是有关我国自编初中英语教材方面的研究。张学婷《民国时期我国自编初中英语教科书的成就论述》一文将民国时期我国自编初中英语教科书分为1912—1922年、1922—1949年两个不同的时间段，从六个方面分别介绍了两个阶段自编初中英语教科书的情况，并总结了民国时期我国自编初中英语教科书在实现教科书编写目的、实现教科书生活化、培养公民道德、传播外国文化等方面的成就。牟英梅所撰《民国时期我国自编初中英语教科书研究》则对民国时期我国自编初中英语教科书的演变进行探讨，并结合其编写的特点，论述了民国时期自编初中英语教科书对英语教科书编写的重要意义。

⑥民国中医教材研究

李楠等人撰写的《从民国时期中药教材探讨中药教育的发展》一文把民国时期中药教材的发展分为早期药性歌括式教材、中期综合草本式教材、晚期中药专科教材三个阶段，并总结了民国时期中药教材方面的成绩。作者认为该时期的教材在一定程度上代表了当时的学术水平，反映了时代特色，更为现代中药教材的编写奠定了基础。

民国时期，为适应教学需要，我国出现了首批方剂学教材。黄鑫《论民国时期中医方剂学教材的成绩及问题》一文总结了民国时期中医方剂学教材所取得的成绩，指出民国时期中医方剂学教材的编辑特点为：从学科建设角度系统整理中医传统理论、以中医的传统理论为指导选方释方、体现中西医汇通的时代特点、教材中融入编撰者个人临床心得。

⑦民国数学、美术、心理教材研究

在民国数学、美术、心理等科目的教材研究方面各有 1 篇论文。《新主义教科书——算术课本》是民国时期使用最多、影响较大的小学数学课本。张伟、孙冠军合撰的《民国〈新主义教科书——算术课本〉研究》，主要分析了该教材的内容和编写特点，并与现行人教版小学数学课本进行了对比，发现二者的编写思想相同，都注重联系学生的生活实际，但是在编写依据的实际基础、编排体系和内容上有所不同。民国美术教材方面的研究为罗仕明《民国时期的中国美术史类教材编写状况研究》一文，文章以民国时期的中国美术史类教材编写为主题，对民国时期中国美术史类教材编写的背景、主要成果进行了梳理，并简要分析了该时期中国美术史著作的基本特征：第一，限于教学应急所需，在体例、内容上受日本学者研究影响较大；第二，注重以西方思想或观点叙述中国绘画历史，同时又体现出较强的民族文化复兴意识；第三，意图摆脱传统画论的影响，但又多未能真正突破其局限。关于民国心理学教材的研究论文《民国时期心理学课程的发展》主要通过对民国时期心理学课程体系的探讨，分别从课程目标、课程结构、课时安排与课程学分分配四个方面，以及课程教材选择和课程实践方面对心理学的课程体系建构提出了建议：制定明确的课程目标，充实并完善课程结构，合理设置课时安排与学分分配，做到课程与教材的匹配，完善课程实践。

2. 其他主题民国教材研究

除对教材的学科主题进行讨论外，2015 年发表的学术论文还就民国教材的出版与发行、民国乡土教材、民国教科书研究现状以及名人与教科书等方面问题进行了探讨。

刘超《书局的权势网络与知识生产——以民国时期教科书编写发行为中心》认为民国时期具有远见的书局通过控制教科书的编写发行，确立其在知识生产中的地位，以国家的名义，通过教育途径，将地方性知识全国化，将个人性知识大众化，实现知识的社会控制。

李新、杨杨《民国时期三次全国教育会议对乡土教材出版的影响及启示》一文通过考察 1929—1939 年间南京国民政府先后召开的三次全国教育会议，研究了这三次会议对乡土教材出版的影响，以此寻求对当今乡土教材出版的启迪：乡土教材的出版需要中央与地方政府的支持、全体社会成员的广泛参与及一个相对安定的实践环境。胡安徽《清末民国贵州乡土教材生态教育资料初探》一文对清末民国贵州乡土教材生态教育资料进行探讨，认为造成其具有贫乏、零散、不明确特点的原因有三：其一是现代意义上的生态观念传入较晚且现代意义上的生态学研究起步较晚；其二是就贵州而言，社会秩序混乱，教育发展跌宕起伏；其三是就乡土教材编纂目的而言，生态教育不是重点。作者认为了解这些对当代编撰乡土教材有一定的借鉴意义。

廖苗、吴彤《百年小学科学教科书中的科学观变迁》一文讨论了百年来小学教科书中各类科学观及其变化,特别结合清末民国和新中国时期小学科学教科书分析了其中的科学观及特征,解释了科学观与社会主流意识形态的关联。

朱琳《新千年以来我国民国教科书研究述评》一文将新千年以来我国大陆地区的民国教科书学术研究论文进行搜集梳理,从编辑出版学、历史学、教育学、语言和文学等领域进行解析,指出,现今民国教科书研究趋同、时间迟滞,但同时,由浅入深、由感性至理性的剖析,由主观思维评议到科学研究方法的过渡,由单一视角到多学科融入等趋势的出现,又昭示了这一领域研究的新趋向。

吴小鸥、褚兴敏所做的《张元济与中国现代教科书发展》一文介绍了张元济在推动中国现代教科书发展进程中的主要事迹及其深远影响。

此外,2015年还有两项涉及民国时期域外教科书研究的课题立项:分别是毕信燕主持的《日帝殖民时期朝鲜半岛汉语教科书的发掘与研究》与周萍萍主持的《日本教科书中的"军国美谈文学"研究(1894—1945)》,二者都是教育部青年基金项目。

下　编
民国文献整理与研究专题报告

第一章　民国文献的数字化开发

近年来,民国文献的保护和利用越来越受到重视,各大中型图书馆及数字出版公司、出版机构都在积极开展民国文献整理工作,其中一个最主要的形式就是对民国文献的数字化开发。

目前民国文献的数字化开发,主要有数字出版公司开发的数据库和图书馆的自建数据库两种形式,笔者根据近年来发表的文章中对民国文献数据库建设的介绍及相关线索,并通过到各大公共图书馆、高校图书馆及商用数据库网站检索、查询和试用(大部分数据检索日期截至 2015 年 2 月),对民国文献数字资源情况进行了逐一调研和了解。下面我们根据调研情况,从数字出版公司、公共图书馆、高校图书馆三种不同的数据库建设主体出发,分别介绍各自民国文献数据库建设的基本概况、现状、特点,并对其数字化开发和数字资源建设情况进行总结与分析。同时,根据数据库内容的专题类别,对已形成系列的"满铁"、抗战、教育及史料型专题数据库分别予以介绍。最后,对目前民国文献数字化开发的现状和存在的问题进行了综合评述。

一、大型民国文献数据库商用开发的现状及其特色

（一）主要民国文献数据库基本概况

（1）上海图书馆——民国时期期刊全文数据库（1911—1949）①

上海图书馆全国报刊索引编辑部研制的"民国时期期刊全文数据库（1911—1949）"，计划收录民国时期（1911—1949）出版的 25000 种期刊，近 1000 万篇文章。数据库采取分批出版方式，逐步推出各辑产品，目前已推出到第十辑，收录 17824 种期刊，780210 期，8362184 篇文章，数据库提供标题、作者、刊名、分类号、年份及期号等检索途径。

（2）尚品大成——大成故纸堆

"大成故纸堆"由尚品大成数据技术有限公司研制，是专门辑录古旧文献的资料库，下设五个数据库："大成老旧刊全文数据库""中共党史期刊（—1949）数据库""中国各地古方志集（—1949）""古籍文献全文数据库""民国图书全文数据库"。收录晚清和民国期刊 7000 余种，民国图书 4 万多种，古地方志 3400 多种和 1949 年前的中共党史期刊 200 多种。另外还有《顺天时报》《申报》《大美晚报》三种报纸。

（3）爱如生——中国近代报刊库②

北京爱如生数字化技术研究中心研制的"中国近代报刊库"是收录晚清和民国期间报刊类出版物的综合性大型数据库。该库精选 1833 至 1949 年间出版的 3000 余种报纸和期刊，内容涉及国家政治和社会生活的各个方面。报刊库分"要

---

① 全国报刊索引——民国时期期刊全文数据库（1911—1949）主页［EB/OL］.［2015-02-06］.http：//www.cnbksy.cn/shlib_tsdc/product/detail.do？productCatId=6

② 爱如生主页［EB/OL］.［2015-02-06］.http：//www.er07.com/

刊编"和"大报编"2 编,"要刊编"收录晚清和民国时期重要期刊 3000 种,分为
20 辑陆续出版,每辑 100—200 种;"大报编"收录晚清和民国时期大型报纸 20 种,
分为 10 批陆续出版,每批 1—3 种。目前已推出第 1 和第 2 辑晚清民国期刊共
200 种 1.1 万期,第 3 辑为报纸,推出《申报》。

（4）睿则恩——中国近代报刊原文影像数据库^①

该数据库由上海睿则恩信息技术有限公司、时代同盛（北京）科技有限公司
研制,收录晚清至民国时期（1833—1949）出版的报刊资料,计划用 6 年的时间
（2012—2017）收录 12000 余种、近 220000 期的近现代报刊。目前收录了包括《申
报》《东方杂志》《万国公报》《大公报》等为代表的近现代主要报刊资料 130000 余
期,260 多万张影像。检索点有标题、著者、朝代 / 国别、年代、出版地、出版者、丛书
名等。

（5）青苹果——华文报刊文献数据库^②

湖南青苹果数据中心有限公司开发的"华文报刊文献数据库",计划从清朝嘉
庆年间至今两百年的 4000 种报刊中,挑选十分之一实施数字化,建立拥有 4000 亿
汉字和 4 亿篇文章的海量历史文献库。数据库内容包括 400 种报刊,其中 200 种
近代报刊,200 种现代报刊。目前已入选的大部分为报纸,包括《申报》《晨报》《大
公报》《文汇报》《民报》《时代》等在内的近现代报刊 20 余种。

（6）瀚堂——近代报刊数据库^③、民国文献大全（—1949）^④

北京时代瀚堂科技有限公司研制的"瀚堂近代报刊数据库"汇集从香港的
《遐迩贯珍》,北京的《顺天时报》,天津的《大公报》《益世报》《北洋画报》,到上

①　睿则恩——中国近代报刊数据库主页［EB/OL］.［2015-02-06］.http：//bk.reasonlib.com/
②　青苹果——华文报刊数据库主页［EB/OL］.［2015-02-05］.http：//www.huawenku.cn/index.html
③　瀚堂近代报刊数据库主页［EB/OL］.［2015-02-05］.http：//www.neohytung.com/Main.aspx
④　民国文献大全（—1949）- 简介［EB/OL］.［2015-09-25］.http：//cadal.hytung.cn/introduciton.
aspx

海的《上海新报》《申报》等近 300 种清末至民初的报纸和刊物，全库内容持续修订增补，种类动态添加。数据库图文并茂，内容南北呼应，丰富而均衡。瀚堂还与 CADAL 合作，推出"民国文献大全（—1949）"数据库，该数据库是一个海量集成性网络数据库，其中瀚堂的"近代报刊数据库"与 CADAL 的民国图书与期刊资源整合，平台共建共享。

（7）维库民国图书资源库

维库民国图书资源库首批推出 131229 种民国图书和期刊全文影像资源，学科范围包括哲学、宗教、社会科学、自然科学、文学、史地等，其中有民国年间商务印书馆（含涵芬楼影印出版的珍贵善本古籍）、中华书局、博古斋、扫叶山房、古书流通处、岳麓书社、文渊阁等著名出版社和书局出版的古籍和其他图书文献近 8 万种，还有民国年间出版的大量期刊和政府及地方公报。资源库遵循边建设边服务的原则，不断追加更新文献内容。

（8）国家图书馆出版社——民国时期文献总库 [1]

国家图书馆出版社"民国时期文献总库"计划由图书库、期刊库、报纸库、图片库、档案库五个子库构成，各个子库既可以单独使用，也可以合并为总库。目前推出的"民国图书数据库"一期，收录 1911—1949 年间出版的各类中文图书 5 万种。该库分三期建设，以《民国总书目》为依据，在全国范围内进行查漏补缺，三期建设完成后将收录民国图书 15 万种，约 20 万册，预期收录图书占民国全部图书的 95% 以上。

（9）典海民国图书资源平台

中国出版社集团公司旗下典海集团数字传媒有限公司推出，收录民国年间出版的各类图书 10 万余种，内容包括抗战文献、五四运动文献、民国时期名家手稿、根据地文献、民国时期教材等；收录范围包括中国大陆及港澳台地区公共、学校、科

---

① 民国时期文献总库［EB/OL］.［2015-08-04］.http：//mg.nlcpress.com/

研机构图书馆及博物馆等所藏民国图书资源。平台按图书《中文普通图书著录规则》著录,按《中国图书馆图书分类法》分类编排。

(10)台湾得泓——中国近代报刊数据库 [①]

"中国近代报刊数据库"是台湾得泓公司推出的大型近代史报刊数据库,计划收录中国近代 5 大著名报纸《申报》《大公报》《中央日报》《益世报》和《民国日报》,并将日据时期在台湾地区发行的重大报刊《台湾日日新报》《台湾民报》和《台湾时报》收录在内。从目前网站上的资源来看,已经实现数字化的有《申报》《中央日报》和台湾民报系列的《台湾民报》《台湾日日新报》《台湾时报》5种报纸。

(11)ProQuest 历史报纸:近现代中国英文报纸库〔ProQuest Historical Newspapers: Chinese Newspapers Collection (1832—1953)〕 [②]

收录从 1832 到 1953 年间出版发行的《北华捷报》《字林西报》《大陆报》《中国评论周报》《密勒士评论报》《教务杂志》《中国丛报》《北京日报》《京报》《北京导报》《上海泰晤士报》《沪报》《广州时报》等 12 份关于近现代中国的英文报纸。

(12)美国 Gale 公司——珍稀原始典藏档案 [③]

"珍稀原始典藏档案"(Archives Unbound)是美国圣智学习集团(Cengage Learning)旗下的 Gale 公司创建的一个在线数字化资源平台,目前已收录 210 个主题档案。它虽非专门的民国文献资源平台,但收录的部分民国专题档案及期刊较有特色。包括"上海工部局董事会会议录""上海公共租界警务,1894—1945 年"等民国档案资料库,以及"《教务杂志》和中国的新传教士组织""19 世纪远东英

---

① 杨敏.近代中国报纸数字资源的建设和利用研究[J].图书馆工作与研究,2014(6):60-64

② ProQuest 历史报纸:《近现代中国英文报纸库》[EB/OL].[2015-02-05].http://blog.sina.com.cn/s/blog_d0b5320901018vnr.html

③ Archives Unbound[EB/OL].[2015-08-04].www.gale.com/ArhivesUnbound

文期刊"等期刊库。资料主要来源于美国国家档案馆、美国杰拉尔德·福特总统图书馆、上海市档案馆、中国国家图书馆出版社等。

（二）开发特点

上述十余种大型数据库，都是文献开发程度较高，收录数据量较大，或者已有一定市场影响的产品，它们在收录资源的文献类型、时间范围、资源数量、内容选择、检索和阅读功能开发等方面，各有特点。

1. 数据库收录文献的类型特点

从收录文献的类型上看，以期刊和报纸为收录对象的数据库比较多，如单纯收录期刊的上海图书馆"民国时期期刊全文数据库"、"大成老旧刊全文数据库"；兼收报纸和期刊的爱如生"中国近代报刊库"、睿则恩"中国近代报刊原文影像数据库"、瀚堂"近代报刊数据库"、青苹果"华文报刊文献数据库"等。从青苹果目前已推出的20余种数字产品看，基本上还是以报纸为主；有的数据库只收特定的报纸，如台湾"中国近代报刊数据库"，以收录台湾地区的报纸资源为其主要特色，"ProQuest历史报纸"和Gale"珍稀原始典藏档案"，分别收录近代中国英文报纸和英文期刊。

相对于报刊数据库来说，以图书为主要资源的数据库开发较晚，前期的数据库规模较小，主要有"维库民国图书资源库"、大成"民国图书全文数据库"。2015年新推出"典海民国图书资源平台"和国家图书馆"民国图书数据库"。但维库并不是完全的图书数据库，其中还收入《科学杂志》《礼拜六》等少量期刊，大成"民国图书全文数据库"和国家图书馆出版社"民国图书数据库"虽是专门的图书数据库，但目前收录的图书数量均不多。

2. 数据库收录资源的时间范围特点

从时间范围来看，上海图书馆"民国时期期刊全文数据库"、"维库民国图书资源库"、"典海民国图书资源平台"、国家图书馆"民国图书数据库"收入文献的时间范围限定在民国时期（1911—1949），其他几种数据库，基本上都是从清末到民国时期的文献资源兼收,如"大成老旧刊全文数据库"时间范围从 1840 年到 1949 年;爱如生"中国近代报刊库"和睿则恩"中国近代报刊原文影像数据库",都是从 1833 年至 1949 年;"ProQuest 历史报纸"时间跨度稍长,从 1832 年到 1953 年;Gale "珍稀原始典藏档案"所收几种英文期刊,时间最早为 1917 年的《印中搜闻》,最晚为 1965 年的《中日丛报》;青苹果的"华文报刊文献数据库",则是所有数据库中收录文献时间跨度最长的,从清朝嘉庆年间延至近些年,比如其收入的《人民日报》,时间范围从 1946 年到 2011 年,《光明日报》,从 1949 年到 2012 年。

3. 数据库收录资源的数量和内容特点

无论是从计划数还是已收入文献数量上来看,目前,收入文献最多是的上海图书馆"民国时期期刊全文数据库"。该库计划收入 2.5 万种期刊,近 1000 万篇文章,目前已收录 1.7 万余种期刊,78 万期,836 万篇文章。据《(1833—1949)全国中文期刊联合目录》增订本(书目文献出版社 1981 年版)及补编本(书目文献出版社 1994 年版)显示,民国中文期刊总量约 3 万种[①]。目前"民国时期期刊全文数据库"期刊的收录量,已超过民国时期中文期刊出版量的一半以上,它是目前所有民国文献数据库中收入期刊品种、数量最多、最全的数据库。其次为"大成老旧刊全文数据库",收入 7000 余种期刊,13 万多期,220 万余篇文章。睿则恩"中国近代报刊原文影像数据库"计划收录 1.2 万余种,近 22 万期,目前收录了 13 万余期。爱如生"中国近代报刊库"以"影响范围广、存续时间长、史料价值高"为报刊的遴选标准,收入 3000 余种期刊。瀚堂"近代报刊数据库"和青苹果"华文报刊文献数据库汇"规模稍小,前者汇集近 300 种报刊,后者计划收入 200 种报刊,目前收入 20 种左右。"ProQuest 历史报纸"、Gale "珍稀原始典藏档案"和台湾得泓"中国近代报刊库"规模较小,以特色为主。ProQuest 收入 12 种近代出版的英文报纸;Gale 收录了包括《教务杂志》《中国丛报》等清末创刊并在民国时期存续的 6 种近代珍稀

---

① 陈晓莉,严向东.民国文献的整理与开发问题研究[J].图书馆,2013(4):94

英文期刊，其中 5 种是由西方传教士创办；得泓的特色和优势在于收录台湾地区报纸资源，目前收入的 5 种报纸不仅有中文报刊也有日文报刊，这些资源都是平时难以获取的，对于研究台湾地方史有着极其重要的价值。

作为以收录图书资源为主的数据库，"维库民国电子资源数据库"收入民国时期著名出版社和书局出版的图书 8 万余种，加上一些政府及地方公报及期刊，目前首批推出共计 13 万种；大成"民国图书全文数据库"有 4 万余种民国图书；国家图书馆出版社"民国图书数据库"的建设目标是"成为收录民国图书最全的数据库"，"收录图书占民国全部图书的 95% 以上"，计划收录民国图书 15 万种，约 20 万册，目前已完成一期建设，收录民国图书 5 万种。据《民国时期总书目》统计，民国时期出版的图书达 12.4 万余种，但因为总书目还有诸多遗漏，因此保守估计，民国时期图书应超过 20 万种[①]。相对于民国时期出版图书总量来说，数据库收录的民国图书数量，未及一半，应该说，图书资源的开发，还有待拓展。

4. 数据库的功能特点

相较于国内一些图书馆依托馆藏自行开发的全文数据库来说，所有民国文献的商用数据库都有一个共同的特点，那就是非常注重检索功能和阅读功能的开发，提供功能强大的检索途径和界面友好便捷的阅读体验，一些数据库甚至还具备简单的数据分析功能。

上海图书馆"民国时期期刊全文数据库"采用便捷的检索服务平台，读者可从标题、作者、刊名、分类号、年份及期号等途径对文章进行检索、浏览并下载全文，使用期刊导航功能，可直接浏览和下载期刊原文，检索后提供的"文献来源""年份"等的数据分析信息，可以为民国专题研究提供基础数据；爱如生"中国近代报刊库"采用当代最先进的数字化技术，制成高清晰度的数码影像和保留原刊所有信息的数码文本，独创双窗点选式页面，原报（刊）影像和录入全文逐页对照，可从时

---

① 陈晓莉，严向东. 民国文献的整理与开发问题研究［J］. 图书馆，2013（4）：94

间、期号、篇目、作者及全文进行检索,配置期号时间速查,可迅速查明原署期号及出版时间。阅读则兼具放大、全屏、高清、概览、标注(全文添加标点和批注)、书签(全文添加书签和分类管理)、下载和打印功能;青苹果"华文报刊文献数据库"和爱如生在阅读平台设计上有一定相似之处,应用数字化版面重构技术和全文检索技术,采用 Acrobat Reader 和 IE 双平台浏览器,即可实现 PDF 原版式阅读,又可实现文本浏览,同时在双平台实现全文检索;瀚堂"近代报刊数据库"图文对照,内容完整,可全文检索,并标记有详细时间,有人工智能分词检索功能,支持繁简体、异体字自动转换查询,可逐年逐月逐日检索浏览,提供刊期刊号查询。

商用数据库在检索功能和阅读功能上的开发和设计,使文献信息得以充分挖掘,数据检索和使用效率大大提高。

二、公共图书馆民国文献数据库的建设

（一）基本概况

民国文献主要收藏机构为大型公共图书馆,其中国家图书馆约有民国文献 67 万册,上海图书馆约有 109 万册、南京图书馆约有 70 万册、辽宁省图书馆约有 16 万册、广东省立中山图书馆约有 25 万册,重庆图书馆约 10 万册、湖北省图书馆仅民国图书就多达 10 万册①。其他图书馆,如天津图书馆、首都图书馆、浙江图书馆、湖南图书馆等,也都有相当数量的民国文献馆藏。近年来,公共图书馆不仅建成馆藏民国文献书目数据库,一些实力较强的馆还充分利用和挖掘自身馆藏,建成全文数据库及各具特色的专题数据库。

1. 中国国家图书馆

中国国家图书馆收藏的民国文献包括图书、期刊和报纸总计约 67 万册,其中

---

① 　王雅戈,王晋玲,常娥.民国文献整理研究进展［J］.图书馆建设,2011（3）: 16

图书45万册、期刊20万册、报纸合订本2万余册①。作为全国最大的民国文献收藏机构之一，国家图书馆不仅承担着文献保存和保护的重任，而且在资源的开发利用，尤其是数字化方面，更起着引领和主导的作用。在民国文献的数字化建设上，国家图书馆利用自身丰富的馆藏资源，建成"民国中文期刊资源库"等数据库，同时，利用国家中心馆的地位优势，整合国内民国文献资源，建立联合数据库系统。目前国图已建成的民国数据资源，全部都采取开放存取方式，提供公开访问，在国家图书馆网站免费注册并经实名认证后，即可实现在线浏览。

（1）自建民国文献数据库

国家图书馆自建的民国文献数据库，主要包括"民国中文期刊资料库""民国图书数字化资源库""民国法律数字化资源库""东京审判资源库"。

为有效地保护、利用文献，国家图书馆早已完成馆藏民国期刊的缩微胶片制作，"民国中文期刊资料库"就是在缩微胶片的基础上，通过数字扫描转换构建的。该库以书目数据、篇名数据、数字对象为内容，提供简单检索、高级检索、二次检索、关联检索和条件限定检索。主要检索点有题名、责任者、出版者、出版时间、出版地，目前已有4351种期刊电子影像的全文浏览。资源库遵循边建设边服务的原则，不断追加更新资源库内容②。目前数据库只针对期刊提供检索点，没有篇名和作者检索功能，因此它只是一个刊名数据库而非篇名数据库，不能按篇名而只能按刊期整刊浏览。

"民国图书数字化资源库"包含15028种民国图书全文影像资源，并将不断更新③。数据库提供题名、责任者、出版地、出版者和主题词五种检索字段，实现组配

---

① 张本丁，王兆辉.浓墨重彩沧桑厚重——民国文献的价值及馆藏现状［J］.图书与情报，2011（2）：141

② 中国国家图书馆主页——民国专栏——民国期刊［EB/OL］.［2015-02-04］.http：//mylib.nlc.gov.cn/web/guest/minguoqikan

③ 中国国家图书馆主页——中文数据库［EB/OL］.［2015-02-04］.http：//dportal.nlc.gov.cn：8332/zylb/zylb.htm

检索、模糊检索和精确检索,检到图书可提供目录(但没有目录检索功能)和全文在线浏览。

民国时期曾先后出现过多个政权,它们在执政期间制定颁布了大量法律、法规和其他规范性文件,国图建成的"民国法律数字化资源库"包括民国各个时期存在政权的法律、法规文件 8112 篇,总计 29087 页,并将不断更新①。该库主要检索点有篇名、公布单位、文献出处、关键词、主题词,可在线阅读全文。

2011 年起,国家图书馆与上海交通大学合作建立东京审判研究中心,搜集、整理、研究东京审判相关文献史料,开始了"东京审判资源库"的建设。东京审判指从 1946 年 1 月 19 日至 1948 年 11 月 12 日在日本东京对第二次世界大战中日本首要战犯的国际审判。"东京审判资源库"以国家图书馆海外征集的东京审判等对日战犯审判资料为基本素材,利用国家图书馆已有的民国时期文献研究、整理和出版成果,对原始文件进行编目整理。该库于 2015 年 8 月 14 日在国家图书馆官方网站特色资源中正式上线,下设庭审记录、证据文献、判决书、影像记录等 8 个子库,内容包括国家图书馆近年来从海外征集到馆的东京审判庭审记录 4.9 万页,中英文判决书各 1200 页,证词、证据文件 4949 份,庭审现场历史照片 384 张②。

(2)整合国内民国文献资源

国家图书馆整合的民国文献资源,主要包括"地方馆民国文献""民国时期文献联合目录""革命历史文献联合编目中心资源库",前者是一个全文库,而后两者是目录库。

借助"数字图书馆推广工程","地方馆民国文献"整合了首都图书馆、江西省

①　中国国家图书馆主页——中文数据库——特色资源［EB/OL］.［2015-02-04］.http：//dportal.nlc.gov.cn：8332/zylb/zylb.htm#

②　"东京审判资源库"正式上线［EB/OL］.［2016-03-10］.http：//mgwxbh.nlc.gov.cn/xwdt/201509/t20150918_201920.html；中国国家图书馆主页——中文数据库——特色资源［EB/OL］.［2016-03-10］.http：//dportal.nlc.gov.cn：8332/zylb/zylb.htm#

图书馆、湖北省图书馆、云南省图书馆、辽宁省图书馆、贵州省图书馆、上海图书馆、广西壮族自治区图书馆的民国文献，包括民国时期以上各地发行的图书、期刊、报纸。从主题上看，有反映民国年间各地历史状况的资料，也有军事文献、民国抗日将领和其他民国人物的文献等①。检索点有题名、责任者、出版者、出版时间、出版地和馆藏信息等，提供在线浏览。

"民国时期文献联合目录"②是民国时期文献保护计划工作的数据发布即展示服务平台，于2012年建设开发，同年投入使用。该联合目录系统是各个成员馆提交的书目数据和馆藏数据的集中展示平台，为文献普查工作提供数据检索查询服务。截至2015年9月，普查平台收到来自国家图书馆、首都图书馆、重庆图书馆、浙江图书馆、山西省图书馆、江西省图书馆、南京图书馆、辽宁省图书馆、吉林省图书馆、青岛市图书馆、湖南图书馆、湖北省图书馆、杭州图书馆、贵州省图书馆等14家图书馆的民国时期书目数据近30万条，馆藏数据50余万条③，同时提供由国家图书馆数字化的2万余种民国时期图书文献全文扫描页的阅览服务，并提供部分文献的目次检索。

"革命历史文献联合编目中心资源库"依托于全国图书馆联合编目中心丰富的书目数据资源，并得到各省、市图书馆的大力支持。革命历史文献，主要指20世纪初期，五四运动以后，中国共产党带领全国人民进行艰苦卓绝的革命斗争，最终建立中华人民共和国这一革命历程中形成的各种文献资料，是民国文献的重要组成部分。目前该系统包含25家图书馆的书目数据和馆藏信息，总量达到1万余条，

---

① 中国国家图书馆数字图书馆推广工程——地方馆资源——民国文献［EB/OL］.［2015-02-04］.http：//mylib.nlc.gov.cn/web/guest/zhengjiminguowenxian

② 民国时期文献保护网——民国时期文献联合目录平台简介［EB/OL］.［2015-09-21］.http：//mgwxbh.nlc.gov.cn/wxpc/pcpt/

③ 民国时期文献保护网——民国时期文献总目（图书卷）编纂工作专家座谈会在国图召开［EB/OL］.［2015-09-21］.http：//mgwxbh.nlc.gov.cn/zlcb/dtxx/201512/t20151224_201936.html

以后还要不断增加和丰富。文献书目数据遵循 ISBD 国际标准,采用 CNMARC 格式,使用中图分类法,提供题名、著者、主题等多种检索途径,检索结果中列出了文献的馆藏情况,便于文献资源的获取[①]。

另外,国家图书馆还链接了人民出版社"日出东方马克思主义中国化 90 年大型电子图书展",该系统以 1921 年以来出版的著作文献为主,共展出图书 1 万余册,对 90 年来中国共产党重要的思想理论图书资源进行了揭示。

2. 上海图书馆

上海图书馆馆藏民国文献总数量多达百万册,其中中文图书 40 万册,期刊近 2 万种,报纸 3500 余种[②],除了中文图书、报纸、杂志、家谱等书刊形式外,最具特色的莫属外文书刊。上图馆藏的民国时期外文图书,文种涉及日、英、法、德、拉丁、希腊、意大利、西班牙、葡萄牙、荷兰等 10 多种,数量达到 50 余万册,在国内可谓首屈一指[③]。上海图书馆利用自身丰富的民国文献馆藏资源,不仅研发大型综合数据库,而且在专题全文数据库、馆藏书目数据库的建设上,也很有特色,同时还链接了国内一些公共图书馆民国文献相关数据库,提供读者使用。

(1)研制商用数据库

上海图书馆全国报刊索引,研制开发了一批商用民国文献数据库,它们包括"民国时期期刊全文数据库(1911—1949)""民国时期期刊篇名数据库""北华捷报 / 字林西报全文数据库(1850—1951)"。这些数据库在本文的相关部分有详细描述,兹不赘述。

①　革命历史文献联合目录系统介绍[EB/OL].[2015-02-04].http：//gmwx.nlc.gov.cn/jj/；中国国家图书馆主页——革命历史文献联合目录[EB/OL].[2015-02-04].http：//mylib.nlc.gov.cn/web/guest/geminglishiwenxianlianhebianmuzhongxin

②　陈晓莉,严向东.民国文献的整理与开发问题研究[J].图书馆,2013(4):94

③　张本丁、王兆辉.浓墨重彩　沧桑厚重——民国文献的价值及馆藏现状[J].图书与情报,2011(2):141

（2）开发专题数据库

除上述商用数据库外，上海图书馆开发的民国专题数据库还有"近代民国中医药专题数据库"①、"上海图书馆馆藏淞沪抗战图片库"②等，其中"近代民国中医药专题数据库"是从近代民国期刊中精选出中医药专题数据17万余条，形成的专题数据库，收录了《杏林医学月报》《中医杂志》等著名中医药学期刊，包括了中医药界的名家如张锡纯、秦伯未、陆渊雷、时逸人等撰写的文献，是海内外专家学者研究近代民国时期中医药史重要的检索工具。

（3）自建民国文献目录库

上海图书馆还建成了一些民国文献书目数据库，它们包括："民国时期期刊篇名数据库（1911—1949）"③，截至2013年，收录数据780210篇；"馆藏老报纸目录（1862—1949）"，收录1013份馆藏旧报纸，每份报纸有报名、责任者、出版者、出版日期等简单著录信息，可按笔画及首字拼音浏览，提供报名模糊检索；"旧日文书目数据库"④，收入上海图书馆馆藏旧版日文文献（1949年前）8万余册，其中90%是图书，10%是日文旧期刊、各类小册子和其他非正式或非公开出版物；"馆藏旧版西文文献目录数据库"⑤，现有文献记录54241条；"近代文献联合目录数据库"⑥，

---

① 全国报刊索引主页——专题数据库［EB/OL］.［2015-02-09］.http：//www.cnbksy.cn/shlib_tsdc/product/detail.do？productCatId=14

② 上海图书馆馆藏抗战图片库［EB/OL］.［2015-02-09］.http：//memoire.digilib.sh.cn/SHKZ/

③ 全国报刊索引主页——民国时期期刊篇名数据库（1911-1949）主页：［EB/OL］.［2015-02-09］.http：//www.cnbksy.cn/shlib_tsdc/product/detail.do？productCatId=8

④ 上海图书馆主页——旧日文书目数据库［EB/OL］.［2015-02-09］.http：//search.library.sh.cn/jiuriwen/

⑤ 上海图书馆主页——馆藏旧版西文文献目录数据库［EB/OL］.［2015-02-09］.http：//search.library.sh.cn/jiuxiwen/Help.htm

⑥ 上海图书馆主页——近代文献联合目录数据库［EB/OL］.［2015-02-09］.http：//search.library.sh.cn/lhml/help.htm

现有书目记录约 2 万余条,所收文献均为国家图书馆和上海图书馆已经全文数字化的内容,全文电子版可在图书馆网内浏览。

（4）链接相关数据库

另外,上海图书馆还链接了一些国内与民国文献相关数据库,如"天津图书馆缩微文献影像数据库"是天津图书馆已经完成缩微加工的部分馆藏文献资源,以民国时期的图书、报刊为主;"宁波图书馆宁波特色数据库"主要有馆藏老报纸、《申报》中的宁波史料、宁波文史资料、四明丛书等内容;"海德堡大学晚清和民国时期中国女性杂志资料库"收入德国海德堡大学数字化的民国时期《女子世界》《妇女时报》《妇女杂志》《玲珑》等四种中国女性杂志;"《岭南学报》数据库"是根据广州岭南大学发行于 1929—1952 年的《岭南学报》数字化而成。

3.南京图书馆

南京图书馆也是我国目前馆藏民国文献最丰富翔实的公共图书馆之一。据统计,现有民国文献约 70 万册,其中民国时期出版的图书 7 万余种,约 40 万册,期刊近万种,报纸千余种,民国线装刻本也有近 3 万部,另有 2 千多册油印本和稿本[①]。其中政府出版物数量之多、范围之广在全国独占鳌头,另外,各个时期共产党领导人著作、各个革命时期的宣传刊物等革命书刊也为一大特色。

南京图书馆自 2007 年开始对馆藏民国文献进行数字化保护利用,截至目前,已完成《司法院公报》《南京市政公报》等公报类文献 5413 册,民国油印本 1458 册,稿本 477 册,革命书刊 4885 册的全文扫描工作[②]。已完成全文扫描的民国文献数字版主要用于出版和供读者阅读。

目前,南京图书馆已建成"中国近代文献图像数据库""抗日战争历史图库""百年商标""老商标老广告数据库""红色记忆图片数据库""百年人物"等多

---

①　全勤.南京图书馆民国文献保护与开发研究［J］.国家图书馆学刊,2014（2）:44

②　全勤.南京图书馆民国文献保护与开发研究［J］.国家图书馆学刊,2014（2）:45

个民国系列专题数据库。其中"中国近代文献图像数据库"收录1840—1949年的历史照片和图像，内容涵盖政治、经济、军事、文化、科技、教育等15个大类，通过南京图书馆网站和江苏文化网同步发布，供读者免费检索使用①。从该数据库检索，目前可检到图片6600多张。

此外，南京图书馆与北大方正公司合作，出版"民国时期建筑图像数据库""民国时期文化发展图像数据库"等一些专题库②。

4. 重庆图书馆

重庆图书馆前身是国民政府国立罗斯福图书馆，图书馆在建设之初，确定重点收藏二战期间的各类抗战文献，民国文献是其特色馆藏。现收藏有10余万册民国文献，包括民国时期图书7万多种，10万余册，其中抗战版图书有2.7万多种，6万多册，民国时期期刊5000余种，2万多册，民国时期报纸300余种，7000多册，是我国二战时期图书、期刊、报纸收集最齐全、藏量最多和最完整的公共图书馆之一。除抗战文献外，民国时期政府出版物、各个时期共产党领导人的著作、革命时期的宣传刊物等革命书刊也为一大收藏特色③。

重庆图书馆"民国图书书目数据库"收录民国图书书目数据61747条，"民国期刊书目数据库"收录数据142万条，另有"重庆图书馆馆藏革命文献目录（1919—1949）"，收录中国共产党在革命实践中形成的各类文献，特别是非正式出版物中的油印或石印的小册子和单张文献450种。三个书目数据库，均可以下载excel表格形式的目录④。

---

① 张慧.浅析《中国近代文献图像数据库》的图片标引［J］.科技情报开发与经济，2012（23）

② 张慧.浅析《中国近代文献图像数据库》的图片标引［J］.科技情报开发与经济，2012（23）

③ 重庆图书馆主页——馆藏资源——民国文献［EB/OL］.［2015-02-09］.http://www.cqlib.cn/gczy/mgwx/

④ 重庆图书馆主页——重庆地方文献——馆藏专题目录——民国书刊［EB/OL］.［2015-02-09］.http://etc.cqlib.cn/local/mgskIndex.asp？cid=155

重庆图书馆是国内较早完成民国文献全文数字化的图书馆之一，"民国文献全文数据库"的建设始于2006年，与重庆西信天元数据资讯有限公司合作，以扫描全文形式，完成馆藏民国图书和期刊的数字化，共收录民国期刊5727册，144万篇，民国时期图书6.2万册[①]。2008年1月正式投入使用的"馆藏民国文献检索系统"有机结合书目数据库和全文数据库，提供书名、题名、责任者、内容提要、中图法分类号、关键词、条码号、任意字段等多种查询途径，可以简单检索、高级检索、查询检索历史，并可以进行同义词和相关词的检索，进而可以全文下载阅读。2012年3月，重庆图书馆启动民国报纸全文数字化工程[②]。2014年，重庆图书馆研发的以馆藏抗战文献为基础的"中国抗战大后方3D数字图书馆"正式建成[③]。

5. 辽宁省图书馆

（1）民国图书、报纸数据库建设

辽宁省图书馆民国文献的收藏十分丰富，现拥有民国图书2.8万种，4.4万余册，收藏主要由东北地区出版的晚清及民国时期老报纸近120种[④]。2001年底即完成了民国图书书目数据库的回溯建库工作，目前建有"辽宁省图书馆馆藏民国图书数据库"[⑤]。2007年首先对创刊于1906年、存续38年的《盛京时报》进行数字化，2012年又对《东北日报》进行了数字化，但目前这两种报纸的数字资源，均只提供局域网检索和浏览[⑥]。

---

① 黄登. 重庆图书馆数字化民国文献检索系统功能及服务模式探讨［J］. 重庆图情研究，2012（1）

② 陈桂香. 重庆图书馆馆藏民国文献源流、特色及数字化［J］. 数字与缩微影像，2014（3）

③ 重庆推出"中国抗战大后方3D数字图书馆"［EB/OL］.［2015-02-09］. http：//www.ndlib.cn/tggcxwzt/201409/t20140910_89538.htm

④ 杨敏. 近代中国报纸数字资源的建设和利用研究［J］. 图书馆工作与研究，2014（6）

⑤ 辽宁省图书馆主页——数字资源——综合资源平台［EB/OL］.［2015-02-09］. http：//www.lnlib.com/meyme.html？x=-829&y=-69

⑥ 刘家强. 辽宁省图书馆藏旧报纸数字化管见［J］. 图书馆学刊，2013（8）

（2）民国专题数据库建设

辽宁省图书馆网页的相关资料①显示,辽图有关民国的专题数据库比较多,而且很有特色,主要有"张学良专题数据库"（1700 条）、"九一八事变专题图片库"（图片 998 幅,资料索引 733 篇）、"辽宁三十年代著名作家作品数据库"（篇名数据 3058 条）、"馆藏建国前东北地区期刊库"（期刊 550 种,篇名数据 23 万条）、"中国共产党党史图片集"（1274 篇）、"东北抗战事件库"（数据 400 多条）、"东北抗战图片库"（1300 余幅）、"东北抗战人物库"（700 多名）、"东北抗战书目库"（目次全部做标引 300 余种）、"抗战书目库"（1500 余种）、"旧日文书目数据库"、"馆藏'满铁'图书资料数据库"等。所有自建数据库,均只提供馆内浏览。

6. 其他民国文献收藏较多的公共图书馆数据库建设概况

2009 年天津图书馆启动了"缩微文献影像数据库"建设项目,将馆藏特色文献缩微胶片进行数字化转化加工,形成馆藏缩微文献影像数据库,通过网络传输,实现远程信息服务。目前天津图书馆建成"民国期刊数据库"（收入期刊 63 种）、"民国报纸数据库"（仅收入《益世报》1 种）、"民国图书数据库"（收入图书 176 册）几个子库②。

浙江图书馆对部分馆藏民国报刊进行了数字化加工,建成民国期刊和报纸数据库,其中"民国期刊数据库"收入民国期刊 206 种、"民国报纸数据库"目前仅收录《正报》和《当代日报》,尚待补充和完善③。两个数据库均只提供馆内访问。

---

① 辽宁省图书馆主页——地方文献数据库［EB/OL］.［2015-02-09］.http://www.lnlib.com/readerbbs/dfwx/；辽宁省图书馆数字资源网——自建数据库［EB/OL］.［2015-02-09］.http://dl.lnlib.com/mydb/

② 天津图书馆主页——缩微文献影像数据库［EB/OL］.［2015-02-09］.http://swyx.tjl.tj.cn/Default.aspx

③ 杨敏.近代中国报纸数字资源的建设和利用研究［J］.图书馆工作与研究,2014（6）

广东省立中山图书馆"缩微文献全文数据库"①包含民国时期的期刊968种，新中国成立前报纸490种。民国专题数据库建设比较有特色，其中书目数据库有"孙中山文献库""解放前广东报纸库""解放前广东舆图库"，文摘数据库有"建国前广东期刊库"，图片数据库有"广东历史图片库""广州历史图片库""广东辛亥革命历史图片库"，全文数据库有"孙中山全文数据库"等②。

首都图书馆收藏有民国平装图书近4万种，12万册，馆藏目录检索系统可检索民国图书书目③。另外，以近百年馆藏为依托的历史文化多媒体资源数据库"北京记忆"，其栏目包括以经典文献为主的"北京文汇"、以老照片为主的"旧京图典"、以金石拓片为主的"燕都金石"、以历史地图为主的"京城舆图"、以报刊资料为主的"昨日报章"（《北平日报》《京话日报》《群强报》《益世报》《京报》《顺天时报》等共22万页）、以音视频文献为主的"京华舞台"和以老戏单子为主的"旧京戏报"（近800种）等。

宁波市图书馆自建有"申报宁波史料（1872—1949）"及"宁波市图书馆馆藏地方报纸（1899—1999）"④两个与民国文献相关的数据库。前者分类辑录《申报》中一些关于宁波的史料，后者收录包括《甬报》《甬江日报》《四明日报》《时事公报》《宁波商报》《宁波闲话》在内的29种宁波地方老报纸。其中《甬报》为宁波历史上的第一份报纸，创刊于1922年，办报长达25年之久，是新中国成立前宁波出版时间最长，发行量最大的民营大报。

---

①　广东省立中山图书馆主页——缩微——图书缩微资源概况［EB/OL］.［2015-02-09］. http：//www.zslib.com.cn/filmbook.aspx

②　广东省立中山图书馆主页——地方文献——图书馆地方文献概况［EB/OL］.［2015-02-09］.http：//www.zslib.com.cn/local_literature.aspx

③　首都图书馆书目检索系统［EB/OL］.［2015-02-09］.http：//www.clcn.net.cn/special/beijing/index.html

④　宁波市图书馆馆藏地方报纸（1899—1999年）检索系统［EB/OL］.［2015-02-09］. http：//202.107.212.146：8000/newspaper/

公共图书馆自建的民国专题数据库还有：广西壮族自治区图书馆"广西民国照片""广西民国人物"；陕西省图书馆"西安事变数据库"；湖北省图书馆"辛亥革命专题资料库""中国共产党武汉斗争史数据库"以及大连图书馆"馆藏满铁资料书目数据库""馆藏满铁资料全文数据库""馆藏罗振玉学术全集数据库""馆藏旧报刊目录数据库"等。

（二）开发状况述评

1. 基本实现馆藏民国文献书目检索

2001 年，在全国图书馆缩微复制中心的协调下，全国公共图书馆范围内的民国图书现存状况调查工作正式启动，参与此次民国图书调查工作的有国家图书馆及 22 家省级公共图书馆。据相关报道，截止到 2007 年底，参与民国图书调查工作的 23 家图书馆均完成了各自馆藏民国图书的清点、编目工作，建立起了相应的书目数据库[①]。如辽宁省图书馆"馆藏民国图书数据库""馆藏建国前辽宁期刊数据库"，广东省立中山图书馆"解放前广东报纸库""建国前广东期刊库"，首都图书馆"民国图书书目检索"，江西省图书馆"馆藏建国前中文期刊目录"，重庆图书馆"民国图书书目数据库""民国期刊书目数据库"，贵州省图书馆"民国图书书目库"等。一些民国文献藏量较大的图书馆，如浙江图书馆、安徽省图书馆、四川省图书馆，目前只有书目数据库，未进行文献进一步的开发和整理工作；部分省级公共图书馆，如黑龙江省图书馆、吉林省图书馆、湖北省图书馆、福建省图书馆、广西壮族自治区图书馆、陕西省图书馆等，在它们的网站上目前尚未能找到民国文献书目数据库。（参见表 1-1）

---

① 张军.百岁民国图书——从出版发行到保护抢救［J］.图书馆工作与研究，2011（1）：72

表 1–1　公共图书馆民国文献数字资源建设情况

图书馆	购买或链接数据库	自建全文专题数据库	书目数据库
国家图书馆	宝卷新集、中国方志库、人民日报全文数据库、台湾时报数据库（中文、日文）、台湾文献汇刊、台湾文献丛刊、台湾原住民期刊论文资料库、日出东方马克思主义中国化90年大型电子图书展、地方馆民国文献	民国中文期刊资源库、民国图书数字化资源库、民国法律数字化资源库、东京审判资源库	革命历史文献联合编目中心资源库
上海图书馆	睿则恩—中国近代报刊原文影像数据库、睿则恩—《新华日报》数据库、台湾得泓《申报》数据库、ProQuest历史报纸：近现代中国英文报纸库、天津图书馆缩微文献影像数据库、《清华周刊》数据库、《岭南学报》数据库、宁波图书馆宁波特色数据库、《玲珑》杂志电子版、大连图书馆特殊馆藏数据库、首都图书馆"北京记忆"、海德堡大学晚清和民国时期中国女性杂志资料库、20世纪中国文化史数据库、香港浸会大学"早期华文报纸电影史料库"、"中国历史老照片"数据库、赫达·莫里森中国照片数据库、海德堡大学中国小报资料库、白克令中国档案	民国时期期刊全文数据库、民国时期期刊篇名数据库、字林洋行中英文报纸全文数据库、近代民国中医药专题库、上海图书馆馆藏抗战图片库	馆藏旧版西文文献目录数据库、旧日文书目数据库、近代文献联合目录数据库
南京图书馆		中国近代文献图像数据库、民国商标、抗日战争历史图库、百年商标老商标老广告数据库、红色记忆图片数据库、百年人物	民国期刊

（续表）

图书馆	购买或链接数据库	自建全文专题数据库	书目数据库
重庆图书馆	民国时期期刊全文数据库、CNKI 抗战专题文献资料、雷速民国抗战数据库、民国抗战专题库、爱迪克森公司的民国抗战视频资源库	民国文献全文数据库、中国抗战大后方 3D 数字图书馆	民国图书书目数据库、民国期刊书目数据库
辽宁省图书馆	民国期刊全文数据库、大成故纸堆	《盛京时报》、《东北日报》、馆藏"满铁"图书资料数据库、"九一八"专题数据库、张学良专题数据库；东北抗战事件库、东北抗战图片库、东北抗战人物库	馆藏建国前辽宁期刊数据库（1949 年前）、馆藏民国图书数据库、东北抗战书目库、抗战书目库
广东省立中山图书馆	民国时期期刊全文数据库、《北华捷报》（《字林西报》）全文数据库、《人民日报》图文数据库	广东历史图片库、广州历史图片库、广东辛亥革命历史图片库及孙中山全文数据库、缩微文献全文数据库	孙中山文献库、解放前广东报纸库、解放前广东舆图库、建国前广东期刊库（文摘）
首都图书馆	民国时期期刊全文数据库、中国近代报刊数据库—《申报》数据库	北京记忆	首都图书馆民国图书书目检索
天津图书馆		民国期刊数据库、民国报纸数据库、民国图书数据库	
浙江图书馆	台湾文献丛刊、台湾文献丛刊续编	民国期刊（全文，开放）	民国报纸数据库

（续表）

图书馆	购买或链接数据库	自建全文专题数据库	书目数据库
黑龙江图书馆	大成老旧刊全文数据库	抗日战争文献（图片库）	
吉林省图书馆	大成老旧刊全文数据库		
湖北省图书馆	民国时期期刊全文数据库、瀚堂近代报刊数据库	辛亥革命、中国共产党武汉斗争史	
湖南图书馆		辛亥革命专题资源库	馆藏古旧文献查询
安徽省图书馆			民国图书目录查询、民国报刊目录查询
四川省图书馆			馆藏解放前报纸（缩微品）目录、馆藏解放前杂志（缩微品）目录
陕西省图书馆		西安事变数据库	
江西省图书馆	中国近代报刊库、大成老旧刊全文数据库	江西二次国内革命战争时期史料	馆藏建国前中文期刊目录、缩微品目录、革命文献、民国文献
云南省图书馆	大成老旧刊全文数据库、大成中国各地古方志集（—1949）	云南省古籍资源库	
贵州省图书馆			民国图书书目库
广西壮族自治区图书馆	民国时期期刊全文数据库	广西民国人物、广西民国照片	

（续表）

图书馆	购买或链接数据库	自建全文专题数据库	书目数据库
宁波市图书馆		申报宁波史料（1872—1949）、宁波市图书馆馆藏地方报纸（1899—1999）	
桂林图书馆	民国期刊全文数据库、民国图书期刊资料库	广西抗战文化、广西红色历史文化·抗战文化	

数据来源：各图书馆网站（统计日期：2015年2月5日）

2. 基于馆藏和地方文献开发全文数据库

公共图书馆的全文数据库，通常以自身馆藏资源为基础，一些实力较强、收藏民国文献较多的图书馆，通过缩微数字转化或自建的方式，实现馆藏文献的全文数据库建设，如国家图书馆"民国中文期刊资源库""民国图书数字化资源库"，重庆图书馆的"民国文献全文数据库"，天津图书馆的"缩微文献影像数据库"，浙江图书馆的"民国期刊库""民国报纸库"，广东省立中山图书馆的"缩微文献全文数据库"，天津图书馆的"缩微文献影像数据库"等。

公共图书馆在特色文献，尤其是地方版老报纸的数字化建设上，也有所建树，规模较大的当属"宁波市图书馆馆藏地方报纸（1899—1999）"，收入《甬报》等29种地方老报纸，首都图书馆"北京记忆·昨日报章"收入《北平日报》《京报》等共22万页。其他如天津图书馆的《益世报》，上海图书馆《北华捷报》（《字林西报》），辽宁省图书馆的《盛京时报》《东北日报》，浙江图书馆的《正报》和《当代日报》等，都已建成全文数据库。

3. 专题数据库建设各具特色

除馆藏全文数据库建设外，公共图书馆的自建数据库，馆藏特色和地方特色显著。有充分挖掘馆藏建成的专题数据库,如国家图书馆"民国法律数字化资源库"、上海图书馆"近代民国中医药专题数据库"、辽宁省图书馆"馆藏'满铁'图书资料数据库"等。有充分体现地方特色的图片型数据库,如广西壮族自治区图书馆"广西民国人物""广西民国照片",广东省立中山图书馆"广东历史图片库""广州历史图片库""广东辛亥革命历史图片库及孙中山全文数据库",辽宁省图书馆"东北抗战图片库""东北抗战人物库",南京图书馆"中国近代文献图像数据库"等;有史料型数据库,如江西省图书馆"江西二次国内革命战争时期史料"、宁波市图书馆"申报宁波史料"等。另外,还有汇集文献、史料、图片于一体的综合型专题数据库,如重庆图书馆"中国抗战大后方 3D 数字图书馆"、湖南图书馆"辛亥革命专题资源库"、辽宁省图书馆"张学良专题数据库""'九一八'专题数据库"、首都图书馆"北京记忆"、桂林图书馆"广西红色历史文化·抗战文化"、陕西省图书馆"西安事变数据库"等。

4. 部分实现资源共享

得益于文化部、财政部 2011 年共同推出的"数字图书馆推广工程",一些民国文献数据库,如国家图书馆"地方馆民国文献"、人民出版社"日出东方马克思主义中国化 90 年大型电子图书展"等,得以在各级图书馆数字虚拟网运行;"天津图书馆缩微文献影像数据库""宁波图书馆宁波特色数据库""海德堡大学晚清和民国时期中国女性杂志资料库""大连图书馆特殊馆藏数据库"等民国文献数据库也在上海图书馆等国内图书馆网站链接使用。这些资源的共建共享,不仅充实了地方馆的数据库资源,也为资源宣传、资源的使用提供了便捷条件。

（三）数字资源建设情况

除自建数据库外,公共图书馆通过购买数字公司开发的数据库,来补充馆藏,加强民国文献的数字资源建设。表 1-2 是包括国家图书馆在内的 20 家民国文献馆藏量较丰富的省级以上公共图书馆民国文献数字资源建设情况,从自建数据库情况来看,自建有民国文献数据库（书目库除外）的馆有 13 家,未建数据库的有 6

家；从商用开发数据库购买情况来看，12 家图书馆购买至少 1 种民国文献数据库，购买 2 种以上数据库的有 9 家，8 家图书馆没有购买任何民国文献数据库。通过分析购买数据库和自建数据库的情况，可以看出公共图书馆的民国文献数字资源建设，已经得到重视，以国家图书馆和和上海图书馆为代表的公共图书馆，在馆藏资源数字化、商用开发数据库购买以及推动数字资源共享方面，都取得了很大的成绩，但公共图书馆的民国文献数字资源建设，存在着馆与馆之间重视程度不一致，地区之间发展不均衡的问题。

表 1–2　公共图书馆民国文献数字资源建设数量

图书馆	购买或链接数据库	自建全文专题数据库	书目数据库
上海图书馆	18	4	3
国家图书馆	9	3	1
重庆图书馆	5	2	2
广东省立中山图书馆	3	4	4
辽宁省图书馆	2	8	4
湖北省图书馆	2	2	0
江西省图书馆	2	1	4
首都图书馆	2	1	1
云南省图书馆	2	1	0
浙江图书馆	2	0	2
广西壮族自治区图书馆	1	2	0
黑龙江图书馆	1	1	0
吉林省图书馆	1	0	0
南京图书馆	0	7	1
天津图书馆	0	3	0

（续表）

图书馆	购买或链接数据库	自建全文专题数据库	书目数据库
湖南图书馆	0	1	1
陕西省图书馆	0	1	0
安徽省图书馆	0	0	2
四川省图书馆	0	0	2
贵州省图书馆	0	0	1

（统计截止日期：2015 年 3 月，统计不包括试用库）

1. 部分图书馆民国文献数字资源建设成绩显著

从表 1-2 的统计，我们可以看出，自建数据库较多的图书馆，购买商用开发数据库（包括共享链接）比较踊跃，如国家图书馆自建 3 种，购买 9 种；上海图书馆自建 4 种，购买 18 种，广东省立中山图书馆，自建 4 种，购买 3 种。这些图书馆除了重视自身馆藏的挖掘，对资源进行充分的开发利用外，也比较注重利用商用数据库产品来完善和构建民国文献数字资源体系。

国家图书馆购买的数字资源以专题库为主，如"宝卷新集""中国方志库"以及以台湾文献为主的数据库，如"台湾文献丛刊""台湾原住民期刊论文资料库""台湾时报数据库"等。上海图书馆的数字资源则较为宽泛，包括：综合性报刊库，如"中国近代报刊原文影像数据库"；专题报纸库，如"ProQuest 历史报纸：近现代中国英文报纸库""海德堡大学中国小报资料库"；单行本的报纸，如台湾得泓"《申报》数据库"；单行本的期刊，如"《玲珑》杂志电子版"等；民国图片库，如"中国历史老照片数据库""赫达·莫里森中国照片数据库"等；还链接了天津、北京、宁波、大连等图书馆的民国相关数字资源。是目前国内民国数字资源最多最全面的图书馆。重庆图书馆着力构建以抗战文献为特色的资源体系，不仅收藏有全国最多的纸质抗战文献，自建以馆藏抗战文献为特色的专题数据库，购买的数据库，也以抗战题材为主,如"CNKI抗战专题文献资料""雷速民国抗战数据库""民国抗战专题库""爱迪克森公司民国抗战视频资源库"等。

2.图书馆对民国文献数字化开发及数字资源建设的重视程度不一致

南京图书馆和天津图书馆都有着丰富的民国文献资源,进行了一定的数字开发,自建数据库分别为7种和3种。南京图书馆目前已建成的"中国近代文献图像数据库""抗日战争历史图库""民国商标"等数据库,基本上是一些图片资料库,已完成的《司法院公报》《南京市政公报》等公报类文献的全文扫描,也主要用于出版而非数据库建设,因此,可以说,南京图书馆尚没有自己的有特色、有规模的全文数据库,至少从图书馆网页上,找不到一个有关民国文献的全文数据库;而天津图书馆虽通过缩微数字化,建成馆藏图书、期刊、报纸全文数据库,但在特色和专题开发方面,尚无特别成果。通过网页查询,两个图书馆,均未购买商用开发数据库。自建和购买数据库的情况,在一定程度上反映出图书馆对民国文献数字化开发和建设的重视程度。两个图书馆,尤其是南京图书馆,作为国内民国文献收藏最多的图书馆之一,数字化建设的现状,与纸质馆藏的地位,存在一定的不匹配性,因此,有必要在馆藏资源的数字化开发程度和数字资源建设的力度上进一步加强。

3.图书馆民国文献数字化开发和数字资源建设地区差异较大

安徽省图书馆、四川省图书馆和贵州省图书馆都有一定数量的民国图书和期刊馆藏,但既没有自建库,也未购买商用库,陕西省图书馆、湖北省图书馆则只有1种自建库,没有商用库。这部分图书馆的数字资源建设,相对滞后。从地域分布来看,这部分尚未开展民国文献数字资源开发和建设的图书馆,大部分分布在西部或经济欠发达省份。可以说,民国文献数字资源建设的规模和重视程度,有着明显的地域不平衡性,沿海经济发达地区,如北京、上海、广东等,无论是自建还是购买数据库的数量,都明显多于西部或经济欠发达省份。

三、高校图书馆民国文献数据库的建设

（一）基本概况

1. CADAL、CALIS、CASHL 及其成员馆民国文献数字化项目

"大学数字图书馆国际合作计划"（China Academic Digital Associative Library，简称 CADAL）是一个以数字化图书期刊为主、覆盖所有重点学科的学术文献资源体系，其收录的中文图书包括珍贵古籍、民国图书、民国期刊、博士硕士学位论文及其他特色文献资源。截至 2013 年 5 月，CADAL 在线发布的资源数量，民国期刊 148674 册，民国图书 159064 册，特色资源（满铁、侨批等）51354 册（件）①。检索可按文献类型选择，检索项为作者和题名，期刊没有篇名检索功能。读者可以通过 CADAL 数字图书馆查询书目信息，全文浏览只限于参建高校通过 IP 认证和注册的用户登录。2015 年，CADAL 与北京时代瀚堂科技有限公司合作，共同推出"民国文献大全（—1949）"数据库。数据库整合 CADAL 项目的书刊资源和"瀚堂近代报刊数据库"的报纸资源，包含海量图文并茂的民国时期文献，其中图书逾 13 万册，期刊 2 万余种，报纸新闻与广告条目 1000 万笔②，该数据库旨在一站式发现民国时期的书报刊资源，内容动态更新添加，并且向 70 家成员馆提供 CADAL 资源的免费在线阅读服务③。

依托 CADAL 提供的建设平台，部分高校成员馆基于馆藏的民国文献数字化建设项目，也取得了一些成果。这些项目包括武汉大学图书馆"武汉大学图书馆 CADAL 民国珍藏库"，该库收藏民国时期出版的中文书刊 7.9 万种，由武大馆和

---

① CADAL 数字图书馆［EB/OL］.［2015-02-09］.http：//www.cadal.zju.edu.cn/search/newHelp
② 民国文献大全（—1949）［EB/OL］.［2016-01-10］.http：//cadal.hytung.cn/
③ CASHL 主页——CASHL 华东南地区民国文献共建与共享服务启动大会圆满召开［EB/OL］.［2015-02-09］.http：//www.cashl.edu.cn/portal/html/article317.html

其他 CADAL 成员馆共同承建①。"武汉大学图书馆馆藏民国文献"囊括了馆藏民国图书 12725 册,民国期刊 11873 册,民国学位论文 1945 册②,这些文献资料经过全文数字化,可通过书名、作者、关键词和出版机构进行检索;复旦大学图书馆的 CADAL 项目已完成全部民国期刊的数字化制作,通过"CADAL 民国书刊本馆镜像",或"CADAL 民国书刊主站",可浏览阅读全文③;中国农业大学图书馆"书香记忆——旧文献集萃"④,也是依托 CADAL 项目开展的民国文献数字化工作,收入民国期刊 2709 册,提供刊名、关键词、责任者、出版者、出版日期、卷期编号等检索方式,可以按刊全文浏览。

另外,中国高等教育文献保障系统(China Academic Library & Information System,简称 CALIS),组织全国高校共同建设以高等教育数字图书馆为核心的文献保障体系,以全国高校专题特色数据库项目的形式,立项支持中国人民大学"民国时期文献资源库"、北京大学"西南联大史料数据库"、北京邮电大学"中国近现代邮电史数字图书馆资料库"、福建师范大学"民国时期福建教会大学特色文献数据库"、中山大学"（民国）岭南高校记忆"、华南师范大学"华南师范大学民国特色

---

① 武汉大学图书馆电子资源门户——CADAL 民国珍藏库［EB/OL］.［2015-02-09］.http：//metalib.lib.whu.edu.cn/V/N2RSTPK75VMKKD3DSFX3F69LIR6Q9TQSL2K2EFMCJ3F7SL7ERD-00005？func=meta-1-info&doc_num=7423

② 武汉大学图书馆电子资源门户——CADAL［EB/OL］.［2015-02-09］.http://metalib.lib.whu.edu.cn/V/N2RSTPK75VMKKD3DSFX3F69LIR6Q9TQSL2K2EFMCJ3F7SL7ERD-00005？func=meta-1-info&doc_num=2892

③ 复旦大学图书馆主页——特藏资源——民国期刊［EB/OL］.［2015-08-05］.http：//www.library.fudan.edu.cn/main/list/199-1-20.htm

④ 中国农业大学图书馆主页——书香记忆——旧文献集萃［EB/OL］.［2015-02-09］.http：//202.112.175.14：4237/UserCenter/usercenter？querytype=1&querypolicyid=20110712084946&type=get&query=0025&query=&gx=AND&st=524d65b94e0081f4&st=524d65b94e0081f4&region=201107120811 41&region=20110712081141&treeid=20110616101648&updatetime=0&datapid=&imtime=0&dataj=&tpf= Y&nodeid=20110630161350&username=guest&password=null&viewjbid=20021201150523&order=7&or derdsc=1&resnum=40&maxnum=50000&pagenum=0&presnum=0

珍藏文献数据库"等一批民国文献的数字化开发工作[①]。

目前,中国高校人文社会科学文献中心(China Academic Social Sciences and Humanities Library,简称 CASHL)继古文献传递服务项目之后,也在尝试拓展民国文献传递服务项目,提出 CASHL、CALIS、CADAL 在民国文献共建共享方面实现进一步的融合,通力合作,协同发展,共同保障民国文献的开放获取[②]。

除 CASHL、CALIS、CADAL 外,一些地方区域性的资源共建共享平台也整合了部分民国数据库资源,如"上海地区高校优质资源共建共享平台"[③]链接"复旦 CADAL 民国书刊"和"上海师大解放前报刊数据库"等民国文献资源,提供书目检索和全文浏览。该平台是在上海市教委组织领导下构建的上海地区高校优质资源支撑平台,将上海地区高校自建数据库、特色资源数据库、优质资源数据库等共建共享,突破高校图书馆物理空间上的局限和特色优质资源仅对本校师生开放的限制,旨在更好地满足各校师生日趋多样化和个性化的文献需求,达到优势互补、资源共享的目的。

2. 馆藏民国文献数据库建设

相较于公共图书馆,建有专门的民国文献馆藏书目数据库的高校图书馆比较少,从各图书馆网页检索的结果来看,只有北京大学图书馆"民国旧报刊库"、西北师范大学图书馆"解放前报刊资料书目"、上海师范大学图书馆"馆藏解放前报刊题录库"以及福建师范大学的民国图书、期刊、报纸目录库等为数不多的几种,更多的图书馆是在 OPAC 上直接进行检索。但是高校馆在馆藏全文数据库建设方面,

---

①　教育部"211 工程"高等教育文献保障系统(CALIS)三期"专题特色数据库"立项项目一览表[EB/OL].[2015-02-09].http://www.docin.com/p-275982781.html

②　CASHL 主页——CASHL 华东南地区民国文献共建与共享服务启动大会圆满召开[EB/OL].[2015-02-09].http://www.cashl.edu.cn/portal/html/article317.html

③　上海地区高校优质资源共建共享平台[EB/OL].[2015-08-05].http://www.kxzy.sh.edu.cn/

则明显多于公共图书馆。

北京大学图书馆"民国旧报刊库全文数据库"在目录库的基础上持续建设,截至 2013 年 5 月,发布 4174 种,34019 册期刊,619385 篇文章[①]。南京大学图书馆自建有"南大图书馆馆藏民国图书数据库"和"南大图书馆馆藏民国期刊数据库",分别收入民国图书 2497 种,民国期刊 27835 册。两个数据库资源主要以南京大学前身——金陵大学、中央大学图书馆时期的馆藏图书和期刊为主。中国人民大学图书馆自建"民国时期图书资源库"及"民国时期期刊资源库",分别收录馆藏民国时期图书数据 48684 种,期刊 5815 种。另外,"民国时期文献资源库"收录馆藏民国时期的图书、期刊、报纸以及民国时期的著名学者论著和相关书评 23000 多条,中文期刊创刊号 2400 余种。北京师范大学图书馆自建有"民国图书全文库""中文珍稀期刊题录库",分别收入民国图书 11822 种,期刊 283 种,但后者只是一个题录库而非全文库。华南师范大学图书馆"民国图书",收入以馆藏为基础的 13 万种民国图书全文影像资源。广西师范大学图书馆自建"馆藏广西民国图书数据库",收录 231 条全文数据[②]。上海交通大学图书馆"民国报刊数据库"[③]采取边建设边服务的方式,目前收入民国报刊数据 10717 条。"中山大学民国期刊全文数据库"收录清末民国期刊 6000 余种,6 万多期。福建师范大学图书馆"馆藏民国中文图书专题全文数据库""馆藏民国外文图书专题全文数据库",分别收录图书 8420 种、5779 种[④]。（参见表 1-3）

---

① 北京大学图书馆——民国旧报刊［EB/OL］.［2015-02-09］.http：//162.105.138.110：8011/mgqk/MgSearch.jsp？dbtype=1&looktype=0&stype=0

② 温泉.馆藏民国图书数据库建设探讨［J］.河南图书馆学刊,2010（4）

③ 上海交通大学图书馆主页——特色资源［EB/OL］.［2015-02-10］.http：//ir.lib.sjtu.edu.cn/tpi/WebSearch/Search_DataInit.aspx？dbid=24&dbcode=MINGUOBAOZHI

④ 龙丹,郑辉.福建师范大学图书馆自建馆藏民国文献数据库概况［J］.黑龙江史志,2012（13）

3. 专题民国文献数据库建设

与公共图书馆专题数据库建设偏重地方文献有所不同,高校图书馆的专题数据库,比较偏重校史及与学校性质类型相关文献的整理和数字化。

以校史、学校学术成就、学校出版物为主题的专题数据库,有清华大学图书馆"清华文库""清华学位论文",前者收藏清华学人的个人学术著作,清华自建校以来的校刊及其他内部或对外出版刊物,以及各种有关清华人、事、物、历史等的书籍资料、清华早期校刊等等,后者包括从 20 世纪 20 年代末到 60 年代的部分毕业论文和 20 世纪 80 年代起至今的全部博硕士学位论文。另外,清华大学图书馆自建"《清华周刊》数据库"①,收集创刊于 1915 年的清华学生刊物《清华周刊》从 1915 年第 65 期开始,到 1937 年 1 月第 637 期结束,以及增刊、文艺增刊等共 608 期。武汉大学图书馆"武大老教师著述及相关资料篇名索引(1949 年以前)",收集 300 余名武汉大学及其前身老一辈教育家、学者的 5000 多篇资料。南开大学建有"西南联大史料库",总数据量达 18000 余条。华南师范大学图书馆建有"本校早期论文"和"本校早期出版物"②,前者收入华南师大现存早期毕业生论文 1200 多册,时间跨度从 1937 年至 1952 年,后者收入包括《广东省立勷勤大学概览》《勷勤大学季刊》《广东省立勷勤大学师范学院讲义》以及各种同学录在内的 30 余册华南师大早期出版物。华中师范大学图书馆"华大文库"③收入馆藏 1952 年以前出版的珍藏图书、珍稀报刊、解放区出版物以及毕业论文。福建师范大学图书馆建有"馆藏前身校出版期刊全文数据库""馆藏前身校毕业论文中文全文数据库""馆藏前

① 清华大学图书馆主页——特色馆藏资源——清华周刊[EB/OL].[2015-02-10].http://qhzk.lib.tsinghua.edu.cn:8080/Tsinghua_Journal/index.html

② 华南师范大学图书馆主页——本校古旧文献介绍[EB/OL].[2015-02-10].http://lib.scnu.edu.cn/zjk/guji_2011/guji_main.asp?px=sm

③ 华中师范大学图书馆主页——特色资源——华大文库[EB/OL].[2015-02-10].http://202.114.34.31:7001/hdwk/index.jsp

身校毕业论文西文全文数据库"等。

师范大学图书馆则比较偏重教育文献及教科书的数字化建设,如北京师范大学图书馆建有"馆藏解放前师范学校及中小学教科书全文库",收入清末民国教科书 2626 种①;南京师范大学图书馆自建"民国文献资源库·民国教育期刊库"②,收入馆藏教育学、心理学方面的图书 2400 余种,近 4000 册,期刊 130 余种,提供网上书目查检,部分期刊可进行篇目查检,其余的书刊数据正在建设之中;上海师范大学图书馆"民国教育期刊全文数据库"③收入民国教育类期刊 140 种,7 万余篇文章,并析出了发表于其他各种非教育类刊物中的教育学相关文章 2 万余篇,提供刊名、篇名、责任者、出版者等检索项,可浏览全文。

高校图书馆根据自己的馆藏特色,也建有一些地方文献数据库,如上海师范大学图书馆"近代上海方志资料数据库"收录上海近代方志资料 26 种,218 册,551卷;广西师范大学图书馆"馆藏广西旧地方志"收录本馆所藏清代及民国时期编修的广西旧地方志;苏州大学图书馆与江苏省吴文化基地合作开发的"吴文化数据库",包含有大量民国文献资料④。

另外,还有一些零星的民国报刊全文数据库,如:清华大学"银行民国期刊";华南师范大学图书馆《广州民国日报》;延安大学图书馆"红色数据库"⑤,收入我党最早创办的《红色中华》《新中华报》和《解放日报》三种报刊。

---

① 北京师范大学图书馆特色资源［EB/OL］.［2015-02-09］.http：//digi2.lib.bnu.edu.cn：8080/digilib/ODB/tszy.jsp

② 南京师范大学图书馆主页——特色收藏［EB/OL］.［2015-02-10］.http：//lib.njnu.edu.cn/portal/portal/group/nnuguest/media-type/html/page/tssc_mgjyqk.psml

③ 段晓林.民国教育文献数据库的开发与利用——上海师范大学图书馆 085 内涵建设子项目［J］.上海高校图书情报工作研究,2013（2）

④ 杭亚杨,王雅戈,陆琳.苏州民国文献收藏保护与开发利用研究［J］.图书馆学研究,2014（1）

⑤ 延安大学图书馆主页——数字资源——红色数据库［EB/OL］.［2015-02-07］.http：//120.95.97.253/library/35/180.html

表1-3 高校图书馆民国文献数字资源建设情况

图书馆	购买数据库	自建全文、专题数据库	书目数据库
北京大学图书馆	民国时期期刊全文数据库、《申报》数据库、台湾文献丛刊	民国旧报刊全文数据库	民国旧报刊库
清华大学图书馆	大成老旧刊全文数据库、台湾文献丛刊	清华文库、清华学位论文、银行民国期刊、《清华周刊》数据库	
中国人民大学图书馆	民国时期期刊全文数据库、大成老旧刊全文数据库、《东方杂志》全文检索数据库、《申报》、The Chinese Recorder and Missionary Journal（《教务杂志》）	民国时期图书资源库、民国时期期刊资源库、民国时期文献资源库	馆藏古籍书目数据库（包括民国线装图书）
北京师范大学图书馆	民国时期期刊全文数据库、瀚堂近代报刊	民国图书全文库、馆藏解放前师范学校及中小学教科书全文库	中文珍稀期刊题录库
复旦大学图书馆	民国时期期刊全文数据库、《申报》数据库、中国近代报刊数据库		
上海交通大学图书馆	民国时期期刊全文数据库、《申报》	上海交通大学民国报刊数据库	
华东师范大学图书馆	民国时期期刊全文数据库、ProQuest历史报纸：近现代中国英文报纸库、瀚堂近代报刊—益世报、《申报》		
上海师范大学图书馆	民国时期期刊全文数据库、《申报》数据库、中国历代地方志集	民国教育期刊全文数据库、近代上海方志资料数据库	馆藏解放前报刊题录库

（续表）

图书馆	购买数据库	自建全文、专题数据库	书目数据库
浙江大学图书馆	瀚堂近代报刊、《东方杂志》总目查询系统、中国边疆史地研究资料数据库		
南开大学图书馆	大成老旧刊全文数据库、超星民国电子图书	西南联大史料库	
南京大学图书馆	民国期刊全文数据库、大成老旧刊全文数据库、大成故纸堆、《申报》数据库	南大图书馆馆藏民国图书数据库；南大图书馆馆藏民国期刊数据库	
南京师范大学图书馆	民国期刊全文数据库、大成老旧刊全文数据库、瀚堂近代报刊数据库	民国文献资源库·民国教育期刊库（篇名）	
中山大学图书馆	大成老旧刊全文数据库	中山大学民国期刊全文数据库	
华南师范大学图书馆	瀚堂近代报刊全文库、大成老旧刊全文数据库	民国图书数据库、广州民国日报、本校早期出版物、本校早期论文	新版古籍丛书
厦门大学图书馆	民国时期期刊全文数据库	民国期刊专题库、民国报纸专题库、民国图书专题库	本馆民国期刊目录
福建师范大学图书馆		馆藏前身校出版期刊全文数据库；馆藏前身校毕业论文中文全文数据库；馆藏前身校毕业论文西文全文数据库、馆藏民国中文图书专题全文数据库、馆藏民国外文图书专题全文数据库	馆藏民国中文图书书目数据库；馆藏民国期刊目录数据库、馆藏民国报纸目录数据库、馆藏民国期刊论文题录数据库；馆藏民国福建、台湾专题文献数据库

（续表）

图书馆	购买数据库	自建全文、专题数据库	书目数据库
重庆大学图书馆	民国时期期刊全文数据库、大成老旧刊全文数据库	抗战历史库	
西南大学图书馆	大成老旧刊全文数据库、瀚堂近代报刊	抗战文献库	
武汉大学图书馆	民国期刊全文数据库、爱如生中国近代报刊库、青苹果报刊数据库、瀚堂近代报刊	武汉大学图书馆 CADAL 民国珍藏库、武汉大学图书馆馆藏民国文献、武大老教师著述及相关资料篇名索引（1949 年以前）	
华中师范大学图书馆	人民日报图文电子版（1946—2006）	华大文库	
河南大学图书馆	民国期刊全文数据库、大成老旧刊全文数据库、《北华捷报／字林西报》上辑		中国近代期刊编目数据库
广西师范大学图书馆		馆藏广西民国图书数据库；馆藏广西旧地方志	
西北师范大学图书馆			解放前报刊资料书目

数据来源：各图书馆网站（查询日期：2015 年 2 月 6 日）

（二）数字资源建设情况

在民国文献数字资源建设方面，高校图书馆除自建数据库外，也非常重视商用开发数据库的购买，从表 1-3 高校图书馆购买数据库和自建数据库的情况，可以看出，在民国文献数字资源建设上，相较于公共图书馆，高校图书馆更加注重构建完整的资源体系，参与数字资源开发和建设的馆更多，购买商用开发数字资源的品种类型范围更广。

1.纸质资源、商用数据库和自建数据库共同构建完整的民国文献资源体系

表1-4为23家民国文献馆藏量较丰富的综合性大学自建馆藏数据库和购买商用数字资源情况,从自建数据库情况来看,自建有民国文献数据库（书目库除外）的馆有18家,未建数据库的只有5家;从商用数据库购买情况来看,20家图书馆购买至少1种民国文献数据库,购买2种以上数据库的有17家,仅3家图书馆没有购买任何民国文献数据库。无论从自建、购买数据库的数量,还是所购商用数据库的品种和参与购买的图书馆的比率,高校图书馆都明显高于公共图书馆。可以说,高校图书馆更加注重馆藏民国文献的数字化开发,也更加注重通过商用数据库的采买,补充纸质资源和自建数据库的不足,加强数字资源的建设力度,强化民国文献馆藏特色,构建完整的民国文献资源体系。

2.购买商用数字资源品种呈现类型多样化趋势

从表1-3和表1-5的统计数据看,拥有1种以上商用民国文献数据库的20家高校图书馆购买的数据库,包含期刊、报纸、图书等各种文献类型。它们包括综合性报刊库,如"民国时期期刊全文数据库""大成老旧期刊数据库""瀚堂近代报刊""青苹果报刊数据库"以及"爱如生中国近代报刊数据库";专题报纸库,如"ProQuest历史报纸";综合性图书库,如"超星民国电子图书""大成故纸堆"以及"台湾文献丛刊";单行本报纸库,如《申报》《益世报》《北华捷报》《字林西报》;单行本期刊库,如《东方杂志》《教务杂志》等。这些数据库,基本上涵盖了目前各种商用数据库类型,品种呈现多样化趋势。

表1-4　高校图书馆民国文献数字资源建设数量

图书馆	购买或链接数据库	自建数据库	书目数据库
中国人民大学图书馆	5	3	1
武汉大学图书馆	4	3	0
南京大学图书馆	4	2	0
华东师范大学图书馆	4	0	0

（续表）

图书馆	购买或链接数据库	自建数据库	书目数据库
上海师范大学图书馆	3	2	1
北京大学图书馆	3	1	1
南京师范大学图书馆	3	1	0
复旦大学图书馆	3	0	0
河南大学图书馆	3	0	1
浙江大学图书馆	3	0	0
清华大学图书馆	2	4	0
华南师范大学图书馆	2	4	0
北京师范大学图书馆	2	2	1
南开大学图书馆	2	1	0
重庆大学图书馆	2	1	0
西南大学图书馆	2	1	0
上海交通大学图书馆	2	1	0
厦门大学图书馆	1	3	0
中山大学图书馆	1	1	0
华中师范大学图书馆	1	1	0
福建师范大学图书馆	0	5	5
广西师范大学图书馆	0	2	0
西北师范大学图书馆	0	0	1

3. 综合性报刊库为主要采购方向

　　根据表1-3的数据显示，购买民国文献数据库最多的是中国人民大学图书馆，购买的5种数据库中，有2种为综合性的期刊库，2种为单行本期刊库，另1种为报纸库。其次分别为武汉大学图书馆和南京大学图书馆，各购买了4种数据库。武汉大学图书馆购买的4种数据库，全部为综合型报刊库。南京大学图书馆则包括2种期刊库、1种报纸和1种图书数据库。其他图书馆购买的数据库中，至少包括1种综合性报刊库。

表 1-5 是拥有 1 种以上商用民国文献数据库的 20 家高校图书馆数据库购买
情况统计。从统计结果可以看出，在图书馆购买的全部商用数据库中，购买量最大
的是"民国时期期刊全文数据库"，总计 13 家图书馆购买，即接近 76% 的图书馆选
择使用该数据库，其次为"大成老旧期刊数据库"，9 家，占 53%。"《申报》数据库"6
家，"瀚堂近代报刊" 4 家，"爱如生中国近代报刊数据库"和"台湾文献丛刊"各
2 家，其他数据库都只有 1 家购买。

表 1-5 17 家高校图书馆民国文献数据库购买情况

数据库名	数量
民国时期期刊全文数据库	13
大成老旧期刊数据库	9
申报	6
瀚堂近代报刊	4
爱如生中国近代报刊数据库	2
台湾文献丛刊	2
青苹果报刊数据库	1
ProQuest 历史报纸	1
超星民国电子图书	1
大成故纸堆	1
教务杂志	1
益世报	1
北华捷报 / 字林西报	1
东方杂志	1
中国历代地方志集	1

从表 1-3 和表 1-5 各图书馆数字资源采购的数据可以看出，高校图书馆民国
文献数字资源建设，以综合性报刊库为主，特别以综合性期刊库的采购为主要的
方向，"民国时期期刊全文数据库"和"大成老旧期刊数据库"，是购买最多的综合

性期刊库。同时，高校图书馆还兼顾大型报纸的购买，比如"瀚堂近代报刊"以及"《申报》数据库"，购买的图书馆也比较多。图书数据库的购买，则是所有数据库类型中最少的，除"台湾文献丛刊"有北京大学图书馆和清华大学图书馆2家购买外，"大成故纸堆""超星民国电子图书"，都只有1家图书馆购买。这和目前商用图书数据库收书较少，开发尚不成体系有一定关系。

四、民国文献专题特色数据库的建设

以特定的地域文化、优势馆藏或学术资源，构建特色数据库，是国内近年来民国文献数据库建设的一个主要特点和趋势，并且形成了一批"满铁"、抗战、教育及史料型的专题特色数据库。

1."满铁"数据库

1906年，日本在大连成立满洲株式会社（简称"满铁"），到1945年日本战败投降，在40年中该机构及下属机构编辑和收藏的资料及藏书形成满铁资料。满铁在其存续期间形成和收藏了大量的档案、情报和书刊等文献资料，其中关于东北亚的资料最为详尽，内容涉及政治、经济、外交、矿藏、地质、土地、河流等方面，具有很高的研究价值。它不仅是日本军国主义企图吞并中国、称霸世界的铁证，也是中国近代史、中日关系史以及东北亚历史的最大资料库。全国50多家图书馆或收藏单位拥有满铁资料，其中收藏资料较多的有大连图书馆、辽宁省图书馆等。

1998年，中国近现代史史料学学会满铁资料研究分会组织了由中国50余个最主要的图书情报和档案单位参加的满铁资料整理研究项目，编辑《中国馆藏满铁资料联合目录》（东方出版中心2007年出版），建设"满铁原编目录数据库"和"中国馆藏满铁资料数据库"[①]。数据库可以通过题名、著者、出版社、出版时间、收

---

① 吴利薇.辽宁省图书馆藏的满铁资料特色［J］.兰台世界，2006（22）

藏单位等检索途径进行检索。

根据相关资料显示，辽宁省图书馆、黑龙江省图书馆、吉林省图书馆、大连图书馆、大连理工大学图书馆等"满铁"资料的主要收藏单位，都已建成馆藏满铁资料书目数据库或全文数据库。但根据到各个图书馆网页的搜索和查询，在图书馆主页上有"满铁"相关数据库链接的，目前只有大连图书馆的"馆藏满铁资料书目数据库"①和"馆藏满铁资料全文数据库"。书目库收录满铁资料书目记录12万余条，著录有题名、责任者、索书号等简单的信息，但未设置检索字段，书目数据只能以浏览方式查询，检索非常不便。全文库在图书馆主页上有链接，但点击后，无法进入检索页面或浏览页面。

辽宁省图书馆已建成"馆藏'满铁'图书资料数据库"（全文）②，但目前图书馆主页上没有数据库链接。馆藏旧日文文献6万余种，其中也包含"满铁"的日文文献，其书目数据库已于2005年建成，根据相关资料介绍，篇名数据库、全文数据库和图录数据库也在筹建之中③。"馆藏旧日文文献书目数据库"在图书馆主页上可以找到链接。

2. 抗战文献数据库

抗战文献是指在抗日战争时期，记录战时中国政治、经济、军事、外交、科学、技术、教育、文化、宗教等各个方面的文献。从时间角度看，上限可推至1931年，下限延至1945年④。抗战时期的出版物大约5万种，抗战文献馆藏最丰富的图书馆是国家图书馆、上海图书馆、南京图书馆和重庆图书馆，其中重庆图书馆馆藏抗战文献

---

① 大连图书馆主页——馆藏满铁资料书目数据库〔EB/OL〕.〔2015-02-08〕.http∶//www. dl-library.net.cn/book/list.php？id=6

② 辽宁省图书馆主页——地方文献数据库〔EB/OL〕.〔2015-02-08〕.http∶//www.lnlib. com/readerbbs/dfwx/

③ 薛明.关于辽宁省图书馆藏旧日文文献数字化的思考〔J〕.图书馆学刊，2011（5）

④ 陈桂香.抗战文献探析〔J〕.四川图书馆学报，2013（6）：84-87

3.4万种,将近9万册,是国内抗战资源最全的图书馆[①]。依托这一特色馆藏,重庆图书馆研发"中国抗战大后方3D数字图书馆",并于2014年建成发布。这一数据库利用三维虚拟现实技术,呈现一个集展览观赏、咨询查询、文献阅读为一体的立体抗战文献数字图书馆,以满足读者利用抗战文献资源、参观抗战文献展览、开展对外文化交流、进行爱国主义教育等多方面的需求。通过数据库,可以调阅近5万种抗战文献资料,也可以欣赏抗战时期名人典故和珍贵照片,其抗战视频资料库集纳了1000多集抗战纪录片[②]。

除重庆图书馆之外,抗战文献收藏较为丰富的图书馆,也建成了一些以抗战为题材的数据库,它们包括上海图书馆"上海图书馆馆藏抗战图片库"、南京图书馆"抗日战争历史图库"、西南大学图书馆"抗战文献库"、重庆大学图书馆"抗战历史库"、桂林图书馆"广西抗战文化"、"广西红色历史文化·抗战文化"以及黑龙江图书馆"抗日战争文献"等。国家图书馆2015年8月推出的"东京审判资源库",也是与抗战相关的数据库。

另外,为纪念中国人民抗日战争暨世界反法西斯战争胜利70周年,中国知网于2015年9月推出"抗日战争主题文献库"。该库以CNKI总库资源为基础,共设立12块栏目,涵盖近代侵华战争、局部抗战阶段、全国抗战阶段、游击战、抗战人物、抗战故事、文献史料、抗战图片库等,全面记录抗战历程。资源主要来源于正式出版的期刊、报纸、工具书等出版物,文献量约12万篇[③]。

3. 教育文献数据库

有关民国教育文献的数据库,目前南京师范大学图书馆自建"民国文献资源库·民国教育期刊库",上海师范大学图书馆建成"民国教育期刊全文数据库"。这

---

① 王志昆,曾妍.重庆图书馆抗战文献收藏与建设[J].湖南人文科技学院学报,2009(5)

② 重庆推出"中国抗战大后方3D数字图书馆"[EB/OL].[2015-02-08].http://www.ndlib.cn/tggcxwzt/201409/t20140910_89538.htm

③ 抗日战争主题文献库[EB/OL].[2016-03-08].http://www.tsk.cnki.net/kangzhan

两个数据库,前者为刊名数据库(部分可篇名查检),后者为全文数据库,可篇名检索,全文浏览。详细情况,前文已有介绍,兹不赘述。而关于民国时期的教材数据库,规模最大的当属人民教育出版社"中国百年中小学教科书全文数据库",收录清末至2000年间国内出版的教科书53000余册,其中民国时期8100余册(解放区453册),可从书名、著者、出版者、篇名或章节名称、选文著者、出版年代等方面进行检索①。北京师范大学图书馆"馆藏解放前师范学校及中小学教科书全文库"②,收入清末至1949年出版的师范学校与中小学普通课程的标准、教科书以及与之相配套的参考书2626种,是研究清末民国时期我国普通教育的教材教法、教育史与教材发展史、教材编纂与教材出版的珍贵资料,可按题名、责任者、出版社检索。

4. 史料型数据库

除大型综合性报刊、图书数据库外,数字出版公司和一些学术机构,还研制开发了一些辑录民国时期人物、宗教、社会、历史、民族、中外交流等的专题史料型数据库。

数字出版公司的史料型数据库,有关人物史传方面的,有北京国学时代文化传播股份有限公司发行的"近现代日记全文检索数据库"③,汇集近代包括在朝官员、地方官吏、使馆人员、进士、举人、童生、工程师、幕僚等各个阶层人物二十余种日记,配有全文检索功能。

有关民间文学和宗教的有爱如生"宝卷新集"④,收录元末明初到清末民初历代民间流传的宝卷约400种,其数量超过目前国内外各种出版品所收宝卷之总和。

---

① 唐燕明.略谈百年中小学教科书的收藏与清点［N］.中华读书报,2012-07-18：14

② 北京师范大学图书馆主页——特色资源——馆藏解放前师范学校及中小学教科书全文库［EB/OL］.［2015-02-09］.http://digi2.lib.bnu.edu.cn：8080/digilib/outline？page=131&channelid=40816

③ 近现代日记全文检索数据库［EB/OL］.［2015-02-09］.http://www.guoxue.com/cp/jxdrj.htm

④ 爱如生数字丛书——宝卷新集［EB/OL］.［2015-02-09］.http://www.er07.com/spring/ffront/productinfo/findById；jsessionid=1726B97F414F7A0CA1037A3B668C1366？id=16

该数据库采用当代最先进的数字化技术,制成保留原卷所有信息的数码全文,附以原卷影像,另配全文搜索引擎和研读功能平台,可实现检索、浏览、下载、打印一体化作业。

有关党史的,有大成"中共党史期刊(—1949)数据库",收入党史期刊200多种;人民网"中国共产党历次全国代表大会数据库"①,收入1921年7月中国共产党第一次全国代表大会召开至2012年11月第十八次代表大会的简介、决议、党纲、党章、宣言、名单、公报、社论、报告等会议资料。其中1949年以前召开的七次代表大会的会议资料,均有收录。爱如生"红色历史文献库"②,汇辑中国共产党领导的中国革命历史文献,拟收报刊300种,2015年起已推出《新中华报》及中国共产党历史和革命根据地党政军创办的机关报刊、新文化运动和建党初期的重要报刊50种。

有关边疆民族史料的,有北京上德经纬文化传媒有限公司研制,中国社科院边疆史地研究院进行资料整理和数据标引的"中国边疆史地研究资料数据库",辑录历史上有关边疆的各类资料,划分为民族资料、界务资料、民族地区期刊、方志资料和边疆史地文献等10个专题,收录文献包括《吉林官报》等民国时期旧期刊、图书及散见于各类丛书、文集中的材料以及罕见档案、书信、日记、电文等③。

有关地方志的有北京籍古轩图书数字技术有限公司"中国数字方志库"④、大成"中国各地古方志集(—1949)"和超星"中国历代地方志集(1368—1949)"等。其中籍古轩收录1949年以前不同时期编撰的不同版本旧志书10000余种,总册数近10万册,总页数近1000万页,大成收入方志300余种,超星收入民国刊本8650卷;

---

① 中国共产党历次全国代表大会数据库［EB/OL］.［2016-3-31］.http：//cpc.people.com.cn/GB/64162/64168/index.html

② 爱如生红色历史文献库［EB/OL］.［2016-09-24］.http：//er07.com/home/pro_90.html

③ 中国边疆史地研究资料数据库［EB/OL］.［2015-02-09］.http：//www.cibtc.com.cn/gtweb/szcb/webpage/bianjiang.html

④ 中国数字方志库［EB/OL］.［2015-02-09］.http：//f.wenjinguan.com/BookList.aspx？Area=754&SoSoType=KS

有关地方历史的有美国 Gale 公司"珍稀原始典藏档案"所收"上海公共租界警务,1894—1945""上海工部局董事会会议录"等。前者涵盖 1894—1945 年间设在上海的原公共租界市政警察部队总部的大部分档案,后者收录所有 1854—1943 年间上海工部局董事会的会议记录,内容包括卫生、交通、电信、邮政、税务、城市规划、天然气供应、街道照明、人力车管理、保护动物及警察系统等方方面面。资料来源于美国国家档案馆、上海古籍出版社及上海市档案馆等单位。另外,关于台湾的地方史料文献,有"台湾文献丛刊",收录自唐、宋、元、明、清以来到日据时期的台湾文献,主题包括台湾方志、明郑史料、清代档案、私家著述、私人文集,集成了台湾历史、地理、风俗、民情、政治、经济、社会、文化、法制等多方面文献,原书共 309 种;由九州出版社和厦门大学出版社联合出版的"台湾文献汇刊",广泛搜集祖国大陆地区图书馆、档案馆及民间保存之台湾历史文献资料六百余部,记载内容涵盖明清及民国初期之私人著述及地方志书,结合闽台的古籍、档案数据、族谱、民间文件和契约四部分共同组成七辑,100 册,并有《台湾文献丛刊》中所未能收录的古籍,含大量孤本、稿本等珍本①。

中外交流方面,有英国 Adam Matthew Publications（AMP）公司出版的"海外收藏的中国近代史珍稀史料文献库"（China:Trade,Politics and Culture,1793—1980）②,提供 1793—1980 年间中国与西方往来的珍贵史料。该数据库的资料来源于伦敦大学亚非学院、大英图书馆、英国国家档案馆与新西兰国家图书馆,包括中国海关史上主要人物的重要文件,主要外交使团到中国的档案,在中国所有地区的外国传教团文件,如"Chinese Recorder,1867—1941"与"Light and Life,1935—1970",并可进行全文检索。

---

① 国家图书馆—资源列表［EB/OL］.［2016-01-09］.http://dportal.nlc.cn:8332/zylb/zylb.htm

② China:Trade,Politics and Culture,1793-1980［EB/OL］.［2015-02-09］.http://www.cinfo.net.cn/index/top/other%20groups/AMP_China_Online.htm

另外,一些学术机构也自行研发学术史料型数据库,如华东师范大学思勉人文高等研究院中国现代思想文化研究中心"中国现代思想数据库"[①],涵盖清末到民国有关这一领域的大部分基本资料,内容包括专业文献目录、专题资料、报纸杂志、文集、日记、书信、年谱资料以及研究论著等,目前该数据库仍在不断完善之中;江南大学图书馆 2013 年教育部人文社科项目"'日本侵华时期我国受损图书'史料数据库"[②]目前还在研制中。相关的学术数据库还有中国人民大学清史研究所"清末民国社会调查数据库",台湾"中研院""近代史全文数据库"等。

5. 其他专题数据库

除上述各数据库外,民国时期的专题库还有国家图书馆"民国法律数字化资源库""民国图书馆学文献数据库",上海图书馆"近代民国中医药专题库"、"女性杂志数据库"(链接资源),大连图书馆"罗振玉学术数据库"等,均是学科划分明显、专题特色显著的民国文献数据库。

五、民国文献数字化开发情况评述

1. 民国文献数字化开发以期刊为主,各类型文献开发程度不均衡

商用数字资源,基本上是文献类型单一的综合型数据库,期刊是主要的文献类型,上文列举的 11 种主要的商用数据库中,有 5 种是以期刊为主要资源的数据库,3 种为以报纸为主要资源的数据库,3 种为以图书为主要资源的数据库。其中仅上海图书馆"民国时期期刊全文数据库"和"大成老旧刊全文数据库"两个库,就收录期刊累计 2.4 万种,1000 多万篇文章(两种数据库收录期刊有交叉重复),另外

---

① 中国现代思想数据库[EB/OL].[2015-02-09].http://www.si-mian.org/classic/index.asp

② 黄红,王伟."日本侵华时期我国受损图书"史料数据库建设研究[J].大学图书馆学报,2014(1)

还有 CADAL 收入民国期刊将近 1.5 万种，加上公共图书馆和高校图书馆的自建数据库，基本上是基于馆藏书刊的全文库，应该说，在民国文献数字化开发中，期刊资源得到了有效的开发和整理，而且目前还在持续的进展中。

相对于期刊库，图书数据库就稍显逊色，只有"维库民国电子资源数据库""大成图书全文数据库"和国家图书馆出版社"民国图书数据库"，其中维库收入图书13 万种，后两个库目前收入图书仅 4—5 万种，超星和读秀也收有部分民国图书；其他还有 CADAL "民国图书库"收入 15 万册，外加一些高校和公共图书馆自建的馆藏全文图书数据库，如国家图书馆"民国图书数字化资源库"、天津图书馆"民国图书数据库"、南京大学图书馆"南大图书馆馆藏民国图书数据库"等。

报纸数据库的建设，是较为薄弱的，目前商业数字公司开发的大型综合性报刊或专门的报纸数据库，收入报纸的品种均不多，爱如生目前仅推出《申报》1 种报纸，青苹果、睿则恩、瀚堂入选近现代报纸均为 20 种左右，"ProQuest 历史报纸"收入近现代中国英文报纸 12 种，台湾得泓收录中国近代报纸 5 种，大成收入报纸 3种。公共图书馆和高校图书馆有一些零星报纸的开发，如上海图书馆《北华捷报》（《字林西报》），浙江图书馆《正报》《当代日报》，辽宁图书馆的《盛京时报》《东北日报》，首都图书馆《北平日报》《群强报》，宁波图书馆《甬报》《甬江日报》，华南师范大学图书馆《广州民国日报》，延安大学图书馆《红色中华》《新中华报》和《解放日报》等。已开发建成的报纸数据库报纸品种的数量，和民国时期出版的报纸（仅国家图书馆和上海图书馆的藏量就达 8000 种左右）种数相比，可谓凤毛麟角。

除期刊、图书和报纸外，从目前已建成的民国文献数据库来看，只有学术机构开发的史料性质的小型专题数据库以及"满铁"数据库系列，有少部分档案或日记、书信等资料的收录，其他如公报、年鉴、论文汇编、手稿等形式的文献，无论是商业公司，还是图书馆，均尚未纳入整理开发的范围。

2. 民国文献数字化开发尚无统一规划，重复建设现象严重

虽然国家图书馆作为中心馆，在公共图书馆民国文献数字化开发上具有引领

和主导地位,同时借助"数字图书馆推广工程",也进行了一些资源共享和整合,高校图书馆在CALIS、CADAL和CASHL的支持下,开展了一些民国文献数字化项目,但无论是国家图书馆还是高校系统的3C,目前都只发挥了指导性作用,并没有形成一个统一的规划和协调,公共图书馆和高校图书馆依托馆藏进行的全文数据库建设,尚处于大而全、小而全的状态,馆藏的纸质资源,无论是否已有数据库收录,均进行全部文献的开发和建设,导致相同的纸质资源,数字化开发时,馆与馆之间不断进行重复建设。

另外,在商用开发方面,期刊资源由于有多家商业公司同时开发,图书馆馆藏全文数据库,也以期刊为主要资源,因此重复建设在所难免。如中国近代刊行时间最长的大型综合性期刊《东方杂志》,从1904年创刊,到1948年停刊,共出版44卷,包括2.2万余篇文章、1.2万多幅图画、1.4万多则广告,这样的鸿篇巨著,先后有商务印书馆"民国期刊总辑全文数据库"①、上海图书馆"民国时期期刊全文数据库"、尚品大成"大成老旧刊全文数据库"以及爱如生、睿则恩等的民国文献数据库进行了数字化开发。

报纸数据库的开发就更加不容乐观,不仅品种少,还存在收录范围狭窄,关注点集中,扎堆大型官报或影响力大的报纸的情况,重复建设现象更为明显。如创刊于1872年,1949年5月停刊的《申报》,为近代中国发行时间最久、具有广泛社会影响的报纸,由于其重要的史料价值和出版史上的重要地位,受到商业数字出版公司的关注和追捧,目前已有爱如生、睿则恩、青苹果、瀚堂和台湾得泓5家公司开发《申报》数据库。五种《申报》数据库收录范围基本一致,都在广告、目录等的深度标引以及检索功能、阅读功能的设计上下足了功夫。《大公报》则有睿则恩、

---

① 该库目前仅开发出第一分库,即《东方杂志》全文检索数据库。之后,还将陆续推出《小说月报》《教育杂志》等其他民国期刊分库。据:商务印书馆将推出首个全文检索民国期刊数据库[EB/OL].[2015-12-04].http://news.xinhuanet.com/zgjx/2013-07/01/c_132499779.htm

青苹果、瀚堂以及台湾得泓公司开发。《益世报》除瀚堂、台湾得泓外，天津图书馆"民国报纸数据库"，首都图书馆"北京记忆—昨日报章"也收入该报。《北华捷报》（《字林西报》）是中国近代出版时间最长、发行量最大、最具影响力的英文报纸，被称为中国近代的"泰晤士报"，上海图书馆"字林洋行中英文报纸全文数据库"和"ProQuest 历史报纸"进行了该报的数字化开发。其他如《盛京时报》《顺天时报》《京报》等，也都存在多家数字公司或图书馆重复建设的情况。

3. 以综合性数据库为主，学科主题的专题型数据库比较少

正如前文所述，目前已建成的商用数据库基本上是文献类型单一的综合型数据库，公共图书馆和高校图书馆的全文数据库，则大多是基于馆藏书刊的全文库，均没有按学科类型进行广泛的资源收集和整理。目前，以学科主题建成的专题数据库中，商用数据库仅有大成的"中共党史期刊数据库（—1949）"、"中国各地古方志集（—1949）"，爱如生"宝卷新集"、国家图书馆出版社"民国图书馆学文献数据库"以及一些数字公司零星开发的如"中国边疆史地研究资料数据库""近现代日记全文检索数据库"等小型数据库；图书馆开发的，仅有国家图书馆"民国法律数字化资源库"、上海图书馆"近代民国中医药专题数据库"、北京师范大学图书馆"馆藏解放前师范学校及中小学教科书全文库"、上海师范大学图书馆"民国教育期刊全文数据库"以及江南大学图书馆"'日本侵华时期我国受损图书'史料数据库"等为数不多的几种。

从文献整理的角度来说，大量的学科范围的民国文献，如艺术、宗教、新闻出版、历史、经济、人物传记、文学以及少数民族题材、体育题材，还有外交档案、会议录、政府公报等，都可以进行专门的开发和整理，形成包含图书、报刊、档案、公报、手稿等各种文献类型的学科主题数据库。

商用综合型数据库以期刊、报纸为主，追求大而全，公共图书馆、高校图书馆基于馆藏的文献开发模式，是导致目前民国文献资源重复开发、重复建设的重要原因之一。因此，无论是商业机构还是图书馆，在下一步的数据库建设中，应考虑对现

有开发模式进行适当变革,不仅从文献类型,还应从学科分类、地域区间、时间范围上,进行文献的整理式、挖掘式开发。这种以学科或地域为主题的文献整理,在民国文献的影印出版行业,已经取得了很好的成绩,已有大量的影印出版物问世。数据库的开发,可以参考和借鉴影印出版的收集整理方法和选题模式,比如,开发民国宗教文献数据库、民国女性文献数据库、民国画报文献数据库、民国人物传记史料文献数据库,甚至可以是范围更窄的如民国校刊校史数据库、民国旧上海史料汇编数据库,当然,还可以深入到文献单元,深挖文献内容,开发专题论文汇编数据库等。这样的数据库,不仅可以为某一学科的学术研究提供更加全面和专业的资源,而且能有效地减少重复建设,当然,因学科交叉不可避免地出现的数据重复,也是建立在经过充分的文献整理,有一定内容特征,有一定学术内涵层面上的重复,而非拿来式的简单重复。

目前,CALIS 三期"专题特色数据库"立项支持的几种民国文献数据库,大部分是基于学科或史料的专题性数据库,如前述北京大学"西南联大史料数据库"、北京邮电大学"中国近现代邮电史数字图书馆资料库"、福建师范大学"民国时期福建教会大学特色文献数据库"、中山大学"(民国)岭南高校记忆"等。可以看出,高校图书馆的民国文献整理,已经开始出现从综合性馆藏全文献向专题型、专科型数据库发展的趋势。

4. 公共图书馆和高校图书馆数据库的开放程度不高

商业数字公司开发的数据库,出于商业利益的考虑,实现有偿限制开放,无可厚非。公共图书馆在资源的开放性方面,比高校图书馆略强,但目前也只有国家图书馆开发的民国资源库,浙江图书馆的"民国期刊"等几个为数不多的资源可以在免费注册后全文浏览(不提供下载),而高校图书馆开发的民国文献数据库,几乎对馆外或校外访问都有限制,一些数字资源,非本校或本馆 IP 地址,甚至连目录检索都无法实现。虽然目前有 CADAL、CALIS 等资源共建共享系统,CASHL 也积极推进民国文献开放获取方面的合作,但这些合作和共享,只限于高校成员馆,对非成员馆及绝大多数的非高校用户，这些系统数据，是不开放的。

随着网络化程度的不断提高，读者获取文献的途径和渠道也渐趋多元化，如果图书馆仍旧对已有数字资源，尤其是自建资源进行限制，会使读者日渐远离图书馆，使图书馆渐趋边缘化而缺乏生命力。因此，文献获取的开放性已经成为图书馆发展的必然趋势，无论是公共图书馆还是高校图书馆，都应该考虑在通过加密、禁止非法拷贝等技术手段实现版权保护的前提下，尽量放宽用户限制，使图书馆珍贵的馆藏文献以及花费大量人力物力开发的数字资源，能够被更多的人知晓，并得到更多的共享和使用，实现文献和数据库开发的价值。

5. 图书馆和商业数字公司开发的数据库，在检索功能和阅读功能上，有较大差距

公共图书馆和高校图书馆开发的一些数据库，通常只有刊名、题名、出版者、出版地等基础数据的简单著录，并不是每个数据库都进行关键词或主题词标引，文献标引深度和揭示程度较浅，因此，检索途径单一，检索功能较弱，甚至一些大型图书馆开发的期刊数据库，也只提供刊名，不提供篇名检索，如国家图书馆"民国期刊资源库"和CADAL的民国期刊库只能按刊名检索，按期浏览，无法从篇章入手查找具体的文章。另外，在阅读功能上，通常只能在线浏览，无法下载和打印。

相比较而言，商业数字公司开发的数据库，在检索功能和阅读功能的设计上，大大优越于图书馆自建数据库，不仅提供的检索路径更多，而且多采用先进技术，实现全文检索和文本全文版与原始图片版的对照阅读，支持简繁体、异体字自动转换。因此，公共图书馆和高校图书馆在开发馆藏数据库时，有必要借鉴商用数据库的检索和阅读功能设计，在深度标引、全面揭示文献以及提供友好阅读界面方面下工夫。

第二章　民国档案文献整理与研究

民国时期主要指辛亥革命后至中华人民共和国成立前（1911—1949）这一时期，民国档案即民国时期各级党、政、军机关，社会团体，社会名人以及外国侵华机构在其活动中形成的各种类型的档案（新民主主义档案除外）。具体包括南京临时政府档案，南京国民政府档案，北洋政府档案，广州和武汉国民政府档案，汪伪政权、伪满洲国档案等。民国档案种类繁多，除通用文书外，还有各部门为数众多的专用文书。载体有纸张、照片、唱片等。档案文种涉及汉语、英语、法语以及日语等多种语言。

1949 年，国民党撤离大陆时带走了一大批民国档案，现分别保存于台北国民党党史馆、"国史馆"、"中央研究院"近代史研究所以及"总统府"机要室等机构。国民党党史馆收藏有 300 万件档案；"国史馆"馆藏有 1000 多万件，130 多个全宗，其中最著名的是蒋介石档案；"近史所"收藏自清末、北洋到国民政府的外交、经济部门的档案 34 万余份。中华人民共和国政府对国民党未带走的民国档案十分重视，进行广泛搜集并集中管理。其中中国第二历史档案馆主要保存各政权中央机关的档案和具有全国意义的名人档案，共计近 897 个全宗，157 万余卷。各地方档案馆保管相应各政权地方机关的档案。如，四川省档案馆存有 130 万余卷，辽宁省档案馆存有 90 余万卷，重庆市档案馆存有 50 余万卷，甘肃省档案馆存有 8.7 万卷。

民国档案具有重要的历史价值、学术价值，它不仅在传统研究领域，而且在学科史的研究中也发挥着越来越大的作用。中华人民共和国成立以来，非常重视民国档案的整理工作，整理出版了一系列成果；改革开放以来，民国档案的整理与研究越发引起各界关注。笔者通过对各主要出版社网站公布的新书出版报道、出版书目、书商征订目录，以及以"民国""档案""影印""汇编""选编"等为检索词，在百度进行海捞式检索，尽可能全面地收集了中华人民共和国成立以来各主要出版机构出版的民国档案影印或汇编出版物。经过粗略统计，中华人民共和国成立以来，民国档案相关整理出版物135余种，其中改革开放以前4种，改革开放到2000年出版近30种，2000年以后出版100余种。2000年以来10余年间出版物品种的数量，超过中华人民共和国成立到90年代末50年间出版总量近3倍。由于2000年后，以大型丛书和多卷书冠名的出版物较多，因此，这一时期实际出版物的品种以及对民国档案收集整理的数量，还要远远超过这一数字。不仅如此，民国档案的研究也越来越受到学界和业界的重视，通过"中国知网""维普期刊资源整合服务平台"和"万方数据知识服务平台"，共检索到1980—2014年间以民国档案为主题的期刊、会议及学位论文共263篇，论文数量由1981年的2篇到2013年的26篇。由此可见，20世纪80年代以来，民国档案的整理与研究正在逐渐走向繁荣。

一、民国档案整理研究的媒体报道

近年来，民国档案整理和抢救日益受到社会各界的重视和关注，这首先归功于国家图书馆的决策、各级各类档案馆具体的行动以及相关媒体的报道。2005年2月4日，多家媒体对国图馆藏民国文献的收藏、保护情况进行专访。次日，《科技日报》和中国新闻网随即进行报道。随后，《人民日报》《光明日报》《中华读书报》等报纸相继刊发关于此方面的文章，全年刊发相关新闻报道达30多篇，使人们深刻认识到民国文献的濒危情况。

与此同时，关于民国文献濒危的呼声也涉及民国文献的一个重要组成部分——

民国档案的发现、整理和抢救的认识上。2006 年 3 月以后,《中国档案报》相继报道了《军馆 54 万件民国档案开始抢救整理》《档案专家到凤翔县检查指导民国时期档案抢救工作》《上海虹口区积极抢救民国户籍档案》《固原市档案局积极抢救民国档案》《重庆荣昌县馆积极抢救民国档案》《广东罗定市完成 2000 余卷民国档案抢救工作》《甘肃张掖市档案局馆全力抢救民国档案,维护历史真实面貌》《沈阳市馆藏民国档案整理保护工作步入新阶段》《贵州黔西县档案局馆全力抢救民国时期档案》等多篇报道性文章,同时《北京日报》《中国青年报》《重庆日报》《广安日报》《乐山日报》《西安日报》等报也做了相关报道,多家媒体对全国各地各馆民国档案的整理和抢救情况进行全面通报。目前,在百度中以"民国档案"为主题词进行搜索,可找到相关新闻 354 篇,相关网页信息约 387 000 条。由此可见,我国有关抢救民国档案的呼声越来越高,对民国档案整理的重视也从宣传阶段转向了实施阶段。

二、民国档案整理研究的课题立项

据查询全国哲学社会科学规划办公室网站,2000 年以来,与民国档案整理与研究相关的国家社科基金项目共 15 项,其中重大项目 5 项,重点项目 5 项,一般项目 4 项,青年项目 1 项。从表 2-1 中可以看出,重大项目和重点项目都集中在 2010 年以后,由此可见,近几年,民国档案的整理与研究越来越受到国家和学界的关注和重视。

表 2-1　2010—2014 年民国档案整理与研究国家社科项目

项目编号	项目类型	项目题名	申报人	单　　位
11&ZD100	重大项目	美国斯坦福大学胡佛研究所藏宋子文档案整理研究及数据库制作	吴景平	
13&ZD151	重大项目	龙泉司法档案整理与研究	包伟民	浙江大学
13&ZD152	重大项目	民国时期荣县档案整理与研究	里赞	四川大学

（续表）

项目编号	项目类型	项目题名	申报人	单　　位
14ZDB044	重大项目	汉冶萍公司档案的搜集整理与研究	周积明	湖北大学
14ZDB127	重大项目	民国江苏司法档案整理研究	谢波	江苏省档案馆
10AZS002	重点项目	上海市档案馆藏近代上海金融变迁档案整理研究	吴景平	复旦大学历史学系
11AZS005	重点项目	美国解密日本细菌战档案调查研究	金成民	侵华日军第七三一部队罪证陈列馆
13ASS004	重点项目	战后日本对华外交档案的整理研究与翻译	翟新	上海交通大学
13AZD036	重点项目	中美日俄四国保存的"731"档案调查研究及综合利用	金成民	侵华日军第七三一部队罪证陈列馆
14AZD062	重点项目	赴苏百位中共党史人物档案初编与研究	梁怡	北京联合大学
09BZS017	一般项目	民国时期乡村社会及其纠纷解决——以民国四川县级司法档案为依据	里赞	四川大学法学院
10BZS036	一般项目	私人档案中的清末民初政情与社会研究	李志茗	上海社会科学院历史研究所
14BTQ065	一般项目	晚清民国时期四川藏区涉外藏事档案整理与研究	高晓波	贵州师范大学
98BTQ002	一般项目	全国民国档案通览	赵铭忠	中国第二历史档案馆
14CFX059	青年项目	民国时期南京江宁刑事司法档案研究	李晓婧	安徽师范大学

三、新中国成立以来民国档案的整理出版

下面以时间为序,分为三个阶段:改革开放前,20 世纪 80 和 90 年代,2000 年

以来。分别介绍各阶段民国档案整理出版的时代特色、出版特点以及出版物的数量等情况。

（一）改革开放以前民国档案的整理出版

中国第二历史档案馆是集中保管中华民国时期（1912—1949）各个中央政权机关及其直属机构档案的国家级档案馆，整个中华民国时期历届中央政府及其所属机构的档案皆典藏于此。中国第二历史档案馆自中华人民共和国成立以来，尤其是改革开放以后一直致力于民国档案的整理与编撰工作，共出版各种档案资料汇编 140 余种，2400 余册 ①。

在"文革"以前，中国第二历史档案馆即已编成《中国现代政治史资料汇编》（初稿）和《中国现代史大事月表》及部分中国现代史专题档案史料。其中，《中国现代政治史资料汇编》于 1956 年 7 月开始选编工作，至 1960 年底全部选编完毕，四辑共收录档案文件 7000 余篇，约计 2100 万字；《中国现代史大事月表》从 1956 年 7 月开始编写，至 1959 年 12 月，完成资料的编写及大事月表档案资料的补充，共计 800 万字。《中国现代政治史资料汇编》和《中国现代史大事月表》编辑制作成油印本后，即送中央政治研究室、中宣部科学处、国家档案局审阅，并赠送部分综合性高校历史系，作为中国现代史教学和研究的内部参考，受到上级部门的重视和学术界的关注，为 20 世纪 50 至 80 年代的学术界提供了第一手最直接的档案资料，其规模宏大、政治性强、史料价值高，发挥了重要的史证作用与资政功能。其中《中国现代政治史资料汇编》为后来修订扩编《中华民国史档案资料汇编》奠定了基础。

在台湾，1969 年，中国国民党中央委员会党史资料编纂委员会出版了《陆海军大元帅大本营公报》②（共 12 册），是研究孙中山先生后期政治活动的较重要

①　中国第二历史档案馆集中陈列民国档案编研成果［EB/OL］.［2015-07-26］. http : // news.xinhuanet.com/2011-10/06/c_122122288.htm

②　陆海军大元帅大本营是孙中山先生于 1923 年 2 月亲自在广州主持设立的最高军政机关，作为其机关刊物的《陆海军大元帅大本营公报》于 1923 年 3 月 9 日正式出版发行。

参考资料之一；"国民政府文官处"于 1972 年整理出版了大型影印丛书《中华民国国民政府公报（民国十四年至三十七年）》[①]（共 222 册），内容包括宣言、训词、政府命令、处令、院令、部令、训令、指令、委任令、法规、公函、通告、代电及附录等项，为研究民国时期政治、外交、法制、军事及文教史的重要参考资料。

（二）20 世纪 80 和 90 年代民国档案的整理出版

在 20 世纪 80 年代之前，利用民国档案文献出版的专题资料集的种类和数量，都与学术界的需求有较大距离。但改革开放以后，国家及地方档案馆都投入大量人力和物力，并联合史学界共同整理与研究馆藏民国档案，使之得以公之于众，更便于社会各界的利用和研究。

中国第二历史档案馆主要收藏国民党统治时期的档案资料。改革开放至 20 世纪 90 年代末，该馆编辑出版的档案资料表明，史料的考证与整理工作，已在公报、文件、资料汇编等领域取得很大进展。

首先，自 1981 年开始，中国第二历史档案馆在《中国现代政治史资料汇编》的基础上，修订出版《中华民国史档案资料汇编》（共 5 辑 92 册）和《中华民国史档案资料丛刊》（共 6 种）两套大型资料。前者为系统反映民国时期历届政府基本状况的档案资料，共分《辛亥革命》《南京临时政府》《北洋政府》《从广州军政府至武汉国民政府》《南京国民政府》五辑，汇集了南京临时政府、北京民国政府、广州国民政府、武汉国民政府、南京国民政府的重要档案，从而为民国史研究提供了极具参考价值的第一手材料；后者则是按照重要事件、历史问题、历史人物、党派、社团以及企事业机构等编辑的大型专题性的档案资料，1979 年起开始编辑，目前已出版 6 种：①《五四爱国运动档案资料》，收入档案资料 415 题 602 件，按五四运动发

---

① 国民政府于民国十四年（1925）七月一日成立后，《国民政府公报》即于本年本月本日开始发行，每周出版两次。民国十五年（1926）十二月后，因北伐军事关系暂停印行。民国十六年（1927）五月国民政府定都南京后恢复出版。唯自民国十七年（1928）十二月二十六日起，改为每日出版一次。其后国民政府虽迁洛阳、重庆等，但发行并未中断。

生的历史背景、五四爱国运动的经过、五四期间新思潮的传播 3 个部分编排；②《直皖战争》，收入档案资料（包括少量原附于档案中的政府公报资料）236 题 371 件，按战争前夕直皖之间的倾轧、战争的爆发与皖军的失败、战后的政局、战区的兵兴 4 个部分编排；③《北洋军阀统治时期的兵变》，收入档案资料 378 件，涉及的兵变凡 22 个省区共 49 次，从革命党人联络会党、军队的武装反袁起义，各地士兵因不堪忍受北洋军阀政府的残酷剥削、压迫而发生的反抗暴动，各种新思潮在士兵中的传播和北洋军阀政府对兵变宣传品的查禁等方面编排；④《中国无政府主义和中国社会党》，收入档案资料 63 题 83 件，分中国无政府主义和中国社会党两大部分编排；⑤《善后会议》，收入档案资料 175 题 182 件，按段祺瑞筹开善后会议、善后会议的召开、善后会议闭幕后段祺瑞的有关措施 3 个部分编排；⑥《五卅运动和省港罢工》，收入档案资料 276 题 346 件，按五卅运动和省港罢工两大部分编排。

其次，中国第二历史档案馆与其他机构合作，共同整理出版专题史料。1990 年与中国会计学会合编《中国会计史料选编——中华民国时期》（共 4 册），收录民国会计档案史料 300 余件，内容包括会计及与会计有关的法规、制度、预算、决算、税收、审计、公库、出纳等，均系首次公开发表，具有较高的史料价值；1991 年出版的《台湾"二·二八事件"档案史料》（共 2 册），主要辑录中国第二历史档案馆所藏国民政府行政院、监察院等机构中记载 1947 年台湾"二·二八"事件发生背景、事件经过及平息过程的机密档案资料；1993 年南京大学出版社出版的《中华民国史史料长编》（共 70 册），辑录从 1911 年到 1948 年间的每日大事史料，涉及全国的政治、军事、经济、财政、外交、民族、文化、教育以及政策法令等，史料来源多取材于当时的报刊、公报、档案及私家有关记载，原文摘录，并注有出处，具有较高的史料价值；1998 年四川大学出版社出版的《中国抗日战争时期物价史料汇编》（共 1 册），收录重庆政府有关物价管制政策法令，各地实施与执行情形报告，各地物价指数、人民生活费指数统计表等资料。另外，还合作整理出版了《中华民国金融法规档案资料选编》（共 4 册，1989 年）、《民国外债档案史料》（共 12 册，1992 年）、《国民党政府政治制度档案史料选编》（共 2 册，1994 年），以及《国民政府财政金融税收档案史料：1927—1937 年》（共 2 册，1998 年）等。

同时，中国第二历史档案馆还致力于对政府公报、会议录等档案资料的整理与影印出版，如 1981 年《临时政府公报》（共 3 册）、1988 年《北洋政府公报》（共 240 册）、1989 年《国民政府公报》（共 110 册）、1989 年《立法院公报》（共 40 册）、1990 年《国民政府资源委员会公报》（共 16 册）、1990 年《南京国民政府外交部公报》（共 41 册）、1991 年《汪伪国民政府公报》（共 15 册）、1992 年《国民政府监察院公报》（共 20 册）、1994 年《中央党务月刊》和《中央党务公报》、1994 年《国民政府行政院公报》（共 44 册）、1994 年《国民政府经济部公报：1938.2—1949.12》（共 15 册）等、1992 年《汪伪政府行政院会议录》（共 31 册）等。

除此之外，各省市地区档案馆等单位，利用馆藏民国档案汇编颇有研究价值的资料集。1987 年，广东省档案馆编《民国时期广东省政府档案史料选编》（共 14 册）。中央档案馆分别于 1984 年和 1989 年编《中共中央抗日民族统一战线文件选编》（共 3 册）和《中共中央文件选集》（共 18 册）。1992 年开始编的《陕甘宁边区政府文件选编》（共 14 册），收录了陕甘宁边区政府 1946 年 11 月至 1947 年 12 月形成的重要文件，内容包括政治、经济、文化等各个方面，是研究陕甘宁边区史和解放战争史难得的第一手资料。而在 1992 年，天津市社会科学院、档案馆、工商联等单位合编《天津商会档案汇编（1903—1911）》以及华中师范大学历史研究所、苏州市档案馆合编《苏州商会档案丛编（1905—1911）》两书，颇具特色。天津、苏州与北京、上海、南京、武汉、广州、重庆的商会组织，号称清末八大商会，然而各地商会的档案，历经朝代更迭和连年战乱，流失几尽，得以侥幸保存下来的仅有天津和苏州两地区。一为近代中国新辟的通商口岸，一为中国传统的工商业发达城市，各具代表性。

同时，日本侵华和抗战革命档案的整理出版物也大量涌现。1990 年，东北地区档案馆与吉林省社会科学院历史研究所合作编辑出版《日本帝国主义侵华档案资料选编》,分为"九一八"事变、华北事变、伪满和汪伪政权、东北历次大惨案、华北大扫荡、细菌战、经济掠夺多卷,迄今各卷已经陆续出版问世;1995 年北京档案馆编《日本侵华罪行实证》,内容为北京档案馆藏民国河北省高等法院 1946 初至 1947 年初对河北、北平、天津地区日本罪行调查证据材料选编,共 762 件;1985 年辽宁省档案馆编《奉系军阀密电》,收录以张作霖、张学良为首的奉系军阀形成的大量电报、文件,是了解和研究奉系军阀历史极为丰富和重要的档案史料。此外,还有 1983 年山东革命历史档案馆编《山东革命历史档案资料选编》(共 23 册)和 1991 年东北地区档案馆编《"九·一八"事变前后的日本与中国东北——满铁秘档选编》。

(三)2000 年以后民国档案的整理出版

2000 年以后民国档案影印出版,专题出版较为集中,主要为民国外交档案、民国经济档案、民国政府档案、民国政府公报、民国抗战档案等。

表 2-2　2000 年以后民国档案整理出版专题类型

序　号	专题类型	出版数量	占百分比
1	民国经济档案	13	13%
2	民国外交档案	10	10%
3	民国抗战革命档案	36	36%
4	民国政府档案、公报和会议录	24	24%
5	民国司法档案	3	3%
6	民国史料档案汇编	4	4%
7	民国地方民族档案	4	4%
8	其他	6	6%

民国档案的整理出版不仅是中国第二历史档案馆和各省市档案馆关注的对象,2000 年以来,还得到出版社的关注和青睐,尤其是国图出版社、全国图书馆文献缩微复制中心等,近几年更是加强对民国档案文献的搜集整理与出版,成果斐然。

其他，21

广西师范大学
出版社，21

南京出版社，3

线装书局，3

中华书局，3

国家图书馆
出版社，22

全国图书馆文献缩微
复制中心，27

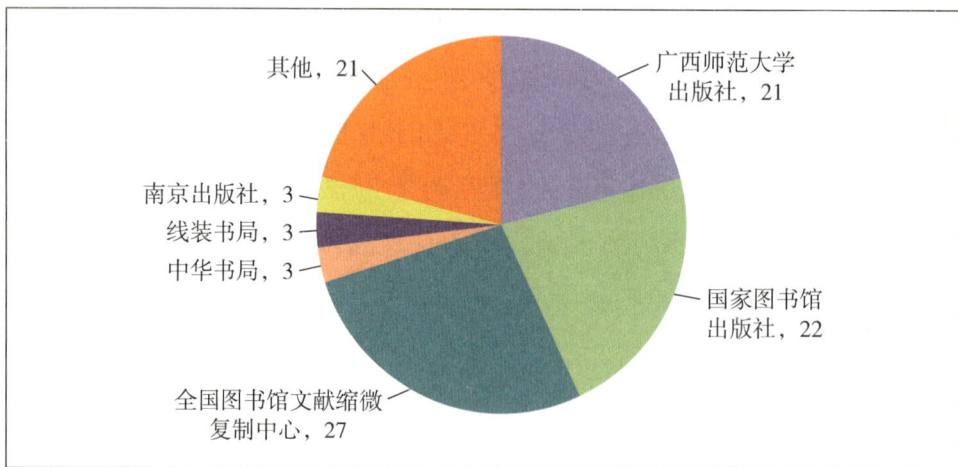

图 2-1　2000 年以后民国档案整理出版机构分布情况

1. 民国外交档案

国家图书馆出版社 2014 年影印出版的《民国时期外交史料汇编》(共 140 册)，收录民国时期外交史料，分为档案和期刊两部分，档案部分主要收录民国间北京政府外交部档案，期刊部分主要收录《外交公报》《国民外交杂志》《外交评论》《外交研究》等 20 种期刊，是研究民国时期外交的基本史料，对于研究民国时期外交史、中日关系史、国际关系史等具有很高的价值。

全国图书馆文献缩微复制中心近 10 年共整理出版 8 种民国外交档案。2003 年的《国家图书馆藏民国孤本外交档案》(共 26 册) 和 2005 年的《国家图书馆藏民国孤本外交档案续编》(共 8 册)，收录了国家图书馆藏民国初期涉外铁路、银行、邮电、税务、贸易等方面的案卷百余种，如《北满铁路交涉案》《中国加入万国邮会案》《中美合办无线电台案》等；2004 年的《外交文牍》(共 7 册) 是北洋军阀政府外交部之外交档案集；2005 年的《民国外交档案文献汇览》(共 6 册) 收录稀见民国北洋政府外交部档案：外交部参事厅收电簿、外交部条约司译件和外交文献；2008 年的《民国外交部第一次世界大战档案汇编》(共 3 册)，汇编民国外交部第一次世界大战原始官方档案 64 种,从不同的角度揭示了中国参与一战的方方面面,对于研究一战史、民国史都具有相当的史料价值和参考价值;2008 年的《民国外交部国际联盟交通议事密档》(共 2 册),收录民国八年十二月至民国十二年七月,中国数次派员参加国际联盟新交通股三次国际交通大会期间,民国外交部、财政部、交通部、国务部等重要权力机构以及军政要人往来磋商议论之照会、咨、文、函、电等,凡约百余件,对于了解民国初年国际商务与主权的竞争,了解民国初年中国铁路、口岸、水运、陆运、航运、电报、邮政等重要事务的状况,研究民国外交政策、民国中外关系史,都可稽参订,具有相当的史料价值;2009 年的《近代邮电交涉档案汇编》(共 5 册)收录清光绪二十年(1894)至民国十一年(1922)清总理各国事务衙门、民国外交部珍藏之邮政邮电交涉官方档案,凡 53 种;2009 年的《清末民初出使外洋外务密档》(共 4 册)汇编清光绪元年(1875)至民国十年(1921)清总理各国事务衙门、民国外交部出使外洋、参加国际会议、派遣驻外领事等外务密案,凡12 种,收录清总理各国事务衙门等各政府机构及朝廷要员、外国公使、出使大臣等及民国外交部等部门的驻外大使、代办参赞,因中外交涉往来之片奏、文、信函、抄片、呈、札、正折、电、照会等,约数百件。

2. 民国政府公报、文件及会议录

民国政府公报、档案文件及会议录的影印出版一直以来受到中国第二历史档案馆的重视。2011 年,二史馆先后推出《北洋政府档案》(共 196 册)和《南京临时政府遗存珍档》(共 8 册)两套大型影印出版史料。前者集中选编馆藏民国北洋政府各档案全宗中具有利用和研究价值的史料共两万余件,全面地反映了北洋时期政治、军事、文化、外交及社会、经济等各方面的发展状况,是一部颇具学术研究价值的民国档案专题资料大型图书;后者则收录了南京临时政府珍档 700 余件,分为三大部分:一是由孙中山亲自签发的临时大总统批令,这是有关孙中山史料新的重大发现;二是大总统府电报房电报收文底稿,时间跨度从 1911 年 12 月 14 日至1912 年 4 月 7 日,这批电报底稿几乎涵盖了南京临时政府处理的所有大事,成为了解南京临时政府革命活动的第一手珍贵资料；三是外交部档案，这部分档案弥补了二史馆原先典藏的南京临时政府档案中独缺的外交部档案，是反映南京临时政府外交斗争的重要档案。此外，二史馆还负责整理编辑，由广西师范大学出版民国档案系列。2000 年《中国国民党中央执行委员会常务委员会会议录》（共 44 册），会议记录反映了该党对党务、政治、外交、军事等各方面重大问题决策的情况，对研究国民党史及民国史有极重要的参考价值；2002 年《汪伪中央政治委员会暨最高国防会议会议录》（共 25 册），收录了 1940 年 3 月至 1945 年 8 月汪伪中央政治委员会召开的 150 次正式会议的会议记录，1943 年 1 月至 1945 年 8 月最高国防会议召开的 76 次正式会议的会议记录，以及两会召开的临时会议的会议记录，凡汪伪政权自行决定的重大事项和日本方面授意执行的公开事项均见于会议记录，是尚未公布的汪伪政权的核心史料，是研究汪伪政权史、日本侵华史的第一手档案史料；2004 年《国民政府立法院会议录》（共 45 册），收录的会议文件始于 1928 年 12 月，止于 1949 年 6 月。

全国图书馆文献缩微复制中心 2003 年出版的《南北议和会议卷宗集成》（共 12 册），是民国初年上海南北议和会议原始文件汇编，每份卷宗皆有目录、类别、编号，依事分类、清晰明了，全书约 600 余件。对于研究民国初年的政治、经济、军事、文化、教育、社会思维、民情风俗和中外关系都大有裨益，具有很高的史料价值。此外，还有 2009 年出版的《国民革命军总司令部公报》（共 2 册）和 2010 年影印出版的《国民政府军事委员会公报》。

线装书局 2009 年影印出版了《伪满洲国地方政府公报汇编》（共 48 册）和《伪满洲国政府公报全编》（共 163 册）。前者收集了《奉天省公报》《吉林省公报》《锦州省公报》《新京特别市公报》《奉天市政公报》等 5 种，以及伪县政府公报 6 种，有《本溪县政月刊》《安东县政月刊》《康平县公报》《双城县政月刊》《阿城县政月刊》《多伦县公署日报》；后者由伪满洲国国务院总务厅发行的官方文件汇编而成，是研究东北沦陷史、伪满洲国历史、中国近现代史以及帝国主义殖民史、中日关系史不可或缺的历史文献。

国家图书馆出版社 2012 年影印出版《华北政务委员会公报》①（共 22 册），系统地记录了伪政权的活动，是研究抗战史的重要文献。2010 年《内务公报》②（共 18 册），内容分为图书、命令、法规、文牍、报告、译述、选论、杂录等，对于了解和研究当时中国社会的诸多方面具有珍贵的参考和研究价值。2011 年《社会部公报》（共 5 册），包括 2 种民国时期《社会部公报》：一是南京汪伪政权 1940 年 6 月至 1941 年 8 月出版的，共 21 期；二是重庆中华民国政府 1941 年 3 月至 1945 年 3 月出版的，共 17 期。2012 年《民国时期内政公报三种》（共 48 册）：一是南京国民政府《内政公报》，出版时间为 1928 年 5 月至 1943 年 12 月；二是日本军国主义扶持的"维新政府"《内政公报》，出版时间为 1938 年 10 月至 1940 年 2 月；三是日本军国主义扶持的"汪伪政府"《内政公报》，出版时间为 1940 年 4 月至 1942 年 11 月。2010 年《北平伪中华民国临时政府公报》（共 14 册），北平伪政权出版的《政府公报》，共出版 140 号，常设栏目为法规、命令、公函等，系统记载了伪政权内政、财政、治安、司法、教育、实业等方面的史料，是研究抗战史、伪政权史的重要参考资料。2012 年《考试院公报》（共 30 册），完整收录南京国民政府考试院编印的《考试院公报》（1930—1938），并把汪伪考试院编印的《考试院公报》（1940—1942）作为附录，一并影印出版。2013 年《行政院工作报告：一九三四——一九四七》（共 9 册），收录民国时期行政院 1934—1947 年间出版的工作报告 22 种，内容为行政院向国民党全国代表大会、国民党中央执行委员会、国民参政会提交的年度或数年工作报告，分内政、外交、国防、财政、经济、教育、交通、农林、社会、粮食、司法行政、蒙藏、侨务、水利、资源、卫生、地政等门类，详细地陈述了工作的内容及进展。这些

---

① "华北政务委员会"成立于 1940 年，前身为伪"中华民国临时政府"，为抗战时期的汉奸机构。《华北政务委员公报》1940—1944 年间共出版 324 期。

② 《内务公报》始于中华民国二年（1913）十月，止于中华民国十四年（1925）十月，共 145 期，历经 12 年的时间，是民国政府内务部的官方办期刊。

工作报告，在当时多为机密文件，具有很高的文献价值。2011 年《北洋时期国会会议记录汇编》（共 16 册），收录北洋时期国会的会议记录，包括参众两院的会议速记录、会议纪要、议决案汇编，以及参政院代行立法院会议速记录、政治会议速记录等，并附带收录了议员录、写真册、国会要览、国会选举法、会议规则等相关文献，是研究北洋时期议会政治史的重要文献。2011 年《司法公报》（共 88 册），收录 1912—1948 年司法部和司法院出版的官方公报。

南京出版社继 2011 年影印出版《金陵全书（丙编档案类）：南京特别市市政公报》（共 20 册）和《金陵全书（丙编档案类）：首都市政公报》（共 12 册）之后，2013 年影印出版《金陵全书（丙编档案类）：南京市政府公报》（共 45 册），主要内容有插图、贺词、国民政府及南京市政府领导演讲稿、历任市长在总理诞辰日和纪念周上的演讲稿、言论、大事记等，着重记载了 1927 年国民政府定都南京后到 1949 年国民党政权覆灭前，南京在财政、税收、物价、慈善等方面的施政情况和各方面的法规等。

南京大学出版社 2011 年出版的《国民政府司法公报》[①]（共 60 册），以南京国民政府司法院所编辑出版的全部《司法公报》及《司法院公报》为底本影印出版；2014 年《汪伪政府公报·中央卷》（共 100 册），由南京图书馆编，汇集中央政府机构所编辑出版的 24 种公报以及"维新"政府所编辑出版的 8 种政府公报，为深入研究这段历史，剥开汪伪政府的虚假外衣提供第一手资料。

3. 民国经济档案

中国第二历史档案馆整理、编辑，广西师范大学出版社出版的民国经济档案主

---

① 　南京大学出版社所出版的《国民政府司法公报》不含有中华民国北京政府时期所出的《司法公报》，与国家图书馆出版社所出版《司法公报》有所重复，约占其总量的 40%，但同时，南京大学出版社所出版《国民政府司法公报》所含《司法院公报》（1932 年 1 月—1934 年 10 月）为国家图书馆出版社出版《司法公报》所缺，约占其总量的 20%。

要有 3 种。2003 年的《四联总处会议录》①（共 64 册），所收的 379 次会议文件，包括议事议程（报告事项、讨论事项、临时提议事项、附件）和会议记录，翔实地记录了国民政府金融经济政策的演化过程，是研究中华民国史尤其是研究民国经济史不可或缺的第一手资料；2004 年的《行政院经济会议、国家总动员会议会议录》，收录了行政院经济会议、国家总动员会议、战区经济委员会等三个不同时期与类型的中国战时经济机构的会议录资料，系统地反映了这三个机构制定管制物价政策、开展对敌经济斗争的决策过程，对了解抗战期间国民政府经济决策过程，研究抗战期间物价史、经济史和对敌经济斗争史，都有重要的参考价值；2005 年的《全国经济委员会会议录》（共 10 册），收录的会议文件分为两段：一段为国民政府全国经济委员会时期（1931—1936），一段为行政院全国经济委员会时期（1947—1948）。

　　2008 年，全国图书馆文献缩微复制中心影印出版了一系列民国经济类档案资料，《清代民国财政预算档案史料汇编》（共 20 册），编选了国家图书馆收藏的清代及民国时期有关预算方面的档案史料，其中包括清光绪朝的《度支部清理财政处档案》，宣统时期的《度支部奏维持预算实行办法折稿》《宣统四年全国岁入岁出总预算表》和民国时期的《民国二年度国家预算岁入总表》《民国二年度国家预算总册》等，共计 40 余种，为研究清代及民国时期的财政预算情况，提供了翔实的资料。《清末民初外国在华银行交涉档案》（共 2 册），汇编清光绪二十二年（1896）至民国八年（1919）外国在华银行因诸项事宜与中国政府进行交涉之官方档案，凡 31 种，依收发文时间为序，收录清总理各国事务衙门、民国外交部各国驻华公使等相关机构及官员上行下达之函、电、文、照会等，对于研究在华外国银行史、第一次世界大战史、中国金融史等，都可提供珍贵的参考资料。《清末民初外国在华商号洋行档案汇编》（共 3 种），汇编清光绪三十年（1904）至民国八年（1919）外国在

---

① 中央、中国、交通、农民四银行联合办事总处，简称四联总处，从 1939 年 10 月到 1948 年 10 月，四联总处理事会共召开 372 次例会和若干次临时会议。

华商号、洋行交涉事宜官方档案，凡 25 种，依收发文档时间先后，收录清总理各国事务衙门、民国外交部等政府机构及军政要员及德、俄、日、英驻华使节等上呈往还之折、文、禀、函、照会等。《国家图书馆藏民国税收税务档案史料汇编》（共 38 种），编选了国家图书馆收藏的民国有关税收税务方面的史料，近 130 件，内容涉及田赋、差徭、盐务、烟酒等诸多方面内容。其中有《全国田赋册》《重庆海关关税纪要》《九国间关于中国关税税则之条约》《四川农村社会及工商社会苛捐杂税概录》等，为研究民国时期的税收、税务情况提供了翔实的资料。《清末民初通商口岸档案汇编》（共 4 册），汇编清同治元年（1862）至民国四年（1915）清总理各国事务衙门、民国外交部通商口岸交涉事务档案，凡 10 种，类型不一，或清册，或公文，依年月日为序，分别收录清总理各国事务衙门、总税务司、民国外交部、福建、厦门等通商口岸、九江关、临清关、杀虎口关等关卡，及江西巡抚、英领事、美公使、丹国驻厦官员等因通商口岸诸事交涉上呈往来之函、电、文、照会等。《清末民初铁路档案汇编》（共 3 册），汇编清光绪二十三年（1897）至光绪三十年（1904）铁路档案和民国元年（1912）至民国十一年（1922）铁路档案，凡 23 种。《清末民初涉外矿务档案汇编》（共 9 册），汇编清光绪二十四年（1898）至民国九年（1920）总理各国事务衙门、外务部藏涉外矿务档案，凡 32 种。《民国时期物价生活费工资史料汇编》（共 20 册），汇编收集的资料以数据表格为主，其中一些钤有"机密"等字样，还有部分资料为手刻油印本，属于民国政府从未对外公开发表过的内部机密文件。时间跨度由 20 世纪 20 年代至新中国成立前夕，甚至有日本殖民时期的傀儡政权伪满洲国"经济部商务司"编制的物价月报。

此外，2014 年，由镇江市档案馆编印，中国文史出版社出版的《民国镇江工商档案史料文献选》，以民国镇江商会档案为基础，再加上其他相关全宗的民国档案，以原件影印的形式，辑录成卷，再现镇江工商业曾经的兴衰；凤凰出版社 2013 年出版的《民国时期新疆金融档案史料》（共 2 册），收录有关民国时期新疆银行的建立、沿革及货币发行、金银管理等金融活动档案资料，对研究民国时期新疆地方史、财经史具有重要文献价值和学术价值。

4. 革命与抗战档案

（1）辛亥革命档案

2000年，全国图书馆文献缩微复制中心编辑出版《辛亥革命稀见史料续编》（共1册），共收专著7种，传略6篇，半为著者手稿，半为稀见印本。专著包括《孙中山全集未收民元文牍》《中山先生驻鄂记》《辛亥粤乱汇编》《湖北革命实见记》《武昌两日记》《辛亥武昌起义经过》《辛亥革命史》《纪元前事略》，传略均据手稿影印。2011年，上海图书馆历史文献中心整理编辑、上海科技文献出版社出版《上海图书馆藏稀见辛亥革命文献》（共4册），分为正、续两编推出，收录档案1500余份，约5000页，时间上溯自辛亥革命前的反清斗争，下迄"二次革命"，其中绝大部分辛亥革命文献属首次与公众见面。2011年，中国第一历史档案馆整理、九州出版社出版的《清宫辛亥革命档案汇编》（共80册），包括内阁档册、军机处上谕档、军机处电报档、军机处电寄档、军机处录副奏折、军机处来文等29个档案类文种。

国家图书馆出版社2011年共整理出版3种辛亥革命档案资料。《辛亥革命稀见文献汇编》（共45册）收录辛亥革命时期的重要文献，内容包括：一、此时期的重要档案，如：无锡市档案馆所藏的《锡金军政分府文书》；二、留日革命社团在东京创办的期刊，如《第一晋话报》《粤西》《汉风》《江西》《河南》《复报》等；三、同盟会内地分支机关的机关报及其他革命期刊，如《南风报》《南报》《中国女报》《女报》；四、清末预备立宪的相关文献，包括审政编查馆、资政院的相关规章、文书，特别是重点收录了各省咨议局的报告、建议案、议决案、议事录、文牍等重要史料；五、清末地方自治的相关文献，包括湖北、辽宁、广东、河南等地所办的自治报；六、其他重要相关刊物、专著、文集，如《萃新报》《浙源汇报》《东浙杂志》《大陆报》等。这批文献极为稀见，绝大部分为首次影印，具有很高的史料价值。《辛亥革命杭州史料辑刊》（共10册），内容包括两部分：一是浙江省民国浙江史中心所藏的汤寿潜档案；二是清末浙江咨议局的相关文献，包括：筹办章程、报告、议员写真，历届会议的议事录、速记录、建议案、议决案、议员质问书等,均系首次披露,具有极高的史料价值。《辛亥革命浙江史料汇编》(共 10 册),内容包括辛亥革命前夕浙江社会经济状况,列强对浙江主权的侵犯,辛亥革命前夕清政府对浙江的统治,浙江的教育文化、留学运动和民主思潮,浙江咨议局及地方自治,辛亥革命前夕浙江人民的反抗斗争,同盟会、光复会在浙江的活动,浙江光复及浙江军政府等,为研究浙江辛亥革命提供了重要的基础性史料,也为后人继续编辑浙江辛亥革命史料提供了重要参考。

（2）日本侵华档案

1999 年,广西师范大学出版社选编出版《日本侵华罪行档案新辑》(共 15 册),主要包括日本帝国主义在日俄战争中的侵华暴行及给东北人民造成深重灾难的材料,以及日本违约、扩张附属地、非法驻军设警、种植并贩卖鸦片和杀戮中国百姓,以及扶植傀儡政权、实行法西斯统治等,对研究日本侵华史、中国抗战史有极高的价值。在 2003 年,广西师范大学出版社整理出版了一批日本侵华档案,最主要的就是《满铁密档》(共 91 册),主要内容有 8 卷:其中《满铁机构·综合卷》集中反映了日本政府的移民动机、计划、方法和数量等史实,对国内外研究日本史和日本侵华史的学者有重要的参考价值;《满铁机构》收录了日伪时期满铁兽疫研究所的最为完备的档案;《满铁与劳工·第一辑》收录了满铁有关的劳工档案,内容涉及满铁机构的劳务统制机构及政策,劳工的募集、输送、配给,劳工的生活及工资收入,劳工收容所的建设,各种事故及劳工死亡调查,码头、矿山、铁道、工场及其他工人的劳役状况,劳工的反抗斗争等,对研究东北劳工问题具有极高的史料价值;《满铁与劳工·第二辑》收录了满铁有关劳工的档案,包括关东州卷、伪满洲国卷和民国卷,内容涉及伪满洲国的劳务统制机构及政策,劳工的募集和配给,劳工的劳役状况,劳工的死亡调查,劳工的反抗斗争等内容,对研究伪满洲国和民国时期东北的劳工问题具有极高的史料价值;《满铁与侵华日军》主要选录了满铁与日军有关的往来文件约 1500 多件,按时间顺序排列,这些文件说明了满铁与日军一样,都是日本侵略中国的急先锋,反映了满铁与军方的关系,证明了两者相互补充、相互依存的密不可分的关系;《满铁与移民·分卷一》收录了满铁移民机构东亚劝业株式会社的有关档案,内容涉及该组织的设立、业务状况、股东构成、定期或临时股东大会以及其他会议情况、资金、行政事务,会社事业让渡,移民事业实施计划,移民土地权利及经营,四次移民土地情况,移民地调查,土地课税等方面,对研究东亚劝业株式会社以及日本向中国东北移民的历史都有重要的史料价值;《满铁与移民·分卷二》收录了满铁移民机构大连农事株式会社、满洲拓植株式会社、满洲拓植公社的有关档案,内容涉及这几个机构的设立、规程、股份资金、会议、计划,以及这些机构的移民情况、移民土地及其他业务情况等,对研究大连农事株式会社等机构以及日本向中国东北移民的历史都有重要的史料价值;《满铁与移民·综合卷》集中反映了日本政府的移民动机、计划、方法和数量等史实,对国内外研究日本史和日本侵华史的学者有重要的参考价值。同时,还出版了《东北日本移民档案·黑龙江卷》(共10册),主要是黑龙江省档案馆选编的有关日本移民的档案材料,共400余件,真实地记录了1933—1945年间日本帝国主义在中国东北地区推行移民侵略活动的情况;《东北日本移民档案·吉林卷》(共5册)是吉林省档案馆选编的有关日本移民的档案材料,真实地记录了1931—1945年间日本帝国主义在中国东北地区推行移民侵略活动的情况。此外还有《日本关东宪兵队报告集》(1-4辑)。

2014年,国家图书馆出版社影印《济南"五三"惨案史料汇编》(共5册)和《中国人民抗日战争纪念馆藏日本强掳中国赴日劳工档案汇编》(共60册)。前者涵盖了1928年至1949年10月1日前出版的有关"五三"惨案的图书、期刊、档案资料等,包括中文图书、期刊25种,英文图书1种,档案资料13份,其中保存的许多珍贵的历史图片是日军进行大屠杀的有力证据;后者汇辑了中国人民抗日战争纪念馆所藏的日本强掳中国赴日劳工档案,包括日本35家企业的124个作业场的373份报告和日本外务省备忘录、报告书32份,共405份,计3万余页。其主要内容为劳工就劳经过报告书、附表(包括各事业场概要、死亡劳工诊断书等)、附属书类（包括中国劳工赴日契约书等）。这批劳工档案极为珍贵，属国内首次公开，是日本奴役中国劳工最直接的证据，是劳工史研究领域的基础性文献。

2001 年，黑龙江人民出版社的《七三一部队罪行铁证——关东宪兵队"特殊输送"档案》，以国内外首次发现的黑龙江省档案馆藏侵华日军关东宪兵队形成的"特殊输送"日文档案为主，从中精选 51 件档案近 300 余幅，直接进行电子扫描分色制版，真实地再现了档案原貌。书中还收入了中日有关专家学者撰写的论文和有关资料。本书分为中日两种文字出版，是一部极为珍贵的档案史料，填补了"731"部队罪恶史研究档案史料方面的空白。

2002 年，全国图书馆文献缩微复制中心出版的《伪满洲国史料》（共 33 册），汇集了伪满洲国以及相关史料。时限从 1927 年至 1945 年间。文献来源，一是日本和伪满当局的出版物、档案资料，一是民国时期出版的揭露日本帝国主义侵华罪行、伪满洲国真相的部分文献资料，是从吉林省图书馆特藏文献中精选出来的，其中有 18 种为馆藏孤本。

2003 年，社会科学文献出版社的《日本掠夺华北强制劳工档案史料集》（全 2 册），对抗战时期日本帝国主义强掳华北劳工的罪行，进行了系统全面的清算。2011 年的《满铁档案资料汇编》（共 15 册），按满铁档案文书、满铁资料、满铁图书以及个人文书等四大类分别收集满铁遗存文献资料，全面阐述日本侵略者对东北、华北沦陷区统制、封锁以及强制掠夺乃至武装掠夺的全过程，多角度地展示了当时的历史实况。始建于日俄战后的南满洲铁道株式会社（即满铁），是基于日本国家特定法令设立的特殊会社，兼有调查我国物产和自然资源以及为日本侵华政策提供军事、政治、经济、社会等情报的特殊使命，在长达 40 年的时间里，积累了数十万件调查报告和档案文书。这批"满铁资料"，既是日本军国主义侵略中国的铁证，也是研究当时历史和教育子孙后代的重要素材。2015 年出版的《满铁内密文书》（共 30 册），所选的资料大部分出自原满铁机构所藏的日本政府的文书、专题问题调查报告、条约、协议、阁议决定、理监事会议决议、综合情报、会议会谈记录等，其中超半数为"秘""极秘""特秘"文书,最大程度地还原了当时满铁在华的历史史实和日本对华的政策取向,是日本侵华的铁证。

2005 年,上海书店出版社的《日本在华中经济掠夺史料(1937—1945)》,以上海档案馆藏的日本方面及伪上海市政府和国民党上海市政府等机构档案为主,选编了日军在华中(今为上海市和江苏、浙江、安徽、江西、湖北等省全部或大部)推行经济统制政策的史料,全面反映了日本以"以战养战"为目的所采取的种种掠夺手段的事实。

2012 年,线装书局的《近现代日本涉华密档·海军省卷》(共 70 册),共分 8 卷,时间跨度长达 63 年(1870—1933),涉及中国近代史的几乎所有重大事件,是非常珍贵的第一手史料。

(3)抗战档案

2000 年,山西人民出版社出版《太行党史资料汇编》(共 7 册),收录从 1937 年抗日战争开始,太行革命根据地创建,到 1949 年全国解放,太行区建制取消,12 年间太行区党政军机关及群众团体等直接形成的档案史料,共 1000 余件,约 500 万字左右。其中,包括中共中央、中央军委以及中央负责同志有关太行区工作的各种文件。2010 年,全国图书馆文献缩微复制中心的《冯玉祥军事要电汇编》(共 2 册),将冯玉祥多年戎马生涯中发出的所有军事方面的电文进行整理,分类汇编成册,细目分为军务、军事、战术、训练、诫勉、政治工作、军政、军需、军械、军医、军运、军法、奖恤、征募、用人、爱民等。电文内容丰富,如:通告就职陕督电,与李烈钧电商进攻事项,东路战况电,请李宗仁北上电,劝方振武北上电,告阎锡山各路进攻情况电,用兵问题告孙良诚电,告杨虎城严密警戒电,告各将领平地作战法电等等。2011年,国图出版社的《国家图书馆藏民国军事档案文献初编》(共 12 册),汇编国家图书馆所藏的民国军事档案文献,包括海军门的档案(军务类、军衡类、军需类、总务类、军学类)各卷宗,以及海军全军职员录、姓名录、编制表、官兵薪饷;海军部的年报、工作报告、统计;军事委员会海军整编计划、海军大事记、抗战事迹等。这些档案及文献,对研究民国海军的筹建和发展,以及海军抗战的战略战术、战斗经过的具体细节,都具有重大意义。其中有官兵、舰船的照片数百幅,抗战时期牺牲官兵的照片附有详细的履历及牺牲情况,为研究抗战史保留了详细的信息。2014 年,陕西人民出版社的《红色档案——延安时期文献档案汇编》(共 60 册),是一套全面展示延安历史风貌与革命风采的大型丛书,其中囊括了目前能收集到的延安时期政治、经济、军事、文化、教育等方面的珍贵文献档案资料,包括延安时期出版的期刊、图书,以及个人日记、笔记、单位档案材料等。收入的期刊有《解放》《共产党人》《八路军军政杂志》《中国妇女》《中国工人》《中国青年》《中国文化》《大众习作》《文艺月报》《谷雨》《群众文艺》《文艺突击》《文艺战线》《大众文艺》《草叶·新诗歌·中国文艺》《鲁迅研究丛刊》。图书有《五月的延安》《陕甘宁边区实录》《整风文献》《速写陕北九十九》。档案有《陕甘宁边区参议会史料汇编》《陕甘宁边区政府文件选编》。共计 20 余种,60 册。

（4）军事审判档案

国家图书馆出版社在 2013 年和 2014 年影印出版一系列民国军事审判档案。《远东国际军事法庭庭审记录》(共 80 册),系国内首次完整出版包括法庭成立、立证准备、检方立证、辩方立证、法庭判决等在内的"东京审判"全过程的记录。《远东国际军事法庭证据文献集成》(共 50 册),主要内容包括:远东国际军事法庭设立的基础资料、日本的基本战争准备;有关中国问题部分,涉及中日战争重要的历史事件,如九一八事变、七七卢沟桥事变、南京大屠杀等;日本与德意三国同盟谋划与合作;日本对苏联的侵略;日本对法属印度支那、对荷属东印度、菲律宾、马来西亚、泰国、缅甸等地的侵略等六个部分。这些法庭证据,有相当一部分系被美军缴获的日本政府未及销毁的秘密档案,还包括国际团体的报告书和有关个别人员的报告以及与案件有关的私人日记的摘录、信札和其他的私人文件等。《远东国际军事法庭判决书》(共 3 册),是远东国际军事法庭最终宣读的判决书,含中文翻译本和英文原件影印本,主要包括法庭的设立和管理、日本军部的战争准备、日本对中国和苏联的侵略事实、日本违反战争法规的种种罪行、法庭对日本的罪状认定和判决等内容,有力揭露了日本的侵略历史和战争罪行。判决书中对战争犯罪的处理采取了进步的法律观点,对国际法的发展具有不可磨灭的功绩,同时对破坏和平的军国主义也是一种最严厉的警告。二战结束后,同盟国开始大规模审判日本战犯,除了对 28 名甲级战犯进行的东京审判外,在横滨也组织了国际军事法庭对日本乙、丙级战犯进行审判,即"横滨审判"。较之东京审判,横滨审判历时更久,前后长达四年,总计审理案件 371 起;遭到起诉的战犯人数众多,共计千余名,包括在"花冈事件"中虐待、杀害中国劳工的战犯福田金五郎、河野正敏等;被诉战犯成分复杂,既有军方人士,也有普通民间人士。《横滨审判文献汇编》(共 105 册)将横滨审判的审判速记录、法庭证据、辩方提交的赦免请愿书等原始档案文献整理影印出版,以翔实的史料充分揭露了日本战犯所犯下的累累罪行。

5. 民国司法档案

2008 年,全国图书馆文献缩微复制中心编辑出版《北平地方法院刑事判决案卷》(共 2 册),全书依案件调查、审理、判决顺序,收入案件相关的第一手资料,详尽、准确,多处钤有印章,具有法律效力。书中所收案件在当时曾轰动北平:北平女学生刘景桂携手枪闯入前男友逯明之妻滕爽工作的学校,连发七枪,致滕爽当时殒命。《北平晚报》等北平各大报刊曾对其连篇累牍予以报道,各方人士纷纷给法院来信,有支持、有声讨。这部刘景桂刑事判决案卷,系北平地方法院原始档案,所收录有关刘景桂刑事案的卷宗均为原始文件。

2012 年和 2014 年,中华书局分别出版了《龙泉司法档案选编·第一辑》(共 2 册)、《龙泉司法档案选编·第二辑》(共 44 册),前者收录龙泉市档案馆所藏晚清司法档案,上自咸丰元年(1851),下至宣统三年(1911),其中部分案件诉讼延续至民国初年。为了尽可能完整地展现案件全貌,也收录了这些案件民国初年的档案。共计 28 个案件,涉及 98 个卷宗,628 件文书(不计附件)。后者收录龙泉市档案馆所藏民国元年(1912)至民国十六年(1927)地方司法档案,依选编标准逐年遴选民、刑诉讼案件共 180 例,涉及近 600 个卷宗,约 11000 件文书。

6. 民国档案史料汇编

2006 年九州出版社影印出版的大型丛书《馆藏民国台湾档案汇编》(共 300 册),所选档案史料揭露了日本对中国台湾的殖民统治,记录了台湾同胞在日据时期心向祖国,与日本殖民统治当局进行的不屈抗争,反映了抗战胜利前后中国政府对台湾地区的接收、管理及全面安排台湾光复后经济、文化、教育等重建工作,是研究台湾与祖国关系不可多得的第一手史料,具有极高的研究、参考与收藏价值。

2007 年,辽海出版社的《中华民国史史料三编》(共 80 册),收录的史料有:中国革命记、众议院公报、参议院公报、大学院公报、善后会议公报、中华民国政府军公报、国民革命军总司令部公报、国父实业计划研究报告、国民政府新闻局发布的国情资料等,这些涉及国民革命、北伐战争及民国期间的相关史料,甚为珍贵,有许多史料为首次面世,是研究中华民国史的重要参考文献。2008 年,国家图书馆出版社的《(民国)大事史料长编》(共 10 册),从历史档案及《申报》《民国日报》等民国时期的重要报刊中收集 1919—1926 年间民国社会政治、经济、军事、文化、教育、外交等各方面重大事件的相关资料汇编而成,是研究民国史重要的基础文献。

7. 民国地方民族档案

2013 年,新疆人民出版社的《民国新疆焉耆地区蒙古族档案选编》(共 1 册),收录民国时期新疆和静、和硕、焉耆等地的档案资料,主要内容是当地的社会、历史、经济、文化等状况,依据时间顺序排列,按照不同项目进行分类、编排,并拟制了标题,附史料出处。2005 年,学苑出版社的《民国藏事史料汇编》(共 30 册),收录民国涉藏史料文献近百种,以及民国中央政府、蒙藏委员会等组织机构所制定发布的涉藏文献,辑录《东方杂志》《政府公报》《边政公论》等杂志档案中的涉藏文献以及政府驻藏专员、专家学者等有关藏事的资料文献等,凡原刊本清晰的均照原刊本影印,保证了文献的真实性和可靠性。

2010 年,《晚清民初西藏事务密档》(共 2 册)和《中国第二历史档案馆所存西藏和藏事档案汇编》(共 10 册)出版。前者汇编清光绪至宣统、民国初年西藏事务专题奏稿、照会、电文、说帖、会议报告、会议讨论记录、清册等官方密档,凡 11 种,从各个层面,揭露了英帝国主义对中国西藏的侵略、掠夺和分裂,对于研究晚清朝廷和民初政府对西藏事务的政治政策、经济政策和宗教政策,晚清民初西藏社会经济结构,了解十三世达赖和三大寺(哲蚌、色拉、嘎尔丹)僧侣等,都具有相当珍贵的参考价值和史料价值;后者由中国藏学研究中心和中国第二历史档案馆合作出版,其中记载民国时期中央政府治藏方针政策、具体措施,以及中央政府关于西藏的重大事件、重要问题的处理情况,同时记载这一时期四川、青海、甘肃、云南等省藏区的政治、经济、宗教、文化、教育和社会发展历史。

8. 其他专题民国档案

(1)教育档案

2004 年,全国图书馆文献缩微复制中心影印出版《教育部文牍政令汇编》(共 6 册),主要由"教育部文牍汇编""教育部令汇编"两部分组成。"教育部文牍汇编"收录民国元年(1912)五月八日至民国三年(1914)五月二十二日民国教育部致总统、副总统、各部、各省之函电公文及各地致教育部公文函电,凡约 120 余件。"教育部令汇编"收录民国二年(1913)一至二月教育总长范源廉、教育总长汪大燮、国务总理段祺瑞等人签发的教育部法规命令第一至六十八号,具有强制性的法律效力。这些法规命令涉及办学规则等,内容涵盖面很广。尤其是"经理欧洲留学事务暂行规则""留欧官费学生规约""经理华侨学务章程"等均保留了民初留学、华侨学务等官方数据,颇具价值。

(2)社会生活档案

2005 年,广西师范大学出版社的《中国近代社会生活档案·东北卷》(共 27 册),收录辽宁省档案馆藏的历史档案和满铁档案,分为汉文档案、满文档案(附有译文)、日文档案及照片等。2014 年,九州出版社的《中央政府赈济台湾文献·民国卷》，内容为民国政府 1912—1948 年赈济台湾的相关原始文献，文献收录均为中国第二历史档案馆原始档案，并按照档案内容分为善后救济总署台湾分署往来函电、善后救济总署台湾分署专项救济文件、善后救济总署台湾分署救济工作简报、善后救济总署台湾分署署务会务记录 4 个部分，记录了当时的中央政府对台湾的各项具体救济情况。

（3）政治人物档案

广西师范大学出版社 2000 年出版《辽宁省档案馆珍藏张学良档案》（共 6 册），2005 年出版《胡汉民未刊往来函电稿》（共 15 册）。前者围绕张学良在 20 世纪 30 年代前的三件大事，分三部分，精选有关档案汇集而成；后者收录函电稿共计 2729 件（第一部分 285 件，第二部分 2444 件），这批函电稿包括胡汉民发出的、胡汉民作过批注的、胡汉民收到而发件者集中的、胡汉民收到而发件者较为分散的等几种类型，其中胡汉民个人撰写的各类文稿、发出或收到的函电有 2504 件，其他相关的 225 件，这批资料是研究胡汉民的第一手材料，同时也是研究中国现代史、民国史与国民党史以及现代相关人物的重要资料。2014 年，中华书局《民国政要的私密档案》，依据中国内地、台湾、香港，美国等地的历史档案资料、民国人物日记撰写而成，当中揭露了民国时期一些重要事件的真相，如孔祥熙涉嫌贪污美金公债的证据、宋子文在官场中的起伏、蒋介石得知《雅尔塔协定》内容后的态度及其转变、民国首任总理唐绍仪被刺的原因等。同时，书中引用了多位民国政要如蒋介石的日记及电报资料，展现了民国政要的内心世界及一些不为人知的历史真相。

（四）民国档案整理总结

纵览民国档案的出版分期，成果显著，特征鲜明。改革开放以前，出版机构主要以二档馆为主，品种极少。80、90 年代，无论是出版机构、选题范围，还是出版方式都有所扩大和改变。出版机构不再仅限于二档馆，各地方档案馆也开始利用馆藏汇编颇有研究价值的资料集。选题范围从政府公报、会议录档案，扩展到商会档案、日本侵华和抗战革命档案等方面。出版方式也开始向系统化、大型化影印过渡。2000 年后,则是民国档案整理出版的鼎盛时期,大型化、专题化、系列化是这一时期民国档案影印出版的主要特点。出版机构数量明显增加,得到国图出版社、全国图书馆文献缩微复制中心、广西师大出版社等出版社的关注和青睐,出版了一大批具有重要史料、学术价值的民国档案。内容更加系统、全面和深入,选题范围不仅集中在外交档案、经济档案、政府档案、抗战档案等专题领域,而且司法档案、史料档案、民族档案、教育档案、文化生活档案、政治人物档案也多有涉及,并且突破以前简单的直接影印形式,开始注重文献深度开发。同时,在整理出版过程中更加关注某一专题的持续挖掘,从而形成系列。

目前,尚有大量民国档案有待抢救,更不用说是整理出版了。因此,民国档案整理出版的空间还很大,选题有待进一步扩展。另外,鉴于民国档案的整理出版一般都以大型丛书为主,各出版机构在整理过程中,同时需要编制相应的索引以方便利用。针对网络时代,学者们越来越习惯利用网络获取资源,在进行影印出版的同时,是否提供更加方便利用的数字化版本,或开发民国档案数据库,可能也要引起出版机构的关注和重视。

四、20 世纪 80 年代以来民国档案的学术研究

（一）学术论文年代分布

年代分布直接反应民国档案研究的进展情况,通过对 263 篇相关论文的年代分布情况进行统计,具体见图 2-2。从论文的分布年度看,从 1980 年的 0 篇到 2014 年的 18 篇,年度间发文量幅度变化较大,但总体呈增长趋势,尤其是 2001 年以后,到 2013 年到达最高点。笔者将 1980—2014 年民国档案的研究以 2000 年为分界点分成两个时期来进行综述。

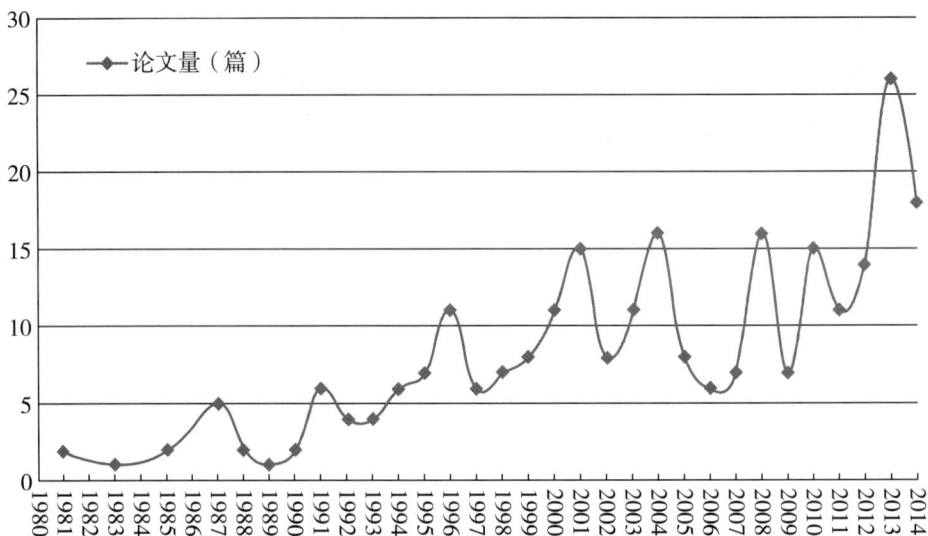

图 2-2　1980—2014 年我国民国档案研究论文年代分布情况

（二）论文主题分布

主题分布直接反映民国档案研究的重点、热点及档案界对相关问题的关注，是了解民国档案研究内容的重要途径。对 263 篇相关论文的主题进行的统计，详见表 2-3。

从学科角度看，1980—2014 年民国档案研究主要集中在民国档案收集及整理、著录、鉴定，以及保管与利用等档案学角度，五者占文章总量的 60.45%。民国档案概况、民国档案与历史和专题研究，以及某一类民国档案具体研究等文献学、历史学角度的研究相对较少，合占文章总量的 39.55%。

表 2-3　1980—2014 年民国档案研究论文主题分布情况

研究主题	学位论文	期刊及会议论文	总计	所占比例
民国档案的收集及整理（含收藏）	1	26	27	10.27%
民国档案的著录（含标引、目录）		52	52	19.77%
民国档案的鉴定（含定级）		36	36	13.69%

（续表）

研究主题	学位论文	期刊及会议论文	总计	所占比例
民国档案的保管（含抢救、保存、保护、修复）	1	18	19	7.22%
民国档案的利用（含开发、编研、数字化）		25	25	9.51%
民国档案的概况	1	17	18	6.84%
民国档案与历史、专题研究	3	51	54	20.53%
某一类民国档案的具体研究	2	30	32	12.17%
总计	8	255	263	

透过数据可以发现：

（1）民国档案的收集及整理方面，有 27 篇，占论文总量 10.27%。民国档案是我们国家宝贵的历史财富，是国家档案全宗的重要组成部分。没有完整、齐全的馆藏，开发利用好惠及子孙后代的民国档案就会成为一种空想。从论文量可以看出，我国民国档案收集与整理研究相对其重要程度来讲，略显薄弱。

（2）民国档案著录方面，有 52 篇，占论文总量 19.77%，发文量较高。著录标引历来是档案界关注的热点。而民国档案的著录格式、级别又涉及全国统一的规范和标准，更是重中之重。

（3）民国档案鉴定方面，有 36 篇，占论文总量 13.69%，发文量相对较高。出现这种现象的根源在于，一方面是因为我国档案事业对于档案鉴定的重视由来已久，无论是价值鉴定、真伪鉴定，还是开放鉴定或者销毁鉴定，均有较为成熟完备的理论与实践经验可供参考，因而具有优势。另一方面，因为档案鉴定也是一门应用性很强的学科，民国档案大多经历了历史风雨的洗礼，最年轻的也已有 60 载，而麦斯奈尔的"高龄案卷应受到尊重"引发了学术界长期的讨论。2000 年四川省档案局开展的民国档案鉴定课题将这一讨论推向了高潮。因此，档案鉴定成为研究的重点和热点也就顺理成章了。

（4）民国档案保管方面，有 19 篇，占论文总量 7.22%。其研究力度也很有限。此外，民国档案由于年代久远、社会动荡等各种原因导致保管条件不佳，损害现象严重。如何对这一珍贵历史财富进行维护，延长其寿命，使其更好地为社会主义建设服务已成为社会所关注的重大问题。档案学界对以上主题关注程度的低下与社会发展的要求之间仍有较大的差距。

（5）民国档案利用方面，有 25 篇，占论文总量 9.51%。民国档案从重收藏轻开发、重保密轻开放到既重收藏又重开发利用、保密与开放并重的局面，既是档案界打破传统的表现，又是社会进步与文明的标志。民国档案的利用从单纯的编史修志扩展到影视拍摄、作品撰写等各种休闲利用方式的出现，越来越表现出大众化利用趋势，自然也就成为档案学界研究的新兴热点。尤其是随着网络技术、计算机技术等科技技术的迅速发展及其在档案工作中的广泛应用，全国民国档案目录数据库的建立，势必推动网络环境下民国档案利用工作的学科建设。这不仅是信息社会发展的需要，更是档案学界必须引起高度重视的课题。

（6）民国档案概况及专题研究，有 86 篇，占论文总量 39.54%。相较于民国档案的鉴定、利用、著录标引等，对民国档案的专题研究，以及某一类具体民国档案（如婚姻档案、诉讼档案、司法档案等）的研究出现较晚，但取得的成绩比较明显。随着社会进一步发展，经济、文化的进一步繁荣，这一主题以及其所衍生的交叉主题将会越来越受到学界关注，研究也会不断深入。

（三）民国档案研究综述

纵览我国民国档案研究，从 1980 年至今的 35 年间，经历了起步发展阶段和成熟稳定阶段。在此过程中，民国档案研究学者无论是在理论研究方面还是应用理论与技术研究领域都取得了突破性的进展。因此，认真总结这一段时期民国档案研究进展情况，了解民国档案研究的热点和特点，对把握民国档案研究趋势和薄弱环节，正确引导民国档案的研究方向具有十分重要的意义。

1. 21 世纪之前：民国档案研究的起步发展阶段

1980—2000 年这 20 年间，与民国档案相关的研究论文共 85 篇。从 1981 年的 2 篇到 2000 年的 11 篇，这期间起起伏伏，对于民国档案的研究来说，可谓在曲折中不断向前发展。纵览民国档案 20 年的研究进程，从最初的收集和整理方面的研究，扩展到后来的著录、鉴定、保管、利用等方面，对民国档案的研究不再局限于具体原则与方法的理论性探讨，而是注重把民国档案与整个档案工作、档案事业联系起来，揭示民国档案实践工作的发展规律。研究者一方面将研究视角逐步延伸到实践性研究领域，研究内容相当细化。而就应用技术而言，研究者在对传统的档案管理、保护和保管技术进行全面研究的同时，对于现代科技在民国档案中管理、保管和保护中的应用也进行了初步探索，特别是在应用电子计算机管理民国档案，建立目录信息数据库，运用光盘存储档案信息等应用技术研究领域取得了一定的进展。另一方面，对民国档案的专题研究，主要是民国照片档案、铁路档案、图纸档案、气候史料、海关档案等都有一定的涉及。其中，中国第二历史档案馆藏档案也是研究者关注的热点，这方面的研究相对较多。可以说，这段时期，中国档案学界已初步建立了一套基本符合中国国情、档情的民国档案研究体系，为 21 世纪以后的民国档案研究的成熟和稳定增长奠定了基础。

（1）民国档案的收集与整理

改革开放后，对民国档案的收集与整理研究最早是 1981 年陈兴唐《关于中国第二历史档案馆档案资料的收藏整理情况》和 1983 年施宣岑《关于〈中华民国史〉档案史料的收集和整理》。前者将第二历史档案馆藏的几种重要档案的收藏和整理情况进行分门别类的介绍。后者则将《中华民国史》编写过程中收藏报刊资料和档案资料的情况进行介绍，搜集和利用了国内收藏的大量书籍报刊、中国第二历史档案馆以及其他地方档案馆的档案、全国政协和各地方政协有关辛亥革命和民国时期的历史资料，同时也尽可能地参考了台湾和国外出版的有关著作和资料。同时又回顾了新中国建立以来，党和政府对于历史档案的收集和整理状况，以及中国第二历史档案馆和地方档案馆历年来库房建设情况，并就历史档案的收藏、管理方面提出自己的建议和意见；1996年关于民国档案收集和整理的几篇论文则主要是从工作体会的角度，对民国档案整理的原则、准备工作、整理程序等进行介绍，如张玉花《浅谈民国档案的整理》、戴光喜《清理民国档案应注意的几个问题》、刘洪《整理民国历史档案应有灵活性》等。

（2）民国档案的著录与鉴定

从论文数量及年代分布来看，这个阶段民国档案研究主要集中在对民国档案的著录以及鉴定方面。档案著录是在编制档案目录时，对档案的内容和形式特征进行分析、选择和记录的过程；档案鉴定则是判定档案真伪和档案价值。这个阶段关于民国档案著录方面的论文，大多是基于工作角度的实践性文章，在著录方面主要是从如何标引、题名的拟定等方面进行交流讨论，如郭志敏等《浅谈民国档案文件题名的拟写》、陈晓敏《略论民国档案著录标引次序的确定》、李宗春《对填写民国档案卷内文件目录几个问题的思考》等20余篇论文。从论文内容来看，其中也不乏一些研究性的文章，如陈晓敏《略论民国档案著录标引中分类法与主题法一体化问题》，根据主题法在表达档案的主题内容的专指性强、多维性强的特点，论述在民国档案著录标引中应实行分类法与主题法的一体化，从而使标引结果更加完美，更好地满足利用者对民国档案的检索利用。

民国档案的鉴定既是档案学研究中的基本理论问题之一，又是档案鉴定实践中的一个长期悬而未决的敏感问题，这个阶段的论文有20篇。从论文内容看，主要围绕两个方面的问题展开讨论：一是民国档案是否应该鉴定，大部分文章涉及民国档案该不该鉴定的问题，其观点主要有3种：主张鉴定、不同意鉴定、采取慎重态度，如严永官《也说民国档案的鉴定销毁问题》、蜀言《民国档案没有鉴定的根源》、邓绍兴《分析特点，全面评价——民国档案鉴定工作之一》等。二是"民国档案没有鉴定，而且不能鉴定不准销毁"的原因，而谈得最多、认为影响最大的是"片纸只字不得损毁"这一政策因素。如倪道善《民国档案鉴定问题探讨》、邓绍兴《片纸只字不得损毁辨析——兼论民国档案的鉴定》、李荣忠等《民国档案鉴定研究报告》等，都以丰厚的史料，对中央"片纸只字不得损毁"的政策来源、制定背景，以及党和政府有关民国档案收集、整理、鉴定的一系列文件做了全面回顾和梳理，从而指明了中央"片纸只字不得损毁"的政策的实质，批评了人们对这一政策的误解，以及在实际执行中的片面化、扩大化做法。除政策因素外，一些文章还谈到其他制约因素。如叶自明《浅析民国档案鉴定的制约因素》认为"开展民国档案鉴定确实不容乐观，存在着许多制约的因素。首先，民国档案鉴定无成功实践经验和成熟的理论，使鉴定工作缺乏指导。其次，民国档案的管理现状妨碍鉴定工作进行"。不过，也有几篇文章认为民国档案鉴定不存在制约因素，如倪道善《民国档案鉴定问题探讨》认为"随着我国档案事业的全面发展，民国档案已得到集中统一的管理和认真细致的整理，我们已经对民国档案的全貌有了深入的认识，并在整理过程中积累了丰富的整理经验，培养了一大批熟悉民国档案的内行和专家。同时，我国档案学研究日趋成熟，也从理论上为民国档案的鉴定工作提供了基础。更为可贵的是部分档案工作者从实际工作出发，积极探讨，已提出了一些宝贵的意见。"

（3）民国档案的保管与开发

关于民国档案的保管，以及开发、利用方面的论文多集中在 1987—1998 年。

在开发利用方面，这个时期的文章主要是从两个角度进行研究。一是基于工作的实践性文章，如史晓晖的《民国档案开发利用的制约因素及对策》，就是从工作出发，谈了民国档案开发利用中的几个制约因素，如开发利用范围狭窄、基础工作薄弱等，并从更新观念、加强基础工作建设、提高人员素质、注意信息反馈四个方面提出对策。李祚明的《中国第二历史档案馆民国档案的开发利用》则对 1980 年以后，本馆依据中央关于开放历史档案的方针，调整力量，加强馆内业务基础建设，采取多种形式开发馆藏民国档案的丰富信息资源的情况进行论述。二是基于开发利用的原则、方法等理论角度，如朱琪的《改革开放 20 年民国档案的开发与利用》，则对民国档案开发利用中的"编史修志和历史研究""落实政策、解决历史遗留问题""处理国家事务""经济领域""金融领域""教育领域""沟通海内外亲情""对外文化交流"等方面进行了系统论述。

在信息化建设方面,这个时期的研究主要以目录数据库的建设为主,大多是从本馆信息化建设的实践出发,对民国档案的信息化检索、开发存储进行思考。如喻春生《建立民国档案目录数据库准备工作的做法和认识》从建立民国档案目录数据库的意义出发,结合工作谈了建库前标引规范问题;任荣的《关于馆藏民国档案目录信息数据库建设若干问题的思考》,则基于全国档案事业发展"九五"计划要求各级档案馆应"加快档案整理编目,建立和完善科学的检索体系"的背景,从本馆民国档案目录信息数据库的特点与现状、健全和完善馆藏民国档案目录信息数据库的途径、馆藏民国档案目录信息数据库的组织与管理几个方面进行全面论述。夏茂粹《关于建设全国民国档案信息中心的认识与思考》主要从建设全国民国档案信息中心的认识入手,对案卷级目录采集问题进行深入的思考。王跃年的《略谈民国档案光盘管理系统建设》对中国第二历史档案馆开发的光盘管理系统的意义进行阐述,并从技术层面进行了非常详细的论述,如光盘格式的选择、计算机平台的选择、扫描仪的选择等。

（4）民国档案的专题研究

民国档案的专题研究,主要包含"基于民国档案的专题研究"和"某一类民国档案的具体研究"两个方面。这一阶段,民国档案的专题研究主要是集中在后者,大多是从某一类民国档案的价值、整理现状以及开发等情况进行探讨。如冯蓉《关于民国科技档案诸问题的思考》、吴菊英《东北地区现存民国铁路档案简介》、张芸《云南省档案馆馆藏的民国时期的图纸档案》、孙修福《中国第二历史档案馆馆藏海关档案简介》、简慰民等《中国第二历史档案馆藏有关民国时期气候史料》等近10篇。值得一提的是,专题研究中对民国照片档案的关注性研究相对较多,李泽明的《清理民国照片档案应注意的几个问题》《整理民国照片档案引起的思索》从工作实践出发,提出在整理民国照片档案中要注意照片统计、记录等问题。王跃年的《建立民国照片档案体系之研究》则对建立民国时期照片档案体系的意义、整理编目、复制建档、照片档案存贮技术的选择和发展前景等问题,结合工作实践进行了全面探讨。而对前者的研究,基本上都是基于民国档案的整理研究成果,如王致中《从档案史料看近代后期的甘肃铁业生产》,对中国第二历史档案馆若干有关近代后半期甘肃铁业生产的档案史料进行整理和研究,加深了人们对于近代后期甘肃铁矿业的发展水平的了解。奚博凯《从民国档案看江苏近代民族工业的发展》,根据多种来源的民国档案中与江苏有关的纺织、缫丝、面粉、火柴、机械、电力、化工、采矿等行业的资料进行对比、分析,阐述江苏近代民族工业的发展变化,研究中国近代工业的发展和江苏现代化建设的历史渊源。

2. 21 世纪以后: 民国档案研究的成熟稳定阶段

2001—2014 年,与民国档案相关的研究论文共 178 篇。从 2001 年的 15 篇到 2014 年的 18 篇,这期间起伏较大,最少是 2006 年 6 篇,最高 2013 年达到 26 篇。但从总体趋势来看,还是处于成熟稳定发展阶段。经过 21 世纪之前的发展,在这一阶段,民国档案研究无论是数量,还是研究主题都趋于稳定,研究内容呈现出不断系统化、全面化、综合化的特点。20 世纪下半叶,科学继续分化,呈现出渗透和综合的趋势。在此背景下,除传统的著录、鉴定、保护、开发及利用等档案学研究的视角外,不少档案学者尝试跳出"就档案学研究档案学"的传统窠臼,而将研究视角投向更广阔的空间。

(1)民国档案的收集与整理

在这个阶段,民国档案收集与整理方面的文章明显增多,有 21 篇,从研究内容来看,不再都是对民国档案的收集与整理情况的简单介绍,开始从民国档案整理中存在的问题、对策,以及在整理中确保民国档案实体和信息安全角度去研究。如马春梅《民国档案整理中存在的问题及对策》,以档案整理为着眼点,从登记、分类、编目,以及调卷等环节分析部分文件与旧案卷分开保存的问题,并提出避免各环节出现失误的对策。管辉《整理零散民国档案应注意的两个问题》,就整理零散民国档案中两个具体的问题（不同时期不同政权档案的鉴别和零散档案如何编目有序化）进行探讨，提出自己的见解。陈涛《民国档案整理工作的内容新维度》，提出随着民国档案开放力度增大，原有的民国档案整理成果已难以满足现有的民国档案利用需求，对民国档案整理工作需要引进新的维度，即对民国档案信息进行进一步开发及采取相关措施，确保民国档案实体和信息的安全。如果说前两篇文章还是传统整理工作角度，后一篇则标志着民国档案整理工作步入新的阶段。

同时，也有一些研究性的文章，对民国档案整理的意义以及贡献展开论述，如庾向芳等《试论民国时期史语所对内阁大库档案史料的整理及贡献》一文提出：在整理清代内阁档案史料过程中，史语所学者对档案史料的价值有革命性认识，并提出保持原貌、全面整理、开放研究的三项原则，并强调采取科学方法整理档案，形成专家牵头集中式的整理与研究方法，建立严格的工作制度，从而确保档案整理工作有序有效地进行。张江义《试论王可风民国档案整理思想的历史意义》，则围绕被誉为新中国民国档案事业开拓者的王可风，在其收集、整理、保管和保护和编研利用民国中央机关档案的过程中，创造性地探索出适合民国档案整理的思想，并从理论意义、实践意义、直接影响和深远影响四个角度，围绕他对当时和后来民国档案事业的意义展开论述。

而从《奉系军阀时期档案及其整理与开发》《河南省馆民国时期照片档案整理》《有关龙泉制瓷业的民国时期龙泉地方档案的搜集和整理工作》《民国时期故宫明清档案文献的整理出版》等文章看，各档案馆对民国各类型档案的收集和整理工作在逐步加强，为民国档案的研究提供资料基础。

（2）民国档案的著录与鉴定

民国档案著录方面的论文有29篇，从著录方面的论文内容来看，大多还是基于工作视角的实践性文章，但是随着民国档案信息化、数字化工作的开展，也有不少论文是围绕着数字化环境下的档案著录、档案著录规则、民国档案和电子文件的著录等展开论述。如龙岗《民国档案文件级目录著录及民国纸质档案数字化实践与探索——以云南省档案馆为例》、潘涛《民国档案分类标引自动转换研究成果及其在实践中的应用》和《数字民国档案目录中必建设的思路》等。

这个阶段关于民国档案鉴定方面的论文有 17 篇。除继续围绕上一阶段两个方面的问题展开讨论外,民国档案鉴定标准与方法也引起关注,如甘明《民国档案鉴定与分级管理问题探讨》提出民国档案与新中国成立后档案相比,具有其特殊性,在鉴定与划分等级工作中应遵循谨慎、积极、稳妥的原则。邓绍兴《他山之石为我所用——民国档案鉴定工作之三》认为,为确保鉴定工作质量,参考与吸取欧美档案学界提出的鉴定标准(或称原则)是有益的,并提出了时间标准、职能标准、来源标准、独一性标准,而他的《区分等级,深化鉴定——民国档案鉴定工作之四》提到,民国档案的鉴定是一个历史遗留问题,它不同于新中国成立后档案的鉴定,不宜采取传统的划分档案保管期限的方式,不能按现行档案保管期限表的模式制定民国档案保管期限表。应以特殊鉴定方式,用区分等级的方法深化鉴定。朱琪《民国档案分级鉴定的构想与对策》,探讨了民国档案分级鉴定的内容和操作程序。冯蓉《试论民国档案分级管理模式的创新》,则从管理的总体思路和观念、思维模式、组织形式以及具体整理方式等方面对民国档案分级管理模式进行阐述。

（3）民国档案的保管与开发

这个阶段,对民国档案的保管,以及开发、利用方面的论文有 31 篇。

在保存、保护以及修复方面,主要是对目前珍贵民国档案资料保护现状进行调研及保护策略方面的研究,并涉及对民国档案原生性修复保护的问题。如徐丽萍《珍贵档案文献保护工作的调研分析》中,湖州市档案局对分散于市、县 12 家档案馆、图书馆、博物馆的珍贵档案文献(主要是民国时期档案)进行了深入调研,并结合实际工作,对加强珍贵档案文献保护工作提出几点建议;仝艳锋等《云南省民国档案保存状况调查研究》在对云南省省级、市级、县级和专业档案馆进行充分调研的基础上,就云南省的民国档案保存现状、保管环境和保护措施进行探讨;杨博文

《云南省民国档案基础性保护策略研究》，提出借鉴古籍修复保护标准，制定民国档案保护标准和实施方案，并建立档案修复数据库，详细记录民国档案修复过程，同时建设档案特藏库房，集中保存特别珍贵的民国档案的保护策略；马翀的博士论文《濒危档案文献遗产保护策略研究》，则以濒危档案文献遗产的界定作为研究起点，围绕濒危档案文献遗产保护的现实问题和相关理论，构建了档案文献遗产分级保护模型，并以此为基础对档案文献遗产的全国性调查、濒危档案文献遗产的抢救性保护和预防性保护进行了论述，进而将三者共同组成我国濒危档案文献遗产的保护策略；而龙芳《浅谈民国重点档案破损的处理方法》和赵银玲《民国档案修复的实践与认识》，则结合工作实践，提出民国档案的修复方法。

在开发、利用方面，主要是集中在对民国档案数据库建设方面，如高群《建立"4D模式"开发民国档案》论述了辽宁省抚顺市档案馆建立的"民国档案4D工作模式"，即由档案整理（Dispose）、档案数据库建设（Database）、档案发掘（Detect）和档案开发（Develop）四个阶段、四项功能构成的民国档案系统开发模式。叶凯的《民国档案数字化建设的探索》则主要从实践出发，介绍了第二历史档案馆为解决档案保护和利用这对矛盾开始探索档案现代化之路，初步对民国档案的二次信息进行了数字化建设，建立了馆藏档案案卷级目录数据库（近180万条），形成了馆局域网，初步实现了馆藏档案管理、利用的计算机化。朱琪《民国档案数字化研究与思考》和王鸣鸣《福建省民国档案数据库建设实践初探》，对民国档案数字化实践过程中的一些主要问题，如标准问题、优选问题、检索问题进行探讨，以寻求适合的解决途径。王雅戈《民国农业档案数字化整理研究》，在界定民国农业档案范围，分析民国农业档案现状，讨论民国农业文献作用的基础上，讨论了民国农业档案数字化的意义，介绍了民国农业档案数字化的具体内容、数字化流程、数字化的成果，提出应从多角度开展数字化研究，建成民国农业档案目录数据库、图像数据库、文本数据库、图文数据库、专题数据库、知识库，还编制了民国农业档案分类表。

（4）民国档案的专题研究

随着对民国档案收集、整理，以及开发、利用等研究的深入和实践的开展，民国档案价值在这个阶段的研究中得到充分体现，档案学者跳出"就档案学研究档案学"的传统窠臼，而将研究视角投向对民国档案资料史料价值和学术价值的深度挖掘方面，从而形成了不少非常有价值的研究成果。在这个阶段，民国档案的专题研究性论文有65篇，其中"基于民国档案的专题研究"有45篇，"某一类民国档案的具体研究"有20篇。

基于民国档案的专题研究方面，研究所涉及的学科呈现广泛性和多样性的特点，历史、管理、司法、婚姻、教育、体育、宗教、社会事件等多个领域都有涉及，如杨朝伟《从民国档案看民营企业档案管理》，就利用武汉市档案馆藏的民国时期的企业档案分析了民国时期民营企业档案管理的特点，并得出了对民营企业档案管理的一些认识。许晓明的《真实与缺席：档案视野中的清末民初广西基督教——以广西区档案馆馆藏清末及民国档案为例》介绍了广西区档案馆收藏的关于基督教的一些文件材料，并分析了其利用价值，旨在为广西基督教研究提供一个片段式的检索。同时从一个利用者的角度，对档案馆中官方档案与民间档案的馆藏档案结构比引发的档案的真实性与缺席性进行反思，以引起档案馆在档案接收门类齐全完整方面的注意。此外，还有李青《民国档案中家庭婚姻问题管窥》、张振利《从民国档案看1944年驻滇美军肉类供应风波》、裴庚辛《从档案史料看民国时期兰州市集团结婚》、张敏等《从民国抚顺档案管窥袁世凯的"皇帝梦"》、李光伟《从档案资料看民国山东红卍字会》、齐君《从档案看民国外交家王正廷的体育理念》、黄仪《从民国档案看北平的禁烟禁毒》等。

某类民国档案的具体研究，主要还是从某一类民国档案的价值、整理现状以及开发等情况进行探讨。如朱海楠的硕士论文《云南民国时期商标档案开发利用研究》，从档案学的角度出发，查阅大量与民国时期商标档案有关的著作和文献，实地调研云南各级档案管理部门对民国时期商标档案的开发利用情况，并借鉴了相关学科的研究方法,对云南民国时期商标档案的概念、产生、特点、价值、开发利用的现状以及开发利用的措施进行研究。吐娜《略论民国焉耆地区有关蒙古族档案及其价值》,主要论述了巴音郭楞蒙古自治州档案馆及和静、和硕、焉耆3个县档案馆所存民国档案资料,这些档案涉及了土尔扈特及和硕特两蒙古部的社会、历史、经济诸方面的内容,是研究以上两个部落及新疆蒙古史不可缺少的珍贵史料。此外还有,杨梅《清末至民国云南海关档案的经济史料价值探究》、范森然《祁县发现一批民国时期晋商档案资料》等。同时值得一提的是,这个阶段浙江龙泉的司法档案引起研究者的强烈关注,与其相关的就有7篇论文,均从不同角度、不同侧面进行论述,如杜正贞《龙泉司法档案的主要特点与史料价值》《民国的招赘婚书与招赘婚诉讼——以龙泉司法档案为中心的研究》、张健《从龙泉司法档案看民国时期的检察文书》《民国检察官的刑事和解及当代启示——以浙江龙泉司法档案为例》《试析龙泉司法档案中的贫困与犯罪》、毛剑杰《龙泉司法档案中的原生态历史》、王云婷《龙泉司法档案中的招赘婚诉讼研究》。

　　从民国档案专题研究主题的广泛性、内容的广泛性等方面可以看出,相关学科理论与方法的传入与渗透,不仅拓宽了档案学的研究领域,活跃了档案学术气氛,而且更新了档案学者们的研究观念,开阔了他们的研究视野。甚至可以大胆预见,或许在不久将来,就有一批分支学科创立,如民国档案保护学、民国历史档案学、民国档案编研学等。

　　（四）民国档案研究总结

　　1. 研究主题内容广泛，成效显著

　　从1980年到2014年,关于民国档案的学术研究可谓研究主题内容广泛,成效显著。从年度上看,民国档案研究学术论文从无到有,随着改革开放持续发展,从21世纪前的起步发展到21世纪以后的成熟稳步发展,内容不仅涵盖民国档案的收集、整理、鉴定、保管、统计、利用、检索、著录等方面,而且更多的是对民国档案史料价值、文献价值的揭示。在研究过程中,注重实践和理论的结合,充分彰显了档案界乃至学术界对民国档案的关注。

2. 研究方法呈现出多样性特点

在民国档案研究中,学者们逐步摸索出了多种行之有效的研究方法。除传统的定性研究法外,还尝试运用比较分析法、定量研究法、系统分析法等对民国档案进行研究,研究方法呈现出多样性的特点。如《台湾地区保存民国档案的状况与征集》,运用比较分析法,对祖国大陆与台湾的民国档案工作进行多层面的比较,并根据其异同点,揭示民国档案研究发展的一般规律及其特殊性。定量分析方法在民国档案的研究中,也逐步受到关注,如《民国档案鉴定研究报告》《浅析民国时期档案研究的现状——基于有关民国时期档案文献定量分析的思考》等论文,对一定时期内档案学杂志刊载的论文进行分类统计分析,从而掌握论文分布情况、研究的发展态势,以及学界关注的焦点。

3. 研究成果具有鲜明的时代色彩

研究者密切关注档案工作的发展,紧紧围绕党和国家的中心工作及档案工作中的热点和难点,积极开展档案学研究,因而其成果具有鲜明的时代色彩。例如,1980 年,党中央提出开放历史档案方针以后,学界就开放档案的意义、开放档案的理论基础,以及档案开放与保密的关系等问题展开探讨,一大批相关论文相继出现。如《认真做好历史档案的开放工作》,提出党的十一届三中全会以来,为贯彻党中央关于开放历史档案的方针,湖南省档案馆积极慎重地制定利用档案的试行办法,通过熟悉家底,提高服务质量,编制检索工具,使档案得到更好的利用。而1987 年,随着《中华人民共和国档案法》的颁布,研究者就围绕其性质、内容、特点等进行讨论和研究,同时将研究范围扩大到公民隐私权的保护、民国档案著录和民国档案保管等方面。如《民国档案的著录工作》,从实际应用角度系统分析了如何进行民国档案的著录;《谈民国档案在中共党史研究中的作用及档案的开放和史档结合问题》提出,民国档案不但对研究近代史、民国史有重要作用,而且已经引起党史、军战史、各种专业史和群众团体史等领域研究者的广泛重视,并将发挥出越来越积极的作用。

最值得一提的是赵铭忠、蒋晓涛《民国档案电子检索试验的做法和体会》,文章阐述了以《档案著录规则》和《汉语主题词表》为标准来进行著录和标引,提出要加快电子检索的步伐,编制一部《民国档案主题词表》以适应建立民国档案目录中心的需要。这是较早论述如何利用计算机对馆藏档案进行电子存贮与检索的文章。

随着国家政治体制改革和经济体制改革的不断深入,档案工作改革也逐步推进。在这种情况下,学者积极献计献策,提出不少有价值的见解和建议,并就民国档案如何服务于经济建设主战场这一问题发表了许多真知灼见。如中国第二历史档案馆出版了《中国奥运之路》《老南京——旧影秦淮》《老上海——已逝的时光》等一系列老城市风貌的编纂出版,既获得了良好的经济效益,又获得了较好的社会效益。

4. 实践研究相对比较薄弱

民国档案整理与民国档案保管作为档案工作的重要环节,是开展档案管理工作的必需步骤。1980—2014 年,这两个主题分别发文 27 篇和 19 篇,占总发文量的比例分别为 10.27% 和 7.22%,而民国档案开发利用方面的论文有 25 篇,占全部的 9.51%。无论是从数量上,还是所占比例上,都远远不能适应档案学发展以及档案研究的需要。同时,随着现代技术的迅速发展及其在档案工作中的广泛应用,全国民国档案目录数据库的建立,档案信息的共享逐步推进,实现民国档案的科学整理,对这一珍贵历史资料进行维护,使其更好地服务社会、服务研究已成为当前所关注的问题,但档案学界对这一主题关注程度与社会需求和科研发展仍有较大的差距。民国档案卷帙浩繁,内容丰富。其中,中国第二历史档案馆作为集中收藏民国档案的档案馆,就保存有民国档案共计 900 余个全宗,140 余万卷。其他地方档案馆如辽宁省档案馆、四川省档案馆、重庆市档案馆也拥有丰富的馆藏。丰富的馆藏跟研究的薄弱形成了比较鲜明的对比,引发我们的深思。可以说,对于民国档案的研究任重而道远。因此,不论民国档案的基础理论研究还是应用实践研究,都需要紧密联系民国档案工作实践,不断提出解决问题的新理论、新方法、新技术。

5.专题研究有待继续深入

从 21 世纪以后,民国档案专题研究,数量上越来越多、主题上越来越广泛,对资料的挖掘越来越深入。因此,民国档案丰富的史料价值已受到学界的广泛关注,民国档案研究已经突破档案学的研究领域。可以说,相关学科领域的理论与方法的介入与渗透,不仅拓宽了档案的研究领域,活跃了档案学的学术气氛,而且更新了档案学界的研究观念,开阔了他们的研究视野。而且随着经济与文化的进一步繁荣,民国档案这一研究主题以及其所衍生的交叉主题将会越来越受到学界关注,相关研究也会越来越深入。甚至可以大胆预测,或许在不久将来,会有一批分支学科创立,如民国历史档案学、民国档案保护学等。

因此,综合三十五年来民国档案研究现状的分析,研究者既不能一味地沉湎于书斋式的理论演绎,也不能仅仅满足于对档案工作实践进行写实性的简单描述,而应将基础理论研究和应用实践研究有机地结合在一起,继续关注民国档案的鉴定、著录等研究,尤其是要重视民国档案的保管、数据库建设等主题。同时,要对民国档案中蕴藏的丰富的历史价值进行深入挖掘和研究,才能最大限度地彰显民国档案的魅力,使这一珍贵的史料焕发出勃勃生机。

第三章　民国报刊小说的整理与研究

　　中国的近代报刊最早由19世纪初期的外国传教士创办。鸦片战争前这些报刊主要分布在东南沿海城市,鸦片战争后,传教士的办报办刊活动迅速向内地推进。至19世纪90年代末,外国人在中国创办的报刊已达近200种。受其启发和影响,急切"开眼看世界"的爱国知识分子也在19世纪六七十年代开始了自己的办报办刊生涯。有学者估计,整个近代时期,中国人创办的各类报刊约有2000种[①]。数量可谓惊人。

　　清末民初,启蒙、救亡的呐喊成为响彻在各阶层人民心中的最强音。这一时期的报刊也带有时代的鲜明特征。而经过白话文运动的推动和影响,小说之"小道"观已大为弱化,小说成为鼓动人心、启蒙救国的利器。同时,民国时期也是我国新兴市民阶层逐渐得到发展、壮大的时期,及时反映他们的生活,并为他们提供精神方面的消费品——戏剧、小说、评书、音乐、舞蹈、绘画等艺术品成为民国时期文学艺术兴旺发达的重要原因,也是民国时期文艺性报刊、以市民娱乐消闲为办报办刊宗旨的小报兴盛的根本原因。中国近代的新旧知识分子为生活计,他们用手中的笔描画着这个让他们爱恨交加的社会,用小说叙说着生活的酸甜苦辣。

　　可以说,救亡图存的急迫现实为近代小说的勃兴提供了政治基础,报刊传媒的

---

　　① 王凤超.中国报刊史话［M］.北京:商务印书馆,1991

蜂起为近代小说的流布提供了强大平台,民国报人创作队伍的壮大为近代小说的繁盛准备了人才队伍,现代报刊稿酬制度的确立为近代小说专业创作人才的涌现提供了经济基础,市民阶层的壮大为近代小说的海量涌现提供了强大的阅读受众。民国三十余年,小说海量涌现,难以计数。目前所知,辑录民国小说最权威的《民国小说目录》(刘永文,2011 年上海古籍出版社)中收录自 1912 年至 1920 年,仅仅九年时间,其小说总篇目即达近 18000 篇。本综述着力就新中国成立后的民国报刊文献整理及文献研究情况作一梳理,以期为研究者提供点滴有益的研究材料。

一、报刊小说的书目编纂

书目在治学中有提纲挈领之作用,我国学界历来比较重视书目的纂修。

王继权、夏生元编《中国近代小说目录》囊括了 1840—1919 年间发表的长篇、中篇和短篇小说,其中绝大多数小说均采自原始的报纸期刊。内容标明了刊行的年月日,并将旧历换算成了现在的公历。该《目录》被日本学者樽本照雄称为"一本划时代的目录",同时樽本氏也指出其中"缺少了翻译小说目录"[①]。章培恒、王继权主编的《中国近代小说大系》(1988 年 10 月起由百花洲文艺出版社和江西人民出版社共同出版),前 79 卷为作品集,共收近代小说 405 部。第 80 卷即为王继权、夏生元编《中国近代小说目录》。

日本学者樽本照雄《新编增补清末民初小说目录》2002 年由齐鲁书社出版。作者先后出版了有关民国小说专著《清末民初小说目录》(1988 年香港中国文艺研究会出版)、《新编清末民初小说目录》(该著由日本文部省赞助,日本清末小说研究会 1997 年出版)、《清末民初小说年表》(1999 年由日本清末小说研究会出版)等。2002 年出版的《新编增补清末民初小说目录》是第 3 版,主要收录了 1902 年

---

① [日]樽本照雄.新编增补清末民初小说目录[M].济南:齐鲁书社,2002

至 1919 年间发表的创作小说和翻译小说，部分收取对象适当放宽到 1840 年，其下限也有到 1919 年之后的。《目录》共收创作作品 13810 条，翻译作品 5346 条，共计 19156 条。其收录原则是刊载在杂志上的小说尽量收录，连载中止的作品也包括在内，民初的一些重要的连载小说的报纸刊物，作者都有涉猎，如《国强报》《安徽白话报》《杭州白话新报》《小说大观》《小说丛报》《小说月报》《小说新报》《小说画报》《礼拜六》《妇女杂志》《东方杂志》《中华小说界》《月月小说》等等，甚至一些在小说界影响较小的刊物，作者也有涉及，如《浙江兵事杂志》《梨影杂志》《雅言》《进步杂志》等。但该《目录》所录报纸杂志小说仅至民国八年（1919），其后的民国报刊小说没有涉及。

刘永文的《民国小说目录》2011 年由上海古籍出版社出版，该《目录》是民初小说目录集大成者，全书有如下部分组成：期刊小说目录、日报小说目录、单行本小说目录、报刊所登小说广告、期刊小说索引、日报小说索引、单行本小说索引。在编著期刊和日报目录时，作者尽量查阅原件和缩微胶卷，因此对此前各家目录多有补充。其中期刊小说目录 6022 篇，日报小说目录 9466 篇，共 15488 篇。单行本小说目录所收录的 2364 部（包括再版）则多参考、引用前辈学者的目录，只是根据报纸广告做了个别补充。报刊目录收录时间为 1912—1920 年，单行本小说目录收录1912—1920 年之间的作品，不能准确辨别出版年月的不予收录。该《目录》的排列次序是：期刊和日报以创刊时间的先后为排列次序。每种刊物所登小说也以时间先后为序。每篇作品著录依次为篇名、刊载时间、作者、类型。该著是目前所见收录民初小说数量之最大者。

二、报刊小说的影印出版

1949 年后，我国有关机构影印出版了部分民国时期影响较大的期刊。

1954 年 8 月人民出版社影印出版了《新青年》月刊。《新青年》第一卷名《青年杂志》，1915 年 9 月 15 日创刊于上海，陈独秀编辑，上海群益书社发行，16 开本。1916 年 2 月出至第一卷第六号，休刊半年，同年 9 月 1 日复刊，出第二卷第一号，改名《新青年》。1916 年年底陈独秀至北京大学任教，杂志社于 1917 年正式迁到北京，同年 8 月出至第三卷第六号，休刊四个月。1918 年 1 月复刊，出第四卷第一号，开始实行编辑集议制。1919 年 1 月，改行轮流主编制。1920 年夏，陈独秀到上海筹建共产主义组织，杂志也随之迁回上海，从同年 9 月出第八卷第一号起，成为上海共产主义小组的机关刊物，仍由陈独秀编辑，1922 年 7 月出至第九卷第六期休刊。1923 年 6 月改出季刊，成为中国共产党中央委员会主办的理论刊物，迁广州出版，卷期号另起，出四期后休刊。1925 年 4 月起出不定期刊，1926 年 7 月 25 日出至第五期终刊。据《民国小说目录》载，截至 1920 年，在其上刊登的翻译小说有《春潮》《初恋》《决斗》《白璞田太太》《女子将来之地位》等 45 篇译作及苏曼殊《碎簪记》，鲁迅《狂人日记》《孔乙己》《药》《风波》，胡适《终身大事》，曹振英《易卜生传》，陈衡哲《老夫妻》《小雨点》，杨宝三《一个村正的妇人》等数十篇。

　　1980 年，人民出版社影印出版了 1917 年 1 月 1 日至 1927 年 3 月 1 日的长沙《大公报》。长沙《大公报》由刘蔚庐、贝允澂主办，1915 年 9 月 1 日创刊，1927 年 3 月 2 日停刊；1929 年 5 月 21 日复刊，成为国民党的报纸，至 1947 年 12 月 31 日停办。截至 1920 年在其上刊登的小说有洪叔道《静姝》《箕子镜》《胡生》，樵仲《陈丽霞》，瘦鹃《前尘》《记高丽女子》，澄宇《一剪愁》《春莲》，茹茶《易妻》，樵隐《义婢恨》，瞻庐《薛生》，王献唐《青楼剑侠》，舍我《记周孝女》，亚勉《黄花恨》，南强《雀语》，申戌《花间奇遇》，瞿兑之《五豆粒》，蔡洁甫《霍某》，彗光《梦何生》，蛰叟《雀蝉影》，天白《战鬼为厉》，玉冰《阿鹃》，应谷《陆程两生》，天啸《幻梦游记》，鹤庵《叠双记》等 119 篇各类题材的小说。

　　人民出版社 1980 年影印出版《生活周刊》。《生活周刊》1925 年 10 月创刊，一年共 52 期（七、八两卷各 50 期），1933 年 12 月停刊。初由黄炎培任主编，一年后由邹韬奋接任。该刊创刊目的是："每星期乘读者在星期日上午的闲暇，代邀几位好友聚拢来谈谈，没有拘束，避免呆板，力求轻松生动、简练雅洁而饶有趣味"，以"供应特殊时代的特殊需要的精神食粮"。故在其上刊登了很多轻松闲适的诗歌、散文和小说。

1981 年人民出版社以新华书店内部发行的形式对《民国日报》进行了影印出版。《民国日报》（上海版）为中华革命党（后改组为中国国民党）1916 年 1 月 22 日创立的报纸，总编辑为叶楚伧、邵仲辉。该报 1932 年 2 月停刊，1945 年 10 月复刊，1947 年 1 月终刊。截至 1920 年刊登的小说有：《古戍寒笳记》《鸳泪鲸波录》《祝民国日报》《捣乱三国志》《围炉夜话》《梦痕后曲》《交涉失败》《捣乱西厢》《捣乱水浒》《突阵》《捣乱红楼梦》《絮影萍痕》《捣乱镜花缘》《捣乱西游记》《风云情话》《小杨儿》《伍月九》《一夜侦探案》《郎…侬之爱》《捣乱西游记补遗》《金兰语》《梦海纪异》《某丐》《我儿之小史》《朱三》《画缘》《恶贺》《鬼趣》《懒刑》《五十年后之上海》《天囚就戮记》《姹女》《萧引楼传艳》《烟雨楼旁听记》《逆报关门记》《伤心人语》《复辟梦》《臭虫》《讨逆梦》《热血鸳鸯》《劫姊记》《批发之爱情》《破钵》《忏悔语》《官僚丑史》《骂财神》《新年》《念年回首》《弑父奇闻》《花阴鹣影》《儒林新史》《毕竟卖了谁好》《亡国恨》等言情小说、滑稽小说、社会小说、讽刺小说、政治小说、家庭小说 317 部。

1981 年人民出版社对《晨报副刊》作了影印，这次影印将原合订本缩小为 16 开本，分装为 15 个分册。《晨报》前身为《晨钟报》，是以梁启超、汤化龙为首的"宪法研究会"的机关报。1916 年 8 月 15 日创刊时，即在第七版刊载小说、诗歌、小品文和学术讲演录等，随《晨报》附送，故称《晨报副刊》。1920 年 7 月，第七版由孙伏园主编，1921 年 10 月 12 日把第七版改出四版单张，定名为《晨报副镌》，着重宣传新文学，同时按月出版合订本。1925 年 10 月为徐志摩的"新月派"接管，1928 年停刊。"天放"在其上发表小说最多，如《金钿怨》《彭五》《百公子》《周先生》《孤儿恨》《周四宝》《良友》《关庙签》《孝妓》《良吏》《述马僧》《犬乳》《盗道》《巨眼》《六壬课》《杨秀清轶事》《狐侠》《阿凤》《净香》《某令》等计有 84 篇（截至 1920 年）。

其次是林纾有《梁珏》《吴秋雯》《章降儿》《李峰》《丁承贵》《多蒨华》《尤驷》《银甲李》《吴爕》《杨敬夫》《陆子鸿》《谢翠翠》《渚莲》《绿筼》《十万元》《马公琴》等。在其上发表小说的还有胡适、鲁迅、欧阳予倩、市隐、瘦鹃、铁樵等人。

1982 年 10 月上海书店对清末民国大型报刊《申报》进行了影印出版。《申报》1872 年 4 月 30 日创刊于上海,至 1949 年 5 月 27 日终刊,是旧中国出版时间最长的报纸。这次出版,以上海图书馆收藏的全套原报为底本影印,全套影印本依据时间顺序分订为 400 册。《申报》除刊登国内外重要新闻、通讯,发表著名人士文章、宣言之外,还增加篇幅,辟出专栏和副刊,其副刊如"自由谈"影响非常大。鲁迅、茅盾、陈望道、夏丏尊、周建人、叶圣陶、老舍、沈从文、郁达夫、巴金、张天翼等人都曾在自由谈上发表过作品,章太炎、柳亚子、吴稚晖也为"自由谈"写过文章。据《民初小说目录》载,自 1912 年 1 月 9 日至 1919 年 1 月 6 日,《申报》上的有关小说已达到 680 余篇!

2009 年国家图书馆出版社影印出版《甲寅》月刊。《甲寅》1914 年 5 月在日本东京创刊,同年 11 月停刊,共出 10 期。章士钊任段祺瑞执政府教育总长后,于 1925 年 7 月 11 日在北京出版《甲寅》周刊,1927 年 2 月停刊,共出 45 期。《甲寅》对于新文化运动核心群体的形成及其政治、文化取向的发展起了关键作用,并在理论上为新文化运动做了必要的准备。截至 1915 年底,其上刊登的小说有:老谈(谈善吾)著《女蜮记》《白丝巾》《孝感记》,(法)都德著、胡适译《柏林之围》,烂柯山人(章士钊)《双枰记》,昙鸾(苏曼殊)《绛纱记》《杰剑记》,寂寞程生《西冷异简记》等。

2010 年国家图书馆出版社影印出版"左联"的四种代表性刊物:《萌芽月刊》《拓荒者》《北斗》《东流》。"左联"是中国左翼作家联盟的简称,是第二次国内革命时期中国共产党领导的革命文学团体。1930 年 3 月成立于上海。在"左联"存在的六年时间里,国内外出版的左翼刊物如雨后春笋般涌现,其中包括"左联"机关刊物十余种。以上四种刊物,是"左联"机关刊物的代表,反映了左翼文艺运动在创作方面取得的巨大成就。

2012 年 7 月上海书店出版社影印出版了《东方杂志》。《东方杂志》创刊于 1904 年 3 月 11 日，先后由蒋维乔、徐珂、孟森、杜亚泉、陶惺存、钱智修、胡愈之及王云五等任编辑。该刊初为月刊，1920 年 1 月第十七卷第一号起改为半月刊，1947 年 7 月第四十三卷第十三号起，再改为月刊。其间除因 1911 年"辛亥革命"、1932 年"一·二八"事变和 1941 年 12 月香港沦陷三次重大历史事变而短暂休刊外，该刊一直持续发行，直到 1948 年 12 月终刊，前后出版时间长达 45 年，是中国近代出版史上影响最大、刊期最长的一份大型综合性期刊。截至 1920 年，刊载的小说有:《碎琴楼》《新飞艇》《绿波传》《侠女破奸记》《元素大会》《罗刹因果录》《绛带记》《薄幸女》《鱼雁抉微》《桃大天王因果录》《重臣倾国记》《赂史》《太贵了》《戎马书生》《业障》《一个阔绰的朋友》《髑髅》《一桩小事》《鬼》《圣诞节的客人》《唔唔》《铃儿草》《风》《自残》《他是谁?》《人与兽》《三死》《上等人》《蓝沙勒司》《冷眼》《撞钟老人》《为母的》《皇家的圣诞节》《阴雨》《塞根先生的山羊》《哲学教授》《诗人》《母亲能够受多少苦?》《陆士甲尔的胡琴》《心声》《痴》《一株棕树》《五千法郎》《消极抵抗》《婚姻掮客》《革命党》《父母之心》《择业》《旗》《丧事承办人》《私逃的女儿》《疯妇》等。1920 年后以刊翻译小说为主。

2011 年至 2015 年，孟昭臣主编的《中国近代各地小报汇刊》由学苑出版社陆续出版，截至 2015 年已出至第四辑。近代小报是中国近代社会历史变迁的忠实记录，其内容涉及中国近代社会生活的方方面面，具有极其重要的史料价值和学术研究价值。其栏目一般包括新闻、评论、文艺、知识、常识、娱乐、地方掌故等，而小说是其"文艺"栏目必不可缺的内容。第一辑于 2011 年 11 月出版，共收录《群强报》《爱国白话报》《新世界》三种小报。第二辑于 2012 年 5 月出版，共辑录《大世界》《先施乐园日报》《白话国强报》《北京白话报》《小公报》《燕都报》《实事白话报》《吴语》《锡报》九种小报。第三辑于 2013 年 9 月出版，共辑录《天韵报》《小说日报》《世界小报》《大报》《上海日报》《小日报》《琼报》《白话晨报》《龙报》《福报》《平报》《大光明》《梨园公报》和《飞报》十四种小报。第四辑于 2015 年 5 月出版,共辑录《铁报》《上海报》《华报》《世界晨报》《人报》《吴县晶报》《时代日报》七种小报。

三、报刊小说的整理重版

1949 年以后,各家出版社对民国时期报刊小说根据不同的研究目的进行了收集、整理和出版。

鸳鸯蝴蝶派是诞生于民国初期的一个重要文学流派,其创作时间自民国初年一直到中华人民共和国建立,五四运动前后二十年是它的"全盛"时期。其最有影响之刊物为《礼拜六》,故该派又被称为"礼拜六派",徐枕亚、包天笑、周瘦鹃、张恨水等是该派最重要的作家。除《礼拜六》外,属于该派作品发表阵地的刊物还有《自由杂志》《游戏杂志》《红》《星期》《小说大观》《小说月报》《眉语》《民权素》《小说新报》《小说时报》《中华小说界》《小说丛报》《半月》《紫罗兰》《自由谈》《快活林》《心报》《社会之花》等刊物。魏绍昌、吴承惠主编的《鸳鸯蝴蝶派研究资料》是该派有关资料的汇总,1962 年由上海文艺出版社出版,并多次再版,是研究鸳鸯蝴蝶派的不可多得的资料。该研究资料分上下两卷,上卷选辑鸳鸯蝴蝶派的各种史料,分为四辑。第一辑中所收的是鲁迅、沈雁冰等当初批判该派的文章。第二辑中节录了新中国成立以来十种现代文学史中论述鸳鸯蝴蝶派的篇章。第三辑的七组文章,基本上是辑录或节录的该派作家的作品。第四辑收录的有范烟桥的《民国旧派小说史略》和郑逸梅的《民国旧派文艺期刊丛话》及严芙孙等著的《民国旧派小说名家小史》[①]。上卷附录是"鸳鸯蝴蝶派小说分类目录":北派小说书目、冯玉奇小说书目和海派小报文人小说书目。下卷选辑鸳鸯蝴蝶派的作品,是一部鸳鸯蝴蝶

---

① 魏绍昌 . 鸳鸯蝴蝶派研究资料(上)[M]. 上海:上海文艺出版社,1984

派的小说选集，总共收录了 22 部长篇小说的节录和 20 篇短篇小说。

于润琦主编《清末民初小说书系》1997 年由中国文联出版公司出版。书系分社会卷、侦探卷、武侠卷、爱国卷、滑稽卷、家庭卷、警世卷、言情卷、科学卷、伦理卷等 10 个部类，共 12 卷，共收录 800 余部作品，400 余万字。所录小说中，民国部分占近五分之四，且所选作品基本来自当时的报刊。如南方文坛有《新小说》《绣像小说》《新新小说》《月月小说》《游戏杂志》《民权素》《小说林》《小说海》《娱闲录》《礼拜六》《小说大观》《小说时报》《小说丛报》《小说新报》《小说月报》《妇女杂志》《中华小说界》等著名的文艺性期刊，北方的有《京话时报》《爱国白话报》《白话国强报》《竹园白话报》《天津白话报》及一些大报如《盛京时报》《民国日报》《北京时报》等的文艺副刊、以城市平民为对象的白话小报等白话报刊。这套丛书为从事近代短篇小说研究的学者提供了最基本的篇目。但该书系仅录清末民初短篇小说目录，没有涉及民国中后期小说目录，《中国现代文学总书目·小说卷》（2010年北京知识产权出版社出版）正好补充了它的不足。该书全面辑录了 1917—1949年间发表的新小说目录，所收小说包括中长篇小说、短篇小说、童话、故事等，也包括用白话撰写的通俗小说。

《二十世纪中国小说理论资料》是 20 世纪 90 年代北京大学出版社陆续推出的一套 20 世纪中国小说理论研究资料集，陈平原、夏晓虹、严家炎、吴福辉、钱理群及洪子诚等教授分任主编，至今共出五卷。各卷辑录范围基本为有关小说的理论、论文、序跋、杂评、笔记、创作经验谈、座谈记录、广告、书信、讲演辞、专著等内容，长文则适当节录。各卷卷末附《中国小说理论资料编目》，以供研究者检索。这 5 卷所录文章几乎都刊于民国间的报纸期刊。第一卷（1897—1916）由陈平原、夏晓虹主编，选录文章均录自当时报刊。第二卷（1917—1927）由严家炎主编，着重收录文学革命后新文学各社团、各流派和重要作家、评论家的小说理论文字，同时也收录学衡派、鸳鸯蝴蝶派等不同于新文学阵营的有代表性的小说理论主张及文章。第三卷（1928—1937）由吴福辉主编，选录重要作家关于小说文体、技巧的理论文字。大致纯理论文章选择略宽,其他则从严从简。凡属小说批评、经验谈或创作自述,皆采其有鲜明理论色彩者;凡外国小说理论翻译和外国小说评介、中国古代小说研究,仅取其当代针对性较强者。选文几乎全部录自当时报刊。第四卷(1937—1949)由钱理群任主编,选录重点一是此时期对小说理论、形式的探讨;一是有关重要作家作品的材料;一是对西方小说理论、作品的评介,传统小说的重估;也收录了一部分与小说创作有关的反映时代文学思潮的代表性论述。第五卷(1949—1976)由洪子诚任主编,所收录小说理论资料已超出民国范畴①。

　　民国时期是中国文言小说的衰微期和转型期。这一时期产生了近百部的文言短篇小说集和长篇章回体小说,以及大量在报刊上发表的单篇文言小说。民国初期随着白话文的推广,传统的文言小说佳作日稀,但旧体文言小说作家们力求有所突破,如李涵秋、徐枕亚、刘铁冷等开展了书信体、自传体、寓言体、集锦体、长篇章回体等文言小说的探索尝试;另一方面,一些后来的新文学作家也曾经有过文言小说的创作实践,如鲁迅、叶圣陶等均发表过一定数量的文言小说。民国中期仍然有较高成就的纯粹文言小说作品,如郭则沄的《洞灵小志》和李逊梅的《澹盦志异》分别代表了民国中期 "阅微" 体和 "聊斋" 体文言小说的传承和延续。民国后期,文言小说逐渐退出了中国文学史的舞台,但其传统精神基因却流淌在中国小说的血脉里而延续不绝②。秦和鸣选编的《民国章回小说大观》(2003 年中国文联出版社出版)是这一时期文言小说的结集之编。该书除收民国(1912—1949)年间的文言小说外,还收录了章回体白话小说,全书按照 "语怪之部" "讲史之部" "义侠之部" 和 "言情之部" 将全书分为四编。该书所收篇目以书为单位,每一书一篇,每书撰提要,提要由书名、版本、作者及内容提要、考述五项组成。该

---

①　季镇淮 . 读《二十世纪中国小说理论资料》第一卷［J］. 瞭望周刊, 1989 年 9 月 16 日

②　张振国 . "民国文学" 概念的提出及民国旧体文学研究现状［J］. 江苏大学学报（社会科学版）, 2014（4）

著"在收录数量上可谓洋洋大观，优点是编例较好，对所收小说不仅注明版本信息、内容提要、回目（有校勘），而且还能考述题材来源、故事演变，对艺术成就及文学影响亦有说明；缺憾是编撰者对民国通俗小说缺乏整体观照，漏收不少名著，且有些提要不够简明"①。

王俊年主编《中国近代文学论文集（1919—1949）》1988 年中国社会科学出版社出版。其"小说卷"辑录了 1919 年至 1949 年研究中国近代小说及作家的论文 81 篇，并按"总论""作家作品""创作思想"三个部分编排。附录部分搜集了这一时期研究论著的篇名索引 570 篇。这些文章都是从发表于民国时期的各种期刊和部分报纸上的数百篇文章中选录的，凡有单行本的专著皆不收录。这些文章除极少数为节录外，所收论文、资料均是全文刊载。所选文章按类编排，每一类文章，一般以发表时间先后为序。有关作家作品的研究文章，以作家生卒年代的先后为序，同一作家的文章则尽量归在一起。该论文集是选录近代小说研究论文、资料比较丰富的文集。

《延安文艺丛书》是 1981 年冬由湖南省出版局的主要负责同志和当年在延安从事文艺工作的老同志共同倡议编辑的，1984 年由湖南人民出版社出版。该丛书由丁玲、林默涵、艾青、欧阳山、吕骥等任顾问，金紫光、雷加、苏一平等任总编辑。其"小说卷"二卷，二册，收录的中短篇小说、人物传记等，均刊于民国时期解放区的刊物，如丁玲主编《解放日报·文艺副刊》、艾青主编《八路军军政杂志》《谷雨》、周扬等主编《文艺战线》等。如丁玲《一颗未出膛的子弹》原载 1937 年 4 月《解放周刊》，《入伍》原载 1940 年 5 月《中国文化》，《我在霞村的时候》原载 1946 年 6 月《中国文化》；卞之琳《石门阵》原载 1939 年 2 月 16 日《文艺战线》创刊号；周而复《被炸毁的城市》原载 1939 年 6 月 6 日《文艺突击》第 1 卷第 2 期；严文井《一个钉子》原载 1941 年 7 月 24 日《解放日报》；温馨《凤仙花》

原载 1940 年 9 月 16 日、17 日、18 日《解放日报》；洪流《乡长夫妇》原载 1941 年 10 月 3 日《解放日报》；张铁夫《荒年》原载 1941 年 1 月 10 日延安《草叶》杂志第 4 期；晋陀《结合》原载 1941 年 10 月 25 日《八路军军政杂志》第 3 卷第 10 期；草明《陈念慈》原载 1941 年《文艺战线》等。入选本集的小说，反映了边区和抗日根据地新民主主义的现实生活，工农兵的战斗、生产和生活成了文艺创作的主要内容。

《中国近代文学大系》由范泉任总主编，徐中玉、吴组缃、端木蕻良、时萌、任访秋、钱仲联、张庚、柯灵、张海珊、范伯群、金名、钟敬文、郑逸梅、郑左高、马学良、施蛰存、魏绍昌等任各册主编，自 1987 年开始启动，历时十年，历经千辛万苦，终于在 1996 年 10 月陆续出齐。编辑从各丛书、总集、专著及报纸、期刊等浩如烟海、良莠不齐的近代文学资料中，通过分门别类地搜集、筛选、点校、笺释，整理出一套系统、全面的近现代文学史料，并由专家撰写了导言和作者小传。共十二集三十卷：（1）文学理论集二卷；（2）小说集七卷；（3）散文集四卷；（4）诗词集三卷；（5）戏剧集二卷；（6）俗文学集二卷；（7）笔记文学集二卷；（8）书信日记集二卷；（9）翻译文学集二卷；（10）民间文学集一卷；（11）少数民族文学集一卷；（12）史料索引集二卷。编委会 25 人都是当时文学界、学术界及出版界顶级专家：马学良、王元化、任访秋、伍蠡甫、吴刈之、吴组缃、陈子展、陈则光、时萌、张庚、郑逸梅、周振甫、季镇淮、范泉、范伯群、柯灵、钟敬文、施蛰存、徐中玉、钱仲联、贾植芳、章培恒、楼适夷、端木蕻良、魏绍昌。其中，吴组缃、端木蕻良、时萌任《中国近代文学大系·小说卷》（1840—1919）的主编，1991 年由上海书店出版。第 3—9 册为小说集，共七卷。所录民国小说有第六卷徐枕亚的《玉莉魂》《雪鸿泪史》，符霖的《禽海石》；第七卷录民国小说苏曼殊的《断鸿零雁记》、林纾的《金陵秋》、叶楚伧的《古戍寒笳记》、陈遽九的《袁政府秘史——恶探黑幕之一》、程小青的《倭刀记》等八种。这些小说大都刊于当时为大众喜闻乐见的报刊，基本显示了辛亥革命前后盛行的言情小说、社会小说、武侠小说、黑幕小说及侦探小说的风貌。该大系 1997 年获得了第三届国家图书奖。

我国现代著名出版家俞子林称赞该丛书"集近代文学精粹，是现代文学引桥"，是一套具有深远文化意义、填补出版空白的经典之书①。

《中国新文学大系》是一部贯穿民国至新中国的浩大的文化工程，按照历史分期编纂。第一辑（1917—1927）由我国著名出版家赵家璧牵头，汇集民国时各文学领域内大家，历时多年辑录完成。第一辑共 10 卷，收入了新文学运动头 10 年（1917—1927）的绝大多数优秀作品，由著名教育家蔡元培作总序，聘请当时参与新文学运动的著名人物胡适、郑振铎、鲁迅、茅盾、郑伯奇、周作人、郁达夫、朱自清、洪深、阿英任分卷编选人并撰写分卷导言。上海良友图书印刷公司于 1935 年印行。该著在我国现代文学史上产生了巨大影响，后人将数位大家之导言结集为《中国新文学大系导言集》出版，导言集"相当深刻地影响了几十年来现代文学史的写作"②。正是由于"大系"巨大的文献价值及其影响，我国现代学者在第一辑的基础进行了续编。《中国新文学大系（1927—1937）》第二辑 1985 年由上海文艺出版社出版，丁景唐任总主编。第二辑收文学理论、小说集、散文集、杂文集、报告文学集、诗集、戏剧集、电影集及史料索引等共二十卷，各集序言作者沿例邀请了前辈著名作家周扬、夏衍、巴金、吴组缃、夏绀弩、于伶、艾青、芦焚等人担任。其中，《小说集》共七卷，第 1、2 集为文学理论卷，第 3、4、5 集为短篇小说卷，第 6、7 集为中篇小说卷，第 8、9 集为长篇小说卷。短篇三卷，共收近 130 位作家的 160 部作品，计 200 多万字，其中近 70 篇未被一般选本注意。中篇两卷，收选 18 位作家的作品，其中多数作品未被选家选收过。长篇两卷，收叶圣陶、矛盾、巴金、田军、李劼人的五部新文学长篇杰作，计 100 多万字。《中国新文学大系（1937—1949）》第三辑的编委会由赵家璧、定景唐等 10 人组成。该书 1990 年由上海文艺出版社出版。大系第

---

① 俞子林.集近代文学精粹是现代文学引桥——回忆《中国近代文学大系》编纂出版经过[J].出版史料，2011（1）

② 杨义.新文学开创史的自我证明——为《中国新文学大系导言集》所作导言[J].文艺研究，1999（9）

三辑共 20 卷,分文学理论、诗歌、戏剧、电影和史料索引等 15 集,约 1000 万字。严家炎任"小说集"主编,第 3、4、5 卷为短篇小说卷,第 6、7 集为中篇小说卷,第 8、9 集为长篇小说卷。在第三辑出版前,香港文学研究社组织人力,利用东京、新加坡、中国香港三地所藏资料以四年之功,编成反映新文学第二个十年成就的续编,1968 年出版过 10 卷本的《中国新文学大系续集》,"续集"按"大系"体例编选了 1928—1938 年间的新文学作品。后上海文艺出版社又陆续出版了《中国新文学大系(1949—1976)》第四辑和第五辑,由于这两辑已超出民国范畴,故略而不论。

抗日战争是中华民族走向新生的重要历史阶段,反映这一时期抗战生活的抗战文学在中国近现代文学史上留下了浓墨重彩的一笔。为了向海内外专家、学者和教学工作者提供抗战文学的参考资料,四川教育出版社选编了一套国统区抗战文学研究史料选,该辑共由四部分组成:《文学理论史料选》《小说研究史料选》《诗歌研究史料选》《戏剧研究史料选》。其中的《国统区抗战文学研究丛书·小说研究史料选》由黄俊英主编。丛书入选小说史料,分为小说创作理论、小说家论、小说论三部分,并附有报告文学研究史料,这些史料几乎囊括了中国抗战小说研究的全部精华,既有文坛老将如郭沫若、茅盾、老舍等人的大作,又有文坛新人的论文,论文涉及内容相当广泛,数量相当可观。选编者从抗战时期国统区出版发行的 120 余种刊物、20 余家报纸及 100 余种专著中撷取 70 余篇编为一册。所选文章基本来自原始的报纸期刊。该小说史料"不但使人窥见抗战小说发展的整体轮廓,而且清晰地展现出抗战小说研究的各领域中的历史风貌和学术水平"[①]。

林默涵主编《中国抗日战争时期大后方文学书系》,1989 年由重庆出版社出版。共 10 编,20 卷,1100 多万字。书系选编了自 1937 年 7 月至 1945 年 8 月间,曾居住在重庆、成都、昆明、贵阳、西安、迪化(今乌鲁木齐)、兰州和沦陷前的上海、武汉、桂林以及福建、广东等地区的作家作品和文章。抗战爆发后至太平洋战争爆

---

① 鲁人 . 评《小说研究史料选》[J] . 社会科学辑刊,1990 (2)

发前,大批作家在香港发表或出版的作品和文章也收录其中。第一编一卷,文学运动史料;第二编两卷,文学理论及论争;第三编四卷,选收中、短篇小说（含长篇存目）;第四编二卷,散文杂文;第五编三卷,选收报告文学;第六编两卷,选收诗歌;第七编三卷,选收戏剧;第八编一卷,选收电影;第九编一卷,选收通俗文学;第十编一卷,选收外国人士作品。第三编小说卷共四卷,选录了茅盾、巴金、老舍、沙汀、艾芜等和当时的一大批文学青年共 75 人的中短篇小说 118 篇。选录兼顾当时的各种流派,如社会剖析派、七月小说派、京派、新浪漫主义派、东北作家群等,均有作品收入,这些作品绝大部分取自第一手资料——即最初发表在抗战时期的报纸期刊①。

为纪念毛泽东同志《在延安文艺座谈会上的讲话》发表 50 周年,由林默涵任主编,艾青、欧阳山、贺敬之、刘白羽、魏巍、周而复、黄钢、陈荒煤、康濯、爱泼斯坦等40 多位延安时代著名革命文艺家任编委,出版了总计 9 编 22 卷 1200 万字的《中国解放区文学书系》（1992 年 5 月重庆出版社）。该丛书精选了 1936 年到 1949年间 19 个解放区的文艺理论、小说、戏剧、报告文学、散文、杂文、诗歌、民间文学、说唱文学以及外国人士的作品共 2000 多篇。小说编康濯任主编,所收的各类资料和理论文章,基本上来自当时发表的报纸和刊物。在每篇选入的作品或文章后,注明详细的出处（包括刊名、刊期、出版年月）。小说篇选录了木风、王林、白桦、丁玲、赵树理、孙犁、孔厥、刘白羽、周而复、邵子南、雷加、马加、马烽、秦兆阳、邢立斌等 56 位作家的作品,这些作品刊登在《解放日报》《晋察冀日报》《东北日报》《新华日报》《滨海报》《冀中导报》《晋绥日报》《苏中报》《解放周刊》《中国文化》《文艺战线》《文艺杂志》《延安文艺研究》《北方文化》《长城》《连队文艺》《八路军军政杂志》《文学战线》《西北文艺》《胶东大众》《东北文艺》《平原文艺》等数十部报纸期刊上。《中国解放区文学书系》弥补了抗日战争文学的空白,为中国文学史增添了光辉的一页。

---

① 王致中.谈谈《中国抗日战争时期大后方文学书系》[J].文史杂志,1989（5）

　　与国统区文学和解放区文学研究相比,沦陷区文学研究一直是现代文学研究的"生荒地",其主要的原因是在沦陷区文学作品散失多,资料残缺不全。为给治学者和教学者提供必要的研究资料,钱理群任主编,集合国内一批专家,编辑出版了《中国沦陷区文学大系》,1998 年广西教育出版社出版。大系收录抗战期间,日军占领中国地区的中国文学史料集。收录时间上自 1931 年日军制造"九一八"事变起,下至 1945 年日军"八一五"投降。根据中国沦陷区文学的实际情况,本书分为 7 卷 8 册:新文艺小说卷(上册是短篇小说、下册是长篇小说)、通俗小说卷、散文卷、诗歌卷、戏剧卷、评论卷、史料卷。其新文艺小说卷由范智红任分集主编,通俗小说卷分集主编是孔庆东。本大系首次收录了沦陷区通俗小说,为与五四以来的新体小说相区别,大系把五四运动以来的新体小说称之为"新文艺小说"。选文除收录沦陷时期所写,而于抗战胜利不久发表的个别篇章外,均直接采自沦陷区的报刊书籍。

　　清末民初东北长期处于文化停滞落后状态。20 世纪初,近代报刊开始在东北出现,其中日伪创办的报刊如《盛京时报》《满洲报》《关东报》《蒙古研究》《中央日报》,民国政府官办报刊如《东三省公报》《吉林官报》《黑龙江公报》《吉长日报》,民办报刊如《东三省民报》《新民晚报》《东北早报》及《东北丛刊》《军事月刊》《经济月刊》《司法杂志》等。在这些报纸杂志上有很多诗歌、散文、小说等文章发表。张毓茂《东北现代文学大系(1919—1949)》(沈阳出版社出版,1996 年)。全套六卷十四册。包括散文卷、诗歌卷、评论卷、戏剧卷、小说卷及资料索引卷。小说卷第二、三、四集收短篇小说,第五集中篇小说卷,第六、七、八集长篇小说卷。内中有很多小说采自东北各类报刊,如苏曼殊《断鸿零雁记》标"哀情小说",原载中华民国元年五月十三日《太平洋报》;穆儒丐创作的长篇小说《香粉夜叉》,即于 1919 年 11 月 18 日至 1920 年 4 月 21 日连载于《盛京时报》;作者"踽石"在《盛京时报》上连载过《花痴奇遇》《再造姻缘》《湖水翻新》《花月报酬》《鬼亦工愁》《新娘两替》《泽国战争》《一箭双雕》《兵家要略》《舌战风生》《儿女英雄》《宝石腾空》等近 180 部短篇小说。

四、报刊小说文献的研究

从学术连贯性上来看，"晚清"与"民国"并不能截然分离，这已成为国内学术界共识。本文仅以民国文献为基础展开综述。在中国知网以"报纸""小说"为篇名关键词检索，得到有关学术文章和学位论文 28 篇，这些文章中与民国密切相关的共 13 篇（截至 2015 年 8 月 28 日）；以"期刊""小说"为篇名关键词检索，得到有关文章 163 篇，其中与民国有关的文章（含学术文章、学位论文）10 篇；以"报刊""小说"为篇名关键词检索，得到有关文章 104 篇，其中与民国关系密切者 12 篇。总之，进入 21 世纪后，对民国报刊小说的研究呈加速进行之势，研究的领域较以前相比有很大拓展，成果喜人。但是，其中关于民国小说文献的直接研究并不多。

（一）相关报刊的研究

谢晓霞著《〈小说月报〉1910—1920：商业、文化与未完成的现代性》（2006），在较为清楚地勾勒出 1910—1920 年间《小说月报》这份杂志状貌的基础上，再现了当时的历史情境和文学情境，对这份杂志所包含的文化生产的运行机制、其内容的总体风貌、杂志风格、主体队伍的构成、长篇和短篇小说、对后来期刊和文学的影响等问题做出理论上的整合和提升①。

刘大先《清末民初北京报纸与京旗小说的格局》（2008）认为，清末民初在北京有一批平民旗人创办了一批小报，并且撰述了大量的文学作品——京旗小说。京旗小说处于古典与现代、中国与西方交汇碰撞的风口浪尖，在语言上将北京地方

① 谢晓霞.《小说月报》1910—1920：商业、文化与未完成的现代性 [M].上海：三联书店，2006

性的民俗文化与特色语言融入文学描写当中①。

　　孟鹏《从报纸连载小说看民初"报纸文学"的嬗变——以张恨水作品为核心》（2010）通过解读张恨水的小说探讨民初"报纸文学"的嬗变，认为随着副刊文艺版的逐步专业化，新闻与文学的分界渐始分明，文学性的文字被集中编排在一个版面，为"报纸文学"的发展提供了更多的载体，报纸连载小说广受欢迎②。

　　祝云赛的硕士论文《清末民初报刊言情小说研究——兼论古代言情小说传统的创造性转化》（2011），以1901—1917年间的报刊言情小说为考察对象，涉及这一时期报刊小说文献状况的研究，分析报刊与小说结合的成因与过程，探讨编者、作者与读者对报刊言情小说兴起的历史过程所发生的影响③。

　　邱培成著《描绘近代上海都市的一种方法：〈小说月报〉（1910—1920）与清末民初上海都市文化研究》（2011），揭示以《小说月报》为代表的大众传媒业和以上海为故事背景的小说的发展，与上海城市文化繁荣间互动的某种规律性④。董丽敏《〈小说月报〉与近代理性精神》（1996）对1921年改革后的《小说月报》的内容风格进行了研究⑤。徐小凤《〈学灯〉与中国现代小说的传播——兼论〈学灯〉对当下报纸副刊创办的启示意义》（2011）认为，《学灯》不仅促进了现代小说作者的成长，培养了稳定的读者群，而且有力地参与和营造了现代小说得以形成的社会公共领域，从而在很大程度上影响了现代文学的发展走向⑥。范紫江的《中国

---

①　刘大先.清末民初北京报纸与京旗小说的格局［J］.满族研究，2008（2）

②　孟鹏.从报纸连载小说看民初"报纸文学"的嬗变——以张恨水作品为核心［J］.国际新闻界，2010（8）

③　祝云赛.清末民初报刊言情小说研究——兼论古代言情小说传统的创造性转化［D］.复旦大学，2011

④　邱培成.描绘近代上海都市的一种方法：《小说月报》（1910—1920）与清末民初上海都市文化研究［M］.南京：凤凰出版社，2011

⑤　董丽敏.《小说月报》与近代理性精神［J］.枣庄师专学报，1996（2）

⑥　徐小凤.《学灯》与中国现代小说的传播——兼论《学灯》对当下报纸副刊创办的启示意义［J］.当代文坛，2011（5）

文学期刊第一波之潮起潮落——以〈新小说〉的创刊、危机、停顿、转移为线索》（2004）认为，《新小说》的创刊、危机、停顿、转移这一曲折过程，说明梁启超以政治家为班底、以"发表区区政见"为目的的办刊方针难以持久，由于种种原因只好转向吴趼人以谴责、讽喻社会为主的办刊方略上去①。顾迎新《20世纪30年代青岛报刊上的小说创作》（2015）认为，20世纪20年代青岛的报刊上，小说占极少数；随着五四新文学运动的深入，小说领域创作的成熟，30年代中后期，青岛的报刊上开始大量刊登连载小说，并以此为卖点，吸引读者，增加报刊销售量②。

（二）报刊小说作家及其作品的考证

胡全章《清末民初白话报刊小说大家徐剑胆考论》（2009）认为，清末民初京津白话报刊的通俗小说家中，徐剑胆是创作最丰、成就最著、最具代表性的大家之一。徐剑胆小说是研究京津地区社会思潮、民间组织、市井文化、乡风民俗、语言形态等领域的鲜活而宝贵的历史材料，更是研究中国通俗小说从传统到现代转型链条中不可或缺的一环③。李玉宝《清末民国旗人报刊小说家程道一考论》（2014）指出，程道一是清末民国著名的旗人小说家，在王朝陵替、沧海桑田的历史背景下，程道一的作品承接满族民间"说古"传统，借用"消闲"的体式，"演义"着天崩地裂时代旗人的历史体认④。

（三）报刊与报刊小说关系研究

关于民国时期报刊小说的研究，更多的是探讨报刊与近代小说等文学形式兴盛之间的关系。

2013年中央编译出版社出版的苏世军译、美国学者白瑞华1933年所著《中

---

① 范紫江.中国文学期刊第一波之潮起潮落——以《新小说》的创刊、危机、停顿、转移为线索［J］.江苏大学学报，2004（2）

② 顾迎新.20世纪30年代青岛报刊上的小说创作［J］.芒种，2015（11）

③ 胡全章.清末民初白话报刊小说大家徐剑胆考论［J］.明清小说研究，2009（6）

④ 李玉宝.清末民国旗人报刊小说家程道一考论［J］.明清小说研究，2014（4）

国近代报刊史》〔原名:《中国报刊:1800—1912》(*The Chinese Periodical Press*, 1800—1912)〕,介绍了我国 1800—1912 年中国报刊的发展概况,其中有部分内容论及当时报刊上的小说。

郭武群《打开历史的尘封:民国报纸文艺副刊研究》(2007)认为,民国报纸文艺副刊作为文学的载体,作为大众传播的媒介,不仅为近现代中国文学提供了稳固的阵地,发表了不计其数的文学作品,同时还直接或间接地引导、支配、规范、制约着文学发展的方向,推动和加速了文学思潮、文体、风格、流派的演变和成熟,特别是为作家与作家、作家与读者架起了沟通的桥梁,民国报纸文艺副刊支撑起了中国近现代文学的半壁河山[①]。

宋晖《近代报刊与小说的勃兴》(2001)认为,近代报刊引入了改良的印刷术,培育了读者市场,冲击了言禁,确立了现代稿酬制度,在舆论上提升了小说的文体地位,直接推动了小说界革命,最终把小说推到了文学舞台的中心[②]。

莫春姣《报刊传媒对中国近代小说的影响》(2006)认为,清末民初是中国新闻出版事业开始发达的时代,近代报刊的兴盛促进了中国小说、小说理论、小说艺术的发展,报刊传媒逐渐成为小说的主要载体和传播媒介,并成为中国小说现代转型的推动力量[③]。

郭浩帆一直致力于"报刊"与"小说"间关系的研究,其《清末民初小说与报刊业之关系探略》(2004)认为,清末民初的小说与报刊业始终保持着密切而微妙复杂的关系。清末民初的小说有 80% 登载在报刊上,民初的登载率又远高于清末。除小说专门杂志外,文艺报刊和报纸副刊以及一些综合性报刊也大量登载小说。以小说杂志为代表的近代报刊业的兴盛促成了中国小说传播方式的变革,并

①　郭武群.打开历史的尘封:民国报纸文艺副刊研究［M］.天津:百花文艺出版社,2007

②　宋晖.近代报刊与小说的勃兴［J］.江西师范大学学报(哲学社会科学版),2001(1)

③　莫春姣.报刊传媒对中国近代小说的影响［J］.黑龙江生态工程职业学院学报,2006(7)

成为中国小说现代转型的主要载体和推动力量①。其《近代小说杂志发展轨迹略述》（2005）主张，理清小说杂志的发展脉络和演进规律，把握小说杂志的特征和精神，既是近代小说研究的重要内容，也是推动近代小说研究的一条新思路和新途径②。方晓红《论梁启超的报刊理论与小说理论之关系》（2006）认为，无论在表述上，还是在报刊与小说的功能、功用、传播方法的论述上，梁启超的报刊理论与小说理论均有着极度相似之处。作为政治家的梁启超，视任何媒介均为政治改革的工具，从此视野出发，他所能看到的和乐意看到的就是报刊及小说的宣传功能。在理论阐述上，二者之间以政治为纽带，形成了一脉相承的关系③。贺根民《晚清民初小说期刊发刊词与小说观念的新变》（2007），对小说期刊的发刊词进行了专门探讨，认为从小说审美视野到分类标目的界定，从叙事角度的抉择到叙述语言的锤炼，小说发刊词展现了晚清民初文学丰富多重的文化特性。小说期刊发刊词以其崭新的批评方式存在，部分革新了小说批评的物质载体。从异域参照转向传统文化寻根，透露了小说观念的自我更新和变通化用的文化魅力④。李秀红《浅论报纸副刊对近代小说和散文的影响》（2008）认为，报纸副刊的出现，为近代小说提供了一个重要的传播载体，而副刊附着于报纸的新闻性及其关注现实、吸引受众的功能使得小说不仅在数量上大增，而且在内容和形式上都产生了变化，从而促进了近代小说的转型⑤。包莉秋《从1895—1916年小说报刊的办刊宗旨看近代小说的功用观》（2010）也对1895—1916年期间小说报刊的发刊词进行了专门的探讨⑥。

---

① 郭浩帆.清末民初小说与报刊业之关系探略［J］.文史哲，2004（3）

② 郭浩帆.近代小说杂志发展轨迹略述［J］.济南大学学报（社会科学版），2005（2）

③ 方晓红.论梁启超的报刊理论与小说理论之关系［J］.江苏社会科学，2006（1）

④ 贺根民.晚清民初小说期刊发刊词与小说观念的新变［J］.华中科技大学学报（社会科学版），2007（5）

⑤ 李秀红.浅论报纸副刊对近代小说和散文的影响［J］.作家，2008（12）

⑥ 包莉秋.从1895—1916年小说报刊的办刊宗旨看近代小说的功用观［J］.西华师范大学学报（哲学社会科学版），2010（3）

王洪泉《晚清民初翻译小说编辑出版的生态透视》（2015）认为，从出版生态学的视角审视晚清民初的翻译小说刊行现象，深入揭示社会、媒介、文学等因素之间的互动关系①。贺小翎《清末民初对外国小说的译介：1898—1919》（2005）以清末民初（1898—1919）所译介的外国小说作为考察对象，对这一时期的译作做了系统的梳理，考察包括当时的译者、翻译数量、译作影响等情况，并在此基础上解释翻译高潮出现的原因及小说翻译的特点，并展示了其大致发展脉络和整体影响②。

（四）小报文学的研究

李楠《晚清民国时期上海小报（插图本）》（2006）认为，小报是现代都市中以消闲趣味为主、拥有广大中下层市民读者的小型报纸，是体现近现代市民文化变迁的典型文本。作者认为小报文学是新旧调适的市民大众文学，小报小说以连载性、时尚性、未完成时态与新闻结缘和性爱主题为特点，是市井众生的"浮世绘"③。《小型化的市民大众文学——上海小报文学初论》（2005）认为，"小报文学"与晚清暴露和狭邪文学、民国鸳鸯蝴蝶派文学和海派通俗文学有着千丝万缕的关系。小报文学经历了三个阶段，渐渐失去残存的士大夫文化的雅致，大众文化的品质越来越显著④。孟兆臣著《中国近代小报史》（2005）指出，中国近代小报指的是 1840—1949 年间，产生于上海、北京、天津等大中城市的小型报纸。与大报不同，小报以消闲娱乐为主，熔新闻、评论、文艺、知识、娱乐地方掌故于一炉，数量巨大，是中国近代文化、历史、风俗、文学研究的资料宝库。小报研究对中国近代城市研究、风俗研究和文学研究都有重要意义。此书勾勒出小报发展脉络，研究小报报人和小报作家⑤。洪煜著《近代上海小报与市民文化研究》（2007）探讨了小报文人的形成和

①　王洪泉.晚清民初翻译小说编辑出版的生态透视［J］.编辑之友，2015（4）
②　贺小翎.清末民初对外国小说的译介：1898—1919［D］.武汉理工大学，2005
③　李楠.晚清民国时期上海小报（插图本）［M］.北京：人民文学出版社，2006
④　李楠.小型化的市民大众文学——上海小报文学初论［J］.文学评论，2005（5）
⑤　孟兆臣.中国近代小报史［M］.北京：中国社会科学出版社，2005

特征①。

顾迎新的博士论文《清末民初北京小报小说研究》（2008）对清末民初的北京小报小说进行了全面研究。作者认为在内容和思想意识上，清末民初的北京小报小说表现出传统保守的特点。在以犯罪案件为题材的北京小报小说中，北京小报小说的作者们对于穷凶极恶的杀人罪犯表现出一种崇拜和钦佩心理。在改编的古代文言传奇小说、白话小说、戏曲剧本中，作者们从传统伦理道德立场出发，对原文进行曲解，降低了原文的审美价值。在形式上北京小报小说向传统评书形式靠拢，基本上因循着评书的叙事套路，小说的叙述以情节为中心，人物形象脸谱化，叙事结构单一，故事情节追求热闹，语言要求通俗，符合中下层市民阶层的审美趣味和价值观念②。

陶春军的博士论文《俗中之雅·雅中之俗·雅俗合参——〈礼拜六〉、〈小说月报〉（1910—1920）、〈小说世界〉期刊风格研究》（2012）首次对 20 世纪一二十年代通俗文学期刊的不同期刊风格进行比较与整合研究，认为《礼拜六》是俗中之雅的"才子"风格期刊，《小说月报》是雅中之俗的"君子"风格期刊，而《小说世界》则是在 1921 年《小说月报》改版后，通俗文学期刊向读者市场转型，具有"雅俗合参"的读者"市场"风格③。

申湘华的硕士论文《张恨水报纸连载小说的传播学解读》（2013）认为，张恨水的成功离不开传播的成功，他的报纸连载小说作为报纸的副刊，在传者、受众与媒介的良性互动中，将文学与新闻进行了完美嫁接，取得了艺术追求与传播效益的双向共赢，这对于当今报纸副刊和文学刊物的发展有重要的指导意义④。方维保《论报

---

① 洪煜. 近代上海小报与市民文化研究（1897—1937）［M］. 上海：上海书店出版社，2007

② 顾迎新. 清末民初北京小报小说研究［D］. 复旦大学，2008

③ 陶春军. 俗中之雅·雅中之俗·雅俗合参——《礼拜六》、《小说月报》（1910—1920）、《小说世界》期刊风格研究［D］. 苏州大学，2012

④ 申湘华. 张恨水报纸连载小说的传播学解读［D］. 湘潭大学，2013

纸副刊连载体式与张恨水小说章回体选择的关系》（2011）认为，张恨水在报纸副刊上连载小说，采用章回体形式，既是选择了一种文体形式，同时也是选择了一种与报纸周期性相一致的分载形式，更是选择了一种古老而实用的营销策略[①]。温奉桥、李萌羽《现代报刊、稿费制度与张恨水小说——张恨水小说现代性的一个侧面》（2005）认为，张恨水的小说无论是在叙事体制还是叙事趣味上，都带有明显的报章小说的特点和影响。现代稿费制度为张恨水的小说创作提供了保障[②]。刘少文《传播方式衍生的负面效应——张恨水报纸连载小说病因分析》（2006）认为，张恨水小说的成功、热卖，受益于报纸连载这一传播方式，而其种种"病灶"也恰恰与其密切相关[③]。

　　对民国女性作家的关注也是 21 世纪后有关报刊小说研究的一个重要方面。董博宇的硕士论文《近代女性期刊小说中女性形象与性别理想》（2012），以 1904 年至 1917 年间的 11 种近代女性期刊中的 150 余篇小说作品为研究对象，"以时间为线索，分析辛亥革命前后女性形象在文学创作中的不同表现，进而揭示富有现代含义的女性意识在清末民初的觉醒"[④]。王玉琴硕士论文《清末民初女性期刊小说研究》（2014）以清末民初 12 种女性期刊为依据，以其刊载的小说为研究对象，经过整理、删选、甄别，选取小说近 250 部，涉及百余创作者，"通过对其进行分析解读，力求展现女性期刊小说的刊载盛况，并在此基础上探讨小说的创作特点及其体现的女性观照"[⑤]。张彩霞的硕士论文《从现代报刊对文人创作之影响看张爱玲

---

① 方维保.论报纸副刊连载体式与张恨水小说章回体选择的关系［J］.池州学院学报，2011，25（1）

② 温奉桥，李萌羽.现代报刊、稿费制度与张恨水小说——张恨水小说现代性的一个侧面［J］.海南师范学院学报（社会科学版），2005（6）

③ 刘少文.传播方式衍生的负面效应——张恨水报纸连载小说病因分析［J］.中国现代文学研究丛刊，2006（1）

④ 董博宇.近代女性期刊小说中女性形象与性别理想［D］.长春师范学院，2012

⑤ 王玉琴.清末民初女性期刊小说研究［D］.湖南大学，2014

的小说创作》（2005）认为，张爱玲的职业写作，是一种明确纳入文化市场的写作，是紧紧依托于现代报刊，及时转化为大众文化消费的写作。与此相适应，张爱玲的小说无论是创作角度、叙事方式还是语言风格、小说容量，都表现出鲜明的特点：贴近读者，雅俗共赏，自觉考虑读者需求，而且在依托现代报刊迅速发布创作成果的同时，她又以大雅若俗的品格深刻开掘的思想内涵超越了一般的大众文化消费①。张袁月《从报刊媒体影响看王韬的小说》（2010）通过对比王韬的三部小说，揭示出传播载体改变给小说情节内容、叙事模式、体裁题材等方面带来的变化，而这些为适应报载方式所出现的新变特征则成为近代小说转型的先声②。

---

① 张彩霞．从现代报刊对文人创作之影响看张爱玲的小说创作［D］．青岛大学，2005
② 张袁月．从报刊媒体影响看王韬的小说［J］．明清小说研究，2010（6）

第四章　民国心理学文献整理与研究

中国科学心理学是在 20 世纪初复杂的社会背景下通过传入西方心理学而建立和发展起来的。在这一过程中,心理学图书的出版和传播起到了重要作用[①]。很多知识分子纷纷加入到西方心理学论著的翻译队伍中,清末以翻译日本心理学著作为最初传播纽带,到了民国时期,西方心理学思想在中国得到大量传播,传播的重要途径就是中国学人翻译西方心理学论著,国内学者在此基础上出版了大量的本土心理学著作和教科书。

一、民国时期心理学文献概述

民国时期的心理学文献主要是翻译的心理学著作,除了涉及学科范围广泛之外,其中亦不乏经典性著作,如奥尔波特的《社会心理学》、波林的《实验心理学史》、推孟的《比奈西蒙智力测验》、桑代克的《教育心理学概论》、伍德沃斯的《现代心理学派别》都可称传世之作。时至今日,上述多部著作仍然是心理学专业本科和硕士学生教学参考资料。这些经典性著作的传播对构建心理学学科体系的作用不

---

①　何妶, 胡清芬. 出版视阈中的民国时期中国心理学发展史考察——基于民国时期心理学图书的计量分析 [J]. 心理学探新, 2014 (2)

言自明 [①]。在此基础上,也催生了很多原创心理学思想和著作。其间不断创办的专业期刊也为理论的传播起着重要推动作用。

（一）图书著作

1. 心理学概论

王国维于 1902 年翻译了日本元良勇次郎著的《心理学》,1907 年重译并出版（由商务印书馆出版）了由丹麦海甫定原著、英国龙特原译的《心理学概论》,有颇高的知名度 [②]。《心理学》一书以商务印书馆编译所名义编译,由蒋维乔校订,于 1906 年由商务印书馆出版,是当时使用很广泛的一部著作。上海商务印书馆 1912 年出版蒋维乔编《心理学讲义》,是中国自己编写且经教育部审定的第一部真正意义上的科学心理学教材,经教育部审定并列入"师范讲习社师范讲义" [③]。陈大齐的《心理学大纲》于 1918 年出版,这是中国人自己编著的第一本大学心理学教本 [④]。

20 世纪 20 年代,中华书局出版舒新城 1923 年编的《心理学初步》和 1926 年编的《心理学大意》,商务印书馆 1926 年出版亨特著、陆志韦译的《普通心理学》,北新书局 1929 年出版潘菽著的《心理学概论》。20 世纪 30 年代,商务印书馆 1931 年出版高觉敷著的《心理学概论》,世界书局 1933 年出版盖次著、伍况甫译的《心理学大纲》。20 世纪 40 年代,北平辅仁大学 1940 年出版阿奈斯著、林传鼎译的《新心理学》,世界书局 1945 年出版张耀翔著的《心理学讲话》。

2. 心理学史

对西方心理学史和心理学家主要心理观点的介绍性著作有:上海民智书局 1926 年出版韩士元编译的《心理学史》,上海商务印书馆 1926 年出版崔载阳编的

---

① 刘毅玮.西方心理学的传入与中国近现代心理学科的发展［D］.河北大学，2006

② 燕国材.心理学思想史·中国卷［M］.长沙：湖南教育出版社.2004

③ 汪凤炎.中国心理学史新编［M］.北京：人民教育出版社.2013

④ 杨鑫辉主编；杨鑫辉，赵莉如［卷］主编.心理学通史（第 2 卷　中国近现代心理学史）［M］.济南：山东教育出版社.2000

《近世六大家心理学》,上海商务印书馆 1931 年出版皮尔士堡著、王光祥译的《心理学史》。张耀祥于 1940 年发表了中国心理学史的开山之作《中国心理学的发展史略》[①]。

3. 心理学各派

20 世纪 20 年代以后,国际上心理学各流派著作都陆续被介绍到中国来。

20 年代留美学生陆续归国,翻译出版了大量机能主义经典著作,译著主要有:郑宗海译杜威《儿童与教材》(1922 年)、杜佐周译桑代克《成人的学习》(1933 年)、赵演译桑代克《人类的学习》(1934 年)、谢循初译吴伟士《心理学》(1933 年) 和《现代心理学派别》(1934 年) 等等。

行为主义学派代表人物——华生的许多著作都被翻译出版,如 1925 年臧玉淦译《行为主义心理学》,1928 年张耀翔等译《一九二五年心理学》,1934 年高觉敷译《情绪之实验研究》等。另外,我国行为主义心理学家郭任远的思想引起了国内外心理学界的普遍关注,出版的著作有:《人类的行为》(商务印书馆 1923 年),《行为主义心理学讲义》(商务印书馆 1928 年),《行为学的基础》(商务印书馆 1929 年)[②]。

萧孝嵘 1934 年出版的《格式塔心理学原理》是世界上第一部系统介绍格式塔心理学的著作[③]。这个学派的译著主要有:高觉敷译《儿童心理学新论》(考夫卡著,1933 年)、《格式塔心理学的片面观》(苛勤等著,1935 年)、傅统先译《格式塔心理学原理》(考夫卡著,1936 年) 等[④]。

---

① 民国心理学史［EB/OL］.［2015-11-28］. http : //baike.baidu.com/link？url=XlnWSC92w_FooD6o_gHu2HZ8DRjRTaHSs9tS0GWHr1StI6Q6dkDFD41QOyFOEx6pWmy-uY-ORrLobHzdhXTNOaaDuvC8emx_AYY4Xsj3beK

② 杨鑫辉主编;杨鑫辉,赵莉如［卷］主编.心理学通史（第2卷　中国近现代心理学史）［M］.济南：山东教育出版社.2000

③ 刘毅玮.西方心理学的传入与中国近现代心理学科的发展［D］.河北大学,2006

④ 杨鑫辉主编;杨鑫辉,赵莉如［卷］主编.心理学通史（第2卷　中国近现代心理学史）［M］.济南：山东教育出版社.2000

关于弗洛伊德精神分析及评介该学派的著作相继被介绍到国内来，如高觉敷译《精神分析引论》、《精神分析引论新编》（1936 年）。

20 世纪 30 年代，苏俄心理学辩证唯物主义方法论开始被介绍到中国。有代表性的是 1934 年郭一岑编译了《苏俄新兴心理学》一书[①]。

4. 心理与教育测量

陈鹤琴、廖世承 1921 年出版第一本心理测量教科书《智力测验法》，在 1925 年出版了对中国现代心理测量学科产生重要影响的师范丛书《测验概要》[②]。

5. 变态心理学

商务印书馆于 1917 年出版日本井上圆了著、蔡元培译的《妖怪学讲义录总论》。20 世纪 20 年代出版的变态心理学著作有：中华变态心理学会 1923 年出版的《变态心理学讲义录之变态心理讲义》（唐新雨）；商务印书馆在 1929 年出版朱光潜著《变态心理学派别》。20 世纪 30 年代，商务印书馆于 1933 年出版朱光潜著《变态心理学》。20 世纪 40 年代有西风社 1940 年编译《变态心理漫谈》[③]。

6. 儿童心理学

上海指针社在 1914 年出版周维城编《儿童心理学》，这是较早的一部儿童心理学著作。

约从 20 年代以后，儿童心理学专门译著才开始出现。主要有：陈大齐译德国人高五柏（R. Gaupp）著的《儿童心理学》（商务印书馆 1925 年）[④]。商务印书馆 1929 年出版德国考夫卡著、高觉敷译的《儿童心理学新论》；世界书局 1931 年出版吕亦土翻译法国教育家福禄贝尔的《儿童心理研究》；大华书局 1933 年出版余文伟著《儿童

---

① 杨鑫辉主编；杨鑫辉，赵莉如［卷］主编. 心理学通史（第 2 卷　中国近现代心理学史）［M］. 济南：山东教育出版社. 2000

② 刘毅玮. 西方心理学的传入与中国近现代心理学科的发展［D］. 河北大学，2006

③ 刘毅玮. 西方心理学的传入与中国近现代心理学科的发展［D］. 河北大学，2006

④ 刘毅玮. 西方心理学的传入与中国近现代心理学科的发展［D］. 河北大学，2006

心理学》,是师范学校课本。中华书局 1933 年出版萧孝嵘著《实验儿童心理》。

7. 其他

20 世纪 20 年代,有廖世承编著的《教育心理大意》(1922)、中华书局出版的《教育心理学》(1924)①。1924 年,陆志韦著《社会心理学新论》,是中国心理学者首次出版的社会心理学的论著②。20 世纪 30 年代,有艾伟的《初级教育心理学》(1933)、《教育心理学论丛》(1936)等等。

（二）报刊

1. 心理学专业期刊

中华心理学会自 1921 年成立,至 1949 年,共创办了《心理》《心理半年刊》《测验》等十余种专业杂志。虽然这些杂志创办时间长短不一,但从整体上贯穿了民国心理学发展全过程,对完善学科体制化建设做出了贡献③。

《心理》(1922—1927,共 4 卷 14 期):中华心理学会会刊——《心理》杂志由上海的中华书局印刷发行,这是中国第一种专门研究心理学的杂志。

《中央研究院心理研究所丛刊》(1932—1936,共 2 卷):该刊是中央研究院心理研究所印行的一种不定期刊物。

《测验》(1932—1937,共 3 卷):由中国测验学会编辑。

《心理半年刊》(1934—1937,共 4 卷):由中央大学心理学系和心理学会编印,这是在我国第一种心理学杂志《心理》停刊 7 年后才出版的第二种心理学杂志。

《心理附刊》(1934—1937,共 45 期):该刊是中央大学"日刊"中每周一期的

---

① 民国心理学史［EB/OL］.［2015-11-28］. http://baike.baidu.com/link?url=XlnWSC92w_FooD6o_gHu2HZ8DRjRTaHSs9tS0GWHr1StI6Q6dkDFD41QOyFOEx6pWmy-uY-ORrLobHzdhXTNOaaDuvC8emx_AYY4Xsj3beK

② 赵莉如. 西方心理学传入中国及其发展［J］.心理学探新,1992（2）

③ 民国心理学史［EB/OL］.［2015-11-28］. http://baike.baidu.com/link?url=UlV55ov8VzLqSd7pzkNY5nOQKVBCPrdPrfNHV-2cLuYAUieoIzG0jXsskFufwXFo68PDJkeJ4OIEcLf1Onu9WIbQoTrFHtMCjpEmlndWu3O

二页周刊,多数为译文。

《心理教育·实验专篇》(1934—1939,共 7 期):该刊是中央大学教育学院教育实验所编辑发行的一种不定期刊。

《心理季刊》(1936—1937,共 6 期):上海大夏大学心理学会发行,刊登心理学论文,为当时国内唯一关于心理科学的通俗刊物。

《中国心理学报》(1936—1937,共 4 期):中国心理学报社发行,国立清华大学心理学系和北平燕京大学心理学系发起创办的学术性刊物。

《教育心理研究》(1940—1948,共 10 期):国立中央大学研究院师范研究所教育心理学部编辑,国立中央大学(重庆)发行,这是我国 40 年代抗战后期的重要心理学学术刊物。

《心理建设》(1942—1943,共 1 卷 5 期):该刊并非为专门心理学学术性杂志,是直接为重庆国民政府需要而设立的"中国心理建设学会"的会刊[①]。

2. 其他刊物

《西风》(1936—1949,共 118 期):西风社发行,内容有心理、教育。

《读书杂志》(1931—1933):神州国光社发行,辟有新心理讲座等内容[②]。

二、对民国时期心理学文献的整理

(一)影印及再出版

1. 大型成套书的影印出版

《民国丛书》由上海书店 1989 年出版发行,丛书包括第一编至第五编,共收书

---

① 杨鑫辉主编;杨鑫辉,赵莉如［卷］主编.心理学通史（第 2 卷　中国近现代心理学史）［M］.济南:山东教育出版社.2000

② 民国时期的报纸杂志［EB/OL］.［2015-11-28］. http://www.docin.com/p-982028142.html

1126 种,主要收录了中华民国时期在我国境内出版的中文图书。还酌情选收了同时期国外出版的中文图书。本书在编写上既重点选收了具有代表性、权威性的著作,又适当纳入了某些具有开创性的读物,学术观点上做到了兼收并蓄,多学并存,它以翔实的资料为读者展现了民国时期各学科的成果。本丛书共分十一大类:一、哲学,宗教类;二、社会科学纵论类;三、政治,法律,军事类;四、经济类;五、文化,教育,体育类;六、语言,文字类;七、文学类;八、美术,艺术类;九、历史,地理类;十、科学技术类;十一、综合类。心理学图书主要分布在:一、哲学,宗教类和五、文化,教育,体育类①。

2011 年北京朗润书店有限公司出版了《民国文丛》,其中影印出版了部分心理学图书著作,具体见表 4-1。

表 4-1 《民国文丛》影印出版心理学图书著作目录

编 号	题 名	责任者
民国文丛 .126	实验心理学史	博林(Boring, E. G.)著;高觉敷译
民国文丛 .127	实验心理学史	博林(Boring, E. G.)著;高觉敷译
民国文丛 .128	实验心理学史	博林(Boring, E. G.)著;高觉敷译
民国文丛 .129	实验心理学史	博林(Boring, E. G.)著;高觉敷译
民国文丛 .388	郭任远心理学论丛	郭任远著
民国文丛 .631	发展心理学	左学礼著
民国文丛 .671	心理学原理	吴致觉著

① 民国丛书[EB/OL].[2015-11-28]. http://baike.baidu.com/link？url=XFb5XdRNWp-eH9-TISV-X1f2JWTyfxtRi-f7yGjJ3fb-9ZrTFkPg6YlVXl29v9xDBRibk-UQy7peAxt_1giKOK

（续表）

编　号	题　名	责任者
民国文丛 .873	行为主义的心理学	沃森（Watson，John Broadus）著
民国文丛 .877	心理学与遗传， 北平生活费之分析	郭任远著； 陶孟和著
民国文丛 .892	行为主义心理学讲义， 长途	郭任远编； 张资平著

　　《民国籍粹》是将 1949 年以来未再版过的部分具有学术价值、史料价值和版本价值的民国图书进行整理、复制，以拯救文献，互通有无、丰富馆藏、嘉惠学林。该书收录的民国心理学图书，见表 4-2。

表 4-2　《民国籍粹》出版发行民国心理学图书著作目录

题　名	责任者	出版社	出版时间
初期儿童心理学	A. H. Arlitt 著； 朱镇苏译	商务印书馆	1936 年
发展心理学	左学礼著	商务印书馆	1947 年
青年期心理学	沈履著	商务印书馆	1933 年
青年期心理学	Fowler D. Brooks 著； 丁祖荫译	商务印书馆	1948 年
青年心理与教育	张怀编著	立达书局	1933 年
人生之型式	Eduard Spranger 著； 董兆孚译	商务印书馆	1938 年
实地教育心理学讲义	尤惜阴著	新学会社	1943 年
实验心理学史	波林著； 高觉敷译	商务印书馆	1935 年
态度测量法	王征葵著	中华书局	1933—1940 年

（续表）

题　　名	责任者	出版社	出版时间
吴伟士心理学	伍德沃恩著； 谢循初译	中华书局	1928 年
笑之研究	柏格森著； 张闻天译	商务印书馆	1927 年
心理学	波林，蓝费德，卫尔德著； 傅统先译	商务印书馆	1939 年
心理学的应用	潘菽编著	中华书局	1935 年
心理学教科书	彭世芳编	中华书局	1913 年
心理学论丛	王平陵著	出版社不详	出版时间不详
心理学史	韩士元编译	民智书局	1926 年
心理学与遗传	郭任远著	商务印书馆	1933 年
心理学原理：附教育心理学	吴致觉著	商务印书馆	1923 年
行为主义	王云五，李圣五主编	商务印书馆	1933 年
行为主义的心理学	华德生著； 臧玉诠译著	商务印书馆	1934 年
行为主义心理学	瓦岑著； 蒋懋弘译	北平大学出版社	1935 年
行为主义心理学讲义	郭任远编	商务印书馆	1929 年

2. 图书及教科书影印及再版

　　为了全面系统了解心理学类书籍影印和再版情况，根据《民国时期总书目》（哲学·心理学）卷中列出的作者和书名在 CALIS 联合目录公共检索系统中分别进行检索，筛选出影印和再出版图书 110 种，与书目中完全对应的有 86 种。详细信息见表 4-3。

表 4-3　民国时期出版图书和教科书的影印和再版

题　名	作　者	再版情况	所属类别
心理学概论	海甫定著；龙特氏原译；王国维重译	朗润书店，2010 年	总论—心理学概论
迷信与心理	陈大齐著	朗润书店，2010 年	总论—心理学概论
心理学大纲	陈大齐著	朗润书店，2010 年	总论—心理学概论
现代心理学	陶孟和编	朗润书店，2010 年	总论—心理学概论
现代心理学之趋势	舒新城编译	朗润书店，2010 年	总论—心理学概论
心理学初步	舒新城编	朗润书店，2010 年	总论—心理学概论
心理学大意	舒新城编	朗润书店，2010 年	总论—心理学概论
心理学导言	吴颂皋译	朗润书店，2010 年	总论—心理学概论
现代心理学派别	R. S. Woodworth 著；谢循初译	朗润书店，2010 年	总论—心理学概论
心理学	谢循初译	朗润书店，2010 年	总论—心理学概论
心理学 ABC	郭任远著	朗润书店，2010 年	总论—心理学概论
心理学概论	潘菽著	朗润书店，2010 年	总论—心理学概论
心之新解释	巴特里克著；朱然藜译	朗润书店，2010 年	总论—心理学概论
现代心理学	高觉敷著	上海书店出版社，1989 年	总论—心理学概论
心理学概论	高觉敷著	朗润书店，2010 年	总论—心理学概论
普通心理学：心理学的原理	汪震著	朗润书店，2010 年	总论—心理学概论
心理学	沈有干，黄翼编	朗润书店，2010 年	总论—心理学概论
现代心理学概观	郭一岑著	朗润书店，2010 年	总论—心理学概论
心理问题	萧孝嵘著	朗润书店，2010 年	总论—心理学概论
心理学讲义	蒋维乔编	朗润书店，2010 年	总论—心理学概论

（续表）

题　名	作　者	再版情况	所属类别
心理学要领	樊炳清编纂	朗润书店，2010年	总论—心理学概论
普通心理学	亨德原著；陆志韦译述	朗润书店，2010年	总论—心理学概论
心理学	陆志韦编	朗润书店，2010年	总论—心理学概论
普通心理学	勒克斯洛德著；宋桂煌译	朗润书店，2010年	总论—心理学概论
心理学史	匹尔斯柏立著；陈德荣译	朗润书店，2010年	总论—心理学史
近世六大家心理学	崔载阳编	朗润书店，2010年	总论—心理学史
心理学论文集	高觉敷著	朗润书店，2010年	总论—心理学论文集
心理学论丛	东方杂志社编纂	朗润书店，2010年	总论—心理学论文集
心理学之哲学的研究	教育杂志社编辑	朗润书店，2010年	总论—心理学论文集
郭任远心理学论丛	郭任远著	朗润书店，2010年	总论—心理学论文集
心理杂志选存	张耀翔编	朗润书店，2010年	总论—书目、索引、工具书
行为主义心理学讲义	郭任远编	朗润书店，2010年	心理学各派—行为心理学
行为的基本原理	郭任远著	朗润书店，2010年	心理学各派—行为心理学
行为主义	陈德荣著	朗润书店，2010年	心理学各派—行为心理学
行为主义	王云五，李圣五主编	北京瀚文典藏文化有限公司，2013年	心理学各派—行为心理学
行为心理学大意	华村原著；谢循初译述	朗润书店，2010年	心理学各派—行为心理学

（续表）

题　名	作　者	再版情况	所属类别
形势心理学原理	高觉敷译述	朗润书店，2010 年	心理学各派—格式塔心理学
格式塔心理学原理	萧孝嵘著	朗润书店，2010 年	心理学各派—格式塔心理学
格式塔心理学原理	考夫卡著；傅统先译	朗润书店，2010 年	心理学各派—格式塔心理学
弗洛特心理分析	勒女士著；赵演译	朗润书店，2010 年	心理学各派—精神分析
精神分析引论	弗洛伊德著；高觉敷译	商务印书馆，1986 年	心理学各派—精神分析
精神分析引论新编	弗洛伊德著；高觉敷译	商务印书馆，1986 年	心理学各派—精神分析
精神分析引论新编	S. Freud 著；高觉敷译	朗润书店，2010 年	心理学各派—精神分析
感觉心理	张耀翔著	工人出版社，1987 年	心理过程—感觉与知觉
学习定律分析	萧孝嵘著	朗润书店，2010 年	心理过程—学习与记忆
情绪心理	张耀翔著	朗润书店，2010 年	心理过程—情绪与本能
习惯论	Knight Dunlap 著；胡毅译	朗润书店，2010 年	心理过程—习惯
意识论	麦参史著	朗润书店，2010 年	心理过程—意识
梦	舒新城著	朗润书店，2010 年	心理过程—其他
唐宋以来三十四个历史人物心理特质的估计	林传鼎著	朗润书店，2010 年	实验心理学
实验心理学史	波林著；高觉敷译	商务印书馆，1986 年	实验心理学

（续表）

题　名	作　者	再版情况	所属类别
实验心理学史	波林著；高觉敷译	朗润书店，2010 年	实验心理学
心理与教育测量	王书林著	福建教育出版社，2010 年	实验心理学
心理学与遗传	郭任远著	朗润书店，2010 年	生理心理学
痛饥惧怒时的身体变化	卡侬著；臧玉洤译	朗润书店，2010 年	生理心理学
性心理学	霭理士著；潘光旦译	三联书店，1987 年	生理心理学
性心理学	霭理士著；潘光旦译注	商务印书馆，2009 年	生理心理学
性心理学	霭理士原著；潘光旦译注	上海三联书店，2006 年	生理心理学
性心理学	霭理士著；潘光旦译注	商务印书馆，2011 年	生理心理学
性心理学	霭理士著；潘光旦译注	商务印书馆，1997 年	生理心理学
心理卫生概论	章颐年著	东方出版社，2013 年	病理心理学
心理卫生十二讲	浦莱斯敦著；吴桢译	朗润书店，2010 年	病理心理学
精神病与心理卫生	冯鸿著	中华书局，1951 年	病理心理学
人类心理学要义	华伦原著；赵演，汪德全译述	朗润书店，2010 年	人类心理学—总论
人类行为要义	George A. Dorsey 著；张登寿译	朗润书店，2010 年	人类心理学—总论
心理常识漫话	朱智贤，杨云美著	三联书店，2014 年	人类心理学—总论

（续表）

题　名	作　者	再版情况	所属类别
儿童心理学新论	考夫卡著；高觉敷译	人民教育出版社，1957 年	人类心理学—儿童心理
儿童心理学	黄翼编著	朗润书店，2010 年	人类心理学—儿童心理
儿童心理学	萧孝嵘著	朗润书店，2010 年	人类心理学—儿童心理
儿童心理学及其应用	萧孝嵘编著	朗润书店，2010 年	人类心理学—儿童心理
实验儿童心理	萧孝嵘著	朗润书店，2010 年	人类心理学—儿童心理
儿童心理学	周维城编辑	朗润书店，2010 年	人类心理学—儿童心理
儿童学实地研究	蒲洛克著	朗润书店，2010 年	人类心理学—儿童心理
儿童心理发展之例案研究	伏尔法著；王文新译	朗润书店，2010 年	人类心理学—儿童心理
青年心理与训育	高觉敷编著	朗润书店，2010 年	人类心理学—青年心理
青年心理修养	丁瓒著	朗润书店，2010 年	人类心理学—青年心理
青年期心理研究	姬振铎编著	朗润书店，2010 年	人类心理学—青年心理
发展心理学概论	H. L. Hollingworth 著；赵演译	朗润书店，2010 年	人类心理学—发展心理
发展心理学	左学礼著	朗润书店，2010 年	人类心理学—发展心理
个性论	Thorndike 著；舒新城译	朗润书店，2010 年	人类心理学—个性心理
性格类型学概观	阮镜清著	朗润书店，2010 年	人类心理学—个性心理
人格心理学	朱道俊著	朗润书店，2010 年	人类心理学—个性心理
意见及信仰	勒邦（Le Bon, Gustave）原著；冯承钧译	朗润书店，2010 年	人类心理学—个性心理
智识的来源	朱洗著	文化生活出版社，1960 年	比较心理学
智识的来源	朱洗著	新星出版社，2015 年	比较心理学

（续表）

题　　名	作　者	再版情况	所属类别
智识的来源	朱洗著	朗润书店，2010 年	比较心理学
变态心理学	萧孝嵘著	朗润书店，2010 年	变态心理学—概论
变态心理学 ABC	黄维荣著	朗润书店，2010 年	变态心理学—概论
冯小青：一件影恋之研究	潘光旦著	朗润书店，2010 年	变态心理学—概论
小青之分析	潘光旦著	朗润书店，2010 年	变态心理学—概论
变态心理学派别	朱光潜著	安徽教育出版社，1997 年	变态心理学—概论
变态心理学派别	朱光潜著	商务印书馆，1999 年	变态心理学—概论
变态心理学派别	朱光潜著	安徽教育出版社，2006 年	变态心理学—概论
变态心理学派别	朱光潜著	上海文化出版社，1989 年	变态心理学—概论
变态心理学派别	朱光潜著	上海书店出版社，1989 年	变态心理学—概论
变态心理学派别变态心理学	朱光潜著	中华书局，2012 年	变态心理学—概论
心理无线电	辛克莱著；秦仲实译	出版社不详，2009 年	变态心理学—催眠术、心灵学
天才心理与教育	赵演著	朗润书店，2010 年	目录里没有
儿童心理之研究	陈鹤琴著	上海书店出版社，1996 年	目录里没有
心理学	张耀翔著	朗润书店，2010 年	目录里没有
唐钺文存	唐钺著	朗润书店，2010 年	目录里没有

（二）专题史料的汇编出版

除了影印和再版外，民国心理学文献也以专题史料的形式汇编出版。

1988 年，燕国材主编、刘兆吉等编选，人民教育出版社出版《中国心理学史资料选编》，本书编选了近现代重要思想家和心理学家关于心理学思想或科学心理学的言论，由 28 位学者的 68 篇材料组成。包括廖世承、陈鹤琴、高觉敷、潘菽、王筠、梁启超、陈立、曹日昌、王国维、朱光潜、汪敬熙、张耀翔、郭一岑、萧孝嵘、郭任远、黄翼、阮镜清、朱智贤、丁瓒、陈大齐、艾伟、陆志韦、龚自珍、蔡元培、唐钺、孙国华、周先庚等近代和民国思想家的著作及思想。

（三）目录整理

《民国时期总书目》（哲学·心理学）对民国时期出版的心理学著作进行了较全面梳理，揭示出民国时期中文图书出版的面貌。共计 10 个大类，26 个小类。共出版著作 364 本。涉及的类目比较齐全。

表 4-4 《民国时期总书目》（哲学·心理学）著作统计

大　类	小　类	著作数量
总论	心理学概论	64
	心理学史	4
	论文集	9
	书目、索引、工具书	8
心理学各派	行为心理学	12
	格式塔心理学	4
	精神分析	10
心理过程	感觉与知觉	2
	学习与记忆	11
	情绪与本能	9
	习惯	3

（续表）

大　类	小　类	著作数量
	意识	5
	其他	5
实验心理学		17
生理心理学		10
病理心理学		20
人类心理学	总论	7
	儿童心理	21
	青年心理	20
	发展心理	3
	个性心理	8
比较心理学		5
变态心理学	概论	21
	催眠术、心灵学	48
应用心理学	总论	8
	社会心理	6
	群众心理	9
	人事心理	6
	商业心理、工业心理	5
	其他	4
共计		364

（四）数字化整理

　　民国文献的保护和利用得到越来越多机构的重视，除了CADAL的数字化项目外，很多图书馆也对自身收藏的特色民国资源数字化，建立特色数据库，这些库也收藏了一定数量的心理学书刊。

"北京师范大学图书馆民国图书全文库"：收录时间范围为 1911—1949 年，大约有 8800 条数据。覆盖哲学、历史学、语言学、教育学、心理学、人文科学、经济学、政治学。

"民国文献资源库"是南京师范大学图书馆馆藏特色数据库之一。南京师范大学图书馆民国时期的文献资料是 20 世纪五十年代初高等院校院系调整时在原金陵女子文理学院馆藏的基础上，调集原中央大学、金陵大学、东吴大学等院校的部分书刊资料汇集而成的，现有图书 3 万余册，报纸、期刊 400 余种。内容涉及哲学、社会学、政治、经济、法律、文学、历史、教育以及生物等各类。其中，教育学、心理学方面的资料最为丰富。资源库还收藏了大量的影印民国文献，如《申报》《大公报》《民国日报》《新华日报》《晨报》《东方杂志》《小说月报》《语丝》等。目前，教育学、心理学方面的图书 2400 余种近 4000 册、期刊 130 余种已录入计算机系统，提供网上书目查检。

《民国图书数据库》是华南师范大学图书馆的特色库，收录了 13 万册民国文献，其中包括不少心理学文献。

《民国教育期刊数据库》是上海师范大学图书馆建设的一个以馆藏民国期刊中的教育资料为主要内容的全文型数据库。该库以本馆馆藏 144 种民国教育类专业期刊及近千种民国期刊中的教育资源为主要数据源。其中设一个心理学专辑。

三、对民国心理学文献的研究

（一）心理学家文献汇编和研究著作

民国时期的心理学家发表的论文和著作结集出版，具体见表 4–5。

表 4-5 民国时期心理学家文献汇编

题　名	作　者	出版信息	内容简介
高觉敷心理学文选	高觉敷著；郭本禹编	人民教育出版社，1970 年	本书分为"理论心理学研究""心理学史研究""教育心理学研究""儿童心理学研究"等 5 编，收录《心理学的对象与方法》《麦独孤的灵魂论及其批评》《新心理学与教育》等 39 篇论文。
心理学文集	张耀翔著	上海人民出版社，1983 年	本书选编的内容，有的是单篇文章，有的是讲演稿，有的摘自某一书中，除《弗洛伊德精神分析学派述评》一文外，其他过去都已公开发表过。文集编辑过程中对个别文章做了一点删改。由于这些著作大都是解放前发表的，难免有时代的烙印和作者认识上的局限性，这是可以理解的。虽然如此，今天仍有它的参考价值。
高觉敷心理学文选	高觉敷著	江苏教育出版社，1986 年	本书从 1925 年至 1986 年高觉敷所写的 153 篇论文中选取出来的，共计 39 篇，反映了他一生科研活动的思想。从论文的性质来分，可分为六个部分：一为行为主义；二为格式塔心理学；三为精神分析；四为皮亚杰的心理学；五为心理学中的基本理论与社会心理学的问题；六为中国心理学史的方法论问题。 在论文中，高觉敷从各个侧面对西方心理学学派都有所论述和评价，是他运用辩证唯物主义与历史唯物主义思想剖析与"批判地继承"西方心理学与中国心理学的成果。
阮镜清心理学论文选	杨慎之选编	湖南教育出版社，1986 年	本书选编了阮镜清民国时期以来发表的论文 28 篇。

（续表）

题　　名	作　　者	出版信息	内容简介
潘菽心理学文选	潘菽著	江苏教育出版社，1987年	本文选所选录的从潘菽早期到最近所写的几十篇文章，可以说就是潘菽到今天为止的全部心理学历程所留下的先后有序的一些足印。由此可以看到潘菽在心理学上所走过的道路的大概情况。
朱智贤心理学文选：理论心理学、发展心理学、心理学小品集	朱智贤著	人民教育出版社，1989年	本书系朱智贤教授所写的心理学论文的汇集，论述了心理学对象问题、心理学的方法论、人的心理发展动力等重大理论问题，主要研究了有关儿童心理发展问题及国外一些发展心理学理论。
冯小青性心理变态揭秘	潘光旦著；祯祥，柏石诠注	文化艺术出版社，1990年	本书对明末女子冯小青的心理变态进行了研究。
阮镜清心理学论文选（续集）	阮镜清著；许尚侠，莫雷选编	广东高等教育出版社，1992年	本书共收论文28篇，包括《关于儿童的睡眠时间》《广西融县苗人的文化》《西方学习心理学批判》《心理特征的比较研究》等。
唐钺文集	唐钺著	北京大学出版社，2001年	本书收录了哲学者之眼中钉——心理学，心理现象与因果律，中国古典文学中的神合感，对詹姆士彻底经验论的批判，对詹姆士实用主义的初步批判等篇章。
朱智贤全集	朱智贤著	北京师范大学出版社，2002年	第一卷，中小学教育与心理；第二卷，教育研究与方法；第三卷，心理学基本理论问题；第四卷，儿童心理学；第五卷，思维发展心理学；第六卷，儿童心理学史。

（续表）

题　名	作　者	出版信息	内容简介
高觉敷心理学文选	高觉敷著；郭本禹编	人民教育出版社，2006 年	本书分为"理论心理学研究""心理学史研究""教育心理学研究""儿童心理学研究"等 5 编，收录了《心理学的对象与方法》《麦独孤的灵魂论及其批评》《新心理学与教育》等共 39 篇论文。
潘菽全集	潘菽著；中国科学院心理研究所，中国心理学会编	人民教育出版社，2007 年	第一卷，心理学（1926—1934）；第二卷，心理学（1935—1949）；第三卷，心理学（1950—1980）；第四卷，心理学（1981—1984）；第五卷，心理学简札（上）（1984）；第六卷，心理学简札（下）（1984）；第七卷，心理学（1985—2001）；第八卷，教育、科学、政论（1916—1987）；第九卷，书信、日记（1949—1988）；第十卷，其他（1916—1988）。
林传鼎文集	林传鼎著；首都师范大学教育科学学院编	首都师范大学出版社，2008 年	首都师范大学心理学系的师生为了纪念林传鼎诞辰九十周年，收集整理了林先生几十年来发表的论文。
丁瓒心理学文选	丁瓒著；李心天，汤慈美编	人民教育出版社，2009 年	本书是中国现代心理学家丁瓒的文选。主要内容包括：精神病人的思想——以精神分裂症样精神病为准审视精神状态、心理卫生论丛、青年心理修养、学习战斗的巴甫洛夫学说等。
儿童心理	陈鹤琴著；陈秀云，柯小卫选编	南京师范大学出版社，2012 年	本书主要内容包括：儿童心理之研究（缩编）、儿童心理学、儿童心理及儿童教育方法。

研究著作有：浙江教育出版社 1997 年出版《20 世纪心理学通览》，以 20 世纪心理学中具有重大影响的一派、一家、一人、一说为选题原则，涉及的流派有元素主义、构造主义、机能主义、行为主义、策动主义、格式塔原理、精神分析、社会—文化—历史学派、认知理论、人本主义等。从每一流派中有所侧重地选出一位创始人或代表人物的学说，从中可以看到这些学说对 20 世纪心理学发展的影响，以及它们自身的地位和成就。在"通览"中，每本译作都附有译序，对倡导某一学说的代表人物及其学说在 20 世纪心理学中的地位、影响和价值作一基本的阐释，以利读者深入读解和研究。广东高等教育出版社 2002 年出版莫雷主编的《20 世纪心理学名家名著》分为上篇、下篇两大部分。上篇选取 15 名最著名、影响最大的心理学家及其代表性论著，下篇则按照普通心理与认知心理、发展与教育心理、人格与社会心理三大领域，分别选出该领域著名的、有重要影响的 10 名左右的心理学家及其代表性论著。陕西人民出版社 2012 年出版了叶浩生主编的《20 世纪心理学名著导读》，简述了 20 世纪最有影响力的心理学名著 33 部，简述了每本书的内容及影响，并简述了对心理学发展的贡献。福建教育出版社 2012 年出版顾明远、靳希斌、张厚粲主编《20 世纪中国学术大典：教育学　心理学》，包括教育学、心理学二部分，条目按学科研究与专题研究、学术事件、学术人物、学术名著名篇、学术机构团体和学术期刊等类别分类编排，形成系统的分类目录。

（二）研究论文

通过在中国知网中检索，以及查看相关参考文献，找出了相关的研究文献，共 20 篇，见表 4–6。

表 4–6　民国时期心理学研究论文

作　者	题　名	来　源	年　代	卷　期
赵莉如	中国最早的心理学杂志	心理学动态（专集）——中国现代心理学的起源和发展	1990	

（续表）

作　者	题　名	来　源	年　代	卷　期
赵莉如	中国抗日战争前的心理学刊物	心理学动态（专集）——中国现代心理学的起源和发展	1990	
赵莉如	中国抗日战争后期的心理学杂志	心理学动态（专集）——中国现代心理学的起源和发展	1990	
赵莉如	清末译自西方的心理学著作——评介王国维与他的心理学译书	心理学动态（专集）——中国现代心理学的起源和发展	1990	
赵莉如	西方心理学传入中国及其发展	心理学探新	1992	2
苏楠	从《晨报》广告看20世纪20年代北京市民社会心理	首都师范大学学报（社会科学版）	2004	增刊
何姣、胡清芬	出版视阈中的民国时期中国心理学发展史考察——基于民国时期心理学图书的计量分析	心理学探新	2014	2
吴锋	历史记忆与形象建构：辛亥革命时期《申报》与民众心理	民国档案	2014	3
梁慕瑜	浅谈我国心理史学研究——读梁启超《中国历史研究法》	琼州学院学报	2008	6
张春田	"影恋"，性心理与"病"——潘光旦写冯小青	书城	2008	9
邹振环	潘光旦译《性心理学》的传播与影响	民国春秋	1994	1
金其斌	欲挽横流应有术——先从性理觅高深——论意识形态对潘光旦翻译《性心理学》的影响	北京第二外国语学院学报	2006	8

（续表）

作　者	题　名	来　源	年　代	卷　期
朱希祥	用科学笔调写出的《性心理学》	中国图书评论	1990	5
马文驹	清末民初心理学译著出版中的若干问题	江西师范大学学报	1984	1
范庭卫	黄翼与中国儿童心理辅导的开拓	心理学报	2009	2
王坚	中国现代心理学的先驱——蔡元培、陈大齐	赣南师范学院学报	1998	4
刘华	试论高觉敷对 20 世纪中国儿童心理学的贡献	南京师大学报（社会科学版）	2000	1
陈立伟	艾伟的《阅读心理——汉字问题》研究	聊城大学学报（社会科学版）	2011	2
刘毅玮	西方心理学的传入与中国近现代心理学科的发展	河北大学	2006	
钟年	近代学人视野中的心理学	武汉大学	2010	

研究的论文主要集中在以下几个方面：

1. 对民国期刊的研究

赵莉如对民国心理学期刊有较多的关注和研究，撰写了《中国最早的心理学杂志》《中国抗日战争前的心理学刊物》《中国抗日战争后期的心理学杂志》。这三篇文章都是 1990 年发表在会议录《心理学动态（专集）——中国现代心理学的起源和发展》。《中国最早的心理学杂志》主要对我国第一种专门研究心理学的杂志《心理》作了深入研究，该文章详细介绍了杂志宗旨、出版卷期和篇目、发展历史、出版的主题统计等，充分肯定了这本杂志的价值和亮点。《中国抗日战争前的心理学刊物》主要介绍了抗战前发行《心理半年刊》《心理附刊》《心理季刊》《中国心理学报》《测验》《中央研究院心理研究所丛刊》《心理教育实验专篇》等期刊的发文情况、出版历史等,并对各刊的内容主题列表详细统计分析。《中国抗日战争后期的心理学杂志》主要介绍了抗战后期发行的《教育心理研究》《心理建设》出版和发文情况,对《教育心理研究》刊发的论文分类进行详细介绍。

苏楠在《从〈晨报〉广告看 20 世纪 20 年代北京市民社会心理》一文从 20 世纪 20 年代北京《晨报》的广告入手,通过对广告语言以及内容的分析,分别从外来文化的影响,自身环境的影响以及本身观念变迁三个方面剖析了近代北京的市民心理。

吴锋在《历史记忆与形象建构:辛亥革命时期〈申报〉与民众心理》一文指出辛亥革命时期民众心理与《申报》的互动有三个阶段:惊疑、亢奋、疲惫。三阶段分别体现出《申报》与民众心理互动的同步性、非同步性、差异性。而辛亥革命的形象在此三阶段中经“革命形势发展—报章—受众”三者之间的信息交换建构起来,塑造了我们关于辛亥革命的历史记忆。

2. 性心理

民国时期有过一个小小的性学热,潘光旦的研究是其中比较引人注目的一个。潘光旦在多篇论文的基础上修改补充撰写《冯小青:一件影恋之事》。1944 年,潘光旦又翻译了霭理士著的《性心理学》。2008 年张春田撰写的《“影恋”,性心理与“病”——潘光旦写冯小青》一文着重介绍了潘光旦对冯小青这一人物的持续研究,该文详细介绍了潘光旦的文章和书的主要观点和思想以及其中贯穿的性心理和精神分析的思想。邹振环在《潘光旦译〈性心理学〉的传播与影响》一文中介绍了霭理士思想逐渐为国内学人接受,以及潘光旦接触认识霭理士的理论和《性心理学》的过程。潘光旦翻译的这本书是中国性心理学的一部重要文献,得到广泛传播和学人的重视。金其斌在《欲挽横流应有术,先从性理觅高深——论意识形态对潘光旦翻译〈性心理学〉的影响》一文中以潘光旦译注的《性心理学》为例,探讨社会文化系统中的意识形态对翻译选材和翻译策略的影响。朱希祥在《用科学笔调写出的〈性心理学〉》一文中对这本书做了评论,认为在性热的年份,阅读并介绍《性心理学》，颇有赶时髦之嫌。但读该书，既没闻到那种生涩孤奥的纯学术味，也没有那种借性学为名，使人神魂颠荡、想入非非的负效应。作者和译者是严肃而认真地进行一种融科学、美学、文学、文化、社会、政治于一体的心理探索。

3. 心理学译著和图书出版

也有学者对心理学译著和图书出版进行了探讨。马文驹在《清末民初心理学译著出版中的若干问题》中探讨和介绍了五四运动以前共出版了哪些心理学书。何姣、胡清芬的《出版视阈中的民国时期中国心理学发展史考察——基于民国时期心理学图书的计量分析》以《民国时期总书目》中收录的心理学图书为研究对象，通过对心理学图书的年出版量、编著与译著的比较、出版数量的地域差异、分支学科的出版特征等四个方面的出版状况进行计量分析，探讨其形成原因和历史背景，试图从出版视角对民国时期科学心理学在中国的发展做微观的历史考察。

4. 心理学史

梁慕瑜在《浅谈我国心理史学研究——读梁启超〈中国历史研究法〉》一文中指出，梁启超《中国历史研究法》虽没有独辟章节论述心理史学研究方法，但是字里行间都能感受到他在历史研究中时刻没有忘记加入心理学的元素。在此基础上，对我国心理史学研究的相关问题加以论述。

5. 阅读心理

陈立伟在《艾伟的〈阅读心理——汉字问题〉研究》一文中，指出《阅读心理——汉字问题》是艾伟从心理学角度谈论汉字学习的重要著作，研究这部著作，不仅有利于我们认识汉字学习的基本规律，而且能为我们进行语文汉字教学改革提供借鉴。

6. 心理学家的研究

赵莉如在《清末译自西方的心理学著作——评介王国维与他的心理学译书》介绍了王国维翻译心理学书的原因和背景，王国维的心理学译书梗概及其影响等问题。王坚在《中国现代心理学的先驱——蔡元培、陈大齐》一文中，对蔡元培、陈大齐这两位我国心理学前辈，为我国早期心理学科的建设，对心理学人才队伍的培养和学术研究活动的开展所做出的贡献进行了述评；范庭卫在《黄翼与中国儿童心理辅导的开拓》一文中，对黄翼的儿童心理学著作进行了解读；刘华在《试论高觉敷对20世纪中国儿童心理学的贡献》一文中，就高觉敷在译介国外儿童心理学著作、撰著儿童心理学理论文章、从事儿童心理与教育发展的具体研究等方面做一初步介绍和探讨，以肯定一代学术大师对20世纪中国儿童心理学的巨大贡献。

7. 其他

赵莉如在《西方心理学传入中国及其发展》一文中对西方心理学引入中国的译者及其作品进行梳理。刘毅玮2006年撰写博士论文《西方心理学的传入与中国近现代心理学科的发展》，指出教育家、心理学家积极参与心理学科性质的讨论和心理学科中国化的建设，并把心理学科的研究成果服务于社会实践特别是教育实践中，推进了中国心理学科和教育学科的发展。钟年2010年撰写的博士论文《近代学人视野中的心理学》，选择了梁启超、王国维、孙中山、鲁迅、蔡元培、梁漱溟、朱光潜、潘光旦等人的心理学思想以及与心理学相关的活动作为讨论的内容，拟解决的关键问题包括他们对心理学的认识有哪些、产生这些认识的知识基础以及他们为什么对心理学有兴趣或失去兴趣，对他们的学术论文和出版书籍深入探讨。

四、结语

民国时期的心理学文献资源主要集中在图书和报刊上，更多是翻译的各国经典心理学著作，根植于西方学说的基础，又产生了很多本土的思想和理论。作为知识载体的心理学书籍对继承学科知识、传播科学思想、建构国人的心理学文化起到了重要作用[①]。

---

① 何姣，胡清芬.出版视阈中的民国时期中国心理学发展史考察——基于民国时期心理学图书的计量分析［J］.心理学探新，2014（2）

第五章　民国图书馆学文献整理与研究

在图书馆学百年发展史中,民国时期图书馆学具有十分重要的地位。在这一时期,图书馆学经历了自清末以来首个快速发展时期。1915年,图书馆学第一种期刊《浙江公立图书馆年报》创刊发行;1920年,韦棣华女士创办了中国最早的图书馆学教育机构——武昌文华大学图书科;1925年6月,中华图书馆协会成立,近代图书馆学期刊史上创办时间最长的期刊《中华图书馆协会会报》诞生。图书馆事业的繁荣和图书馆学教育的兴起,催生了大量图书馆学著作、论文和图书馆业务相关文献,成为中国现代图书馆学的奠基之作。在这一时期,涌现出一批著名图书馆学家,如沈祖荣、杜定友、刘国钧、李小缘、马宗荣、皮高品、洪有丰、王云五等。

短暂的繁荣过后,民国图书馆学又经历了一段衰落时期,当时创办的专业期刊有不少因战乱停办,大量图书馆学文献遭到严重损毁。因此,这一时期保留下来的文献显得尤为珍贵。民国时期的图书馆学文献具有鲜明的时代特征,其中也不乏原创性研究成果,对中国图书馆学、期刊史、文化史以及其他社会科学的科研、教学都具有重要的参考价值。

在本书中,民国图书馆学文献指在1911年至1949年间出版的有关图书馆建筑设备和行政管理,图书资料的印刷出版、采访、编目、标引、分类、典藏,阅读推广等业务以及图书馆学教育相关研究的著作、报刊文章、规章制度、调查报告、文书和档案等资料。对民国时期图书馆学文献的整理,一方面有助于普查和保护这一特殊时期的珍贵文献,另一方面能够为后续研究提供查检工具和参考史料。

　　本章综述了新中国成立后对民国时期图书馆学文献的整理情况以及对民国图书馆学文献的研究进展,总结现有整理工作和研究取得的成果,并分析存在的不足之处,以供相关工作和研究借鉴。

一、民国时期图书馆学文献出版情况概述

　　由于历史原因,1949 年后我们对民国时期图书馆学著作的统计和整理较少,在综合性书目中只有零星可见,如 1981 年商务印书馆编制的《商务印书馆图书目录 1897—1949》中收录 55 种,1987 年中华书局出版的《中华书局图书总目:1912—1949》中仅收录 19 种,1992 年四川省中心图书馆委员会编制的《抗日战争时期出版图书联合目录》收录了 58 种,1994 年由书目文献出版社出版的《民国时期总书目:1911—1949:文化科学·艺术》收录 503 种。现有图书馆学专题目录或索引中收录的著作数量也不多,1957 年重庆市图书馆编制的《图书馆学论文资料索引》收录 463 种,1958 年李钟履编制的《图书馆学书籍联合目录》中收录 550 种。范凡在《民国时期图书馆学著作出版与学术传承》一书中重新整理了各种书目中所收录的民国时期图书馆学著作,经查重共得到 943 种,是目前最为全面的统计结果 [①]。从该书附录提供的书目看,这些著作论述最多的主题是图书馆概况、分类编目、检字法、图书馆规章制度、目录学,这部分著作占民国时期图书馆学著作总数的一半。剩余半数的著作主题分散在以下几个方面:图书馆学通论、图书馆管理、索引法、儿童图书馆、阅读推广、图书馆事业和协会、流通图书馆和民众图书馆、图书馆调查、图书馆史等。此外,作为一门外来学科,民国时期图书馆学经历了学日本、美国和苏联的过程,产生的译著对当时图书馆学发展影响颇大,根据范凡一书的著

---

　　① 　范凡.民国时期图书馆学著作出版与学术传承［M］.北京:国家图书馆出版社,2011

录,其数量占全部著作的 4%①。从出版者角度看,这些著作多半是由图书馆界本身出版,包括编写该书的图书馆、中华图书馆协会和地方图书馆协会、文华图书馆学专科学校、中国图书馆服务社以及作者个人自行出版。其余著作由出版社出版,其中商务印书馆出版数量最多,其次为中华书局、正中书局、世界书局、开明书店、大东书局、民智书局、各大学出版社和其他出版社。杜定友是当时最高产的作者,译著和专著总数达到 60 余部。其他高产作者还有吕绍虞、桂质柏、钱亚新、陈子彝、蒋复璁、金敏甫、沈祖荣、徐旭等。

1949 年后对民国时期图书馆学期刊论文进行整理的少量成果中,李钟履于1959 年编的《图书馆学论文索引(第一辑:清末至 1949 年 9 月)》是比较权威的工具书。依据对该索引的统计,这一时期图书馆学论文的数量有 5324 篇,分布在103 种图书馆学期刊和 700 多种非图书馆学期刊中①。范凡在其论著中提供的民国时期图书馆学期刊统计表,共包含 113 种期刊①。1991 年,谈金铠在《图书馆论坛》上发表了《略论解放前我国图书馆专业期刊的发展》一文,附录中提供了自 1915年到新中国成立前我国出版的图书馆专业期刊简目含 160 种②。按期刊主办单位看,这些期刊大致可以分为三种:①图书馆自办的馆刊,包括公共图书馆、学校图书馆和专门图书馆办的刊物。馆刊的数量很大,占当时全部图书馆学期刊的 80% 左右。内容上除了刊登大量的公布馆藏、研究图书利用率、统计馆内开销度支等方面的公示性资料,还汇集了相当多的版本考证、藏书史整理爬梳、音韵训诂之类的学术论文。如创刊最早的图书馆学期刊《浙江公立图书馆年报》(1915 年创办)就属于馆刊。安徽省立图书馆办的《学风》和浙江图书馆办的《浙江图书馆馆刊》,则是民国时期除了三大图书馆学期刊外收录图书馆学论文最多的刊物。②图书馆协会所办刊物。如中华图书馆协会办的《中华图书馆协会会报》《图书馆学季刊》、北

---

① 黄少明.略论民国时期图书馆学论文的若干分布特点［J］.图书馆杂志,1991（4）
② 谈金铠.略论解放前我国图书馆专业期刊的发展（续完）［J］.图书馆论坛,1991（4）

平中华图书馆协会创办的《图书馆学季刊》、北平图书馆协会办的《北平图书馆协会会刊》、上海图书馆协会办的《上海图书馆协会会报》等等。③社会团体和文化教育机构办的学术刊物。如武昌文华图专办的《文华图书馆学专科学校季刊》、中国图书馆学社办的《图书馆学报》、福建《民国日报》的副刊《图书馆学周刊》、上海图书馆用品社办《中国图书馆声》、南京图书评论社办的《图书评论》等等。在这些刊物中，《中华图书馆协会会报》、《文华图书馆学专科学校季刊》和《图书馆学季刊》被称为民国时期图书馆学的三大期刊。根据黄少明的统计，民国时期图书馆学期刊论文论述最多的主题依次为各类型图书馆、图书馆学总论、分类编目、读者工作、图书出版学、图书馆事业、藏书建设、报刊工作、目录学、资料工作。

除了著作和期刊论文外，国家制定的图书馆宏观政策和法规也是一种较为重要的文献。清宣统元年（1910）12月，清政府学部奏拟定《京师及各省图书馆通行章程》，并于第二年颁布实施，这是我国图书馆历史上第一部图书馆法规，从宏观政策方面给予全国图书馆建设的保障和鼓励。辛亥革命后，民国政府继续支持图书馆建设，以促进民智发展。1915年10月，教育部颁布了《通俗图书馆规程》，同年又颁布了《图书馆规程》，强调建立公共图书馆，储备图书以供公众借阅。1927年，《图书馆条例》出台。之后，政府又对以上法规和条例进行了修订，相继出现了《图书馆规程》（1930）、《修订图书馆规程》（1939）等等，这些国家宏观方面制定的政策和法规对我国图书馆立法仍有一定借鉴意义。

此外，民国图书馆学文献还包括：图书馆调查，如1935年《全国图书馆调查录》和据此产生的报告；图书馆学专业的毕业论文；图书馆协会的章程和文件如《中华图书馆协会成立会演说辞》、中华图书馆协会第一次年会《宣言》等等。

二、民国图书馆学文献的整理

为了全面获取到对民国图书馆学文献进行整理的成果，笔者采用关键词"民国""近代""清末""晚清"依次和关键词"图书馆""藏书楼""目录学"分别组配检索了国家图书馆和上海图书馆的馆藏以及中国高等教育文献保障系统（CALIS）网站和豆瓣书评网站，并查阅《民国时期总书目》和对已有民国图书馆学文献研究的参考文献进行了排查，经过筛选后，共得到60余条民国图书馆学文献整理相关著述以及1条图书馆学文献研究著作。按照文献整理的类别，有影印出版物、书目、索引、年鉴、史料汇编、缩微和数字化产品等形式。

（一）影印出版物

1. 重要刊物的成套影印出版

早在1971年，台北的文海出版社就影印出版了国立北平图书馆发行的《图书季刊》。1991年，书目文献出版社（国家图书馆出版社前身）曾将《国立北平图书馆馆刊》整理和影印出版。直到2009年，国家图书馆出版社对民国时期三大图书馆学期刊首次全部影印出版。其中《中华图书馆协会会报》共6册，并配备了新编的排印索引；《文华图书馆学专科学校季刊》共8册，并附新编总索引，包括篇名索引和作者索引；《图书馆学季刊》共11册，包括该刊原来编的《总索引》。20世纪60年代台北学生书局也影印过《图书馆学季刊》，但没有收录《总索引》。三大图书馆学期刊是图书馆学与文献学研究者必备的基本史料，对当今图书馆界从事学术研究具有重要参考价值。2013年，国家图书馆出版社又出版了《民国时期图书馆学三种期刊分类索引》，该书由辜军和葛艳聪所编，是以上三大图书馆学期刊影印版的篇名索引、图片索引、表格索引和著者索引。

2. 馆刊汇编

馆刊是研究图书馆诞生、发展、演化历程的必备史料。近些年，国家图书馆组织对图书馆学馆刊进行了集中汇编，由国家图书馆出版社分别出版发行。

2003年，《近代著名图书馆馆刊荟萃》出版，全套共20册，汇辑国立中央图书馆、江苏省立苏州图书馆、燕京大学图书馆、浙江公立图书馆等民国时期著名公立和大学图书馆创办的刊物共13种。内容涉及近代图书馆发展史、图书流通史及校勘、训诂、音韵等文献学范畴。

2005 年，《近代著名图书馆馆刊荟萃续编》出版，全套共 20 册，收录民国时期编印发行的著名公立与大学图书馆馆刊 10 种，如《北京图书馆月刊》《河南图书馆馆刊》《浙江图书馆报》《厦门图书馆声》等，内容既有各类馆藏善本书影、古器物图录、民国老照片，也有大量名家的学术论著、各馆图书目录，甚至专刊如永乐大典、西夏研究、圆明园、四库全书专刊等等。

2006 年，《近代著名图书馆馆刊荟萃三编》出版，全套共 22 册，收录图书馆馆刊 8 种，包括《中央大学国学图书馆年刊》《浙江省立图书馆月刊》《北平图书馆协会会刊》《辽宁省立图书馆馆刊》《和顺图书馆十周年纪念刊》《北平近代科学图书馆馆刊》《北平师范大学图书馆图书目录》《中央军校图书馆报》。书中有很多较有学术价值和史料价值的文章和资料。

2013 年，《近代著名图书馆馆刊荟萃四编》出版，全套共 16 册，收录馆刊 25 种，各地图书馆协会会刊 9 种，图书馆服务供应商发行的刊物 1 种，以及图书馆学教育机构发行的刊物 3 种。

2010 年，国家图书馆出版社还影印出版了民国时期的英文期刊，收录在《国立北平图书馆英文期刊汇编》（全套 6 册）。包括《北平北海图书馆英文季刊》（ *The Metropolitan Library Record* , 1928—1929 ）、《新增西文书目（双月刊）》（ *The National Library of Peping Bimonthly Booklist* , 1930—1932 ）及《图书季刊（英文本）》（ *Quarterly Bulletin of Chinese Bibliography* , 1934—1948 ）。前两种以外文书刊目录为主；《图书季刊（英文本）》先后由向达、贺昌群、袁同礼等人主编，内容包括论著、图书及期刊介绍、学术界及出版界消息、评论、译书索引、期刊索引及学人活动等。

这些馆刊汇编对于研究民国图书馆学史、文化史、学术史以及其他社会科学具有重要的参考价值。

3. 专题资料汇编

专题资料汇编把论述某一专题的文献或某一类文献进行汇编整理，是对民国时期图书馆学文献较为深入的发掘，非常有利于对民国图书馆学进行深度研究。但是，从检索到的文献看，这类成果比较少。2012年12月，国家图书馆出版社出版了刘宝瑞、秦亚欧、朱成涛编《民国图书馆学文献学著译序跋辑要》，该书收录清朝末年至1949年以前出版的图书馆学、文献学著作和译著中的序跋，从183种著译中辑录序跋272篇。2014年9月，又出版了黄洁编《民国图书馆学报刊资料分类汇编：儿童图书馆卷》（全3册），收录了1909到1949年间118种报刊上刊登的有关儿童图书馆（包含中小学图书馆及公共图书馆附设儿童图书室）的文章356篇，内容包括儿童图书馆法令、理论探讨、事务工作、全国各地儿童图书馆办馆情况等。同时，为方便读者进行查找，书后附有篇名索引。全面反映了当时儿童图书馆事业发展的整体情况，对当今儿童图书馆的发展具有极其重要的借鉴价值。

4. 书目汇编

2012年，李万健、邓咏秋所编《民国时期私家藏书目录丛刊》（共13册）由国家图书馆出版社出版，收录了民国时期私家藏书目录约40种，包括：甘鹏云所编《崇雅堂书录》、张寿镛所编《约园藏书志》、周学熙所编《周氏师古堂书目提要》、朱希祖所编《海盐朱氏癸丑七节迁京书目》、吴梅所编《瞿安书目》、周庆云所编《梦坡室收藏琴谱提要》、宋春舫所编《褐木庐藏剧目》、合众图书馆编《顾颉刚先生藏书目录》等。

5. 著作的影印出版

2010年，朗润书店影印出版了桂质柏于1935年所著《国立中央大学图书馆分类大全》，并在同年又影印出版了杜定友著《普通图书馆图书选目》。该书选收1934年7月以前国内出版物500种，作为向县立、民众、通俗、中学各类图书馆选购图书时的推荐书目，依"杜氏图书分类法"排列，附书名索引、全国出版家指南。

（二）索引

1957年，重庆市图书馆编制有《图书馆学论文资料索引》，收集内容以图书馆学专著、小册子以及期刊论文和学位论文为主，择要收录目录学、档案学以及公私藏书等方面的论著。以中文平装书为主，有少量线装书。1959 年，商务印书馆出版了由李钟履编的《图书馆学论文索引（第一辑：清末至 1949 年 9 月）》，收录图书馆学论文 5324 篇。这两种索引后来成为研究民国时期图书馆学史的重要查检工具。

（三）书目

1. 综合性书目

（1）联合目录和总书目

北京图书馆（国家图书馆前身）先后编制了新中国成立前的期刊联合目录和总书目，并由书目文献出版社出版发行。其中，1981 年出版的《（1833—1949）全国中文期刊联合目录》收录全国 50 所图书馆在 1957 年底以前所藏新中国成立前国内外出版的中文期刊近 2 万种，其中也包含有图书馆学期刊。1994 年出版的《民国时期总目：1911—1949：文化科学·艺术》收录民国时期图书馆学、图书馆事业各方面的著作 503 种，但是该书目基于北京图书馆、上海图书馆和重庆图书馆三馆的馆藏编制而成，因此收录内容不可避免存在缺漏。

另外，四川大学出版社于 1992 年出版了四川省中心图书馆委员会编制的《抗日战争时期出版图书联合目录》，共收录抗日战争时期出版的图书馆学著作 58 种。

（2）出版社书目

如前文所述，民国时期图书馆学著作大部分由图书馆界自行出版，而商业出版的书籍中则以商务印书馆和中华书局这两家出版最多。其中，商务印书馆于 1981 年出版《商务印书馆图书目录：1897—1949》，收录民国时期图书馆学著作 55 种。1987 年，中华书局出版的《中华书局图书总目：1912—1949》收录了 19 种。

2. 图书馆学专题目录

中华书局出版的李钟履所编《图书馆学书籍联合目录》于 1958 年出版，是最早的图书馆学专题目录，收录从清代至 1957 年间出版的图书馆学书籍以及部分目录学书籍，并标明了每本书在全国 49 家图书馆的收藏情况。全书共收录书目

1026 条, 其中民国部分有 550 条。该书是 1949 年以来中国大陆地区出版的民国时期图书馆学著作目录中价值最高的, 但是并不十分全面[①]。

1969 年, 台湾文宗出版社出版王征、杜瑞青编《图书馆学论著资料总目》, 但是在国内鲜见有馆藏。

2012 年 8 月, 卓连营、李晓娟主编《中国图书馆学著作书目提要（1909—2009）》由国家图书馆出版社出版。共收录 1909 至 2009 年百年间我国出版的图书馆学相关著述 6361 种, 其中包括港台地区的图书馆学著作, 是迄今为止收录国内图书馆学著述最为详尽的一部重要参考工具书。

2013 年, 陈源蒸编《20 世纪中国图书馆学书目》由首都师范大学出版社出版, 收录 1909 年到 1999 年之间的图书馆学著作。

除了图书, 研究论文中也有少量对民国时期图书馆学著作的目录整理成果。如 1991 年, 谈金铠在《图书馆论坛》上发表《略论解放前我国图书馆专业期刊的发展》, 该文附录了自 1915 年到解放前我国出版的图书馆专业期刊简目, 共 160 种。2013 年, 全根先、陈荔京在《国家图书馆学刊》上发表《民国时期国家图书馆目录学论著编年》一文, 著录了民国时期国家图书馆集体或国家图书馆员工个人的目录学论著包括论文、著作和未发表的稿子, 共计 339 种。范凡在其专著《民国时期图书馆学著作出版与学术传承》中提供了民国图书馆学著作目录, 包含著作 943 种, 以及图书馆学期刊 113 种。

3. 名人书目

1980 年, 张雨生、戴龙基在《情报科学》杂志上发表《刘国钧先生著译系年目录》, 收录刘国钧从 1919 年到 1980 年公开发表的全部图书馆学方面的著作共 130 多种。梁建洲在《图书馆学研究》上发表的《毛坤在图书馆学及档案学上的卓越贡献》一文提供了毛坤著述的目录。

---

① 范凡. 民国时期图书馆学著作出版与学术传承［M］. 北京：国家图书馆出版社, 2011

（四）史料汇编

1982 年，李希泌、张椒华著《中国古代藏书与近代图书馆史料：春秋至五四前后》由中华书局出版发行。该书提供了丰富的图书馆学史料，具有很高的参考价值。

1987 年，毛华轩、权儒学在《文献》中发表文章《北京图书馆馆史（1948 年以前）档案选录》，选录和刊登了 1909 年至 1948 年该馆的馆史档案资料，按京师图书馆、国立京师图书馆与国立北平图书馆三个不同时期分别编排，对研究中国近代图书馆事业史和北京图书馆馆史有参考价值。

2009 年和 2012 年，大象出版社分别出版了孙燕京和张研合编《民国史料丛刊：文教·文博》（第 1119 册）和《民国史料丛刊续编：文教·文博》（第 1129—1130 册）。前者收录《全国图书馆调查表》《全国图书馆及民众教育馆调查表》《全国图书馆一览》《国立北平图书馆概况》《国立北平图书馆各项章程》《国立中央图书馆筹备之经过及现在进行概况》《北京图书馆第一年度报告》《北京图书馆第二年度报告》《北平故宫博物院图书馆概况》。后者收录《教育部图书馆丛书目录索引（第一辑）》《全国经济委员会水利处图书目录》《图书馆与成人教育》《江苏省立苏州图书馆概要》相关内容。

2014 年 4 月，王余光主编《清末民国图书馆史料汇编》（共 22 册），由国家图书馆出版社出版。该书搜集清末民国时期出现的各类图书馆史料，分类编排，按原样影印。共收录各类图书、小册子约 200 种，主要包括图书馆法律法规、图书馆协会、图书馆学教育、图书馆调查与事业概况、各图书馆馆史五方面的史料。其中各图书馆馆史所占篇幅最大，涉及全国各地各系统图书馆的馆史等资料。

（五）文集和文库

20 世纪 80 年代开始，一些著名民国图书馆学家的成果开始结集出版，如 1983 年出版的《刘国钧图书馆学论文选集》《严文郁先生图书馆学论文集》。后来其他文集陆续出版，包括《杜定友先生遗稿文选》（1987）、《杜定友图书馆学论文选集》（1988）、《中国图书馆界先驱沈祖荣先生文集：1918—1944 年》（1991）、《一代宗

师：纪念刘国钧先生百年诞辰学术论文集》（1999）、《毛坤图书馆学档案学文选》
（2000）、《裘开明图书馆学论文选集》（2003）、《王重民先生百年诞辰纪念文集》
（2003）、《李小缘纪念文集》（2007）。

2002年，叶继元编《南京大学百年学术精品图书馆学卷》由南京大学出版社
出版。该书旨在总结百年南大的图书馆学学术成果，收录了汪辟疆的《目录与目
录学》、陈中凡的《论读古书之旨趣》、朱家治的《杜威及其十进分类法》、桂质柏的
《大学图书馆之标准》、卢震京的《论参考资料的搜集工作》等文章。

2014年，由国家图书馆出版社出版的陈源蒸等编《20世纪中国图书馆学文库》
（共95册）收录了120多位图书馆学人在20世纪出版或刊印的102种独著或合
著的图书馆学著作，其中包含有民国时期图书馆学著作28种。

（六）年鉴和纪事

1981年，台北"中央图书馆"编《中华民国图书馆年鉴》从列举图书馆学代表
性著作和论文篇目出发，展现播种时期、萌芽时期、茁壮时期、晦暗时期、振兴时期
等各个阶段的图书馆学研究状况，详尽到每一年出版的图书馆学论著的数量。根
据该书，1950年以前出版的图书馆学论著总和是5473种。

1982年，白应国在《山东图书馆季刊》上发表《世界图书分类法大事记（近代
部分）》一文，是1873年至1949年每年图书馆分类法纪事。

1988年，邹华亨和施金炎编《中国近现代图书馆事业大事记》由湖南人民出
版社出版。该书是按编年体记述中国近现代图书馆事业重要史事的工具书，记事
时间范围为1840年至1987年12月。

（七）数字化和数据库建设

1. 缩微复制

1985年，全国图书馆文献缩微中心成立，开始利用缩微技术对珍贵文献进行
抢救，后来国家图书馆以这些资料为基础建立了民国文献全文数据库。根据国家
图书馆书目检索系统检索结果，该中心缩微制作的图书馆学期刊有《北京图书馆

月刊》《北平私立木斋图书馆季刊》《北平图书馆馆务报告》《燕京大学图书馆报》
《图书馆》《厦门图书馆声》《浙江图书馆报》《浙江省立图书馆月刊》《北平特别市
市立第一普通图书馆周年纪念刊》《福建省立图书馆年报》《国立暨南大学图书馆
馆报》《无锡图书馆协会会报》等。

2. 数据库建设

到目前为止,民国图书馆学文献的专门数据库有国家图书馆出版社的《民国
图书馆学著作数据库》,该数据库收录相关图书 235 种,期刊刊载文章 13187 篇,
而且收录内容逐年更新。除此之外,还有部分数字化成果分散在不同综合性数
据库中。

知客网的"民国期刊全文库"(http://minguo.icnki.net/index.php)收录 39 种图
书馆学期刊,还收录有博物馆期刊 6 种和档案学期刊 1 种。

国家图书馆馆藏数字资源中,在"地方馆民国文献数据库"中,以关键词"图
书馆"进行检索,得到 95 条结果,其中包含专著、译著、图书馆概况等资料;对"民
国中文期刊数字资源库"(以馆藏民国期刊的缩微胶片数字化资料为基础建设的
数据库)进行检索时,得到 35 条结果,内容以馆刊为主。对"民国图书数字化资源
库"进行检索,得到 286 条图书记录。

上海图书馆的民国时期期刊全文库是收录民国时期图书馆学期刊最多的数据
库,能够检索到 100 种图书馆学相关期刊。不同于以上国家图书馆的数据库,该数
据库除了提供文献题名、作者、刊名字段的检索外,还提供主题词和分类号的检索。
(以上数据库检索时间:2015 年 8 月 2 日)

此外,浙江大学图书馆牵头的"高等学校中英文图书数字化国际合作计划"
(CADAL)也收录有民国图书馆学文献,但是因为该数据库已经不对外开放,难以
确定具体收录情况。

(八)其他

除了以上各种文献整理成果,图书馆学文献在其他资料中也零星可见。如全

国图书馆文献缩微中心于 2006 年制作的《民国佛教期刊文献集成》第 79 卷中就包含有佛教图书馆报告,凤凰出版社于 2011 年出版的王立人主编《无锡文库第二辑》中收录有严毓芬编《无锡县立图书馆书目》、秦毓钧编《无锡县立图书馆历年概况》《无锡县立图书馆善本书目》和陈然编《无锡县立图书馆地方著述目录》等资料。

三、民国图书馆学文献的研究

用上节提到的关键词分别检索中国期刊网期刊全文数据库和硕博士论文库以及万方的学位论文库,对检索结果进一步筛选后,得到与民国图书馆学文献研究相关的学术著作 1 部,期刊论文 99 篇,学位论文 6 篇。

（一）学术著作

根据检索结果,国家图书馆出版社于 2011 年 12 月出版的范凡著《民国时期图书馆学著作出版与学术传承》是目前唯一的一本以民国时期图书馆学文献为研究对象的专著。该书是在作者的博士论文基础上修改和发表的,在对民国图书馆学论著调查基础上,围绕图书馆学核心内容进行阐释,全面展现了民国时期图书馆学论著的特色和成就,被称为近年来有关民国图书馆学学术史研究的里程碑式著作[①]。

（二）期刊论文

1. 论文发表时间分布

对检索到的民国图书馆学文献研究论文的发表时间进行分析,结果见图 5-1。

---

① 张书美.研究民国时期图书馆学论著的里程碑:读范凡的《民国时期图书馆学著作出版与学术传承》[J].大学图书馆学报,2013（4）

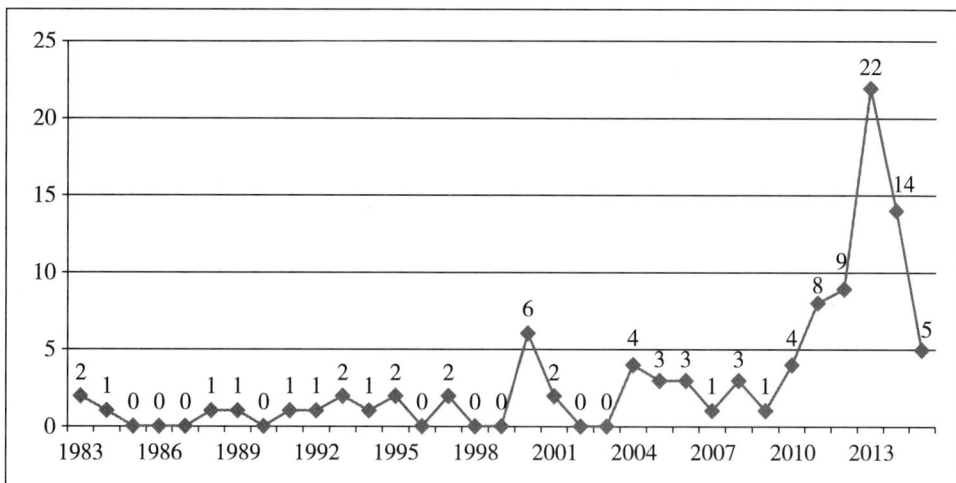

图 5-1　研究论文的时间分布

从图 5-1 中可见,中国期刊网中民国时期图书馆学文献的研究文章最早出现在 1983 年,共有两篇,均以民国时期图书馆法规作为研究对象。其中一篇是柳成栋发表在《黑龙江图书馆》上的《民国初期黑龙江图书馆法简述》,介绍了黑龙江地区出现的图书馆章程、规则、条例等①。另一篇是旭岩在《河南图书馆学刊》上发表的《一九四九年前我国图书馆立法略论》,从《京师及各省图书馆通行章程》开始介绍民国时期的图书馆规章制度②。

从总体看,在 2000 年之前,对民国图书馆学文献的研究并不受到重视,每年只有零星的文章或没有文章发表。2000 年之后,对民国时期图书馆学文献的研究呈现波动上升的总体趋势,并且到 2013 年达到一个研究成果的高潮,仅这一年就发表了 22 篇相关文章。由于论文收录存在时延,2014 年和 2015 年的数据未必完全,因此不作参考。因此,可以说,从 2000 年后,对民国图书馆学文献的研究热情一直

---

① 柳成栋.民国初期黑龙江图书馆法简述［J］.黑龙江图书馆,1983（1）
② 旭岩,海斌.一九四九年前我国图书馆立法略论［J］.河南图书馆学刊,1983（3）

在上升中。

2.论文所载期刊分布

从这 100 篇论文所载期刊看,《山东图书馆学刊》发表民国图书馆学文献研究相关论文最多,为 8 篇,《图书馆杂志》刊登 7 篇文章,其他期刊按论文数从高到低依次为《图书馆建设》《晋图学刊》《国家图书馆学刊》《图书馆》《图书馆工作与研究》《图书馆论坛》《图书情报工作》《大学图书馆学报》《图书与情报》《新世纪图书馆》等等。只刊登过 1 篇相关论文的刊物共有 17 种。

从期刊等级看,其中不乏图书馆学核心期刊,《中国图书馆学报》在 2004 年刊登了李万健的文章《中国近代的图书馆和图书馆刊:写在〈近代著名图书馆馆刊荟萃〉出版之际》,介绍了近代中国出现的比较重要的馆刊,并分析了馆刊在中国图书馆事业和图书馆学史中的作用①。《大学图书馆学报》和《图书情报工作》这些在图书馆学界具有较高影响力的期刊也发表了多篇相关论文。

表 5-1　发文量大于 2 篇的期刊列表

期　　刊	发文量
山东图书馆学刊	8
图书馆杂志	7
国家图书馆学刊	6
晋图学刊	6
图书馆建设	6
图书馆	5
图书馆工作与研究	5
图书馆论坛	5
图书情报工作	5

① 李万健.中国近代的图书馆和图书馆刊：写在《近代著名图书馆馆刊荟萃》出版之际[J].中国图书馆学报，2004（1）

（续表）

期　　刊	发文量
大学图书馆学报	4
图书与情报	4
新世纪图书馆	4
高校图书馆工作	3
河南科技学院学报	3
科技情报开发与经济	3
兰台世界	2
河南图书馆学刊	2
江苏图书馆学报	2
四川图书馆学报	2
其他期刊	17

3. 研究对象分布

对民国时期各种图书馆学文献的研究数量统计见表 5-2。

表 5-2　研究对象分布列表

种　　类		论文数量
期刊	期刊整体	5
	三大图书馆学期刊	11
	馆刊	10
	非图书馆学专业期刊中的图书馆学内容	2
著作	著作整体	2
	译著	10
	专著、专文	21
政策、法规和制度		18
某一专题或某一学者的图书馆学文献		9

（续表）

种　　类	论文数量
图书馆调查	3
《陈请扩充图书馆案》的提案	1
《中华图书馆协会成立会演说辞》	1
中华图书馆协会第一次年会《宣言》	1
其他文献	5

从其中不难看出，检索到的论文中，研究民国图书馆学期刊、图书馆学著作、图书馆政策和法规三方面的成果都较多，其他还有对某一专题或某一学者的图书馆学文献的研究，对其他图书馆学文献的研究，以及对非图书馆学专业文献中的图书馆学内容的研究。

（1）专著和专文

从这 100 篇论文的研究对象看，对民国时期图书馆学专著和某篇文章的研究论文数量最多，有 21 条。1988 年，徐鸿在《新世纪图书馆》上发表了《略评我国近代早期图书馆学专著——杨昭悊之〈图书馆学〉》一文，是所检索到的文章中最早对专著的研究。被研究最多的学者当属刘国钧，包括他撰写的文章《现时中文图书馆学书籍评》（1926 年刊于《图书馆学季刊》）、《近代图书馆之性质》（1919年刊于《世教新潮》）、《近代图书馆之性质及功用》（1921 年刊于《金陵光》和《浙江公立图书馆年报》）以及著作《图书馆学要旨》（1934）。其他被研究的文献还有杨家骆主编的《图书年鉴》（1933）、沈祖荣与胡庆生著《仿杜威十进分类法》（1917）、洪业著《引得说》（1932）、顾实著《图书馆指南》（1918）、宋景祁编《中国图书馆名人录》（1930）、王柏年著《中国儿童图书馆事业发达史》（1942）、谭卓垣《清代图书馆发展史》（1935）、孙延畛、杨嘉著《蓼绥阁书目》（1922）和《黄氏蓼绥阁旧本书目初编》（1920）、洪有丰著《图书馆组织与管理》（1926）、卢震京著《图书学大辞典》（1940）。

（2）译著

对译著的研究也较多，为10篇。但针对单个译著的研究只有1篇，即黄晓通在2013年发表在《贵图学刊》上的《中国近代第一部图书馆教育学译著——〈图书馆教育〉》一文，其中《图书馆教育》是谢荫昌译日本作者户野周二郎的著作①。其他译著研究多针对某一时期的图书馆学译著进行研究，如景海燕于2000年在《图书馆》上发表的《近百年来我国图书馆学译作出版情况概析》②，在《晋图学刊》上发表了《近百年来图书馆学译作在中国：影响研究》③，又于2001年在《图书与情报》上发表了《从图书馆学译著看20世纪西方图书馆学对中国的影响》④。只有一篇是研究著名图书馆学家的译著，即吴稌年发表的《刘国钧先生早期学术译介特征》一文⑤。

（3）期刊

对期刊的研究中，对民国时期图书馆学期刊的整体特征和发展沿革的研究有5篇；对三大图书馆学期刊中的《图书馆学季刊》和《中华图书馆协会会报》的研究共有11篇，但是并无专门研究《文华图书馆专科学校学报》的论文；对馆刊的研究共有10篇，被研究的馆刊包括《山东图书馆季刊》《浙江公立图书馆年报》《山东省立图书馆季刊》《京师图书馆月刊》《国学图书馆年刊》《天津市市立通俗图书馆月刊》《学瓠》《国立北平图书馆馆刊》《图书季刊》《读书月报》和《大公报·图书副刊》等。另外，还有对非图书馆学专业期刊的研究，分析它们发表的图书馆学相关内容对近代图书馆事业和图书馆学发展的影响，述及的期刊包括

---

① 黄晓通.中国近代第一步图书馆教育学译著：《图书馆教育》[J].贵图学刊，2013（1）
② 景海燕.近百年来我国图书馆学译作出版情况概析[J].图书馆，2000（5）
③ 景海燕.近百年来图书馆学译作在中国：影响研究[J].晋图学刊，2000（1）
④ 景海燕.从图书馆学译著看20世纪西方图书馆学对中国的影响[J].图书与情报，2001（2）
⑤ 吴稌年.刘国钧先生早期学术译介特征[J].图书与情报，2013（1）

《教育世界》《中华教育界》等。

（4）图书馆政策和规章制度

对图书馆法包括图书馆政策、法规和制度的研究很多，有 18 条。其中有对图书馆宏观政策的研究，如申晓娟于 2014 年发表在《图书馆建设》上的《从藏书楼到近代公共图书馆：1949 年前我国公共图书馆政策发展分析》[①]；也有对国家或地区制定的具体某部图书馆法规的研究，如对《京师图书馆及各省图书馆通行章程》《湖南图书馆暂定章程》以及《图书馆规程》和《通俗图书馆规程》的研究；还有对图书馆的规章制度的研究，如《国立京师图书馆有关规章制度中的公共图书馆思想研究》[②]《民国时期北大图书馆管理制度述评》[③]。

（5）某一专题或某一学者的图书馆学文献

对某一专题文献的研究涉及对民国时期儿童图书馆、儿童早期阅读、分类法、藏书家目录等著述进行的述评和研究；对学者著述的研究包括对穆耀枢、杨家骆、毛坤、王云五等学者所著专著和论文的研究等等。

（6）其他图书馆学文献

还有零星对其他图书馆学文献的研究，包括对图书馆调查的研究，如对 19 世纪末 20 世纪初英国著名的图书馆学活动家麦克考文进行的公共图书馆调查报告的研究[④]和对民国时期教育部教育司和中华图书馆协会举行的两次调查的研究[⑤]，还有对《陈请扩充图书馆案》、《中华图书馆协会成立会演说辞》、中华图书馆协会

---

① 申晓娟.从藏书楼到近代公共图书馆：1949 年前我国公共图书馆政策发展分析［J］.图书馆建设，2014（4）

② 李彭元.国立京师图书馆有关规章制度中的公共图书馆思想研究［J］.图书情报工作［J］，2012（11）

③ 苏全有，贾苗苗.民国时期北大图书馆管理制度述评［J］.山东图书馆学刊，2014（4）

④ 黄红华.麦克考文报告与近代英国公共图书馆发展［J］.图书馆，2013（4）

⑤ 杨志永.民国时期的三级公共图书馆体系研究：基于民国时期图书馆的两次调查［J］.河南科技学院学报，2014（1）

第一次年会《宣言》等的研究等等。

（7）非图书馆学专业文献中的图书馆学内容

包括对方志、家谱、《万国公报》,监狱图书馆出版物中的图书馆学内容的研究等。

4.研究主题分布

（1）书评和著作引介

如前文对研究对象的分析,在对民国图书馆学文献的研究中,书评文章有很多。其中有对著作的学术价值进行评价,如黄红华撰写的《顾实及其〈图书馆指南〉研究》、吴稊年撰写的《纪念〈图书馆学要旨〉出版 80 周年》、顾烨青等撰写的《刘国钧处女作〈近代图书馆之性质〉首刊版的阅读》、周英撰写的《重回 1930:邂逅一群民国时期图书馆人——试评〈中国图书馆名人录〉》等等。还有一部分论文根据著作分析其作者的学术观点或作者对民国图书馆学的影响和地位,如刘博涵撰写的《洪有丰及其〈图书馆组织与管理〉》、顾烨青等撰写的《重读〈近代图书馆之性质及功用〉——论刘国钧早期的近代图书馆观》等等。对单行本著作进行评价和介绍的论文情况见表 5-3。

表 5-3　单行本著作研究信息表

发表时间	作　者	被研究的著作	著作作者
1988	徐鸿	《图书馆学》	杨昭悊
1997	艾露	《图书年鉴》	杨家骆
2000	张志强	《图书年鉴》	杨家骆
2004	杜志刚	《中华图书馆协会成立会演说辞》	梁启超
2008	陶善耕	《陈请扩充图书馆案》	张嘉谋
2010	周余姣	《现时中文图书馆学书籍评》	刘国钧
2010	翟桂荣	中华图书馆协会《宣言》	

（续表）

发表时间	作　者	被研究的著作	著作作者
2011	刘应芳	《万有文库》《丛书集成》	王云五
2011	夏晓虹	《中国图书大辞典》	梁启超
2012	黄红华	《图书馆指南》	顾实
2012	周英	《中国图书馆名人录》	宋景祁
2013	顾烨青	《近代图书馆之性质》	刘国钧
2013	顾烨青	《近代图书馆之性质及功用》	刘国钧
2013	黄红华	《麦克考文报告》	麦克考文
2013	黄晓通	《图书馆教育》	谢荫昌译
2013	覃云	《清代图书馆发展史》	谭卓垣
2013	谢智勇	《蓬缕阁书目》《黄氏蓬缕阁旧本书目初编》	孙延畛 杨嘉
2014	刘博涵	《图书馆组织与管理》	洪有丰
2014	吴稌年	《近代图书馆之性质》	刘国钧
2014	吴稌年	《图书馆学要旨》	刘国钧

　　除了以上对单本著作的研究外，还有一部分学者对民国时期图书馆学著作特别是译著进行介绍和分析。如 1984 年，钱维钧在《图书馆杂志》上发表一文《早期传播西方图书馆学的著译简介》，介绍了 1901—1925 年间出版的著名译作，包括孙毓修译《图书馆》一文（1909—1910 年载于《教育杂志》）、通俗教育研究会翻译的《图书馆小识》（1917 年）、顾实译《图书馆指南》（1918 年）等等①。景海燕分析了 1901—1998 年间我国出版的图书馆学译著 259 种和译文 3346 篇的时间分布、主题分布和地区分布情况，指出近百年来图书馆学译作对我国图书馆事业和图书

---

① 钱维钧.早期传播西方图书馆学的著译简介［J］.图书馆杂志，1984（4）

馆学的影响①。此外,胡俊荣、宋凯、吴稌年、平保兴、熊静等均有相关著述,详细情况见表 5-4。

表 5-4　著作和译作研究信息表

发表时间	作 者	期 刊	被研究著译作说明
1984	钱维钧	《图书馆杂志》	1901—1925 年间著名译作简介
2000	景海燕	《晋图学刊》	1901—1998 年间出版的图书馆学译著 259 种, 译文 3346 篇
2000	景海燕	《图书馆》	1901—1998 年间出版的图书馆学译著 259 种, 译文 3346 篇
2000	胡俊荣	《图书与情报》	1909—1949 年间出版的 727 部图书馆学著作
2001	景海燕	《图书与情报》	清末到新中国成立前、新中国成立后和改革开放后这三个时期的图书馆学译著
2013	宋凯	《国家图书馆学刊》	1911—1949 年出版的 58 部译著
2013	吴稌年	《图书与情报》	1919—1921 年间刘国钧发表的 14 篇（部）译作
2013	平保兴	《国家图书馆学刊》	19 世纪中叶到 1912 年间的日本图书馆学译介
2015	熊静	《图书馆论坛》	民国时期出版的 40 余篇（部）目录学译作

（2）期刊研究和评介

对期刊的研究包括对某一专门期刊的研究,介绍该期刊的历史沿革和办刊特色。其中以民国三大图书馆学期刊之二的《图书馆学季刊》和《中华图书馆协会会报》研究最多,如刘宇等人对《图书馆学季刊》发表的文章进行了共词分析,发现以该刊代表的民国图书馆学研究集中在 6 个领域:对各种类型的近现代图书馆的报道,以文献管理为基础的图书馆微观管理,以图书馆事业和行政为基础的宏观

---

① 景海燕.近百年来我国图书馆学译作出版情况概析［J］.图书馆,2000（5）

管理,以文献和图书馆的性质及社会功能为基础的图书馆理论研究,以书史、书评为基础的文献揭示和报道研究①。其次是对著名馆刊的研究,如谈金铠撰写的《我国最早的图书馆专业期刊——〈浙江公立图书馆年报〉》②和庄红雨撰写的《两个不同历史时期的〈山东图书馆季刊〉考录》分别介绍了这两种馆刊③。

另外,还有一些学者对民国时期多种图书馆学期刊一起进行介绍和研究。如黄少明根据李钟履编《图书馆学论文索引》分析了当时期刊论文在时间、刊物和内容上的分布特点④;赵长林对民国时期上海地区的19种图书馆学期刊进行了分析,揭示这些期刊在内容上兼容并蓄的特点,创办者的特殊性质,以及兴衰历史⑤。被研究的期刊情况见表5-5。

表 5-5　被研究的期刊列表

发表时间	作　者	被研究期刊	被研究期刊说明
1989	庄红雨	《山东图书馆季刊》	馆刊
1992	谈金铠	《浙江公立图书馆年报》	我国最早的图书馆专业期刊
2004	晓寒	《山东省立图书馆季刊》	馆刊
2005	史兴伟	《浙江公立图书馆年报》《图书馆》《图书馆学季刊》	最早的图书馆期刊,最早的地方性专业期刊和最早的全国性专业期刊
2006	吴稌年	《图书馆学季刊》	三大图书馆学期刊之一,刘国钧学术成就

---

① 刘宇,魏瑞斌,杜慧平.图书馆学知识边界的凝聚与学科认同建立:基于《图书馆学季刊》共词网络的案例研究 [J].大学图书馆学报,2012（5）

② 谈金铠.我国最早的图书馆专业期刊:《浙江公立图书馆年报》[J].图书馆论坛,1992（5）

③ 庄红雨.两个不同历史时期的《山东图书馆季刊》考录:为庆祝山东省图书馆建馆八十周年而作 [J].山东图书馆学刊,1989（3）

④ 黄少明.略论民国时期图书馆学论文的若干分布特点 [J].图书馆杂志,1991（4）

⑤ 赵长林.民国时期上海图书馆学期刊群落论析 [J].图书馆杂志,1995（4）

（续表）

发表时间	作　者	被研究期刊	被研究期刊说明
2006	刘再聪	《京师图书馆月刊》	馆刊
2009	刘宇	《图书馆学季刊》	三大图书馆学期刊之一
2011	张敏	《浙江公立图书馆年报》	第一份图书馆馆刊
2011	杨薇	《图书馆学季刊》	三大图书馆学期刊之一
2012	刘宇等	《图书馆学季刊》	三大图书馆学期刊之一
2013	杨杞	《学觚》	民国时期图书馆主办的期刊栏目
2013	孟化	《国立北平图书馆馆刊》《图书季刊》《读书月刊》《大公报·图书副刊》	馆刊
2013	刘劲松	《中华图书馆协会会报》广告评析	三大图书馆学期刊之一
2013	刘桂芳	《天津市市立通俗图书馆月刊》	馆刊
2013	李旎	《国学图书馆年刊》	馆刊
2014	张书美	《中华图书馆协会会报》	三大图书馆学期刊之一，广告优势
2014	王阿陶	《中华图书馆协会会报》	三大图书馆学期刊之一
2015	张书美	《中华图书馆协会会报》	三大图书馆学期刊之一
2015	秦慧	《图书馆学季刊》广告价值分析	三大图书馆学期刊之一
1991	黄少明	《图书馆学论文索引》中的图书馆学论文	整体
1993	张树华	解放前我国图书馆学期刊	60多种期刊
1995	赵长林	民国时期上海的图书馆学期刊	19种期刊
2004	李万健	近代图书馆馆刊	整体
2004	郭卫宁	民国图书馆界刊物	144种期刊

（3）图书馆法研究

在对图书馆法进行的研究中，大部分是对民国时期建立的图书馆相关法规、条例和规章制度的分析。如张书美对国立中央图书馆的法规进行了解析①,旭岩、王丽娟、申晓娟均介绍了新中国成立前我国图书馆的立法②③④,王小会对私立图书馆法规进行了研究⑤,门庭则对《湖南图书馆暂定章程》进行了分析⑥,刘劲松对民国时期捐资建设图书馆的褒奖条例进行了述评⑦。

有些学者还进一步探讨了民国时期图书馆法规对我国图书馆立法的借鉴意义。如花建军分别论述了民国图书馆法规在图书馆行政主管机关、经费管理、图书呈缴制度等方面所做规定所具有的参考价值⑧。申晓娟从民国图书馆政策法规中解读出:缺乏必要的社会环境与经济基础,图书馆政策对图书馆事业发展所能发挥的作用将受到很大限制,政策应当及时反映社会的变化及其对图书馆的需求⑨。

（4）分类法研究

民国时期我国图书馆事业经历了较快的发展时期,快速兴办的各类图书馆迫切需求图书分类方法来管理和查检馆藏。王菊明根据民国二十四年的《全国图书馆调查录》(1935)发现,当时使用的文献分类法有很多种,包括中国近代新型文献分类法、四库分类法、杜威十进法以及混合型分类法⑩。我国的分类法在东西方学

---

① 张书美,郑永田.民国时期国立中央图书馆的法规建设[J].图书与情报,2011（1）

② 旭岩,海斌.一九四九年前我国图书馆立法略论[J].河南图书馆学刊,1983（3）

③ 王丽娟.中国近代图书馆立法试析[J].辽宁大学学报（哲学社会科学版）,2010（4）

④ 申晓娟.从藏书楼到近代公共图书馆:1949年前我国公共图书馆政策发展分析[J].图书馆建设,2014（4）

⑤ 王小会.近代私立图书馆法规研究[J].图书馆杂志,2011（10）

⑥ 门庭.《湖南图书馆暂定章程》:清末省级官订图书馆章程之肇始[J].新世纪图书馆,2011（10）

⑦ 刘劲松.民国时期捐资兴"图"褒奖条例述评[J].图书馆建设,2013（6）

⑧ 花建军.近代图书馆法规对未来制定中国图书馆法的参考价值[J].科技情报开发与经济,2008（2）

⑨ 申晓娟.从藏书楼到近代公共图书馆:1949年前我国公共图书馆政策发展分析[J].图书馆建设,2014（4）

⑩ 王菊明.中西杂糅:民国二十四年图书馆文献分类法探析[J].图书馆工作与研究,2015（3）

术系统共同基础上建立起来,是西方分类法本土化的产物。其中,美国的《杜威十进分类法》对民国时期分类法的研制影响最大,国内先后出现了"补杜法""改杜法""仿杜法"等。刘应芳于2012年在《图书情报工作》上发表的文章《民国时期图书分类法本土化之研究》解析了这一过程①。

作为我国第一部文献分类法,沈祖荣、胡庆生于1917年编《仿杜威十进分类法》对我国图书馆事业发展具有里程碑意义。1997年,白国应撰文纪念这部分类法出版80周年,认为该分类法是第一个为中文图书而编的新型分类法,第一次冲破传统"四部"分类法的束缚而建立的新的分类体系,并第一次实行了古今中外图书统一分类,创新性地采用等级列举式表示类目隶属关系,采用层累制编号方法和以阿拉伯数字作为类目标记符②。

此外,徐苏对著名图书馆学家杨家骆对分类法的研究贡献进行了总结③。

(5)儿童图书馆与儿童阅读研究

对民国时期儿童图书馆和儿童阅读的研究在近几年才出现。2012年,张慧丽在《图书情报工作》上发表论文《民国时期图书馆学领域儿童早期阅读研究述略》一文,探讨了民国时期对学前儿童早期阅读包括儿童图书馆进馆年龄限制、儿童年龄与读物的选择和装帧设计、儿童阅读指导等方面的研究,以供现代图书馆借鉴。2014年,黄洁、张峰对民国时期儿童图书馆的学术著作、论文进行了梳理、统计,总结了在发表时间、研究领域、主要研究学者、刊载期刊等方面的特点④。另外,江山根据民国时期重要教育类期刊《中华教育界》中所刊载的儿童图书馆学文章,分析

---

① 刘应芳.民国时期图书分类法本土化之研究[J].图书情报工作,2012(1)

② 白国应.中国近代文献分类法的里程碑:纪念沈祖荣、胡庆生合编的《仿杜威书目十类法》出版80周年[J].图书情报论坛,1997(3)

③ 徐苏.杨家骆及其图书分类学研究[J].江苏图书馆学报,1994(5)

④ 黄洁,张峰.民国时期儿童图书馆研究综述[J].图书馆工作与研究,2014(1)

了该期刊对近代中国儿童图书馆学的发展起到的促进作用①。

（6）公共图书馆研究

对公共图书馆的研究主要集中在有关公共图书馆政策和法规，以及公共图书馆思想两个方面。

申晓娟对 1937 年前颁布的公共图书馆相关的 28 个主要政策文件和 1937 年到 1949 年颁布的 26 个相关政策文件进行了分析，提出这两个历史阶段的公共图书馆政策对建设图书馆事业政策所具有的借鉴价值：一是图书馆政策在缺乏必要的社会环境与经济基础条件下所能发挥的作用会受到很大限制；二是建立图书馆政策时，应当及时反映社会的变化及对图书馆的需求②。张书美等分析了国民政府在 1927 年到 1947 年间颁布的国立中央图书馆法规和法令，共 10 件，其中最重要的是组织条例建设、职员遴选聘任制度建设和新书呈缴制度的建设，对健全国立中央图书馆组织机构、建立高素质馆员队伍和稳定书源方面奠定了基础③。杨志永基于民国时期教育部教育司和中华图书馆协会进行的两次图书馆调查，指出在抗战爆发前我国基本形成国家级公共图书馆、省级公共图书馆、市县（村）公共图书馆三级公共图书馆体系，并对该体系的职能分工及其开展的合作交流进行了探讨④。

对公共图书馆思想的研究主要是通过对民国时期相关图书馆法规的分析实现的。如李彭元分析了国民政府教育部颁布的民国时期最早的两部图书馆法规《图书馆规程》和《通俗图书馆规程》中的公共图书馆思想，包括设立图书馆是地方政府的责任、图书馆是教育事业的组成部分、图书馆经费来源于政府税收和鼓励私人

---

① 江山.《中华教育界》与近代中国儿童图书馆学的发展［J］.河南科技学院学报，2015（1）

② 申晓娟.从藏书楼到近代公共图书馆：1949 年前我国公共图书馆政策发展分析［J］.图书馆建设，2014（4）

③ 张书美.研究民国时期图书馆学论著的里程碑：读范凡的《民国时期图书馆学著作出版与学术传承》［J］.大学图书馆学报，2013（4）

④ 杨志永.民国时期的三级公共图书馆体系研究：基于民国时期图书馆的两次调查［J］.河南科技学院学报，2014（1）

以资财设立或捐助图书馆等,并对这两部法规中的公共图书馆思想进行了比较[①]。黄少明从清末至民国时期的法规中考察了公共图书馆从收费服务走向免费服务的历程[②]。

此外,黄红华解读了英国著名的图书馆学活动家麦克考文撰写的全国公共图书馆调查报告,指出该报告对近代英国公共图书馆的发展所具有的深远影响[③]。

（7）其他主题

除了以上论述较多的主题,还有少量文章涉及索引、图书馆学史料、图书馆学史、中外图书馆国际交流等主题。

（三）学位论文

在 6 篇以民国图书馆学文献作为研究对象的学位论文中,有 2 篇以图书馆学期刊为研究对象,有 2 篇研究图书馆法规和制度,其中包括 1 篇博士论文,另外 2 篇分别研究了民国时期的图书馆学著作和档案学著作。

2007 年,刘宇以《〈图书馆学季刊〉研究》为题完成了硕士毕业论文,是最早以民国时期图书馆学文献作为研究对象的学位论文。他对民国三大图书馆学期刊之一的《图书馆学季刊》进行了系统研究,以窥当时图书馆学研究的内容和特色[④]。2013 年,赵凤霞以中国最早创办的图书馆学期刊《浙江公立图书馆年报》为研究对象完成了硕士论文《抗战前浙江省立图书馆馆刊研究（1915—1937）》[⑤]。

王小会于 2012 年完成其博士论文《民国时期图书馆法规与制度研究》,结合使用文献调研法、内容分析法、历史研究方法和个案研究方法研究和梳理了民国时

---

①　李彭元.《图书馆规程》和《通俗图书馆规程》的公共图书馆思想研究［J］.图书馆理论与实践, 2013（1）

②　黄少明.走向免费服务：从清末和民国时期的图书馆法规看公共图书馆免费服务的原则最终在我国的确立［J］.图书馆, 2005（2）

③　黄红华.麦克考文报告与近代英国公共图书馆发展［J］.图书馆, 2013（4）

④　刘宇.《图书馆学季刊》研究［D］.南京：南京大学, 2007

⑤　赵凤霞.抗战前浙江省立图书馆馆刊研究［D］.苏州：苏州大学, 2013

期我国图书馆法规制度建设的发展历史,研究法规制度体系与内容,分析和归纳了公共图书馆运行保障制度、内部管理体系、私立图书馆建设与运行保障等各项具体法规制度的内容,并探讨了图书馆法规在当时各种图书馆中的实施效果①。2014年,夏梦杰以《民国时期图书馆法规研究》为题完成的硕士学位论文,系统梳理了民国时期图书馆法规的内容,并总结其发展规律②。

2008年,范凡完成其博士论文《民国时期图书馆学著作出版与学术传承》的答辩,后来于2011年出版了同名著作③。2013年,魏会玲则以民国档案学著作作为研究对象,完成了硕士论文《民国时期档案学著作研究》④。

四、总结

从上文中对民国时期图书馆学文献的整理成果和研究成果的分析看,民国图书馆学文献整理和研究工作已经取得一定成绩,但是也存在一些不足之处。从总体看,在文献整理方面和文献研究方面具有以下特点:

（一）文献整理方面

1. 文献整理的范围和规模

在各种文献整理方式中,影印出版能够最大化地保存原始文献的全貌,对保存民国文献的文献价值和学术价值来说意义非凡。从影印出版的对象看,目前对民国时期图书馆学文献整理的成果以期刊为主,包括民国时期三大图书馆学期刊和著名的馆刊,主要以成套影印出版和馆刊汇编形式发行,初步统计共有近100种期刊得到整理,其中有70余种期刊被全面影印。根据谈金铠的统计,民国时期图书

① 王小会.民国时期图书馆法规与制度研究［D］.广州:中山大学,2012.
② 夏梦杰.民国时期图书馆法规研究［D］.哈尔滨:黑龙江大学,2014.
③ 范凡.民国时期图书馆学著作出版与学术传承［D］.北京:北京大学,2008.
④ 魏会玲.民国时期档案学著作研究［D］.济南:山东大学,2013.

馆学期刊总数应超过160种①,因此目前尚未得到整理的期刊还有很多。相比期刊,对民国时期出现的图书馆学著作的整理成果则不多见,到目前为止,由国家图书馆出版社于2013年出版的陈源蒸等编《20世纪中国图书馆学文库》(共95册),收录1909至1999年中国发表的图书馆学专著103种,是本文所能获得的整理成果中唯一的对著作进行集中排印出版的成果。但是,除去新中国成立后的图书馆学专著,其中包含的民国时期出版的专著数量并不多。按范凡的统计,民国时期出版的著作数量为943种②,因此绝大多数的著作尚未得到影印整理出版。而这些著作中不乏很多创造性的研究成果,对目前图书馆学研究仍具有参考价值。此外,尚无对民国时期图书馆学专业毕业论文的整理成果。

2. 文献整理的主体

从文献整理的主体看,国家图书馆组织进行文献整理取得的成果最多和最全面,国家图书馆出版社(原书目文献出版社、北京图书馆出版社)则是主要的出版单位。自20世纪80年代,国家图书馆下属全国图书馆文献缩微中心就开始利用缩微技术对重要的民国馆刊进行抢救,之后国家图书馆一直在有计划、有步骤地进行大规模文献整理工作,先后发行了三大图书馆学期刊成套影印本和著名图书馆馆刊荟萃系列,并在缩微胶卷基础上建立民国文献数据库,方便用户查询和利用。国家图书馆出版社还出版了书目汇编、联合目录、史料汇编等,是民国图书馆学文献整理的主力军。其次,个人的整理成果也很重要。如李钟履于1958年出版的《图书馆学书籍联合目录》和1959年编《图书馆学论文索引(第一辑:清末至1949年9月)》至今仍然是对民国时期图书馆学文献研究的重要参考书籍。另外,图情学院以纪念文集形式整理民国图书馆学文献,也成为文献整理的重要主体之一。

---

① 谈金铠.略论解放前我国图书馆专业期刊的发展(续完)[J].图书馆论坛,1991(4)

② 范凡.民国时期图书馆学著作出版与学术传承[M].北京:国家图书馆出版社,2011

3. 文献整理的形式

对民国图书馆学文献的整理形式以影印出版为主。从总体看，文献整理的深度不够，集中表现在以下两点：①专题性整理成果较少。目前，专门收集民国时期图书馆学文献的数据库只有国家图书馆出版社的《民国图书馆著作数据库》。与此同时，具体专题如图书馆法、儿童图书馆、分类和索引、民国目录学等也缺乏专门的整理。目前，民国图书馆学文献的记载大多还是分散在综合性书目、综合性数据库和史料汇编中，这对研究民国图书馆学史的学者来说非常不便，也不利于就专题进行深入的研究。②标引不够全面，即对已有整理成果缺乏分类和详尽的关键词标引。例如，国家图书馆所建三种民国时期文献数据库只提供文献题名、作者和刊名的检索，无法充分揭示馆藏，非常不利于查检使用。对民国文献进行详尽关键词标引和提供准确的分类号，是对文献进行深入整理的过程，能充分揭示文献中的主题，按类和专题聚集文献，只有这样，才能充分发挥民国文献的研究价值和史料价值。

（二）研究方面

1. 时间分布

从民国文献研究成果的发表时间看，2000 年是一个分界线。这之前，每年只有零星的文章或没有文章发表，之后每年发表的论文数量则呈现波动上升的总体趋势，仅 2013 年这一年就发表了 22 篇相关文章。2007 年，刘宇以《〈图书馆学季刊〉研究》为题完成的硕士学位论文，是最早以民国时期图书馆学文献作为研究对象的学位论文。2008 年，范凡完成其博士论文《民国时期图书馆学著作出版与学术传承》，是第一篇以民国时期图书馆学文献为研究对象的博士论文，2012 年以后，每年均有相关学位论文出现。因此可以说，对民国图书馆学文献的研究热情从 2000 年后一直在上涨。

2. 期刊分布

从发表民国图书馆学文献研究论文的期刊看，《山东图书馆学刊》是发表民国图书馆学文献研究论文最多的期刊,其次为《图书馆杂志》《图书馆建设》《晋图学刊》《国家图书馆学刊》《图书馆》《图书馆工作与研究》《图书馆论坛》等等。从期刊等级看,其中不乏图书馆学核心期刊,《中国图书馆学报》《大学图书馆学报》和《图书情报工作》这些在图书馆学界具有较高影响力的期刊也发表了多篇相关论文。

3. 研究对象

目前,对民国图书馆学文献进行的研究集中在对三大图书馆学期刊和著名馆刊的研究,对译著和专著的研究,对民国图书馆政策、法规和制度的研究三个方面,对民国时期的其他图书馆学文献如图书馆调查报告、演说词、宣言等的研究零星可见。但是鲜见对民国时期图书馆学专业的毕业论文的研究,究其缘由,可能因为很难获取到这类文献。

4. 研究主题

已有文献研究成果主要是对民国时期图书馆学专著和图书馆学期刊的评价和分析,以及对图书馆法进行的研究,也有少量论述涉及分类法、儿童图书馆和儿童阅读、公共图书馆这三个主题,但是缺乏对藏书建设、民国目录学、读者工作等方面的专题研究。

总之,对民国图书馆学文献进行整理和研究已经取得了一定成果,并引起了学界和业界的重视,但是从总体看,尚处于初级阶段。还有很大一部分民国图书馆学期刊和著作尚待发掘,并且需要注重民国文献的深度整理。对民国图书馆学文献的整理工作一方面肩负着保存图书馆学优秀遗产的重任,另一方面整理的成果往往成为图书馆学史、民国文化史等研究的重要参考资料,因此仍需加大民国文献整理的力度,重视文献普查工作,广泛收集散落在国内外的原始图书馆学文献,通过深加工充分揭示资料,以发挥这部分珍贵资源的学术价值和文献价值。

第六章　民国旅游文献整理与研究

民国时期,社会变革运动风起云涌,中西思想文化交流激荡,在中国内部经济结构变更和西方外来因素的共同作用下,中国近代旅游业应运而生,伴随交通客运方式的发展,国内、国际旅游需求迅速增长,旅游活动日益丰富,旅游业初步建立。随着旅客旅行行为的迅猛增加,学者的研究关注日益加强,产生了大量的旅游作品,这些文献类型多样,主要以图书、报刊、论文汇编、摄影图片为呈现形式,内容上涉及旅游研究著作、导游指南、游记、舆图、景观介绍等。数量浩如烟海,不计其数。民国旅游文献作为一种涉及食、住、行、游、娱、购各方面信息的特殊文献,内含大量珍贵的原始数据、一手资料。各类旅游文献均有着各自的独特价值。

一、民国旅游文献概述

民国旅游文献从文献类型角度可分为图书、报刊、论文集、摄影作品及舆图等。

经检索查询,现存的民国旅游文献大体情况如下:《民国时期总书目》(约 2500种)、《中国旅游文献书目选编》(民国旅游文献 500 余种)、《民国时期出版史料汇编》中旅游书目信息 40 余条、孔夫子旧书网查询到民国旅游指南类图书 164 种、《中国游记文献研究》所附民国游记目录 596 种,《生活全国总书目》(1935 年版)

收录旅游类文献 130 余种（以上数据因条件所限尚未查重合并）。民国旅游期刊数量比较少，据有关文章统计，民国时期约有三百多种旅游类报刊。目前查询到的民国旅游报刊现存十几种。

（一）旅游图书

民国旅游图书大致可分成理论著作、游记类文献和旅游指南导游类文献三大类。

民国旅游活动的日益丰富多彩和旅游业的初步确立，为民国时期的旅游研究开辟了更广阔的天地。学者和旅游界人士们从不同侧面积极进行探索，形成了一批颇具理论深度的研究成果，主要集中在旅游经济理论与方法、旅馆饭店经营管理、旅行卫生、古代旅行家研究、旅游文化及其他相关问题等方面。

游记是摹写旅行见闻的一种旅游文献，常常被西方学者据以考察社会文化史，那些浩如烟海的个体游记因为是亲历亲闻，可靠性高，保留了大量富有认知和研究意义的科学资料和史料。所以，游记文献对于中国历史地理研究的学术价值也是不可估量的，且对于城市文化史的研究同样具有重大的史学价值。民国时期游记图书的出版达到了前所未有的规模，开启了游记图书出版史上的新时代。据统计，民国时期出版游记图书 596 种，其中再版清以前游记及游记集 34 种，民国时创作游记及编选游记集共 562 种。民国时期游记图书的出版在数量上是空前的，超过了古代同类图书出版的总和。

旅行指南直观地展示了民国时期旅游业的涉及范围：地理、交通、事业、公共处所、礼俗方言、宗教法规、食宿游览、名胜古迹、杂录等。指南中的城市旅游指南，保留了大量的中国在现代化快速变迁过程中关于城市生活的记录；旅游指南、导游手册等，其内容可视为城市变化的某种反映，这些指南性书籍中介绍的各种城市情况，不仅可作为治游出行向导，且具有重要的史料价值。

下面是对民国旅游图书的出版情况的概要展示，见表 6-1。

表 6-1　民国旅游图书出版情况一览表

旅游图书类型	归　　类	题　　名
研究性理论成果	旅游经济理论与方法	《游览之倡导》 《游览事业之理论与实际》
	旅游饭店经营管理	《旅业服役常识》 《旅馆业务之管理概况》 《饭店实用伺应学》 《旅馆实务》
	旅行卫生	《旅行卫生》 《旅行卫生法》
	古代旅行家研究	《徐霞客年谱》 《地理学家徐霞客》 《王玄策事辑》
	旅游文化及其他相关问题	《中国古代旅行之研究：侧重其法术的和宗教的方面》
游记类图书	山水胜迹游览记	《中国名胜游记》 《灵隐游记》 《西湖探胜记》 《天台山游记》 《雁荡山游记》 《庐山游记》
	社会旅行记（抗战背景）	《临江难记》 《抗战中看山河》 《川南记游》
	域外游记	《欧游心影录》《环游二十九国记》 《欧行日记》《巴黎的鳞爪》 《海行》《欧游随笔》《欧游散记》
旅游指南和导游类文献	区域类	《西北导游》《三峡游览指南》 《西南揽胜》《游滇须知》 《四川导游》《游川须知》 《东三省旅行指南》

（续表）

旅游图书类型	归　　类	题　　名
	城市类	《北京指南》《实用北京指南》《北平旅行指南》《南京游览指南》《上海指南》《上海市指南》《大上海指南》
	便览、快览类	《北京便览》《袖珍北京备览》《游杭快览》《西京快览》《福州便览》
	景点类	《故宫导游》《泰山指南》《北戴河海滨导游》《北戴河指南》《西子湖》《莫干山导游》《天台山指南》《庐山指南》
	线路类	《中华民国全国铁路旅行指南》《京绥铁路旅行指南》《京奉铁路旅行指南》《京汉铁路旅行指南》《津浦铁路旅行指南》

（二）旅游报刊

民国旅游刊物主要是杂志，一些报纸也会通过设置旅行专栏刊登相关信息。

1. 民国期刊旅游资源

目前查到的民国时期旅行刊物情况，见表 6-2。

表 6-2　民国时期旅行期刊一览表

期刊名称	创办地（创停刊时间）	出版者
友声	上海（1923.7—1937.6）	友声旅行团
旅行杂志	上海（1927—1954）	中国旅行社

---

① 《旅行杂志》所凸现西南地区旅游［EB/OL］.［2015-11-17］. http://max.book118.com/html/2015/1115/29593098.shtm

（续表）

期刊名称	创办地（创停刊时间）	出版者
旅光	桂林，上海（1940—1949）	中国旅行社
旅行便览	上海（1943），后迁至桂林（1943.6—11）	中国旅行社
沪讯	上海（1947）	中国旅行社
旅行天地	上海（1949.1—4）	上海旅行天地社
旅行情报	不详	林重生
旅行周报	天津（1934.7—9）	天津旅行周报社
旅行	福建（1945.6—1948.12）	福建云霄旅行月刊社
台旅月刊	台湾（1949.2—5）	台湾旅行社
风景画报	不详	不详
揽胜画报	不详	不详
旅行卫生①	上海（1947.4—6）	上海海港检疫所旅行卫生编委会
旅外岭东周报	上海（1933.2—6）	上海旅外岭东周报社

大部分民国旅行刊物出版持续的时间都比较短，缺少连续性，只能反映某一阶段中国旅游的情况。其中很多刊物是专事介绍交通、旅游卫生、风景名胜等，针对性较强，能较好地反映近代中国旅游的某个侧面。

2. 民国报纸旅游资源

为满足大众的需求，民国时期还有许多报纸开设旅游专栏，介绍各地风光，报道各旅行团、社的消息等，供大众消遣，多数为周刊。下面是民国时期上海的旅游副刊情况，见表6-3。

表6-3 民国时期上海旅游副刊一览表

专栏名称	报刊名称	出版地	创、停刊时间
行旅	民报	上海	1932.5—8
旅行者	大晚报	上海	1932.7.7—8.4

（续表）

专栏名称	报刊名称	出版地	创、停刊时间
旅行指导	晨报	上海	1934.5.19—12.29
旅行周刊	新闻夜报	上海	1934.9.21—10.26
旅行指导	新夜报	上海	1935.1.19—2.23
旅行周刊	大美晚报	上海	1936.7.17—10.18
旅行周刊	时事新报	上海	1935.10.2—1936.4.15
春游特刊	大晚报	上海	1937.3
旅行专刊	申报	上海	1937.4.3—24
旅行世界	大晚报	上海	1946.5.23—1947.1.30
交通与旅行	正言报	上海	1946.7—1947.1
旅行生活	华美晚报	上海	1946.10.10—1947.9.20
旅行	小日报	上海	1947.6.18—8.20
杂俎	绿营	上海	1947.10.10
旅行周刊	新夜报	上海	1948.4.14—10.26

资料来源：《上海图书馆馆藏中文报纸副刊目录：1898—1949》，上海图书馆编辑，1985 年，报纸副刊分类索引第 507 页；报纸副刊隶属索引第 126 页。

（三）论文集

民国旅游文献还有一种特殊形式——论文集。将旅游学方面的相关文章结集出版，能较集中地反映当时旅游领域的学术成就，这方面的代表如表 6-4。

表 6-4　民国时期旅游论文集一览表

题　　目	出版者	说　　明
旅行谭荟	中国旅行社（1937）	汇集了《旅行杂志》总编赵君豪 1934—1936 年间访问马相伯、蔡元培等 20 位名流所写的"旅行讲座"。

（续表）

题　　目	出版者	说　　明
关系游览事业各文	中国旅行社（1944）	佘贵棠 1941——1943 年间曾写"关系游览事业各文"，部分发表在《旅行杂志》上，1944 年由中国旅行社结集出版。主要是论述游览事业的意义、经营及游览资源、游览建设、宣传、游客接待、财务、交通、食宿、娱乐等事项和中国的旅游事业情况，并对中外有关旅游的名词进行了梳理。

（四）摄影作品

在庞大的民国旅游文献中，还有一些品质优良的摄影作品出版成书，举例如表 6-5。

表 6-5　民国旅游摄影作品集一览表

题　　目	出版者	说　　明
雁荡山一集	商务印书馆（1917）	民国初期摄影家蒋叔南的雁荡山系列摄影集之一，收录其所摄雁荡山风光图片 24 幅，加中英文说明。列为"中国名胜"系列第十种。
雁荡山二集	商务印书馆（1918）	署名蒋希召（即蒋叔南）编纂。
雁荡山三集	商务印书馆（1918）	署名蒋希召（即蒋叔南）编纂，与前两集合计收录作者所摄雁荡风光图 74 幅。游客成行之前可以先睹为快，或者入山之时随身携带比照观览。
武夷山		作者蒋叔楠。
黄山揽胜集	良友图书公司（1934）	分黄山风景集和始游黄山日记两部分。前者收风景照片 42 幅，配有简单文字说明，以及历代名人游黄山诗文。

二、民国旅游文献的整理

（一）影印出版

按照出版的规模可以将 1949 年以来民国旅游文献影印情况分为以下三种：

1. 单行本（零散）出版

检索的结果显示，单行本再版的民国旅游文献为数不多，主要是 1935 年由北平经济新闻社出版发行的《北平旅游指南》（马芷庠编，张恨水审定），1997 年由北京燕山出版社再版，改名为《老北京旅行指南》。1936 年商务印书馆出版的《金陵古迹名胜影集》、《金陵古迹图考》（朱偰编），2006 年由中华书局重版。1923 年中华书局出版的《南京游览指南》（陆衣言编）、1928 年大东书局发行的《新都游览指南》（方继之编），两书 2014 年由南京出版社重版。1923 年中华书局版《新疆游记》（谢彬著），1990 年由新疆人民出版社影印出版，收录在大型系列丛书《西域探险考察大系》（第一版）。

2. 专题出版

关于民国旅游文献的专题出版主要有：2011 年、2012 年南京出版社陆续出版的 1931—1939 年间出版的"都市地理小丛书"十本中的九本——《北平》《南京》《上海》《杭州》《广州》《西京》《洛阳》《济南》《青岛》，唯《泰山曲阜游记》未重版[①]。2013 年王强、张元明主编，凤凰出版社出版的《民国旅游指南汇刊》，收录民国四年与民国三十七年间出版的旅行指南、导游手册、某地便览、备览、快览等文献，不收专门游记及旅行期刊，全编收录资料 87 种。

3. 大型丛书影印收录

1966 年台湾文海出版社开始出版的《近代中国史料丛刊》（沈云龙主编）共收

---

① 钱薇.都市地理小丛书［J］.好家长，2012（12）

入 27 种旅游类图书。1989 年上海书店出版社开始发行《民国丛书》，到 1996 年出
齐五编，共收书 1126 册，其中包含 29 种旅游文献。2009 年，大象出版社出版《民
国史料丛刊》，该大型影印版丛书收录民国指南导游 33 种。2012 年 10 月，该社又
推出由张研主编的《民国史料丛刊续编》，与前者形成互补，堪称姊妹篇，收录旅游
图书 38 种。2014 年 2 月，天津古籍出版社出版《上海文献汇编》，其中史地卷收
录民国旅游文献 29 种。2015 年，民国时期文献保护中心与中国社会科学院近代
史研究所合作编辑，由国家图书馆出版社出版 1000 册大型民国丛书《民国文献类
编》，收录民国旅游文献 68 种。2015 年，凤凰出版社出版《南开大学中国社会史研
究中心资料丛刊·中国近代铁路史资料选辑》，其中"线路类"收录影印版铁路旅行
指南 9 种。

（二）目录

中国旅游出版社 1986 年出版由金玉满等编著的《中国旅游文献书目选编》，
收录古今（止于 1984 年 12 月）旅游文献近 2000 种，其中民国时期出版书目约
518 种。

目前尚未查询到民国旅游文献的汇编资料及数据库方面信息。

三、对民国旅游文献的研究

（一）著作

东南大学出版社 2005 年出版的《中国游记文献研究》（贾鸿雁著），是目前为
止为数不多的游记文献研究专著。本书是国内首部对中国游记进行全景式研究的
专著。作者从文献学的角度，给通常被视为文学作品的游记以全新的定位，以相当
的篇幅，纵论先秦至民国游记文献的创作、结集、出版情况，清晰地勾勒出二千年游
记文献的面貌，揭示了游记文献的多方面学术文化价值。同时，作者结合当前旅游
业的发展研究游记文献，就游记文献的整理、开发提出构想，并整理出《游记篇名

一览》和《民国游记书目》两篇重要书目附于书末①。

（二）论文

通过检索中国期刊网，并经去重，合并及筛选内容，最终得到关于民国旅游文献的研究论文共 40 篇。研究内容主要包括对指南导游、游记、旅行专著、旅行报刊的研究及综合文献介绍。其中涉及指南类的研究有 5 篇，涉及游记类的有 18 篇，有关旅游专著研究的有 1 篇，报刊类研究 13 篇，旅游文献综合性讨论 3 篇。关于民国旅游文献的研究论文最早见于 1996 年刊登在《实事求是》杂志上王东平所撰《民国游记中的杨增新》。2002 年后，对民国旅游文献的研究论文显示出稳定研究态势，发表数量如表 6–7。

表 6–7　民国旅游文献研究论文逐年刊发数量表

年　　份	论文篇数
1996	1
2002	1
2003	1
2004	1
2005	6
2006	6
2007	1
2010	1
2011	4
2012	3
2013	7
2014	7
2015	6

① 贾鸿雁. 中国游记文献研究［M］. 南京：东南大学出版社，2005

虽非年年有论文发表，但刊登的文章数量总体呈现增长趋势，2005及2006年达每年6篇，2010年后连续每年有文章刊发，近年逐渐增多，2013、2014、2015分别发表相关论文7篇、7篇、6篇。说明，此类主题的研究逐渐趋热。从内容上看，33%的论文研究游记文献，其中有关民国西部游记文献研究形成突出特色，此类数量达游记类研究论文比例近半，22%的论文研究旅行刊物，尤以对民国旅行重要刊物《旅行杂志》的研究为最盛。少量的论文以旅游指南、旅游理论专著、旅游文献总体概况为研究对象。

1. 对各类旅游文献的综合研究

高兴所撰《方志文献、文人游记与城市文化史研究——以民国时期的大理为例》，以民国时期大理的城市文化史为考察案例，选择方志文献和文人游记作为两类特殊的历史文本，发现二者对于当时大理自然环境特征与社会文化变迁的书写有不少契合之处。沈金芬、刘霏霏《浙江图书馆馆藏舟山地方文献资料（清—民国）初探》一文通过对浙江图书馆馆藏清代及民国时期舟山地方文献的调查，发现其主要种类除地方名人著述、地方报刊资料外，还有数量不菲的舟山游记文献及普陀山旅游书刊、舟山老地图等，并对这些文献进行了详细介绍。马守芹《"风景"的发现——近代铁路旅行风潮与国族建构（1923—1937）》一文借用"民族国家建构"和"风景"民族主义的理论观点，在分析众多铁路旅行指南，以及名人游记、旅行画册等资料后，考察了铁路旅行、铁路旅行指南和作家游记等关于铁路旅行的书写如何合力塑造了国民的集体记忆和国族认同。作者认为近代铁路的修建、大众旅游业的兴起以及游记的写作，共同促成了近代中国"风景"的发现和呈现，推进了近代中国的国家建构。

2. 对旅游图书文献的研究

（1）对民国指南导游类图书的研究

这方面有5篇相关论文。

毕文静的硕士论文《民国北京旅行指南研究（1912—1936）》探讨了民国北京

旅行指南的产生和发展背景及其多元化因素,认为旅行指南反映出民国时期北京社会生活的诸方面:如广告业、广播电台、城市基础建设、社会团体、民族、社会风气、社会罪恶等。

季剑青《旅游指南中的民国北京》一文则选取民国各时期出版的中英文北京旅行指南,从其编排体例、记载信息、内容分配上的变迁来考察北京城市的历史发展脉络。

刘鹏《民国诗画描绘老北京街头小吃》一文回顾了民国时期马芷庠所编《北平旅行指南》对"平民食品"的记载。《北平旅行指南》以打油诗配画的形式将旧京街头摊贩经营小吃的情景生动地展现出来。

冯贤亮、林涓在《江南城市的导游指南与生活变化(1912—1949)》一文中指出,导游指南类图书反映了在上海、苏州、镇江、杭州这样辟有租界的地方,现代化的生活方式及设施,如电灯、电话、自来水等,很早就有,并开始波及普通城市。城市内部的空间状态被重新调整,而新式交通方式如火车、汽车、火轮等的推行,又进一步促进了这种变化,对人们的时间安排与生活休闲方式有很大的触动。以上海、苏州、杭州等城市为代表的一些城市导游指南大量出版,其内容充分反映了各个城市在公共管理、经济产业、休闲生活、马路景观、交通方式等方面的新变化,也体现了这些城市在"现代化"方面的不同程度及状态。

最后一篇是林岫的《关于北京旅行指南类文献的探讨》,分别对民国时期、建国初期及当代旅游指南的编制体例及其价值进行了探讨,同时介绍了一些外文的北京旅游指南。指出北京旅行指南类文献是北京地方文献的一部分,民国时期的旅行指南为研究北京史的人士提供了丰富的资料。

(2)对民国游记类图书的研究

①各地区游记文献的研究

高兴《游记档案关于民国北京的历史陈述》提出:从游记档案中可以发现,民国时期的国内文人对北京纷纷予以诗性赞美,又嗟叹北京社会历史的转折和变迁;

国外文人对于民国北京形象的异样评价呈现了"他者"目光。游记档案可以为北京史的研究提供一种动态视角，有助于彰显其人文意蕴。文章指出游记档案是研究北京史的重要史料。

谢彬的《云南游记》是研究民国时期云南以及周边地区情况的宝贵史料，书中所载多为作者所亲历。何睿《谢彬〈云南游记〉概说》一文对该书的政治、经济、社会生活、文化教育、山川物产和交通等方面内容做了介绍，也指出由于时代和阶级的局限性，书中难免有一些不足之处，如对少数民族生活习惯的鄙视，同时，由于该书是以游记的形式进行记载，因此有些内容散见于书中，没有形成完整的体系。

郑力乔《民间学人视角下的民国海南——1936 年田曙岚〈海南岛旅行记〉的历史文化价值》对 1936 年出版的《海南岛旅行记》做了研究，指出这部著作记录了一个文化人类学学者游历考察海南的经过，书中描写了海南的风俗人情、山川气候、文化建设、社会经济、物质地产，包含着作者丰厚的人文情怀。

张显凤《生态视野中的民国旅苏游记研究》一文将民国旅苏游记文本纳入文学生态视野进行观照，探究其对于苏联社会生态的记载，自然生态的写照以及对转型中的民国知识分子精神生态的反映，剖析其文本自身和文学生产过程中的文学生态性特征，指出：作为民国文学史和思想史的一个重要侧面，旅苏游记在文学史和思想史领域产生了方方面面的影响。

袁灿兴《民国时期游人笔下的无锡旅游》通过对游记的解析，从交通住宿、饮食购物、旅游娱乐等方面着手，再现了民国时期无锡旅游业的生态。

②西部游记文献的研究

冯明《民国时期国人新疆地区游记文献研究》从历史文献学的视角对其进行深入研究和探讨，分别从文学价值、史料价值、科学价值和思想价值四个方面探究了民国国人新疆游记的文献价值，认为这些文献既是对史学研究领域的新拓展，也能对我们当代了解新疆、研究新疆、开发新疆提供重要借鉴。作者的另一篇文章《民国时期国人新疆地区游记研究综述》在对民国时期国人涉及我国新疆地区的游记书目进行整理及研究的基础上,提出:要加深民国时期新疆地区游记的研究,探析民国时期我国新疆地区旅游与社会动荡变迁之间的内在联系,向世人展示民国时期新疆社会更真实生动的一面。

尹玉霞所撰《千山逐雁留妙墨——女飞行员林鹏侠与〈西北行〉》一文在介绍民国时期女飞行员林鹏侠独自西北考察之来龙去脉的同时,揭示了她开发西北之佳作《西北行》的主要内容。

何乃柱《民国时期汉地旅行者眼中的拉卜楞藏族妇女——基于旅行书写作品的研究》一文从民族学的视角对这些旅行书写进行解读,揭示民国时期汉地旅行者眼中的拉卜楞社会及藏族妇女,分析其旅行书写中显露的以内地为"中心"的痕迹及民国时期所谓的拉卜楞"边民"对"中国"疆域和"中华民族"认同的足迹。

李稳稳、韩海蛟《民国时期汉地旅行者书写中的甘南藏区风俗》一文通过辑录当时的旅行家、考察家及传教士对这一地区的描绘、摄影和绘画,为我们展现了丰富多彩的近代甘南藏区社会影像,重现了特定历史环境下的甘南藏区真实的社会面貌。

王东平的《民国游记中的杨增新》通过民国时期出版的几部新疆游记如《新疆游记》《西部丛编》《徐旭生西游日记》之作者在作品中与时任新疆提法使的杨增新会晤的描述和记载,发现有关历史人物杨增新的许多鲜为人知的史料。

《西行日记》是北京大学陈万里教授1925年跟随哈佛大学福格艺术博物馆考察队一同前往敦煌而记录的一本考察游记。赵跃飞《陈万里〈西行日记〉里的民国大西北图景》系列文章认为《西行日记》所载史料,辅以华尔纳的考察游记及其他资料,可以还原20世纪20年代晋、陕、甘等地民国社会的几个历史片段。

朱映占的《民国知识分子眼中的西南边疆基督宗教——以游记和考察文本为中心的探讨》一文对民国时期知识分子关于西南边疆地区的游记和考察文本进行研究,对基督教在当时来西南考察的知识分子眼中毁誉参半的深层原因进行分析,认为一方面与基督宗教在传播过程中的表现有关,另一方面也与知识分子关于基督宗教与民族国家命运关系的认知有关。

吴大素《民国时期旅渝者的重庆旅游意象研究》根据民国时期来渝旅行的游记和文人笔记小说资料，考察当时来渝旅行者对重庆的旅游意象和地域评价，发现旅客对重庆意象要素不断丰满全面，由负面认知逐渐向积极正面转变，因时代赋予的"民族复兴根据地"使得民国时期的重庆旅游意象具有激昂的民族情感。

③文章的重新刊出

永州朝阳岩石刻之名贤遗迹，历朝历代享有盛名。秦琪、彭二珂《游朝阳岩记》将1920年8月刊登在《学生》杂志的一篇中学生秦骐所作《游朝阳岩记》，进行排录整理，旧文重刊。该文反映了当时一个少年学生所记述的朝阳岩的优美景色与人文价值。

韦素芬对原载于《大公报》1925年5月27日的民国蒙藏委员会官员萧剑秋所著《西藏游记》进行了整理，并重新发表于《西藏民族学院学报》。原文作者记述了他1912年由川省至西藏昌都调研藏情的沿途见闻，内容涉及沿途程站、山川险要、风土人情、林业矿产、土地使用、沿途关隘、工艺特产等诸多方面。

④游记类图书出版和整理研究

贾鸿雁《民国时期游记图书的出版》认为，民国时期游记图书的出版达到了前所未有的规模，开启了游记图书出版史上的新时代，该文对民国时期游记图书出版的概况和内容特点进行了总结梳理，指出总体数量的剧增、地域范围的开拓、记述内容的拓展以及对古代游记的整理等是游记出版的主要成绩。作者认为，这些游记对推进当时旅游事业、宣传地理知识和民族抗日、探寻国家出路发挥了一定作用，在今天为我们留下来一段真实的历史记录。

贾鸿雁的另一篇文章《中国古代游记的整理与出版》对中华古代游记的整理和出版情况进行了系统梳理，认为再版大型游记丛书对游记的保存与流传有着极其重要的意义。民国时期和新中国成立以来游记的整理和出版主要体现为校注、再版以及游记集合、游记丛书的编选，取得了相当成绩。今后应加强游记的校注、辑佚工作,按地域编选出版游记集,编纂游记资料汇编,逐步实现游记的数字化。

⑤其他方面的研究

王炳中《"民国机制"与现代游记的"社会相"》一文从"民国机制"的角度考察现代游记的"社会相",主要立足于民国历史场域与文献风貌的恰切同构:"社会相"的生成与民国时期旅行之风的兴盛、"风景"的社会化、近代交通业的发展密切相关;宪政理想与现实时局的矛盾,触发现代游记的社会关怀整体上呈现出鲜明的批判倾向;而民国疆域的破碎性,则使现代游记的"社会相"涵容着不同的空间体验和价值取向;此外,火车、轮船等近代交通工具所营造的"车厢社会",成为游记作者管窥现实社会的"西洋镜"。

（3）对旅游专著类图书的研究

易伟新《中国早期旅游理论的奠基者——佘贵棠及其〈游览事业实际与理论〉》一文认为,在民国早期旅游理论的研究者中,佘贵棠是最突出的一位,其《游览事业实际与理论》是中国第一部全面系统论述旅游理论的专著,奠定了中国早期旅游理论研究的基础。文章列举了其在旅游基本概念、旅游的作用、旅游宣传、旅游资源的开发和利用、旅游商品、旅游事业的倡导建设、旅游业的经营管理等七方面研究的观点,认为该书是早期旅游理论研究的集中体现,不仅指导了当时的旅游工作实践,提高了时人对旅游事业的认识,而且对当今的旅游理论研究与实践也具有很重要的参考价值。

3.对旅游报刊文献的研究

（1）旅游期刊

①综合性概述

刘如娣《民国旅行期刊述略——以广东省立中山图书馆馆藏为例》一文以广东省立中山图书馆藏民国旅行期刊为对象,分析了民国旅行期刊出现的原因,概述了民国旅行期刊之用纸、印刷、内容、稿源等基本信息,总结了民国旅行期刊的特色及其在近代旅游业发展过程中的作用。

张再军的硕士论文《旅游报刊与民国时期上海都市旅游研究》认为，近代都市旅游对古代旅游向现代旅游过渡起着承上启下的作用，近代旅游开端于上海，因此，梳理上海都市旅游活动成为重要一环。文章以民国旅游报刊为考察对象，指出这些文献反映了上海市民的旅游生活和上海都市旅游状况，勾勒了民国时期上海市民旅游图景，文章同时分析了近代上海旅游观念的传播路径及旅游业近代化过程。

②对《旅行杂志》的研究

作为民国时期影响最大、办刊时间最长的龙头杂志，《旅行杂志》是最被关注的研究对象。《旅行杂志》无论在办刊思路、宣传栏目、服务意识，还是在刊物内容的趣味性方面都有其独特性。在检索到的9篇研究旅游期刊的论文里，全部与该杂志相关。9篇论文从不同的研究视角对《旅行杂志》进行了考察。

宋晓军《"八一三"抗战与〈旅行杂志〉》一文对该杂志在"八一三事变"之时及抗战期间的政治环境影响下的爱国表达进行了研究，内容包括封面设计、登载内容，在日寇进攻上海之后所受影响，及其在爱国教育方面所发挥的作用。

黄芳的博士论文《中国第一本旅行类刊物——〈旅行杂志〉研究》对《旅行杂志》进行了系统、深入的研究。认为该杂志向广大读者介绍了大量的旅游名胜，在提倡现代旅游，增强人们旅游意识，促进中国旅行事业发展等方面发挥了巨大作用。杂志中蕴涵的大量旅行信息忠实记录了中国近现代旅行事业的发展历程，成为研究中国近现代旅游史不可缺少的珍贵资料，在中国近现代旅游史的研究中具有重要地位。

贾林东《抗战时期西南地区社会生活研究——以〈旅行杂志〉为中心》一文通过《旅行杂志》所登载文章史料的考察来研究西南地区社会生活状况。认为抗战爆发后，西南地区成为战时中国的中心，受到国人的异常关注。在此情形下，《旅行杂志》对西南地区的自然、风物、社会组织和民众生存状态进行了大量的报道，留下了珍贵的记录，为当前了解、研究战时西南民众社会生活留下了宝贵的资料。

蒋湘妮《〈旅行杂志〉与中国旅行社》以中国旅行社及其旅行刊物的现存档案

为依据,对《旅行杂志》的由来、特色及其对近代中国旅游业发展的作用做了探讨。

邱婷《旅行的文化意义——〈旅行杂志〉(1927—1949年)分析》一文以《旅行杂志》为研究对象,探讨在现代中国的特殊语境下,新兴的旅行活动所具有的文化意义,主要分三部分:第一部分是对这种以旅行为媒介的现代民族国家想象的考察。第二部分讨论外国形象的展示方式和游记的不同叙述模式。第三部分主要讨论作为一种生活时尚的旅行,并以《旅行杂志》中的小说为研究对象,探讨旅行与阅读的互动结合对都市生活方式的塑造。

易伟新《〈旅行杂志〉:民国时期出版物的典范杂志》一文指出,民国《旅行杂志》具有倡导性、时代性、社会性及学术性等四个鲜明的特点,其蕴含的信息为学者研究旧中国政治、经济、文化等各方面提供了丰富的资料。

赵河、董娅钿《民国时期杂志的范例——追述〈旅行家〉的前身〈旅行杂志〉》一文,主要介绍及分析了《旅行杂志》的创刊、发行、办刊风格、栏目等,向读者再现了一代名刊的风采。

赵泓、刘敛眉合撰的《论民国时期撰稿人与报刊编辑出版的互动关系——以张恨水与〈旅行杂志〉的关系为例》以张恨水与《旅行杂志》的关系为例,探讨民国时期撰稿人与报刊的互动过程,即两者积极寻找共通的需求点和平衡点时所表现出来的共赢,以期对当代报刊与撰稿人的互动关系提供有益的借鉴。

讨论《旅行杂志》的文章还有许毓良《一个现代化都市的描述——1945—1949年〈旅行杂志〉报导下的台北》,由于客观原因,未能见到原文。

(2)报纸旅游副刊的研究

休闲生活是城市社会生活的重要内容,研究民国时期上海人的休闲生活对于我们了解民国时期城市的社会生活和现代化发展历程有重要意义。刘丰祥《民国时期上海人的休闲生活——以1927—1937年〈申报〉广告为中心的考察》以研究《申报》广告为切入点,为我们透视当时上海的休闲生活提供了一个很好的窗口。

第七章　民国词学文献整理与研究

词虽然是中国传统文体中最为稳定的一种,但是词学理论在民国期间开始了现代化的转型。"民国词长期不被重视,大量留存的民国词及词学资料成为无人关注和研究的边缘化文学资料。这种状况直到 20 世纪 90 年代才开始有所改变"[①],大量留存的民国词及词学资料不断得到整理和研究。

一、民国词学文献整理情况

(一)目录索引

20 世纪 80 年代开始,民国词集、民国词学文献的目录索引陆续推出。

1. 目录

在北京图书馆所编的《民国时期总书目》(1911—1949)(书目文献出版社 1985 年出版)"文学理论·世界文学·中国文学"上册"中国文学"中,"各体文学评论与研究"收词曲图书 56 种(编号 01570—01625)及词曲史图书 4 种(编号 01633—01636),"诗、词、曲"收词集(含总集、别集)图书 143 种(编号 04714—04866)。

---

① 朱惠国.民国词研究的回顾与展望［J］.清华大学学报(哲学社会科学版),2010(6)

华东师范大学图书馆编印《上海地区高校图书馆藏词目录》(华东师范大学图书馆 1988 年油印),收录华东师范大学、复旦大学、上海师范大学、上海大学四所高校图书馆的馆藏词,包括了民国时期词,按别集、总集、丛书、词韵词谱、词话依次编排。

黄文吉主编《词学研究书目(1912—1992)》(文津出版社 1993 年出版)、林玫仪主编《词学论著总目(1901—1992)》(台湾"中央研究院"中国文哲研究所筹备处 1995 年印行),两书汇集 20 世纪八九十年代海内外词学研究的论著目录,其中包括民国时期论文。马兴荣等主编《中国词学大辞典》(浙江教育出版社 1996 年出版),附录《二十世纪词学研究书目》。

许菊芳《民国以来重要唐宋词选研究》(苏州大学 2012 年博士学位论文),附录《民国以来唐宋词选经眼录》。民国以来的唐宋词选数量多,且质量参差不齐,此附录汇录民国时期编选的重要唐宋词选及部分注评本共 62 种,主要包括唐宋断代词选、历代词选中选唐宋词较多者,不收录名家词专选、诗词合选、翻刻型词选等。

2. 索引

华东师范大学中文系古典文学研究室编《词学研究论文集——(1911—1949)》(上海古籍出版社 1988 年出版),收录重要论文 22 篇,书后附录《1911—1949 年词学研究论文目录索引》。22 篇如表 7-1。

表 7-1　《词学研究论文集——(1911—1949)》所收重要论文

撰　　者	论　　文	撰　　者	论　　文
郑振铎	《词的启源》	龙沐勋	《清季四大词人》
龙沐勋	《词体之演进》	查猛济	《刘子庚先生的"词学"》
姜亮夫	《"词"的原始与形成》	唐圭璋	《唐宋两代蜀词》
唐圭璋	《李后主评传》	宛敏灏	《休歙十词人》
龙沐勋	《苏门四学士词》	陈子展	《两宋词人与诗人与道学家》

（续表）

撰　者	论　文	撰　者	论　文
龙沐勋	《清真词叙论》	吴征铸	《晚清史词》
李长之	《李清照论》	任二北	《研究词乐之意见》
顾随	《倦驼庵稼轩词说》	任二北	《南宋词之音谱拍眼考》
夏承焘	《姜白石议大乐辨》	詹安泰	《论填词可不必严守声韵》
唐圭璋	《宋代女词人张玉娘》	胡先骕	《评朱古微〈彊村乐府〉》
卢冀野	《陈大声及其词》	程千帆	《〈复堂词序〉试释》

杜海华编《二十世纪全国报刊词学论文索引》（北京图书馆出版社 2007 年出版），荟萃 1905—2000 年报刊词学论文 10106 条。从该索引中，可以看到百年来中国词学研究大体轮廓和趋势，其中显示的民国时期的状况是：20 世纪的前四分之一年份内，报刊上发表的词学论文数量甚少，有些年甚至是空白，嗣后逐年渐增；至 1933—1936 年，每年达百余篇以上；之后，由于战乱等原因，词学文章篇目量锐减。

（二）资料汇编

民国词学文献整理领域成果丰富。

1.词人文献汇编

张寿平辑录、林玫仪校读《近代词人手札墨迹》（台湾"中央研究院"中国文哲研究所 2005 年印行），分为上、中、下三册，前两册为第一辑，收龙榆生旧藏《忍寒庐劫后所藏词人书札》，下册为第二辑，收《安缦室所藏词人书札》（辑释者自藏）及附辑忍寒词人自述《苜蓿生涯过廿年》《忍寒庐藏印小辑》及《词人龙榆生先生年谱初稿》三种。此书搜集了一些民国词学原始资料外，辑释按语大多涉及近代词坛动态。该书是研究民国词学的重要资料，也是研究民国文学史的重要参考。

2. 词集文献汇编

严迪昌、施议对、刘梦芙、杨子才等先后编著过词集文献汇编。

严迪昌编著《近现代词纪事会评》(黄山书社 1995 年出版),为《历代词纪事会评丛书》结末之编,收入词人传记资料、词作纪事资料和评论资料,各按时代顺序分系于相关作家条目之下。《近现代词纪事会评》所收词年限至 20 世纪 40 年代,包括了民国词文献整理的重要部分。严迪昌编著《近代词钞》(江苏古籍出版社 1996 年出版),共收词人 201 家,录词 5500 余首,其中也包括了大量民国词。该书于词人,各系小传,考辨词人生平行迹、词学主张、词史地位等。朱德慈依《近代词钞》之次第,订正脱误,成《〈近代词钞〉之词人小传订正》(《词学》2008 年第 2 期)。

施议对编纂《当代词综》(海峡文艺出版社 2002 年出版)是继朱彝尊《词综》、丁绍仪《清词综补》(原名《国朝词综补》)之后的大型词总集。此三部词总集共同构成了由唐、宋至明、清,以至中华人民共和国诞生以后历代词作品的一个完整系列。《当代词综》精装 4 册,全编凡 6 卷,汇辑 1862—1941 年间出生的词作者三百余家,词作品三千余首。每一卷按照词人出生的时间段来划分,然后在此基础上将词人分为三代,民国词人的大多数属于前二代(1895—1911 年出生)。该书按照词人小传、词作、词作评点顺序排列,包含民国词人的重要资料。

刘梦芙著《二十世纪名家词述评》(安徽文艺出版社 2006 年出版),包括"百年词综论""名家词专论""近百年名家词话"" '五四' 以来词坛点将录"等几个部分。

刘梦芙编著《二十世纪中华词选》(黄山书社 2008 年出版),精装 3 册,凡 21 卷,收录了 20 世纪 838 家词人词作 7034 首,民国时期的遗民词人与南社词人是其收录的重点。

杨子才编《民国五百家词钞》(线装书局 2008 年出版),汇编 493 位民国词人的作品 1032 首,词人词作前各有词人简介。

余意《晚近名家词集考叙》(《词学》第 33 辑,2015 年第 1 期),考叙晚近名家词集 21 种，主要为民国词集，从沈泽棠《忏盦词钞》到陈夔《虑尊词》（内附《然脂词》）。

3. 词学文献汇编

民国词话是研究民国词及其词学不可忽略的文献与史料。民国时期出现的词话数量多达 450 余种①。唐圭璋编纂的《词话丛编》收录词话达 85 种，开词话整理与研究的先河。此后孙克强、张璋、刘梦芙、朱崇才、葛渭君、屈兴国等陆续编辑词话丛编。

孙克强辑考况周颐原著《蕙风词话　广蕙风词话》（中州古籍出版社 2003 年出版），分上、下编。上编为《蕙风词话》，包括况周颐编定的《蕙风词话》五卷和唐圭璋辑出的《蕙风词话续编》二卷，及张晖《〈蕙风词话〉考》；下编为《广蕙风词话》，即上编之外的况周颐词学文献，分为七卷。

张璋等编纂《历代词话续编》（大象出版社 2005 年出版），汇辑民国词话 118 篇，以研究词学理论、体制、风格、流派、品评、作法为主，适当兼顾对格律、音韵、考辨、版本诸方面之论述。

刘梦芙编校沈泽棠等著《近现代词话丛编》（黄山书社 2009 年出版），收录词话 8 种，除沈泽棠《忏庵词话》为清宣统三年（1911）所作外，其他为民国词话，有黄濬《花随人圣盦词话》、陈兼与《读词枝语》、陈兼与《闽词谈屑》、张伯驹《丛碧词话》、沈轶刘《繁霜榭词札》、赵尊岳《填词丛话》、朱庸斋《分春馆词话》。

朱崇才编纂《词话丛编续编》（人民文学出版社 2010 年出版），繁体竖排版，套装，全 5 册。该书将唐圭璋《词话丛编》所遗之书尽数搜罗，考订严密，编排明晰，校勘精准，与《词话丛编》珠联璧合。《词话丛编续编》收录民国词话 15 种，见表 7–2。

---

① 曹辛华 . 论《全民国词话》的考索、编纂及其意义 [J]. 泰山学院学报，2012（1）

表 7-2　《词话丛编续编》所收录民国词话

撰　者	词　话	撰　者	词　话
况周颐	《历代词人考略》	宣雨苍	《词谰》
雷瑨、雷瑊	《闺秀词话》	温甸	《长兴词话》
碧痕	《竹雨绿窗词话》	郭则沄	《清词玉屑》
舍我	《天问庐词话》	梁启勋	《曼殊室词话》
陈巢南	《病倩词话》	乔大壮	《片玉集批语》
闻野鹤	《恼簃词话》	顾随	《驼庵词话》
卜娱	《织余琐述》	唐圭璋	《梦桐词话》
黄濬	《花随人圣盦词话》		

　　葛渭君编《词话丛编补编》（中华书局 2013 年出版），编入词话著述 67 种，全 6 册。较之《词话丛编》，《词话丛编补编》扩大了辑录范围，将词籍、词选的批注点评收进，个别词话是重辑的，或根据善本，或根据原始资料。

　　屈兴国编《词话丛编二编》（浙江古籍出版社 2013 年出版），共 5 册，第四册、第五册收民国词话，有 19 种，见表 7-3。

表 7-3　《词话丛编二编》所收录民国词话

撰　者	词　话	撰　者	词　话
况周颐	《蕙风词话补编》	胡适	《胡适说词》
卜娱	《织余琐述》	汪东	《唐宋词选评语》
王蕴章	《然脂余韵》	李冰若	《栩庄漫记》
王蕴章	《秋平云室词话》	雷瑨、雷瑊	《闺秀词话》
以上第四册			
梁启勋	《曼殊室词论》	顾随	《苦水说词》
陈匪石	《旧时月色斋词谭》	顾随	《东坡词说》
碧痕	《竹雨绿窗词话》	顾随	《稼轩词说》

（续表）

撰　者	词　话	撰　者	词　话
黄濬	《花随人圣盦词话》	顾随	《倦驼庵词说》
赵尊岳	《填词丛话》	宣雨苍	《词谰》
张伯驹	《丛碧词话》		
以上第五册			

（三）重印再版

有不少民国词集与词学论著重印或再版。

1. 词集重印再版

在词集重印再版方面，词集丛刻如四大词集丛刻、赵万里辑《校辑宋金元人词》、唐圭璋编《全宋词》、赵尊岳辑《明词汇刊》；词作选辑如胡适选注《词选》、凌善清编《历代白话词选》、徐珂选评《历代词选集评》、龙榆生编《唐宋名家词选》、陈匪石编《宋词举》、陈乃乾编《清名家词》《艺蘅馆词选》《民族词选注》；词家词选如戴景素编注《李后主词》、叶绍钧选注《苏辛词》《周姜词》等。

（1）词集丛刻

（明）毛晋辑《宋六十名家词》，（清）王鹏运辑《四印斋所刻词》，吴昌绶、陶湘续刻《景刊宋金元明本词》，朱祖谋辑校《彊村丛书》，被并称为四大词集丛刻。

民国期间，《宋六十名家词》有《四部备要》校刊本、施蛰存校点本，《四印斋所刻词》有影印本。1989年上海古籍出版社出版《宋六十名家词》《四印斋所刻词》。前者据博古斋影印明汲古阁《宋六十名家词》本剪贴制版，附朱易安《宋六十名家词勘误》一卷，末附四角号码词名索引。后者据清光绪本为底本影印，新编四角号码词名及首句索引。

《景刊宋金元明本词》《彊村丛书》均编印于民国。《景刊宋金元明本词》（上海古籍出版社1989年出版，中国书店2011年出版），含1911—1917年陆续付刻的吴昌绶辑《仁和吴氏双照楼景刊宋金元词本》17种，1917—1923年陶湘续刻《武进陶氏涉园续刊景宋金元明本词》23 种及陶氏《叙录》一卷、《补录》3 种。1989年上海古籍出版社出版的《彊村丛书》,用葛渭君收藏的夏敬观手批评点本为底本影印,全 10 册,后 2 册是《彊村遗书》,收朱祖谋其他著述;书后有作者索引,便于检索。2005 年广陵书社出版的《彊村丛书》,据 1924 年第三次校补本影印,分上、中、下,共 3 册。

赵万里辑《校辑宋金元人词》,补毛晋、王鹏运、吴昌绶、朱祖谋等刻本之佚词,校勘甚精。2013 年国家图书馆出版社出版的《校辑宋金元人词》,据 1931 年国立中央研究院历史语言研究所排印本影印,共 2 册。周泳先编《唐宋金元词钩沈》(商务印书馆 1937 年排印本),较之赵辑,多出不少新的资料。

唐圭璋综合诸家辑刻,又广泛搜采,编《全宋词》(国立编译馆 1937 年排版,长沙商务印书馆 1940 年印行)。1965 年中华书局重印出版的《全宋词》,由唐圭璋重编、王仲闻订补。新版《全宋词》在材料和体例方面较旧版均有很大提高:以善本代替从前的底本,增补词人 240 余家、词作 1400 余首;删去可以考得的唐五代、金元明词人词作;重新考订词人行实和改写小传;在体例上调整旧版按"帝王""宗室"等分类的编排方式,改为按词人年代先后排列。新版全书共计辑两宋词人 1330 余家,词作约 20000 首,引用书目达 530 余种。在 1979 年重印本卷末,附编者《订补续记》。孔凡礼辑录遗佚,编为《全宋词补辑》,收录作家 140 余人(其中 41 人已见于《全宋词》),词作 430 余首,1981 年由中华书局出版。1999 年中华书局出版唐圭璋编《全宋词》繁体竖排版,以及唐圭璋编、王仲闻参订、孔凡礼补辑《全宋词》增订简体本,均全 5 册,而后者据中华书局 1979 年版唐圭璋编《全宋词》繁体竖排本和 1981 年版孔凡礼编《全宋词补辑》本改版重排。

赵尊岳辑《明词汇刊》,汇集明词 268 种,是迄今明词辑刻规模最大的书。传世仅有红印校样本,弥足珍贵。2012 年上海古籍出版社据该社 1992 年版影印《明词汇刊》,末附赵尊岳《惜阴堂汇刻明词记略》《惜阴堂明词丛书叙录》及词名首句索引。

（2）词作选辑

历代词选著名者，有胡适选注《词选》、凌善清编《历代白话词选》、徐珂选评《历代词选集评》等。

胡适选注《词选》初版于 1927 年，由商务印书馆印行，作为高中国语课用书，它具有民初词体革新的新诗化倾向。20 世纪 90 年代开始，《词选》多次重印再版，河北人民出版社 1999 年出版的《词选》，加编了"细目"，将繁体字、异体字改为现行规范的简化字，并据古代一些词家作品的刊印本，对所选篇目的文字进行了校勘。

广文书局有限公司 1980 年出版的佚名编《历代白话词选》，据 1933 年大东书局版影印，选收唐至清 239 家平浅易读的词 330 余首，编者应为凌善清。

徐珂纂《清词选集评》（商务印书馆 1926 年出版），选评清词 620 余阕，中国书店 1988 年据 1926 年版本影印出版《清词选集评》。徐珂选辑《历代词选集评》（商务印书馆 1928 年出版），选唐代至明代词作 568 阕，后补遗 127 阕，多为名词佳作，评语精当可观。2012 年台湾某出版社易名为《中国历代词选集评》予以出版。

名家词选盛名者，有龙榆生编《唐宋名家词选》、陈匪石编《宋词举》、陈乃乾编《清名家词》等。

龙榆生编《唐宋名家词选》（开明书店 1934 年出版），选收唐、五代 15 家词 90 首及宋代 26 家词 380 首，后附金元好问的词 19 首，有作者小传。20 世纪 50 年代开始，《唐宋名家词选》多次重印再版，如 1953 年商务印书馆香港分馆、1956 年古典文学出版社、1962 年中华书局等先后出版。

陈匪石编《宋词举》（1947 年正中书局出版），精选两宋 12 名家词 53 首；是书为大学教科书，编次用逆溯法，先南宋，后北宋，由近及远；每家之前为作者小传及其词集版本源流、历代评语，每首之后先校异文，次校律，再次梳作法。钟振振校点的《宋词举》（金陵书画社 1983 年出版），据 1947 年排印本重印，附《陈匪石先生遗稿》。2002 年江苏古籍出版社、2009 年凤凰出版社先后出版钟振振校点的《宋词举》，不断增益陈氏著述。

陈乃乾编《清名家词》(1936 年开明书店出版),所收起自李雯的《蓼斋词》,止于王国维的《观堂长短句》,共 100 家,清代作品由此已见大体;卷首有叶恭绰、赵尊岳、龙沐勋诸人序文题辞;每集前有作者简介及序。1982 年上海书店出版社据 1936 年版影印出版《清名家词》。

女性词选出现不少,而民国女性参与词籍校编,以梁令娴著《艺蘅馆词选》最突出。刘逸生校点的《艺蘅馆词选》(广东人民出版社 1981 年出版),据 1935 年排印本订正误讹,删去对太平天国泄愤之语,异文酌情处理。

抗战期间,赵景深选注《民族词选注》(1940 年长沙商务印书馆出版,王云五主编《学生国学丛书》之一),选注了自五代以来爱国词人 70 余人的 100 余首表现民族气节、爱国情怀的词作。1969 年台湾商务印书馆股份有限公司据上述版本影印出版《民族词选注》(王云五主编《人人文库》之一)。

(3)词家词选

词家词选以对五代两宋词家词选整理为多,如戴景素编注《李后主词》、叶绍钧选注《苏辛词》《周姜词》等。2014 年崇文书局易《万有文库》中的《学生国学文库》名为《民国国学文库》,删减原种数约一半,并《李后主词》《苏辛词》《周姜词》为一册,名为《李后主词·苏辛词·周姜词》,原文部分选用通用、权威版本全文校核:据刘继增校笺本录南唐后主李煜词 60 余首,据王氏四印斋本录苏轼、辛弃疾词 160 首,约得二者词六分之一;录周邦彦、姜夔词 118 首,约得周词三分之一,姜词二分之一。

2. 词学论著重印再版

在词学论著重印再版方面,词学丛编如唐圭璋辑《词话丛编》,词学专著名作不少。

(1)词学丛编

1934 年春,唐圭璋自费梓印自辑《词话丛编》。该编凡 60 种,专收评述词人、词作、词派及言本事之书,自宋王灼《碧鸡漫志》至民国潘飞声《粤雅词》。1959

年修订增补 25 种。1986 年中华书局排印本，精装五册。《词话丛编》所收民国词话集中在第五册，有 14 种，见表 7-4。

表 7-4 《词话丛编》所收民国词话

撰　者	词　话	撰　者	词　话
梁启超	《饮冰室评词》	周曾锦	《卧庐词话》
郑文焯	《大鹤山人词话》	冒广生	《小三吾亭词话》
张尔田	《近代词人轶事》	夏敬观	《忍古楼词话》
朱祖谋	《彊村老人评词》	陈洵	《海绡翁说词稿》
况周颐	《蕙风词话》《续词话》	潘飞声	《粤词雅》
况周颐	《玉栖述稚》	蔡嵩云	《柯亭词论》
蒋兆兰	《词说》	陈匪石	《声执》

此编不收杂论诗词之作，有些专门讨论词的格律和音乐的著作，如探讨词律、词谱、词韵及研讨词乐之书亦未收入。所收通行本均经编者校勘增补，亦间收精校本、注释本及前所未刊之作。李复波编《词话丛编索引》（中华书局 1991 年出版），据中华书局 1986 年出版的《词话丛编》编制，收录该书中正文、注文、附录以及序跋中引用的人名、书名，用四角号码检字法编排。1986 年中华书局版《词话丛编》重印过四次后，至 2005 年再版时，将《词话丛编索引》作为《词话丛编》第六册一并出版。

（2）词学专著

词曲通论

词曲有时并称，词曲通论名著如任中敏著《词曲通义》，卢前著《词曲研究》，蒋伯潜、蒋祖怡著《词曲》等；词曲史有刘毓盘著《词史》，王易著《词曲史》，胡云翼著《中国词史略》等。

《词曲通义》（1931 年商务印书馆出版），把词体分为五种。1964 年商务印书馆重版《词曲通义》，1981 年扬州师范学院中文系词曲研究室将之重新刊行。

《词曲研究》（中华书局 1934 年出版），论述词曲起源和发展、演变，介绍主要的词、曲家。1974 年中流出版社出版《词曲研究》，著者署名为"冀野"，附录《一个最低限度研究词曲的书目》及《名词索引》，但将《名词索引》置于目录前。2012年岳麓书社重版该书时，以民国版为底本，纳入《民国学术文化名著》丛书。

1997 年上海书店出版社重印蒋伯潜、蒋祖怡父子合著的原世界书局于 1942年出版的《国文自学辅导丛书》中的高中六个分册（《经与经学》《诸子与理学》《骈文与散文》《诗》《词曲》和《小说与戏剧》）。

刘毓盘《词史》与鲁迅《中国小说史略》、黄侃《文心雕龙札记》、刘师培《中国古文学史》一起被称为 20 世纪 20 年代研究中国古典文学史的四部权威性著作。1985 年上海书店出版社、2011 年上海古籍出版社、2015 年商务印书馆先后出版《词史》。《词史》共十一章，综述自唐代至清代千余年间词的萌芽、鼎盛、复兴之演变梗概。

《词曲史》（神州国光社 1932 年出版），详述词曲演变史，是 20 世纪初较早以现代学术方法研讨词曲的重要著作。1950 年广文书局出版时仍名《词曲史》，1981年洪氏出版社出版时易名为《中国词曲史》。《词曲史》或《中国词曲史》，后多次被收入丛书中出版，如《民国丛书》（上海书店出版社 1989 年出版）、《民国学术经典文库》（东方出版社 1996 年出版）、《民国珍本丛刊》（团结出版社 2006 年出版）、《北斗丛书》（江苏文艺出版社 2008 年出版）、《民国学术文化名著》（岳麓书社 2011 年出版）、《中国学术文化名著文库》（吉林人民出版社 2013 年出版）和《中国文化艺术名著丛书》（湖南大学出版社 2014 年出版）等。

胡云翼所编的《中国词史略》（大陆书局 1933 年出版），是中国词学研究由传统转向现代的代表性著作之一。全书六章，首章讨论词的起源，后五章分别论述词自产生之后在几个重要阶段的发展特点。全书以大量词作为证据阐明自己的见解。2011 年岳麓书社将该书作为《民国学术文化名著》之一出版。胡云翼著《中国词史大纲》（北新书局 1933 年出版），只论及到北宋。

词学通论

民国时期词学通论大量涌现,如谢无量编著《词学指南》,徐敬修编著《词学常识》,胡云翼著《词学ABC》,吴梅著《词学通论》,任二北著《词学研究法》,李冰若著《怎样研究词学》,罗芳洲编著《词学研究》,余毅恒编著《词筌》等。宋词通论名著,如胡云翼著《宋词研究》(中华书局1926年初版),薛砺若著《宋词通论》(开明书店1937年初版)。

2011年中国人民大学出版社出版的《谢无量文集》,第七卷收录了谢无量所著《诗学指南》《词学指南》《骈文指南》《诗经研究》《楚辞新论》等。1918年《词学指南》由中华书局出版。

2009年广陵书社出版的《国学常识》,包括了徐敬修所著《小学常识》《音韵常识》《经学常识》《理学常识》《史学常识》《子学常识》《文学常识》《诗学常识》《词学常识》《说部常识》,其中《词学常识》原为大东书局1925年出版。

1996年上海书店出版社影印出版《词学ABC》(《民国丛书》之一),此书原为世界书局1930年出版,《ABC丛书》之一,叙述词的起源,介绍晚唐、北宋、南宋的词人及白话词和乐府调,并指出词体的弊病等,末附《词的参考书举要》。

《词学通论》是民国词学通论中最有名者。它是吴梅在大学教书时的讲义,主要论词与音乐的关系、词的作法、词的发展史,以及对著名词人及其代表作的评价。21世纪此书重印再版甚多,单独出版的就有:2004年北京古籍出版社,2005年复旦大学出版社(2007年再版),2006年中国书籍出版社,2006年上海古籍出版社(2010年再版),2008年江苏文艺出版社(2010年再版),2010年中华书局,2012年新世界出版社,2013年安徽人民出版社、时代出版传媒股份有限公司等。

1989年巴蜀书社、2010年岳麓书社先后重版胡云翼《宋词研究》。刘永翔、李露蕾编《胡云翼集》之《胡云翼说词》(华东师范大学出版社2004年出版),涵括胡云翼著《宋词研究》《词学概论》《中国词史略》。

1944年《词筌》初版于重庆的正中书局,经作者增订,2001年由正中书局再版于台湾,书前加《例言》,著者把词史与词自身内在各领域的相关知识融为一体,展现词学的整体。

1985 年和 1989 年上海书店出版社、2008 年江苏文艺出版社、2010 年中国三峡出版社先后出版薛砺若著《宋词通论》;2013 年吉林人民出版社出版薛砺若著《薛砺若宋词通论》。

词话词论

王国维《人间词话》作于 1908—1909 年,是王国维接受西洋美学思想的洗礼后,以崭新的眼光对中国旧文学的评论,其核心论题是"境界说"。该书是民国最负盛名的一部词话著作。1908 年在《国粹学报》上公开发表。1910 年经著者删定为一卷。1927 年赵万里在整理王国维遗著时辑成《人间词话删稿》一卷。1928 年朴社出版俞平伯校点的单行本。1939 年徐调孚校注此书,又收入其他论词片断,复辑成"补遗"一卷,作为附录,开明书店增补重印。1949 年后《人间词话》的重印再版和笺注校评译注之类很多。1954 年中华书局出版校注本。1960 年人民文学出版社出版的《人间词话》分为三个部分。1986 年齐鲁书社出版滕咸惠校注的《人间词话新注》,又增添了原稿中尚未刊出的 13 条。郑小军编注《人间词·人间词话》(浙江教育出版社 2006 年出版)、《人间何地著疏狂:人间词·人间词话》(山东文艺出版社 2014 年出版)。两书收录了《人间词》《人间词话》,并对《人间词》做出诠释。

上海书店出版社 1984 年据 1947 年开明书店版本影印出版俞平伯《读词偶得》,该书 1934 年初版,1947 年修订再版。2000 年人民文学出版社出版的《读词偶得·清真词释》,将俞平伯著《读词偶得》修订版和《清真词释》(开明书店 1948 年出版)合为一册,以简体横排形式结集出版。2010 年江苏文艺出版社以《读词偶得·清真词释》、2011 年陕西师范大学出版社以《隔花人远天涯近:俞平伯读词偶得·清真词释》为书名予以出版。

夏敬观《词调溯源》和刘尧民《词与音乐》论述词律,傅汝楫《最浅学词法》阐述词法。《词调溯源》初版于 1931 年。台湾商务印书馆 1967 年出版《词调溯源》。1996 年上海书店出版社出版的《民国丛书》中，据 1933 年版影印《词调溯源》。《词与音乐》最早收入云南大学《文史丛书》，于 1946 年出版；1982 年云南人民出版社参照原铅印本及著者原始手稿进行校订出版。中国书店 2014 年出版《最浅学词法》，据 1920 年大东书局石印本为底本点校出版，该书是专为初学填词指示门径的实用手册。

3. 词刊影印整理

民国时期的著名词刊《词学季刊》《同声月刊》被影印整理。

1985 年上海书店出版社影印出版《词学季刊》，并收录了第 3 卷第 4 期的残存稿样。2015 年 4 月，上海书店出版社出版《民国期刊集成》时，重新整理影印出版全套《词学季刊》杂志。2015 年 8 月，国家图书馆出版社积极联络龙榆生后人，将《词学季刊》列为《风雨龙吟室丛书》之一影印出版，还编制了详细目录置于书前。孙文光《〈词学季刊〉总目》（安徽师范大学图书馆 1985 年编印），分论述、专著、歌谱、遗著、辑佚、校辑、词话、杂俎、近人词录、现代女子词录、词林文苑、通讯、杂缀、图画、补白、附录。朱惠国《中国近世词学思想研究》（上海古籍出版社 2005 年出版），附录《〈词学季刊〉所刊文、图一览表》。傅宇斌《现代词学的建立:〈词学季刊〉与 20 世纪三、四十年代的词学》（商务印书馆 2013 年出版），附录《〈词学季刊〉词人小传》。《词学季刊》是龙榆生主编的一份专门研究词学的学术期刊，1933 年 4 月在上海创刊，由上海民智书局出版发行，自第二卷起移交开明书店继续出版。《词学季刊》历时 4 年共出版 11 期，因全面抗战爆发，第 3 卷第 4 号排版后，仅存残稿。该刊成为民国词学发展的标志，刊发了不少与校勘、辑佚有关的学术论文，在当时及后世颇有影响，代表了 20 世纪 30 年代词学研究的水平。

朱惠国《中国近世词学思想研究》（上海古籍出版社 2005 年出版），附录《〈同声月刊〉所刊主要词学论著一览表》。龙榆生主持的《同声月刊》，刊登诗歌词曲及音乐方面的创作、论著和译著等，从 1940 年 12 月到 1945 年 7 月共 39 期。《同声月刊》由于是汪精卫出资办的,从前在《词学季刊》上发表文章的夏承焘、唐圭璋、缪钺等词学名家,都不再向它投稿,所以它的影响就没有《词学季刊》那么大,但是也发表了不少有价值的词学成果,如夏敬观《蕙风词话诠评》、赵尊岳《金荃玉屑》、戴正诚《郑叔问先生年谱》、俞陛云《唐五代宋词选释》、龙榆生《晚近词风之转变》《论常州词派》、冒广生《疢斋词论》、吴眉孙《四声说》等。

二、民国词学文献研究综述

（一）词人词社

词学文献研究领域,尤其在21世纪取得辉煌成就。在词人词社文献研究方面,词人文献研究有新进展,词社文献研究有所突破。

1. 词人

（1）词人传录

施议对《20世纪词学传人漫谈》(《文史知识》2006年第5期),将20世纪的词学家分为五代,主张活跃于民国词坛的第一代以朱祖谋为代表,第二代以王国维为代表,第三代以夏承焘、施蛰存为代表。

周银婷《民国报刊与词学传播》(华东师范大学2010年硕士学位论文),附录《民国主要词人与刊登作品一览表》。该表格分列词人124人姓名、生卒、刊登报刊、时间及刊号、作品细目、备注,姓名栏注字号及他名,某报刊上刊发词作较多时,作品细目栏注“共有词 × 首”,备注栏注明发表词作数量等消息。

谢永芳《历代广东词人综录》(《黄冈师范学院学报》2007年第2期),考录出广东词人从五代至民国至少384家,其中民国词人有相当一部分。谢永芳《历代湖北词人知见词集简目初编》(《古籍整理研究学刊》2008年第4期),在其《历代湖北词人及其地域分布》(《黄冈师范学院学报》2008年第2期)的基础上,考录出至少179家历代湖北词人的词集馆藏情况及零散之什的具体来源,属于清代和民国的词人有 110 位。陈兼与《闽词谈屑》（《词学》第 3 辑），首次评点清代至现代闽籍著名词人 20 余家。

重新出版的词人评传之书，如 1967 年维新书局出版季灏编著《两宋词人小传》（上海民治出版社 1947 年出版），1984 年成都古籍书店出版姜方锬著《蜀词人评传》（成都协美公司 1934 年印行），2004 年河北教育出版社出版《缪钺全集》第 6 卷收录青年出版社 1943 年出版的《中国史上之民族词人》，易名为《中国史上民族词人》。曾大兴《词学的星空——20 世纪词学名家传》（河北人民出版社 2009 年出版），是第一部 20 世纪词学名家传记，为 22 位民国词学名家立传。2012 年浙江古籍出版社出版周庆云纂辑《历代两浙词人小传》（1922 年乌程周氏梦坡室刻本）。

朱德慈《近代词人考录》（中国社会科学出版社 2004 年出版），以考证词人生平为主，所录词人至 1931 年，著录近代词人 1729 人，也收录了部分民国词人资料。分三部分：悉其生平，知其词集；悉其生平，未详词集；未详生年，悉其词集。附录《近代词人姓名索引》。朱德慈《近代词人行年考》（当代中国出版社 2004 年出版），考索 10 位在近代词坛影响较大词人的行年，涉及民国的有第十篇"朱祖谋词学活动征考"。

薛玉坤《南社词人汪东先生著述年表》（《中国韵文学刊》2012 年第 1 期），逐年编排所见汪东各类文字，间加考索。该刊同期还发表了之远《词家郑骞先生学术年表新订》，搜集郑骞事迹，订成其学术年表。

马大勇《近百年词经眼文献概说》（《新文学评论》2012 年第 2 期），梳理出民国词家数量、作品总量、修订情况、评论资料等文献。刘荣平《清代至民国闽词集编年（1644—1949）》（《闽江学院学报》2012 年第 1 期），著录清代至民国闽人词集和词话著作的版本、序跋、卷数、词篇数以及词人活动等资料，制成闽词集编年。

（2）年谱编撰

民国时期编撰的词人年谱，集中关注辛弃疾，成就也最大，如梁启超著《辛稼轩先生年谱》（中华书局 1936 年出版）、邓广铭著《辛稼轩年谱》（商务印书馆 1947

年出版）。

《梁启超全集》第 9 册（北京出版社 1999 年出版），以林志钧编辑的《饮冰室合集》（中华书局 1936 年出版）为底本，收录了《辛稼轩先生年谱》。

1957 年古典文学出版社出版邓广铭著《辛稼轩年谱》，1979 年上海古籍出版社出版其增订本。著者广泛搜讨辛稼轩生平资料，细致考证，做出令人信服的解说。此谱分年隶事，亦兼用纪事本末之体，以综贯叙述，使读者得见诸多事件的原委。

民国词家年谱。2001 年学林出版社出版张晖《龙榆生先生年谱》。张晖《张晖晚清民国词学研究》（南京大学出版社 2014 年出版），其附录收录张晖生前所编纂的《朱彊村年谱长编》残稿。2013 年上海古籍出版社出版马兴荣《马兴荣词学论稿》，其第五辑为"词人年谱"，有王鹏运年谱、郑文焯年谱、朱孝臧年谱、夏孙桐年谱、况周颐年谱、唐圭璋年谱、丁宁年谱、沈祖棻年谱；除王鹏运外，其他都属民国词人。

2. 词社

民国时词社为数众多，据曹辛华《民国词社考论》（收录于《2008 年词学国际学术研讨会论文集》），有词社 136 个。其中清末民初（至 1920 年）为勃兴期，有54 个；民国中期（至 1937 年）为盛行期，有 56 个；民国后期（至 1949 年）为压抑期，有 26 个。南江涛辑《清末民国旧体诗词结社文献汇编》（国家图书馆出版社 2013年出版），收录清末民国时期旧体诗词结社相关文献近百种。曹辛华选编《清末民国旧体诗词结社文献续编》（国家图书馆出版社 2015 年出版），收入清末民国的旧体诗词社团诗词结集、会员名录等文献 40 余种。

21 世纪以来，民国词社研究明显增多，它们基于对文献资料的梳理，以全方位还原民国词社历史面貌。

（二）词集词论

在词集词论文献研究方面，对重要词集进行文献研究，综考和考略词学文献。

1. 词集

（1）词集文献辑考

作为第一部唐五代词丛编，《唐五代二十一家词辑》在词学史上具有特殊的地位。王湘华《王国维的选词与论词：以〈唐五代二十一家词辑〉为考察中心》（《求索》2012 年第 3 期）指出，王国维《唐五代二十一家词辑》全书编辑体例调整适当，编选全面；对词家词作选编勘校各有侧重，在词籍编选上有辑佚开拓之功；词籍校编与其词学批评相辅相成，形成完善的词学体系。

从数量和内容上看，1925 年出版的刘毓盘编《唐五代宋辽金元名家词集六十种辑》收录较《唐五代二十一家词辑》更为丰富。董凯扬《刘毓盘的词集辑佚研究》〔《赤峰学院学报》（汉文哲学社会科学版）2012 年第 7 期〕，以《唐五代宋辽金元名家词集六十种辑》为考察对象，辨析其辑佚补遗之功。

《明词汇刊》为迄今明词辑刻规模最大的丛书。周玉魁《〈明词汇刊〉调名辨误》（《中国韵文学刊》1994 年第 2 期）指出，赵尊岳《明词汇刊》只偏重对词字讹误的校改，而不甚措意词调声律方面存在的诸多问题，为此著文对《明词汇刊》调名辨误。

胡适倡导词界革命，创作白话词，编选《词选》。代婧烨《胡适〈词选〉研究》（河北大学 2014 年硕士学位论文）一文的前两章考察文献：第一章分析编选《词选》的背景、动机和过程，第二章阐述《词选》编选体例和选词标准的研究。

西学影响下，女性解放的呼声日益强烈，女性写词、读词乃至研究词的热情日趋高涨，与女性关联的词选增多且类型多元化。许菊芳《民国以来"女性的词选"类别及其意义探论》（《文艺评论》2015 年第 2 期），将民国以来"女性的词选"分为专选女性词、女性选家选析历代词、女性读本三类。

在清光绪二十六年（1900）敦煌石室藏《云瑶集》被发现前，《花间集》是中国文学史上第一部词选集。倪春军《民国时期的词集笺注与词学阐释：以两部〈花间集〉注本为中心》（《古代文学理论研究》2013 年第 1 期），以两部几乎同时出现于

20世纪30年代的《花间集》注本（即李冰若《花间集评注》与华连圃《花间集注》）为考察对象，分析其产生背景、注释体例、阐释方法，并结合同时代的其他词集笺注成果，以期对该年代的词集笺注和词学阐释有一个比较全面的了解和把握。孙克强、刘少坤《现代意义读本的奠基之作：试论华钟彦〈花间集注〉编撰特点及学术价值》（《湛江师范学院学报》2010年第1期）指出，1935年出版的华锺彦《花间集注》是《花间集》最早的注本，它开创了解释词句、疏通意旨兼及鉴赏的新体式；在版本目录、文字音韵校勘、名物考证等方面具有较高的学术水准。

1947年正中书局出版的陈匪石《宋词举》是宋词鉴赏之重要著作。钟静微《论〈宋词举〉的选词标准》〔《安徽文学（下半月）》2009年第2期〕，总结出《宋词举》编选标准，如所选词人精通音律，所选词作风格自成一家，所选之词须为雅音等。沙先一、罗克辛《论〈宋词举〉的编选过程与体例特色》〔《徐州工程学院学报》（社会科学版）2010年第4期〕，考察《宋词举》编选的学术背景、编选体例等，探讨《宋词举》独特的选词学价值与意义。

唐圭璋一生在词选方面着力甚多，除笺注《宋词三百首》外，还参与编选多部词选。《从〈宋词三百首笺〉到〈唐宋词简释〉》（《兰州学刊》2009年第9期）提出，唐圭璋先后在朱祖谋《宋词三百首》原编、重编本的基础上编成《宋词三百首笺》和《宋词三百首笺注》，促进了《宋词三百首》的广泛传播；《唐宋词简释》则是对《宋词三百首》选词的补充和完善，其间体例和选词的变化，呈现出唐圭璋词学思想的发展过程。

明词选本中，《明词综》是编选较精、影响广的一个选本。《明词综》多次被刊印，有1934年上海中华书局《四部备要》铅印本，1938年上海商务印馆《国学基本丛书》本，以及赵尊岳惜阴堂《明词汇刊》本（又称《惜阴堂明词丛书》）。叶晔《清代词选集中的擅改原作现象——以〈明词综〉为中心的考察》（《中国文化研究》2006年第1期），通过考察《明词综》，发现其径直删改原作声律、格调、本事背景等，有的改动篇幅竟达一半以上，提出"清代词选集擅改原作尤以明词选本为最"的观点。陈水云《〈明词综〉编纂考》（《文献》2014 年第 5 期），考辨《明词综》编者为汪森，汪森选编的《明词综》一直未能印行，直到王昶的出现，《明词综》的重编及雕印才有了转机。

清词编纂方面，叶恭绰卓有建树。彭玉平《论民国时期的清词编纂与研究——以叶恭绰为中心》〔《南京大学学报》（哲学·人文科学·社会科学）2009 年第 2 期〕指出，叶恭绰中年以后致力于清词汇辑、编选和评述，承谭献《箧中词》之例独立编纂《广箧中词》，协助朱祖谋编纂《全清词钞》，并在朱祖谋去世后主编并最终完成《全清词钞》的编选。廖勇《叶恭绰的词学文献贡献》（湘潭大学 2009 年硕士学位论文），考察叶恭绰编选的《全清词钞》《广箧中词》及校勘的《淮海长短句》的文献价值。曹辛华《民国时期清词选本考索》（《阅江学刊》2009 年第 4 期），对民国时期清词选本的考索，可以为清词研究、民国词研究奠定史料基础。该文述录著者目力所见的民国时期各种清词选本，凡 124 种，其中断代专选类 28 种，地域类 26 种，闺秀类 15 种，通代杂选类 55 种。

求洁《民国词集研究》（华东师范大学 2010 年硕士学位论文），在搜集、整理大量一手资料的基础之上，对留存的民国词集作了初步的梳理与研究，内容主要涉及两方面：民国词集的年代分布，民国词集的出版机构状况。

（2）词籍校勘考论

王湘华《晚清民国词籍校勘研究》（岳麓书社 2012 年出版）主张，晚清民国词籍校勘于经史校勘之外，卓然一家，以校经之法，运用于词籍校勘，并加以丰富发展，其校勘经验方法、校勘理论散见于词籍校点、序跋及往来书札之中，需要发掘整理。该著以晚清民国词籍校勘实绩为研究依据，探析晚清民国词学与词籍校勘、词籍校勘实绩、词籍校勘之学、朱祖谋词籍校勘研究、梦窗词校勘研究。附录《晚清民国词籍校勘系年》《晚清民国词籍校勘札记》。

朱孝臧辑《彊村丛书》是传统词学整理校勘词籍的集大成者。兰玲《论〈彊村丛书〉对词籍版本目录的校勘》〔《聊城大学学报》（社会科学版）2011 年第 1 期〕

提出,《彊村丛书》完善了词籍版本目录著录的体例和方法,动态展示了晚清词学家群体和藏书家之间的学术交流活动,推动了词籍版本目录学的发展,具有重要的词学文献学意义。

2. 词学

（1）词学文献综考

曹辛华《南社诸子词学论著考述》〔《南阳师范学院学报》（社会科学版）2005年第1期〕,考述南社诸子研治词学40余家,其中仅有少数是稍稍涉猎词学研究者,其绝大部分如王蕴章、陈匪石、陈去病、邵瑞彭、汪东、吴眉孙、吴梅、黄人、徐珂、高旭、谢无量、潘飞声、柳亚子、庞檗子、卢前、杨铁夫等均为词学专家,于词学研究方面成果甚丰。

杨柏岭《近代上海词学系年初编》（上海教育出版社2003年出版）,以时间为经络,叙述近代上海词人及词作的历史,指出1860年前后、1900年前后及1911年之后是三个高峰期。该书还包括上海词坛的文化活动和事件、诗人简介、诗选等。该书经多方搜寻查考,用系年形式编排。对民国前期（1911—1919年）上海地区的词人社集、词学创作都有较为详细记录,是研究民国时期上海词学必备的参考书。

（2）词学论著考略

彭玉平《〈人间词〉〈人间词话〉研究论著编年叙录》（《古典文学知识》2015年第2期至第4期）指出,王国维的《人间词》《人间词话》从20世纪20年代后期开始,即备受学界关注,相关的注释、疏证、评析、汇评本不断出版,丰富了关于王国维填词创作与词学理论的学术史。但因为这股学术热潮持续了八十余年,文献散漫无纪,汇集不易。该文就相关论著予以编年并简要叙录。

孙克强《〈历代词人考略〉作者考辨》（《文献》2003年第2期）,考辨出《历代词人考略》的著者为况周颐。秦玮鸿《况周颐作品系年》（《河池学院学报》2006年第3期）,对况周颐作品略加系年。

邓子勉《吴克岐的词学研究》（《中国典籍与文化》2003年第1期）指出,吴克岐编著有《词女词抄》《词女五录》《清代词女征略》《雪梅居词样》《犬窝五代词矩》《犬窝北宋词矩》《东坡乐府笺》《词调异名录》等词学著作稿本，这些作品对明至民国女词人有关资料进行系统整理和研究，具有重要的文献价值。

谢永芳《潘飞声对本土词学文献的整理研究及其价值》（《图书馆论坛》2008年第4期）认为，《粤东词钞三编》《粤词雅》《论岭南词绝句》是潘飞声整理、研究本土词学文献的主要成果，对于研讨粤东词学具有价值。

傅宇斌《赵尊岳词学目录学述论》（《词学》2010年第2期）提出，赵尊岳杰出的词学成就主要体现在词学目录学上，其词学目录学著作主要有三种，即《词集提要》《惜阴堂汇刻明词提要》《惜阴堂明词丛书叙录》。

三、结语

20世纪80年代以来，对民国词学文献的整理研究取得了长足进步。

20世纪80年代开始，民国词集、民国词学文献目录索引陆续推出。1988年，华东师范大学推出民国词集目录《上海地区高校图书馆藏词目录》，及词学索引《词学研究论文集——（1911—1949）》之附录《1911—1949年词学研究论文目录索引》，民国词学文献整理研究逐渐开展。民国词学文献整理领域，成果显著。严迪昌、施议对、刘梦芙、杨子才等相继编著词集文献汇编。孙克强、张璋、刘梦芙、朱崇才、葛渭君、屈兴国等陆续编辑词话丛编。民国词集与词学论著重印再版，进度加快：在词集重印再版方面，词集丛刻如四大词集丛刻、赵万里辑《校辑宋金元人词》、唐圭璋编《全宋词》、赵尊岳辑《明词汇刊》，词作选辑如胡适选注《词选》、凌善清编《历代白话词选》、徐珂选评《历代词选集评》、龙榆生编《唐宋名家词选》、陈匪石编《宋词举》、陈乃乾编《清名家词》、梁令娴著《艺蘅馆词选》、赵景深选注《民族词选注》，词家词选如戴景素编注《李后主词》、叶绍钧选注《苏辛词》《周姜词》等；在词学论著重印再版方面，词学丛编如唐圭璋辑《词话丛编》，词学专著名作不少；

在词刊方面,《词学季刊》《同声月刊》影印整理出版。

词学文献研究领域,尤其在 21 世纪取得很大成就。在词人词社文献研究方面,词人文献研究有重大进展,词社文献研究有不少突破。在词集词论文献研究方面,对重要词集进行文献研究,还综考和考略词学文献。

2010 年以来,关于民国词学研究的综述,主要有 4 篇论文:朱惠国《民国词研究的回顾与展望》〔《清华大学学报》(哲学社会科学版)2010 年第 6 期〕,王桃明《新世纪以来民国词文化研究综论》〔《沈阳师范大学学报》(社会科学版)2011 年第 5 期〕,马强《三十年来的民国词研究》〔《河北科技师范学院学报》(社会科学版)2013 年第 2 期〕,胡建次、李国伟《新世纪以来民国词学研究述论》〔宁夏大学学报(人文社会科学版)2014 年第 3 期〕。这 4 篇论文梳理了民国词学文献整理研究主要成绩,也对民国词学文献整理研究提出了一些建设性意见:应着重搜集整理民国词集词学的文献史料,加强专门、系统的基础性研究,改善研究思路和研究方法。总之,民国词学文献整理研究仍然存在很大的开拓空间、有待深入研究的领域等。

第八章　民国女性报刊文献整理和研究

女性报刊兴起于清末民初,是在方兴未艾的妇女运动的推动下逐步发展起来的。占社会一半人口的女性结束了没有自己舆论阵地的局面。女性报刊帮助妇女从深闺走向社会,争取自身解放。女性报刊在关心国家和民族命运的同时,以倡导妇女解放、维护妇女权利、反映妇女呼声、指导妇女运动、介绍妇女知识、调查妇女状况为主要内容。通过对民国女性报刊文献的整理和研究,我们可以从中了解近代以来中国妇女走过的历程,了解她们在生活状态、精神面貌、思想观念等方面发生了怎样的变化,以及怎样发生了变化,进而了解妇女解放运动在不同时期的发展状况。

一、民国时期的女性报刊文献概述

中国第一份女性报刊是在维新时期国人办报的热潮中诞生的,这就是1898年7月24日创刊于上海的《女学报》,旬刊,停刊时间不详。其宗旨是提倡女学,争取女权,宣传男女平等和婚姻自主,并提出了妇女参政的要求。

从第一份女性报刊问世,到1911年武昌起义爆发的10余年间,女性报刊随形势的变化有了较大发展,数量达30余种。辛亥革命时期出现了妇女报刊发展的第一次高潮。据不完全统计,辛亥革命时期全国各地的主要女性报刊大约有69种。

这些女性报刊绝大多数在日本东京和中国上海、广州等沿海城市出版,主编大多是受过新式教育的妇女和留学生。这一时期的女性报刊以讨论妇女问题、鼓吹革命与妇女解放为主流。从内容上看,这些女性报刊大体上可分为两种类型:一类以单纯的"提倡女学""开通女智""讲论女德""尊重女权"和"反对缠足"为主旨,着重对妇女进行启蒙教育,虽然也鼓励女子成为"社会女子",但并不急于要她们参加政治活动。这类刊物以《北京女报》《妇女日报》《女镜报》《女界灯学报》为代表,政治上倾向改良。另一类女性报刊则鼓励妇女既做女权运动的先锋,又做民族民主革命的斗士,在争取民族解放的同时,争取妇女自身的解放。这类刊物以《女子世界》《中国女报》《中国新女界杂志》《神州女报》《女报》等为代表,政治上倾向革命①。

　　民国初年妇女解放运动引起了妇女参政的高潮,由此产生了许多以要求妇女参政为宗旨的女性报刊。在上海创办的女报有:上海女子参政同志会刘舜英主办的《民国女报》,汤云秋主办的《中华女报》,张昭汉、杨季威、谈社英主编的"神州女界共和协济社"机关刊物《神州女报》,张亚昭主编的《女权报》,社会党党员文典等人发起的《女权月报》,万国参政会中国部会员主办的《万国女子参政会旬报》和后继的《万国女子参政会月刊》。北京有唐群英主办的《女子白话旬报》,天津有潘连璧等人发起的《女子国学报》,湖北武汉有女子参政同盟会发起创办的《女学日报》,成都有曾兰为主笔的《女界报》,湖南有丁云龙、丁步兰发起的长沙《女权日报》。

　　商办妇女报刊也在这一时期开始出现。1911年上海《时报》馆增办《妇女时报》,开创了商办女性刊物的先河。从内容来看,《妇女时报》以指导家庭生活为主,偶尔刊登一些关于妇女参政与职业问题的文字,同时介绍一些海外妇女生活情况,反映女性生活的内容较多,如插画、剪裁、妇女卫生、妇女心理等。由于不涉及

---

① 宋素红.女性媒介:历史与传统［M］.北京:中国传媒大学出版社,2006

时政，《妇女时报》的寿命延续了七八年，而且引出了一大批竞争者。如中华图书馆的《香艳杂志》(1914)、《女子世界》(1914)，广益书局的《女子杂志》(1915)，中华书局的《中华妇女界》(1915)，商务印书馆的《妇女杂志》(1915)。其中，商务印书馆的《妇女杂志》连续出版了17年，成为民国时期女性报刊中出版时间最长的刊物之一。

北洋军阀时期，妇女运动遭受极力压制，女性报刊发展势头遭到遏制。据不完全统计，从1914年到1917年，仅有14种女性报刊创刊，其中不少是提倡封建妇女道德、鼓吹妇女贞洁的女性刊物。

五四时期，伴随新文化运动的激荡和马克思主义的传播，妇女解放思潮出现空前活跃的局面。此外，女子教育的发展也为女性报刊的繁荣提供了较为广泛的读者群与作者群。妇女报刊数量激增，据不完全统计，仅1915—1920年创刊的刊物就有33种。而且当时各个女子学校，几乎都办有刊物，宣传妇女解放。如天津《醒世周刊》，由女师学生许广平、蒋云主编。该报在报道国内外时事新闻和全国各地爱国学生运动等方面发挥了一定作用。长沙周南女校的《女界钟》也是当时有影响的刊物。

五四时期，一些非妇女报刊上也辟有妇女专栏、专号、专刊，探讨妇女婚姻、教育、就业等问题，介绍新思想、新学说，注重关于妇女问题的调查。如北京《晨报》第7版的"妇女与家庭问题"专栏，《京报》的《妇女周刊》，天津《益世报》北京版的《女子周刊》，天津《新民意报》的《女星》副刊，上海《时报》的《妇女周刊》，上海《民国日报》副刊《妇女评论》。辟妇女专号比较著名的有1918年《新青年》"易卜生专号"，1919年10月《少年中国》的"妇女问题号"（第1卷第4期），1920年7月《少年世界》的"妇女号"（第1卷第7期），1922年6月武汉《星期评论》的"妇女运动号"。

中共初创时期的妇女报刊有：以上海女界联合会名义出版的《妇女声》，广东共产主义小组创办的《劳动与妇女》，天津觉悟社创办的《女星》，湖北省妇女协会会刊《湖北妇女》，长江书店出版的《赤女杂志》，共青团长沙地委办的《青年妇女》等。1924年1月1日创刊于天津的《妇女日报》是20世纪20年代中共领导的唯一由妇女主办、专门讨论妇女问题的报纸，同年9月被查封停刊。

大革命失败后，中共影响和领导下的进步妇女刊物纷纷被查封或停刊，保留的多为谈风花雪月、儿女情长、生活趣味、泛论男女平等之类的刊物。唯一经过国民党批准出版的妇女刊物就是1929年3月创刊于上海的《妇女共鸣》。

抗日战争期间，由于广泛动员妇女参加抗战的需要，女性报刊呈现前所未有的繁荣。无论是前线还是后方，大城市还是中小城镇、农村，国统区还是抗战根据地，以及"孤岛"上海，都出版有女性刊物。据不完全统计，这一时期全国各地出版的女性期刊有130种左右，是中国近现代新闻史上女性报刊最活跃的时期。

代表各个党派的妇女及妇女团体纷纷创办妇女报刊。在国统区公开代表共产党的刊物是《新华日报》的副刊《妇女之路》，在抗日根据地最主要的妇女刊物是陕甘宁边区的《中国妇女》；国民党妇女运动负责人郑还因主编的《妇女新运》月刊；三民主义青年团妇女负责人陈逸云主编的《妇女共鸣》；著名妇女实业家董竹君和《大公报》女记者蒋逸霄在"孤岛"上海创办的《上海妇女》，沈兹九主编的《妇女生活》，曹孟君主编的《现代妇女》等；一些汉奸报纸也辟有妇女副刊，如1938年广州沦陷后，日寇在广州出版、由汉奸吕春荣负责的广东《民声报》副刊《东亚妇女》。

抗战胜利后，妇女报刊在分化中发展。一方面，国民党妇女组织和妇女工作者在战后创办了一些妇女刊物，但随着国民党在战场上逐步溃败，这类女性刊物逐渐减少。另一方面，解放区的妇女刊物不断发展，全国性妇女刊物开始出现。这段时期影响比较大的妇女刊物有：曹孟君主编的《现代妇女》（1943），杨默霞发行的《妇女旬刊》（1945），广东省新运妇女工作委员会文化事业组编审室编辑的《时代妇女》（1946），广东妇女会办的《女公民》（1946），李淑世主编的《妇女与家庭》（1946），俞昭明编辑的《今日妇女》（1946），吴好好编辑的《伉俪月刊》（1946）等。

在参考了刘人锋的《中国妇女报刊史研究》，田景昆、郑晓燕的《中国近现代妇女报刊通览》以及其他相关资料的基础上，笔者统计出民国期间的女性报刊约为498种，然而很多文献都由于历史原因没有实物，仅根据研究知道名字。对照了上海图书馆的"全国报刊索引"以后，笔者查阅到目前有书目记录、能被利用的民国女性报纸、期刊约有151种（刊物重名的用出版地区分，刊物和出版地都重名的，用出版编辑者区分）。见附表8-1。

表8-1 现存的民国女性报刊基本资料（151种）

刊名	现存卷期数	主办单位	刊名	现存卷期数	主办单位
女铎	1912—1914，1917—1949 年第 1 卷第 2 期、第 8 期、第 12 期、第 3 卷第 1 期、第 6 卷第 1 期—第 34 卷第 12 期	上海广学会编辑兼发行；广学会出版	女子白话旬报	1912 年第 1—7 期	女子白话报社编辑并发行
女子国学报	1912 年第 1 期		女权	1912 年第 1 期	女权杂志社
亚东丛报	1912—1913 年第 1—3 期	亚东丛报社编辑并发行	女子白话报	1913 年第 8—11 期	陈圣任主编；女子白话报社发行
神州女报	1913 年第 1—4 期	神州女报社编辑	万国女子参政会旬报	1913 年第 1 期	万国女子参政会中国部会员编辑
万国女子参政会月刊	1913 年第 1 卷第 4 期	中华实业报社发行	香艳小品	1914 年第 1—3 期	香艳小品社社员编辑；上海广益书局发行
女子世界	1914—1915 年第 1—6 期	天虚我生、醉蝶编辑；中华图书馆发行	眉语	1914—1916 年第 1 卷 1—18 期	眉语社编辑；新学会发行

（续表）

刊名	现存卷期数	主办单位	刊名	现存卷期数	主办单位
妇女鉴	1914 年第 1—3 期	妇女鉴社发行	香艳杂志	1914—1915 年第 1—12 期	新旧废物编辑；中华图书馆发行
女子杂志（上海）	1915 年第 1 期	上海女子杂志社编辑；广益书局发行	中华妇女界	1915—1916 年第 1 卷第 1 期—第 2 卷第 6 期	中华妇女界社编辑；中华书局发行
妇女杂志（上海）	1915—1931 年第 1—17 卷	王蕴章编辑；商务印书馆发行	江苏省立第二女子师范学校汇刊	1915 年第 1 期	江苏省立第二女子师范学校校友会编辑
家庭杂志	1915 年第 1 卷第 1 期	唐真如主编；家庭杂志社发行	少年中国·妇女号	1919 年第 1 卷第 4 期	少年中国学会编辑并发行
江苏省立第一女子师范学校校友会杂志	1917、1920、1923、1925 年第 1 卷 2—3 期，第 1 卷 1—3 期	江苏省立第一女子师范学校编辑	女界铎	1920 第 2 期	
北京女子高等师范文艺会刊	1919 年第 1—6 期	北京女子高等师范文艺研究会编辑；北京女高师自治会出版股发行	解放画报	1920—1921 年第 3 期、第 5 期、第 7—8 期、第 13—14 期、第 17—18 期	新民图书馆发行
新妇女（上海）	1920—1921 第 1 卷第 1 期—第 5 卷第 1 期	新妇女杂志社编辑	民国日报·妇女评论	1921—1923 年第 1—60 期、增刊	民国日报馆发行
启明女学校校友会杂志	1920、1923、1927 年第 1—3 期		光明（广州）	1921 年第 1 卷第 1 期	光明月报社编辑并发行

（续表）

刊名	现存卷期数	主办单位	刊名	现存卷期数	主办单位
劳动与妇女	1921 年第 1—8 期	广州水母湾群报馆发行	妇女旬刊	1922—1923、1925—1936、1946—1948 年第 81—129、184—748 期	杭州妇女学社编辑并发行
现代妇女（上海）	1922—1923 年第 1—12 期、16—32 期	时事新报馆发行	妇女周报	1937 年第 1 卷 1—18 期	
辟才杂志	1922—1926、1929 年第 1—6 期		民国日报·妇女周报	1923—1926 年第 1—98 期	上海民国日报馆发行
女权	1923 年第 1 卷第 1 期	中华妇女协会编辑	妇女周刊	1924—1925 年第 2 期、第 5—7 期、第 23—50 期、周年纪念号	北京蔷薇社编辑；北京京报社发行
女星（天津）	1924 年第 27 期	新民意报社发行	家庭杂志	1925—1926 年第 1 卷 1—6 期	家庭杂志社编辑
紫罗兰	1925—1930、1943—1945 年第 1 卷第 2 期—第 4 卷第 24 期、新 1—18 期	周瘦鹃编辑；大东书局发行	节制	1926—1932、1939 年第 5 卷第 1 期—第 11 卷 第 4 期、复刊号	
吴江妇女	1926 年第 2 期、第 4 期	江苏妇女月刊社编辑	女伴	1927 年第 3 期	
新女性	1926—1929 年第 1 卷第 1 期—第 4 卷第 12 期	妇女问题研究会	青年妇女	1927—1928 年双十节特刊、第 13 期、第 19—21 期、 国庆增刊	上海青年妇女社编辑
女青年月刊	1927—1937 年第 6 卷第 7 期—第 16 卷第 7 期	中华基督教女青年会全国协会主办并发行	苏州振华女学校刊	1929 年 6 月号、1930 年 5 月号、1931 年 12 月号、1933 年 4 月号	苏州振华女学校编辑并发行

（续表）

刊名	现存卷期数	主办单位	刊名	现存卷期数	主办单位
浙江妇女（杭州）	1927 年第 1 期		地球	1929—1930 年第 1—2 期	
河北民国日报副刊·筎	1929 年第 5—22 期	民国日报馆编辑并出版	华北日报·妇女周刊	1929 年第 1—9 期	
妇女共鸣	1929—1939、1941—1944 年 第 1—60 期、新第 1 卷 1 期—第 9 卷第 2 期、第 10 卷第 6 期—第 13 卷 第 1 期、第 13 卷第 6 期	妇女共鸣社编辑并发行	玲珑	1931—1937 年第 1 卷第 1 期—第 7 卷第 12 期	周世勋等编辑；华商三和公司出版部出版
女师大旬刊	1931 年第 1—15 期		南开女中校刊	1932 年第 1 期、妇女专号	南开女子中学出版委员会发行
甜心	1931—1932 年第 1—30 期	胡考编辑；甜心出版社出版	慕贞半月刊	1933、1935—1936 年 第 1 卷第 2 期、6—10 期、第 2 卷 1—9 期	
妇女生活	1932—1933 年第 1 卷第 1 期—第 2 卷第 10 期	胡考编辑；浩荡刊行社出版	妇女青年	1933—1934、1936 年 第 37—114 期、185—188 期	中国妇女青年社编辑，北平晨报社出版
金陵女子文理学院校刊	1933—1937，1946—1948 年第 2—65 期、第 135—153 期	金陵女子文理学院主办并出版	女子画报	1934 年创刊号	女子书店发行
翊教	1934—1935 年第 2 卷第 1 期—第 4 卷第 10 期	翊教女中翊教社主办；北平翊教女子中学出版	女一中月刊	1934 年第 2 期	

（续表）

刊名	现存卷期数	主办单位	刊名	现存卷期数	主办单位
女一中半月刊	1934 年第 5—9 期		家庭杂志	1934 年第 1 卷 1—2 期	陈振权编辑；新时代书局发行
现代女性	1934 年第 1 卷第 1 期	潘鎔编辑；今日学艺社出版	妇女生活	1935—1941 年第 1 卷第 1 期—第 9 卷第 6 期	沈兹九编辑；妇女生活社出版
笃志季刊	1935 年 6 月号	笃志季刊委员会出版	妇女与国货	1935—1936 年创刊号、第 2 卷 1—4 期	
妇女月报	1935—1937 年第 1 卷第 1 期—第 3 卷第 7 期	妇女月报社编辑；上海妇女教育馆发行	新女性	1935—1937 年创刊号—第 6 期	新女性编辑委员会编辑，民立女子中学学生自治会发行
妇女与儿童	1935—1936 年第 19 卷第 8 期—第 20 卷第 2 期、第 20 卷 8—10 期	妇女与儿童社发行	妇女新生活月刊	1936—1937 年第 1—8 期	新生活运动促进总会妇女指导委员会出版
自治学生	1936 年第 17 期		妇女文化（南京）	1936—1937 年第 1 卷 1—2 期	妇女文化月刊社发行
新苗（北平）	1936—1937 年第 1—18 期		慕贞校刊	1937 年第 3 卷第 1 期	
云南妇女	1936 年三周年纪念特刊		主妇之友	1937 年创刊号—第 1 卷第 5 期	黄花，童牧编辑；主妇之友社出版
女星（上海）	1937、1940—1941 年 第 6 卷 1—12 期、第 9 卷第 4 期、第 10 卷第 3 期	薄玉珍编辑	战时妇女	1937—1938 年第 1—11 期	陈艾蕴发行人

（续表）

刊名	现存卷期数	主办单位	刊名	现存卷期数	主办单位
江西妇女	1937、1939—1942 年 第 1 卷第 1 期—第 2 卷第 1 期、第 3 卷 3—4 期、第 4 卷 3 期—第 7 卷第 6 期、第 8 卷 3—4 期	江西省妇女生活改进会编辑并发行	女兵	1937 年 1—3 期	五州书报社发行
妇女呼声（四川）	1937 年创刊号		妇女新运	1938—1939 年第 1—5 期	新运总会妇女指导委员会发行
家庭杂志	1937 年第 2 期	伍联德主编；李祖永发行人	上海妇女	1938—1940 年第 1 卷第 1 期—第 4 卷第 4 期	蒋逸霄编辑；上海妇女社出版
西北妇女	1938—1939 年第 5—9 期、14—15 期	陕西妇女慰劳会编辑出版	妇女呼声（成都）	1938 年复刊第 1—4 期	邓名方发行人
妇女与家庭（天津）	1938 年第 1 卷第 1 期	妇女与家庭社出版	孤岛妇女	1938—1939 年第 1 卷 1—4 期	孤岛妇女社出版
妇女（上海）	1938 年第 1 卷 1—8 期	上海妇女界编辑；妇女半月刊出版	中国妇女（上海）	1939—1940、1945 年第 1 卷第 1 期—第 2 卷 第 12 期、第 3 卷第 1 期	濮大江编辑；中国妇女杂志社发行
新妇女（北京）	1939—1940 年第 1 卷第 5 期、第 2 卷 1—2 期	新妇女社编辑并发行	浙江妇女	1939—1942 年第 1 卷第 2 期—第 6 卷第 3 期	战时儿童保育会浙江分会编辑并发行
妇声	1939—1940 年第 2 卷 2—3 期、第 8 期		妇女文献（上海）	1939 年第 1—2 期	中华大学图书有限公司发行

（续表）

刊名	现存卷期数	主办单位	刊名	现存卷期数	主办单位
广东妇女（曲江）	1939—1944 年第1卷第2期、10—11期、第2卷第1期—第3卷第4期、第3卷第7期、第3卷第9期、第4卷第7—9期、第5卷第7期	新生活图书合作社发行	妇女家庭	1939 年第1卷1—4期	北京进化社出版
家庭与妇女	1939—1941 年第1卷第1期—第5卷第1期、第5卷第3期	龚月雯、恽伯琴编辑；中国图书编译馆出版	妇女新运通讯	1939—1941 年第1卷4—5期、第2卷第1期—第3卷24期	
妇女杂志（北京）	1940—1945 年第1卷第1期、第1卷第3期、第2卷第1期—第6卷第6期	妇女杂志社编辑并发行	战时妇女（西安）	1940—1941 年第5期、第10期	战时妇女月刊社发行
妇女界	1940—1941 年创刊号—第3卷第12期	蔡鲁依编辑；蔡鲁依发行人	妇女世界	1940—1945 年第1卷第8期、第2卷第3期、第5期、7—8期、第3卷第6期、第8期、第4卷2—12期、第5卷1—6期、第49—50期、52—56期	协荣印书馆发行
全家福	1940—1943 年第2卷第1—3期、第3卷第4期、第3卷6—12期、第4卷1—3期、第6期、第5卷第2期	全家福编辑部编辑并发行	广西妇女	1940—1943 年第2期、11期、13—16期、19—23期、26—27期、第3卷第2—4期、第7期	

（续表）

刊名	现存卷期数	主办单位	刊名	现存卷期数	主办单位
上海女青年	1940 年第 1 卷 1—3 期	上海女青年会编辑出版	新妇女月刊（汉口）	1941 年第 3—9 期	武汉青年协会妇女部［发行］
大地女儿	1940—1941 年第 1—2 期、7—14 期	王丹编辑；大地女儿社发行	中国女青年	1941—1944 年第 1 卷第 4 期、第 2 卷 1—2 期、 第 3 卷 4—6 期、 第 4 卷 1—2 期	中国女青年社编辑并发行
慰劳专刊	1941 年专刊		农村妇女	1941 年第 2 卷第 5 期	
时代妇女（上海）	1941 年创刊号	时代妇女月刊社编辑并出版	新女性（上海）	1941 年新年特大号	新女性杂志社
湖南妇女	1941—1942 年第 3 卷第 1 期—第 5 卷第 6 期		妇女月刊	1941—1948 年第 1 卷第 1 期—第 7 卷第 5 期	陆翰芩等编辑；妇女月刊社出版
妇女岗位	1941 年第 5—6 期	桂林市妇女会发行	妇婴卫生	1941、1945—1949 年第 1 卷 1—3 期、第 2 卷第 1 期—第 5 卷第 12 期	杨元吉主编；大德出版社发行
江西妇女·女界文艺	1941—1942 年第 1 卷第 1—6 期、第 8 期	江西省妇女指导处编辑并发行	福建妇女	1942—1945 年第 1 卷第 1 期、第 5 卷第 6 期、第 6 卷 3—4 期	福建省妇女运动委员会编辑并发行
妇女工作（贵阳）	1942 年第 4 卷第 1 期—第 5 卷第 2 期		甘肃妇女	1942—1943 年创刊号—第 2 期	甘肃妇女季刊社发行
新光杂志（北京）	1942、1944 年第 2 卷第 12 期、第 3 卷第 5 期、第 5 卷 1—3 期	新光杂志社发行	妇女合作运动	1943—1944 年创刊号—第 2 卷第 6 期	

（续表）

刊名	现存卷期数	主办单位	刊名	现存卷期数	主办单位
现代妇女（重庆、上海）	1943—1949 年创刊号—第 13 卷第 3 期	曹孟君主编；现代妇女社发行	女青年（南京）	1944 年第 1 卷第 1 期、第 4 期	干运实践会发行
女青年（南京）	1944—1946 年 第 1 卷第 6 期、第 2 卷 第 1 期、4—5 期、第 3 卷 1—2 期、第 4 期、第 4 卷 1—3 期	女青年半月刊社编辑并发行	女青年（南昌）	1945—1946 年第 3 卷第 1 期、第 7 期	江西女青年月刊社主编；三民主义青年团江西支团部出版
职业妇女	1944、1946 年第 1 卷第 1 期、第 2 卷 2—4 期	职业妇女月刊社出版	妇女旬刊（昆明）	1945—1946	杨默霞发行人
新妇女（北平）	1945—1946 年第 1 卷 2—3 期、第 2 卷第 1 期	新妇女月刊社编辑并发行	上海妇女	1945 年第 1 卷 1—2 期	濮大江编辑
时代妇女（北平）	1945 年第 1 卷第 2 期、4—5 期、第 9 期		新女性（广州）	1945 年第 1 卷 1—2 期	新女性月刊社出版
前进妇女	1945 年创刊号—第 3 期	前进妇女月刊社编辑；程习明发行人	女群	1945 年第 1—4 期	宋立生出版人
上海女青年	1945 年第 1 卷第 3 期	濮大江编辑；该刊社发行	妇女与家庭（上海）	1946—1947 年第 1—4 期、第 5 期	妇女与家庭杂志社发行
今日妇女	1946 年创刊号—第 4 期	俞昭明编辑；今日妇女月刊社发行	时代妇女（广州）	1946—1948 年第 1 期、3—4 期、6—7 期	广东省新运妇女工作委员会文化事业组编审室编辑；广东省新运妇女工作委员会发行

（续表）

刊名	现存卷期数	主办单位	刊名	现存卷期数	主办单位
妇声半月刊	1946—1947年第1卷1—12期	葛育华主编；妇声半月刊社发行	家	1946—1949年创刊号—第47期	黄嘉音主编；家杂志社发行
妇女文化（重庆）	1946—1948年第1卷第1期—第3卷第1期	李曼瑰，陆庆等编辑；妇女文化月刊社发行	少女	1946年第1期、1947年1—2期、1949年第2卷第1期	陈蝶衣，诸葛夫人等编辑；第一编辑公司，华华书报社出版
四川妇女	1946年第2—4期	四川妇女社编辑并发行	妇女生活（广州）	1947年第1期	妇女生活社发行
伉俪月刊	1946—1948年创刊号—第3卷第4期	吴好好编辑	女公民	1947年第2期	
新妇女（南京）	1947—1948年创刊号—第21期	李雪荔主编；中国妇女建国学会出版	新民主妇女月刊	1949年创刊号—第2期	新民主妇女出版合作社出版
职妇选务旬刊	1947年1期、1948年第12期	国民大会代表立法院立法委员会全国职业团体及妇女团体选举事务所编辑			

二、民国时期女性报刊文献的整理

（一）图书

民国女性报刊整理方面的专题图书共4种。1990年海洋出版社出版田景昆、郑晓燕编的《中国近现代妇女报刊通览》分别从辛亥革命时期妇女报刊综述、五四运动时期妇女报刊综述、建党和大革命时期妇女报刊综述、土地革命时期妇女报刊综述、抗日战争时期妇女报刊综述、解放战争时期妇女报刊综述这 6 个方面对妇女报刊做了整理。2006 年开始线装书局陆续出版了《中国近现代女性期刊汇编》，三辑共 305 册，这套书中的所有期刊均为原样影印，未做任何删改，另将原书缺损的部分也都做了标明，让读者能比较真实地看到当年这些女性期刊的原貌。2008 年线装书局出版王长林、唐莹的《中国近现代女性期刊汇编总目录》，全 5 册，收录了民国时期出版的 110 余种女性期刊每期的目录。2006 年东京大学《妇女杂志》研究会出版村田雄二郎的《〈妇女杂志〉总目录、索引》，为 1915—1931 年间出版的《妇女杂志》期刊编制了索引。

以下 12 种图书的部分章节也涉及女性报刊的整理，分别是：1965 年上海人民出版社出版上海图书馆编的《中国近代期刊篇目汇录》，1979 年北京三联书店出版中共中央马、恩、列、斯著作编译局研究室编的《五四时期期刊介绍》（6 册），1981—1994 年书目文献出版社出版全国图书联合目录编辑组编的《全国中文期刊联合目录（1833—1949）》（增订本）及由北京图书馆、上海图书馆编的补编本，1982—1987 年人民出版社出版丁守和的《辛亥革命时期期刊介绍》（5 册），1988 年中国文史出版社出版王文彬编的《中国报纸的副刊》，1991 年福建人民出版社出版姚福申、史和、叶翠娣编的《中国近代报刊名录》，1992 年书海出版社出版王桧林、朱汉国主编的《中国报刊辞典（1815—1949）》，1995—2000 年北方妇女儿童出版社出版臧健、董乃强主编的《近百年中国妇女论著总目提要》，1999 年岳麓书社出版的《中国近代期刊影印丛刊》，2000 年上海社会科学院出版上海妇女志编纂委员会编的《上海妇女志》，2006 年中华书局出版的《中国近代期刊汇刊》，2011—2012 年首都师范大学出版社出版的《辛亥革命时期期刊汇编》（100 册）。

（二）专题数据库

"海德堡大学晚清和民国时期中国女性杂志资料库"，该资料库收录了德国海德堡大学数字化的民国时期四种中国女性杂志，这四种杂志是《女子世界》《妇女时报》《妇女杂志》《玲珑》。

"《玲珑》杂志（上海，1931—1937）电子版"，该杂志出版于 1931—1937 年间，其目

的是促进女性的精致生活,鼓励崇高的社会娱乐。由哥伦比亚大学数字化,为研究 20
世纪 30 年代的上海女性的生活,反映一个城市的社会和政治变革提供了独特的视角。

三、民国女性报刊文献的研究

(一)基本情况概述

本章研究的民国女性报刊文献,包括民国时期出版的女性报纸、期刊,报纸的
女性副刊,综合性报刊中的女性专栏、专号,以及专门出版物。

1. 研究著作

本文选取"百度""上海图书馆书目检索""国家图书馆文津搜索""CALIS 联合
目录"为主要搜索工具,用"民国报刊""女性报刊""具体刊物名称"做主题词查找
民国女性报刊研究著作,在检索结果中进行筛选,得到图书著作 9 种,具体见表 8-2。

表 8-2　民国女性报刊研究著作一览

书　名	作　者	出版社	出版时间
北京妇女报刊考:1905—1949	姜纬堂、刘宁元	光明日报出版社	1990
漫谈上海近代妇女报刊	曹正文、张国瀛	华东师范大学出版社	1991
1910—1920 年代都会新妇女生活风貌:以《妇女杂志》为分析实例	周叙琪	台湾大学出版中心	1996
女性媒介:历史与传统	宋素红	中国传媒大学出版社	2006
女性的声音:民国时期上海知识女性与大众传媒	李晓红	学林出版社	2008
从《玲珑》杂志看 1930 年代上海现代女性形象的塑造	孔令芝	台北县稻乡出版社	2011
报刊与文化身份:1898—1918 年中国妇女报刊研究	张丽萍	中国书籍出版社	2012
中国妇女报刊史研究	刘人锋	中国社会科学出版社	2012
上海沦陷时期《女声》杂志研究	涂晓华	中国传媒大学出版社	2014

2. 学术论文

本章选取"中国期刊网""国家图书馆文津搜索""CALIS 联合目录"为主要检索工具，同时利用"百度学术""万方""维普""上海图书馆电子资源导航""上海师范大学图书馆学术资源统一检索"进行补充。用"民国报刊""女性报刊"和具体刊物名称做主题词，查找民国女性报刊研究的相关文献，用手工方法，在检索结果中进行筛选，得到 1980—2015 年间论述民国女性报刊方面的文献 375 篇（统计时间为 2016 年 2 月 1 日），其中期刊、报纸及会议论文有 265 篇，博硕士论文 102 篇。

（1）期刊、报纸及会议论文

论文年代分布

经检索和筛选，获得 1980—2015 年民国女性报刊研究相关的期刊、报纸与会议论文共 265 篇。从论文的分布年度来看，从 1980 年到 2003 年的发文量保持在 1—5 篇，2004 年增加到 13 篇，2008 年开始迅速增加到 17 篇，具体见图 8-1。

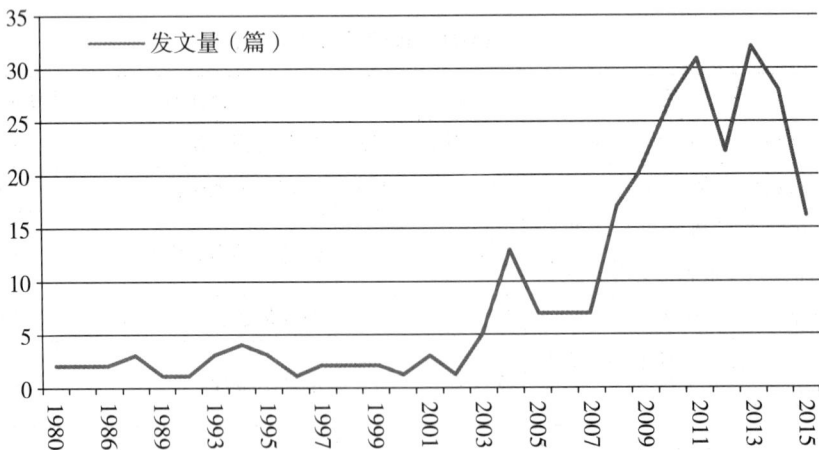

图 8-1　关于民国女性报刊研究的期刊、报纸、会议论文年代分布

论文来源期刊

1980—2015 年间与民国女性报刊研究相关的 265 篇论文分布在 172 种期刊上。刊物类型及发文情况见表 8-3。

表 8-3　关于民国女性报刊研究的论文来源期刊

期刊类型	期刊种数	发文量	占论文总数百分比	平均发文量
高校学报类	68	103	38.86%	1.51
人文社科类	29	33	12.45%	1.14
新闻出版类	19	47	17.73%	2.47
文史	21	29	10.94%	1.38
妇女研究	4	18	6.79%	4.5
其他	31	35	13.20%	1.13

　　数据显示,民国女性报刊的相关研究论文没有明显的发刊倾向性。妇女研究类期刊和新闻出版类期刊的发文量最高;高校学报类期刊和人文社科类期刊由于本身数量较大,所以占到了总发文量的一半多。

　　同时,本章对发文在 4 篇以上的期刊进行统计,具体结果见表 8-4。

表 8-4　发文量 4 篇以上的期刊统计

刊　　名	论　文　数
近代中国妇女史研究	11
新闻世界	9
新闻知识	7
中华女子学院学报	6
妇女研究论丛	5
南开学报（哲学社会科学版）	4
山东女子学院学报	4
山西师大学报（社会科学版）	4
新闻界	4
新闻研究资料	4

（续表）

刊　名	论　文　数
中国出版	4
中华女子学院山东分院学报	4

论文作者

本次统计中最高单人发文量为8篇,据普赖斯定律可得出发文3篇及以上的作者为1980—2015年民国女性报刊文献研究的核心作者。根据统计,民国女性报刊研究领域共有核心作者15名,他们的发文量共有61篇,占总发文量的22.8%,具体结果见表8-5。

表8-5　核心作者统计

作　者	发文量（篇）	作　者	发文量（篇）	作　者	发文量（篇）
刘人锋	8	王楠	4	李净昉	3
侯杰	6	成湘丽	3	刘峰	3
刘莉	6	韩红星	3	刘慧英	3
王秀田	5	姜思铄	3	涂晓华	3
杜若松	4	姜卫玲	3	王晓光	3

（2）硕博士论文

本章采用与学术论文一样的检索途径和筛选方法,最终经过合并去重后,得到相关学位论文102篇（统计时间2016年2月1日）,其中硕士论文96篇,博士论文6篇。

论文年代分布

从论文的分布年度来看,除最早一篇为1984年法国学者的博士论文外,其余论文皆为2003年以后的学位论文,2009年开始增长迅速。2013年达到峰值,年发文22篇,2014开始"女性报刊"题材热度有所降低,但也达到15篇。截至本章统计时间，2015 年只有 1 篇硕士论文。见图 8-2。

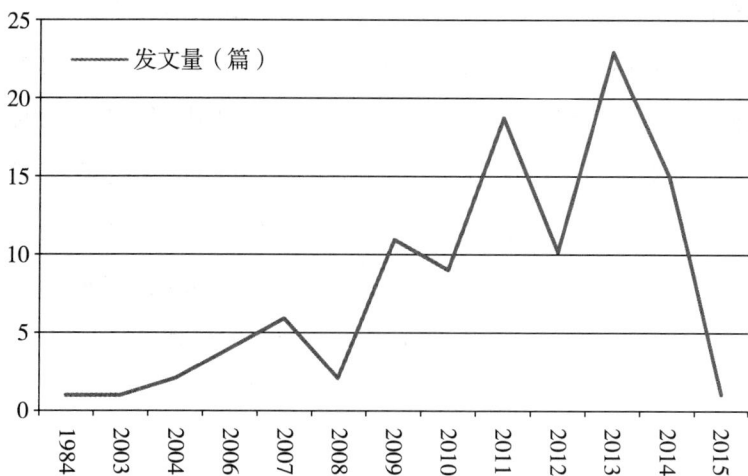

图 8-2　硕博士论文年代分布

论文来源机构

本章对学位论文的来源机构进行了统计，102 篇学位论文来源于 49 所高校，其中师范类高校占 17 所，共有学位论文 36 篇，综合性大学占 26 所，共有学位论文 61 篇，其他类高校占 6 所，共有学位论文 7 篇。

其中有学位论文 4 篇及以上的高校共有 8 所，涉及论文 41 篇，占总论文量的 39.4%。排在前五位的高校分别是：河北大学，7 篇；上海师范大学，6 篇；安徽大学，6 篇；吉林大学，5 篇；黑龙江大学，5 篇。

（二）民国女性报刊文献研究综述

1. 图书专著

经统计，新中国成立以后出版的民国女性报刊研究的图书有 9 种，其中姜纬堂、刘宁元的《北京妇女报刊考：1905—1949》囊括了 1905—1949 年之间出版于北平的 107 种妇女报刊，以创办时间为序，介绍其概况、内容、背景，具有较高的史料价值。宋素红的《女性媒介：历史与传统》对 1897—1949 年间中国近现代妇女报刊和女新闻工作者的发展历程作了梳理和介绍。张丽萍的《报刊与文化身份：1898~1918 中国妇女报刊研究》以 1898—1918 年这 20 年间的妇女报刊的原始资料为研究对象，通过对报刊资料的定性分析，来揭示当时的妇女报刊对新时代女性身份的建构作用。刘人锋的《中国妇女报刊史研究》以中国妇女报刊的发展历史作为整体的研究对象，研究了妇女报刊与女性的生活以及社会发展之间的关系，以及妇女报刊在女性解放、女性观念的变迁过程中所产生的作用和影响。涂晓华的《上海沦陷时期〈女声〉杂志研究》梳理了《女声》的研究现状，通过对《女声》的重要编辑、编辑策略、政治倾向、作者群、重要栏目等的梳理，探讨了上海沦陷时期传媒文化的丰富性、复杂性。

2. 期刊、报纸及会议论文关注点

研究民国女性报刊的期刊、报纸及会议论文共 262 篇，其中从整体上论述民国女性报刊发展史的论文有 8 篇，占到论文总量的 3.1%；对女性报刊作断代考察的论文有 15 篇，占到总量的 5.7%；对女性报刊作地域研究的论文有 7 篇，占到总量的 2.7%；对女性报刊进行个案研究的论文有 38 篇，占到 14.5%；以女性报刊的某一方面为研究主题的论文有 194 篇，占到 74%。

（1）民国女性报刊发展史

从整体上论述民国女性报刊发展史的论文有 8 篇。其中姜永利的《中国近代史上的妇女报刊活动》重点介绍了中国第一位女新闻工作者裘毓芳、第一张妇女报纸《女学报》、第一次妇女办报高潮。周昭宣的《中国近代妇女报刊的兴起及意义》介绍了妇女报刊的兴起及其缘由和意义。宋素红的《简论中国妇女报刊的产生与发展（1898—1949）》以时间为线索，分阶段讨论了新中国成立前妇女报刊发展的历史。姜卫玲在《报界新女性　执笔论时势——我国近代知识女性报刊活动的兴起》中探讨了近代知识女性办报办刊的实践活动。赵晓兰、吴潮的《我国近代妇女报刊的特点与产生原因分析》则是从办刊宗旨、报刊内容、办刊人员构成、行文方式等方面总结了近代妇女报刊的特点，并分析了妇女报刊的产生条件。

（2）民国女性报刊断代考察

对民国女性报刊作断代考察的论文有 15 篇。论述早期妇女报刊的论文有 7 篇，其中胡文华、刘淑波在《略论中国早期妇女报刊》中总结了辛亥革命前后出现的妇女报刊的共同特点和历史地位。刘巨才在《中国近代妇女报刊小史（1898—1918）》对戊戌维新时期的妇女报刊、辛亥革命前夕的妇女报刊和民国元年以后的妇女报刊发展史作了简要介绍，文后附有 1898—1919 年妇女报刊简目。印永清在《清末民初上海妇女报刊》中比较全面地论述了清末民初上海妇女报刊的发展概况，并考证了几种有异议的刊物。和冠欣在《中国早期妇女报刊"繁荣的假象"的系统论思考》中指出，自妇女报刊产生到辛亥革命前后这一时期的妇女报刊看似繁荣，实际影响力有限，受到政府和受众的双重制约。

论述五四以后到抗战前妇女报刊的论文有 4 篇，其中刘宁元的《"五·四"新文化时期北京女性报刊评述》对 1917—1922 年北京地区的女性报刊做了统计，并对这些刊物进行了简要评述。王翠艳的《20 世纪 20 年代北京报纸的妇女副刊》论述了 20 世纪 20 年代北京报纸的妇女副刊的概况。

论述抗战开始到新中国成立前妇女报刊的论文有 4 篇，其中刘巨才、宋学群的《抗日战争、解放战争时期的妇女报刊》分三个阶段对妇女报刊的发展过程作了概述，并在文后附有报刊简目。李仲明的《局部抗战期间北平妇女报刊概览》整理了九一八事变到七七事变期间的北京妇女报刊 49 种，总结出宣传抗日救亡是其共同特征。黄玉萍的《抗战时期的武汉妇女报刊》概述了从 1930—1945 年抗战胜利期间武汉地区主要的妇女报刊。连玲玲的《战争阴影下的妇女文化：孤岛上海的妇女期刊初探》选取了"孤岛"时期上海妇女刊物的几个样本，考察了战争对妇女文化的影响。

（3）民国女性报刊地域研究

对民国女性报刊作地域研究的论文有 7 篇，其中刘莉在《民国时期回族妇女报刊特色评析》中概述了《月华》等 4 种主要的回族妇女报刊的办刊情况，并总结了这些报刊的共同特点。白子阳的《民国时期上海女性报刊发展的艰难历程》从整体考察、办报思想等 9 个不同的角度对民国上海女性报刊进行了梳理和研究。王梅堂在《民国时期新疆创办的妇女专刊》中介绍了《新疆妇女》等 6 种新疆妇女专刊的办刊情况和历史演变。

（4）民国女性报刊个案研究

对民国女性报刊进行个案研究的论文有 38 篇，研究《妇女杂志》和《女子月刊》的最多，研究《妇女声》《眉语》《女声》《神州女报》《现代妇女》的各 2 篇，研究《妇女界》《妇女评论》《妇女日报》《妇女周报》《妇女旬刊》《妇女周刊》《妇人画报》《江声报·前进妇女》《解放画报》《良友》《天地》《女星》《女子世界》《申报·妇女生活》《盛京时报·妇女周刊》《世界日报·蔷薇》《吴江妇女》《香艳杂志》《新华日报·妇女之路》《新疆日报·妇女与家庭》《浙江妇女》《中国妇女》的各有 1 篇。

《妇女杂志》作为民国时期办刊时间最长的商业女性期刊，一直被学者当成研究近代史和妇女史的重要史料。因此在相关论文中，选择《妇女杂志》进行个案研究的最多，其中王秀田在《〈妇女杂志〉研究探述》中介绍了中国、法国、日本等地学者比较有影响的研究成果，并提出目前的研究工作可以从几个方面进一步深化。

研究《女子月刊》的论文以史料介绍居多，鲍祝宣的《〈女子月刊〉的情况》和李强、刘晓焕的《姚名达和〈女子月刊〉的命运》都介绍了《女子月刊》创刊时的一些史料和逸闻，只有王学贤、杨曰建的《〈女子月刊〉研究》对其文章的来源、范围和内容进行了介绍，并有一些评价。

刊行于民初的《眉语》是我国第一份女性文学期刊，沈燕的《20 世纪初女性小说杂志〈眉语〉及其女性小说作者》研究了该刊的女性作者群，郭浩帆的《民初小说期刊〈眉语〉刊行情况考述——以〈申报〉广告为中心》则以《申报》刊登的《眉语》广告为切入点，考证了该刊的刊行情况，包括主旨、出版时间、销售策略和停刊原因。《女声》是上海沦陷时期日伪统辖下出版的唯一的妇女杂志，涂晓华的《上海沦陷时期〈女声〉杂志的历史考察》以历史描述的方式，介绍了该刊的运作方式和宗旨,探讨了沦陷区的话语空间和殖民文化传播的特点。《神州女报》是辛亥革命时期影响较大的妇女报刊,李九伟的《〈神州女报〉的两个版本》从版本学的角度考证了两个同名版本的不同之处和发展历史。

（5）民国女性报刊某一方面专题研究

以女性报刊的某一方面为研究主题的期刊和会议论文一共有194篇。其中,研究女性报刊编辑出版策略的论文有14篇,占到这类选题的7.2%;研究报刊女性文学的论文有8篇,占到4.1%;研究社会转型时期女性形象的论文有35篇,占到18%;研究女性服饰、发型和身体美学的论文有14篇,占到7.2%;研究妇女问题的论文有35篇,占到18%;研究妇女解放运动和思想启蒙的论文有23篇,占到11.9%。

①女性报刊编辑出版策略

研究女性报刊编辑出版策略的论文中,谢天勇、张朋的《从女权斗士、香闺佳人到贤妻良母——民初上海女性期刊读者定位的演变及分析》对民初上海的女性期刊做了分类,分析了不同刊物的读者定位,并指出读者定位发生改变的原因。蔡银春的《章锡琛的编辑出版思想探析——以〈新女性〉为例》以《新女性》杂志为研究对象,考察了著名编辑章锡琛的出版理念、编辑策略和编辑观。于晓雾在《民国初年商办女性杂志的编辑特色——以〈中华妇女界〉〈妇女杂志〉为例》中探讨了以《中华妇女界》《妇女杂志》为代表的商办女性杂志在编辑方面的特色:政治上反对激烈的女权运动,坚持中庸、平和的言论立场;传播内容上以知识启蒙为重,尤其关注"贤妻良母"式的女性教育的探讨和普及;编辑手法上对现代摄影技术颇多关注,以影像的方式为建构新生活、塑造新女性典范。

②报刊女性文学

研究报刊女性文学的论文中比较有特色的有以下几篇:王萌在《论〈妇女杂志〉中的贤母良妻主义及其影响下的文学创作》中提出,在贤妻良母主义教育思想的影响下，几乎每期《妇女杂志》都会刊登一些文学作品，但这些作品在艺术上缺乏特色，只是真实记载了当时颇为流行的男性心态。张莉的《重估现代女作家的出现——以新文学期刊（1917—1925）中的女作者创作为视点》认为，在五四新文化运动后的热风里，女学生们迅速成为新文学杂志的重要作者，同时新文学杂志为女性作者提供了相当广阔的发表作品的空间，在女作家成长的过程中，新文学期刊及其主办者、编辑者的帮助和扶持起了十分重要的作用。李德强在《近代报刊诗话中的女性题壁诗》中探讨了近代报刊诗话中关于女性题壁诗创作的情况，研究了这些女性题壁诗和前代的渊源，出现了哪些新变化，呈现出怎样的时代特征等问题。马勤勤在《"浮出历史地表"之前的女学生小说——以〈直隶第一女子师范学校校友会会报〉（1916—1918）为中心》中对《会报》上登载的9篇小说进行了研究，这些小说是现代教育体制下的女学生在小说创作领域早期的探索与实践，为我们理解新文学女作家的"前史"提供了范本。

③社会转型时期女性形象

研究社会转型时期女性形象的论文有35篇。有些作者从报纸广告的角度去叙述，大多以《申报》广告为研究对象，如王楠的《〈申报〉广告中女性形象的文化解读》，田焱的《三十年代报纸广告中的女性形象分析——以〈申报〉1934年9月的广告为例》等。有些作者从女性图片的角度去叙述，大多以《妇女时报》《北洋画报》《良友》《北京画报》《玲珑》《大众》等刊物为研究对象，如姜思铄的《〈妇女时报〉封面女性形象研究》，吴果中的《民国〈良友〉画报封面与女性身体空间的现代性建构》等。

④女性服饰与美容

研究女性服饰、美容的论文有14篇，如郭晗、方东根的《摩登女性的妥协——从〈玲珑〉杂志看30年代上海女性服饰变革》，刘虹的《从〈北洋画报〉看民国天津女性服饰风尚的传播》，肖燕雄、彭凌燕的《三十年代对女性美的消费——以〈申报〉美容、化妆品广告为中心》等。

⑤不同阶段关注妇女问题

研究民国报刊在不同阶段关注妇女问题的论文有 35 篇,涉及妇女参政、恋爱自由、婚姻自由、女子教育等问题。

有 9 篇论文通过研究报刊媒体对妇女问题的表述,反映了当时社会对妇女问题的认识程度。如唐艳香的《从女子教育、妇女参政到婚姻自由——1904—1919年间〈东方杂志〉对妇女问题的关注》,刘慧英的《从〈新青年〉到〈妇女杂志〉——五四时期男性知识分子所关注的妇女问题》,刘人锋的《〈新妇女〉与"新妇女"——五四运动时期〈新妇女〉关于妇女问题的探析》,刘莉的《晚清民国回族报刊对回族女性问题的话语关注》,王自超的《〈新青年〉前三卷对"妇女问题"的探讨及其观念变化》等。

有 5 篇论文分析了民国初年报刊媒体对女性参政问题的表述,主要涉及女性是否应当参政以及应当如何获得参政权等问题。分别是刘人锋的《民国初期力主妇女参政的妇女刊物——〈神州女报〉》,谢天勇、张朋的《新知识与旧道德之间:民初〈妇女时报〉女性参政话语的媒介表述》,汪澎澜的《1931 年妇女争取国民会议代表选举权运动述论——以〈妇女共鸣〉杂志为中心》,万琼华的《视觉再现与反再现——以民初报人对女子参政运动者的言说为中心》,张朋的《新知识与旧伦理之间:民初〈妇女时报〉对女性参政问题的探讨》等。

民国以来,随着新思想、新观念的传播和新婚姻法律的颁布,传统的以夫权为中心的婚姻制度开始向以男女平权为原则的婚姻制度转变,中国传统婚姻制度受到挑战,并出现了一些新变化。民国报刊适时传播了婚姻自由、夫妻平等、恋爱自由、社交自由、独身主义等婚恋观。共有 13 篇论文以报刊刊载情况为例,探讨了民国女性的婚恋状况。张宁、张松的《20 世纪二三十年代青年学生解除婚约的艰难环境——以〈妇女杂志〉、〈生活〉等期刊的刊载情况为例》,李杰利的《民国初年离婚问题引起的讨论——以 1922 年〈妇女杂志〉"离婚问题专号"为研究》,何楠的《民国〈玲珑〉杂志中的女性独身主义》,张玮、徐娟的《20 世纪 20 年代的天津女性离婚问题研究——以〈大公报·妇女与家庭〉为中心的分析》，邵通、曲晓鹏的《传统与现代的变奏——从〈妇女杂志〉看民国时期的婚姻家庭观》，陈小英的《〈中国妇女〉（1939—1941年）中女性婚恋话语研究》，赵秀丽的《民国时期关于离婚问题的讨论——以1922年〈妇女杂志〉为中心的考察》，陈慧的《民国时期城市女性自由离婚的现实困境——以〈大公报〉为中心的考察》等。

民国时期大众媒体利用舆论的力量逐步推进女子学校教育的合法化、正规化，为女子教育的发展奠定了基础。主流舆论认为，可以让女性接受新式教育，从而让家庭妇女承担对子女进行教育的责任，以此来实现女性的社会价值。有8篇论文探讨这个方面的话题，其中王秀田的《〈妇女杂志〉视阈下的民国女学生》揭示了民初女子教育观、女子学校的课程设置、女学生的装饰服用、女学生的毕业规划等当时的社会现状。何玮在《中国近代家庭观的建构与女子教育——以〈妇女杂志〉征文活动为中心》中，通过对《妇女杂志》及其发起的"我之理想的配偶"征文活动的研究发现，在选择配偶这一现实问题时，青年们十分注重女性的学校教育经历，并在女子教育与近代家庭的组建之间建立起了简单的因果关系，认为女子教育是鉴别"新女性"与"旧女性"的唯一标准，是衡量能否建立美满家庭的重要标尺。杜若松、薛媛的《中国早期女子职业教育与〈妇女杂志〉影响研究》一文认为，《妇女杂志》充分利用传媒优势，开设了众多专栏，为女性提供职业基础教育知识，并且在女性职业教育的理论方面进行了卓有成效而富有争鸣的讨论，实质性地推动了女子职业教育的发展进程。

⑥女性报刊对近代妇女解放运动和思想启蒙产生影响

探讨女性报刊对近代妇女解放运动和思想启蒙产生影响的文献有23篇，其中喻春梅的《五四时期湖南的妇女解放运动——以长沙〈大公报〉为中心》，从新闻媒介的角度，研究了五四时期湖南妇女解放问题的成果，包括就婚姻问题展开专题讨论、在湖南省宪法起草前后关于妇女参政问题展开讨论、在省宪修改时期反对剥夺女权的斗争等。赵叶珠、韩银环的《外国思潮对"五四"前后妇女解放运动的影响——对〈妇女杂志〉（1915—1925 年）的文献计量学分析》，以该刊中的涉外文章为研究对象，运用文献计量学方法对五四运动前后刊载的涉外文章进行深度分析，发现在新文化运动爆发前后，《妇女杂志》中刊载涉外文章的数量、涉及的妇女议题、内容的取材等在不同时期有相当大的变化。五四运动之前的涉外文章以传播先进实用科学知识为主，五四运动初期的涉外文章开始介绍各国妇女解放运动和妇女研究新思潮，五四运动中后期的涉外文章则重在推介妇女解放思想与理论并深入探讨妇女问题。而五四运动后，《妇女杂志》大量刊载外国妇女解放运动的理论和实践，为中国妇女了解国外妇女运动提供了一条重要的途径。齐冉的《以 1920—1930 年〈申报〉为例浅谈民国女性地位提高》，选取了 1920—1930 年的《申报》作为考察对象，分析报纸中刊登的广告展现的新女性形象，以及关于婚姻自由的报道。从这两个方面分析了当时女性形象的变化，体现出妇女地位有所提高。

3. 硕博士论文关注点

研究民国女性报刊的硕博士论文共 102 篇，其中以女性报刊发展史为研究主题的有 3 篇，占到学位论文总量的 2.94%；以女性报刊的个案研究为主题的有 19 篇，占到 18.62%；以女性报刊的某一方面为研究主题的有 80 篇，占到 78.43%，见图 8-3。

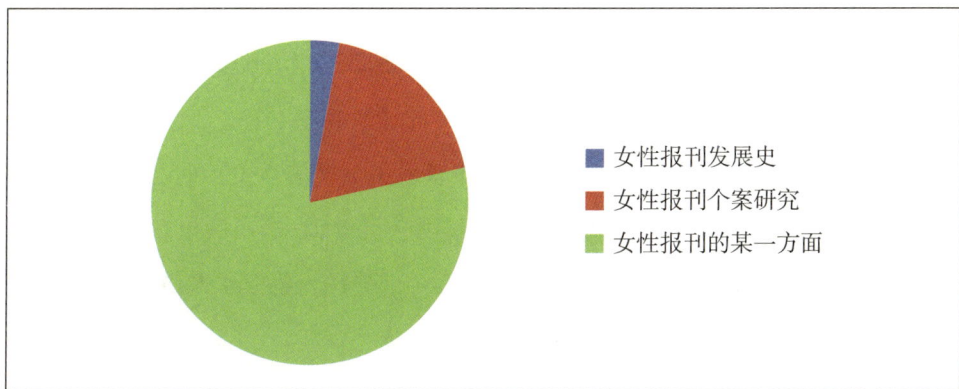

■ 女性报刊发展史
■ 女性报刊个案研究
■ 女性报刊的某一方面

图 8-3　1984—2015 年民国女性报刊文献研究中学位论文的研究类型

（1）妇女报刊发展史

论述妇女报刊发展史的论文有 3 篇,其中,尹晓蓉的《清末民初女性期刊的演化与传播探析》对清末民初(1840—1919)我国女性期刊的发展轨迹进行了梳理,作者认为,这些期刊已经形成了具有中国特色的女性期刊媒介机制和话语体系,为近代女性期刊树立了参照范式。李谢莉的《中国近现代妇女报刊研究(1898—1949)》对 1898—1949 年的妇女报刊进行了整理,把中国近现代妇女报刊活动与女性觉醒和民族解放结合起来,考察了不同时代背景对妇女报刊活动的作用与影响。尹深的《中国近代妇女报刊与妇女解放思想》则分戊戌、辛亥和五四三个时期,从主流妇女解放思想、重要妇女报刊创办和各阶段发展特色及局限性这几个方面对近代妇女报刊进行了研究。

（2）妇女报刊的个案研究

对妇女报刊进行个案研究的论文有 19 篇,选择的报刊个案有《妇女生活》《中国妇女》《妇女专刊》《新光》杂志、《神州女报》《妇女杂志》《妇人画报》《女子白话报》《妇女时报》《妇女之路》《良友》画报等。其中安樱的《从〈妇女生活〉到〈妇女专刊〉——三十年代〈申报〉女性副刊研究》对当时处于革新中的三份《申报》副刊进行了研究,通过对《妇女生活》《妇女园地》和《妇女专刊》的研究展示 20 世纪 30 年代上海妇女生活。赵亮的《华北沦陷时期北平女性期刊研究——以〈新光〉杂志为个案》,用历史描述的方式揭示了在华北沦陷时一份特殊妇女杂志的运作方式,分析了沦陷区文学存在的几种样式及其艺术特色,作者以期刊中的插图和文本为研究视角,展现了当时特殊环境下所标榜的审美趋向与女性形象的塑造。张蕊蕊的《民初〈女子白话报〉研究》,填补了对《女子白话报》的研究空白,作者从社会背景、出版发行、内容、历史影响四个部分深入解读了这份报纸。

（3）女性报刊的某一方面专题研究

以女性报刊的某一方面为研究主题的硕博士论文一共有 80 篇,其中探讨女性生活的有 7 篇,占到这类选题的 8.8%;探讨女性服饰和审美的有 6 篇,占到 7.5%;

探讨妇女解放和女性启蒙的有 13 篇,占到 16.3%;探讨女性婚姻家庭问题的有 6 篇,占到 7.5%;探讨女性教育和职业的有 6 篇,占到 7.5%;探讨女性价值观的有 3 篇,占到 3.8%;探讨女性形象建构的有 17 篇,占到 21.3%;探讨著名女报人、女编辑的有 4 篇,占到 5%。

①女性生活

在探讨女性生活的论文中,葛丽的《二十世纪三十年代上海女性消费的民族主义建构——以〈申报国货周刊〉为例》研究了 20 世纪 30 年代上海女性群体的消费内容。翟曼的《从民国女性杂志看女性的社交公开》以民国时期 20、30 年代的女性杂志为研究资料,以女教师、工厂女工、女招待等几类有代表性的女性群体为研究对象,从工作和生活角度对她们的社交活动进行了考察。付佳琪的《20 世纪三十年代天津女子体育研究——以报刊为中心》从体育团体、体育观念、媒体报道等方面对 20 世纪 30 年代天津女子体育发展的概况进行了研究。

②女性服饰和审美

在探讨女性服饰和审美的论文中,解丹儒的《〈北洋画报〉女性身体审美研究》以北方画报的代表《北洋画报》为研究对象,分析探讨了中西、新旧文化下的女性身体审美意识的觉醒、身体审美在画报中的表现逻辑、画报对女性身体审美的倡导方式,及其身体审美标准的确立等问题。袁秋芸的《从民国时期的〈妇女杂志〉看中国近代婚礼服的变迁》以《妇女杂志》为研究对象,通过对当时礼服制规定下的新人和婚礼参与者的服饰研究,再现了近代婚礼服的造型特征,并将当时城市和乡村的婚礼服形制加以对比。薛宁的《海派女装纹样研究(1927—1937)——以〈良友〉、〈玲珑〉等画报图像为中心的考察》以画报为研究对象,通过以图佐史的形式探讨了当时女装时尚纹样的时代特点:几何条格纹样大行其道,碎花、大花类纹样呈现西化面貌等,为今后的时尚发展提供一定程度的借鉴。

③女性解放和女性启蒙

在探讨女性解放和女性启蒙的论文中,张睿的《〈滨江时报〉副刊对妇女解放思想的传播（1928—1931）》从新闻传播史研究的角度，以1928—1931年间《滨江时报》副刊对女性问题的探讨为主线，从对女性美的认识、女性的社会角色和家庭角色的变化等方面探讨了该报副刊在1928—1931年期间对妇女问题的报道以及对妇女解放思想的传播。胡晶晶的《三十年代〈申报·自由谈〉对女性意识的传播》以1932年12月1日至1935年10月31日的《申报·自由谈》为样本，探索主流媒体如何对女性意识进行传播。作者对20世纪30年代的女性意识内涵做了细化，分别从女性的性别意识、独立意识、婚嫁意识、审美意识、家国意识，以及她们对妇女解放运动的责任感等几个方面对女性意识进行分析，指出20世纪30年代的女性意识是存在的，并且大众媒介的传播让其有了比较成熟的发展。

④女性婚姻家庭问题

在探讨女性婚姻家庭问题的论文中，余丽丽的《〈女铎〉及其家庭育儿教育问题研究》以基督教女报《女铎》为研究对象，介绍了该刊在家庭生活知识、现代育儿知识和儿童性格培养方面对中国女性的教化。徐娟的《20世纪20年代天津女性离婚问题——1927—1930年〈大公报〉副刊"妇女与家庭"离婚问题之分析》通过对1927—1930年间《大公报》专栏"妇女与家庭"有关妇女离婚事件报道和讨论的分析，揭示了社会发生变异的深层动因及其内在机理。赵良坤的《近代中国征婚广告探析——以〈大公报〉为例（1900—1937）》对中国征婚广告发展历程、征婚广告内容解析和社会各界对征婚广告的反映等三个方面进行了讨论。

⑤女性教育和职业

在探讨女性教育和职业的论文中，赖灵午在《中国近代女子教育问题的研究——以〈妇女杂志〉（1915—1931）为视角》中，探讨了《妇女杂志》在不同阶段关注的女子教育发展问题，如女子教育的必要性和重要性、女子高等教育、教育权利平等、男女同学同校、教育平民化、文艺教育、健康教育等。冯慧敏的《民国时期女性职业问题研究——以〈妇女共鸣〉为中心的考察》研究了民国时期世人对女性职业问题的认识倾向。

⑥女性形象建构

在探讨女性形象建构的论文中,孙姣的《〈新女性〉与现代女性形象的建构》以上海的先锋女性刊物《新女性》为研究对象,探讨该刊所创造的新女性形象以及构建这一新女性形象的效果与缺失。王虔的《民国时期女学生群体的媒介形象呈现——以 20 世纪 30、40 年代〈世界日报〉为例》,选取了 20 世纪 30、40 年代这一民国女子教育的成熟时期,也是《世界日报》的鼎盛时期,从社会性别理论的角度,对《世界日报》报道中的"女学生"形象做出分析。杨照蓬的《基督教女报与中国女性形象的建构(1912—1941)——以上海基督教女报为考察中心》介绍了民国时期上海的基督教女报发展概况,并认为基督教女报虽然受制于传教宗旨,但在推动中国女性家庭角色的现代化方面做出了贡献。

⑦女报人、女编辑

在探讨女报人、女编辑的论文中,张朋的《政治、性别与身份认同——民国初年精英女报人与女性报刊(1912—1918)》不仅关注了民初精英女报人的办报活动和女报的宣传内容,还结合近代女权运动发展脉络,探讨了女性报刊的女权论述变化轨迹、女报人办报活动的直接动机、女报背后主持者性别差异导致的立场分歧等问题。颜雯雯的《1927 年—1937 年间的女新闻工作者研究》从时代背景、成长背景、工作状况、从业优势几个方面对 1927—1937 年间的女新闻工作者进行了研究。李晓红的《民国时期上海的知识女性与大众传媒——以女性刊物为中心的研究》以民国时期的报纸杂志为研究对象,从社会文化变迁的角度,探讨了清末至民国时期上海的知识女性与大众传媒之间的互动关系。

四、归纳总结

民国期间出版的女性报刊数量众多(据研究资料统计约为 498 种,仅目前有书目记录的就有 151 种），对中国妇女运动和妇女生活的影响极大。但是目前对民国女性报刊的整理和研究还远远不够，而且其中蕴藏的丰富史料也未能得到充分利用。目前，民国女性报刊文献整理与研究的薄弱之处，主要表现在以下几个方面：

1. 相对于中国近现代的新闻事业而言，女性报刊只是其中很小的一部分，在历史长河中保存下来的文献少而分散，挖掘、搜集、整理的难度很大。至今还未有女性报刊方面的影印出版物面世，对民国女性专题而言是一种遗憾，需要更多群体力量的推动才能实现。

2. 尚未出现专门的女性主题数据库，以"民国　女性"或者"期刊　女性"作为检索词进行检索容易漏检。

3. 从研究文献的时段上看，主要集中在近现代史上的民国初年、五四新文化运动和抗日初期这三个历史时期。清末民初，妇女报刊的诞生首开女性办报之先河，它作为一种新鲜事物，理所当然成为研究者关注的重点。五四新文化运动作为一场深刻的思想解放运动，各种思潮争鸣，妇女解放运动声势高涨，妇女办报也相当活跃，因此也成为学者研究的一个焦点。抗战初期，妇女报刊呈现现代史上的繁荣局面，大量的文献遗存为研究者提供了丰富的史料。而大革命、国共十年对峙、抗战中后期、解放战争几个时期，由于历史风云巨变，妇女报刊活动几起几落，文献保存零散，因此这些时期的妇女报刊研究十分薄弱。

4. 从研究论文的地域性来看，妇女报刊的创办地呈现出地域不平衡的特点。早期妇女报刊的创办地绝大多数在南方的沿海城市，以上海为主；创办于北方的妇女报刊数量有限，主要集中在北京。因此民国女性报刊文献的地域研究也呈现出不平衡，集中于上海和北京。少数民族地区的妇女报刊因其有特殊之处，因此也得到部分研究者青睐。

5. 从研究文献个案上看，主要集中在社会影响较大的少数妇女报刊和女性报人，如《妇女杂志》《女子月刊》《神州女报》等，以及著名女报人裘毓芳、陈撷芬、沈兹九等，而就各个时期一般性的妇女报刊及女性报人论述较少，或者语焉不详，或者似是而非，甚至出现报刊名称、主办人姓名、出版地点、出版周期多处错误。

6. 从女性报刊的研究方法来看，已有的成果大多是文史资料类的，仅从历史的视角来研究妇女报刊活动的历史，而理论思考的层次和视野有待突破与开拓。比如，20 世纪 90 年代在中国兴起的女性学、社会学、人类学的理论体系，可以使妇女报刊史的研究从性别视角、社会史、人类学的新方法切入，从而使妇女报刊史的研究出现新的气象和新的成果。

后　记

2015年10月，《民国文献整理与研究发展报告（2015）》经过图书馆同仁的共同努力，终于由国家图书馆出版社付梓出版了，收到一本本散发着墨香的书卷，翻阅一排排印刷成铅字的文字，心中的喜悦之情无以言表。虽然经历了一年多来的苦累，但我的心中终究是看到了些许希望。毕竟上师大图书馆在民国文献整理与研究这片领域，经过耕耘、播种，终于收获了第一部成果，尽管它还不是很成熟，还不是很完美，今后还有很长一段路需要大家共同走过，但是，我们的科研团队已经初步形成，随着新鲜血液的不断注入，我们还会继续成长、继续壮大。

当年12月4日，我们在上海师范大学召开了《民国文献整理与研究发展报告（2015）》（以下简称《发展报告》）发布会，上海师范大学副校长刘晓敏，时任上海师范大学社科处处长陈恒，上海书店出版社文史编辑室主任、民国史学者完颜绍元，上海图书馆历史文献中心主任、上海市古籍保护中心副主任黄显功，上海师范大学天华学院图书馆馆长吴志荣，以及本项目团队所有成员出席发布会，《人民日报》《文汇报》《光明日报》《解放日报》等14家媒体到会进行采访。

与会领导和专家对《发展报告》的出版给予了充分肯定，也寄予了更高的希望。刘晓敏认为，《发展报告》是国内第一部对民国文献整理研究的整体发展状况开展全方位讨论和评述的综述性研究报告。它对民国文献在影印出版、学术论文分析、民国档案研究成果综述、民国数据库建设状况述评等方面进行的资料收集和探讨，是之前的研究所忽略的，具有填补研究空白和指导实际工作的意义。他希望图书馆的研究团队继续努力，把握该领域的最新现状和学科前沿，并且通过《发展报告》项目，培养更多的科研力量，产出更多的延伸性成果。完颜绍元指出，《发展报告》是第一本对民国文献保护保存、开发整理进行研究的系统性专著，开启了图书馆服务公众、服务社会、服务学术的新阶段，标志着图书馆已突破传统的文献管理，向文献档案整理与学术研究相结合的深度进展。他认为，《发展报告》对研究整理现状的综述，为民国文献的认识和利用提供了学术支持；关于民俗学等专题的综述，为各专题领域的研究提供了专业性学术参考；有关出版情况的综述，为出版机构，尤其是诸如上海书店这样以民国文献出版为主的出版机构，提供了非常有价值的学术指导。黄显功指出，国内学术领域和文献研究领域一直以来较为重视古籍的研究整理，对近代文献的重视程度不够，《发展报告》的出版，无疑提高了学界和业界对近代文献的认识，对加强民国文献保护有积极的意义。黄显功也给研究团队提出了一些非常中肯的建议。他认为《发展报告》可以参照"社科白皮书"等国内现有年度报告的方式开展持续研究；在内容方面，应加强深入性，扩大关注面，除公开发行的影印出版物外，还应该关注非公开发行的出版物以及选编、汇编、大型丛书中的民国文献以及外文文献等的出版成果，并应加强评论，开展计量研究。吴志荣表示，作为一个在图书馆工作和从事图书馆学研究几十年的图书馆专业人员，他能够深刻体会到这部书出版的不易以及其深刻意义。综述或汇编在图书馆专业内也叫"浓缩情报"，它是一项非常辛苦难做的工作，功夫很深，为之不易。完成这一工作，需要有对事业发展、学术发展有追求的图书馆领导、图书馆学术带头人、图书馆学术团队的共同努力，缺一不可，上师大图书馆做到了。《发展报告》对民国文献的影印出版、目录编制、研究情况等的综述，虽然不可能面面俱到，但已是尽力之作，它所包含的大量信息，对我们的决策机构、出版机构、研究者都是有益的。

今天,《发展报告(2016)》也即将付梓出版,本年度《发展报告》在体例上基本延续了上一年度的布局谋篇,专题设置上比以往更加全面,涉及民国文献数字化开发、民国档案、民国报刊小说、民国心理学文献、民国图书馆学文献、民国旅游文献、民国词学文献等,在专题资源的收集和研究写作方面都争取更为全面和更加深入。本年度《发展报告》在社科处的大力支持下,从组建科研团队、策划专题、撰写报告,后经数次修改完善,最终定稿,历时近一年时间。在这里,我谨代表上师大科研团队的所有成员,对学校的大力支持,以及关心项目进展,对本报告提供无私帮助的社科处马英娟处长、公磊副处长,人文学院陈恒院长、苏智良教授,上海图书馆周德明常务副馆长,天华学院图书馆吴志荣馆长,杉达学院图书馆陈少川馆长,《图书馆杂志》王宗义主编表示感谢。同时,我再代表个人,对上师大"民国文献整理"科研团队人员的辛勤付出,一并表示感谢。

因我们水平和经验有限,本报告难免会存在许多瑕疵,敬请学者批评指正。

本报告得到"校应用文科振兴计划项目"的资助,主要由上海师范大学图书馆近代文献中心编撰。专题撰写及编审工作具体分工如下：

上篇　民国文献整理与研究年度报告（2015 年）

第一章　民国文献整理出版综述　段晓林

第二章　民国文献学术研究综述　朱　叶

第三章　民国档案研究综述　蔡迎春

第四章　民国报刊研究综述　李玉宝

第五章　民国教材研究综述　张雅琴

下篇　民国文献整理与研究专题报告

第一章　民国文献的数字化开发　段晓林

第二章　民国档案文献整理与研究　蔡迎春

第三章　民国报刊小说整理与研究　李玉宝

第四章　民国心理学文献整理与研究　雷顺利

第五章　民国图书馆学文献整理与研究　杜慧平

第六章　民国旅游文献整理与研究　张雅琴

第七章　民国词学文献整理与研究　戴建国

第八章　民国女性报刊文献整理与研究　蔡　颖

最终的审稿、统稿工作由刘民钢馆长和我共同完成。

上海师范大学图书馆副馆长　蔡迎春

2016 年 9 月 29 日

上海师范大学图书馆近代文献中心简介

上海师范大学图书馆近代文献中心主要收藏本馆纸质晚清及民国时期（1840—1949）出版的文献,内容涉及哲学、文学、历史、地理、政经、法律、教育、艺术、语言、数、理、化、生物及医学。目前保存的旧平装图书近40000册,其中,民国中小学教材约3000余册,是近代文献中心的特色收藏。民国期刊以原版合订刊为主,约900余种,影印刊150余种,民国报纸39种(含影印版)。近代文献中心成立以来,图书馆在对近代文献的馆藏调查、收集整合、保护修补、原籍补缺等方面投入了大量的人力、财力和物力,工作成效显著。

为了更有效地提升馆藏近代文献的整理、数字化、保护利用和研发能力,特聘请了馆内外五位兼职研究员共同参与研究开发工作,成立了由馆内其他有志参与民国文献研究的馆员共同组成的研发团队,并得到了学校项目经费的大力支持。与此同时,对馆藏民国文献按中图法进行分类编目,完善了民国文献的馆藏信息,为精准掌握民国文献的馆藏实际情况和日后补缺提供了可靠依据。近代文献中心在自身建设的基础上,积极开展与出版社的合作,对有影响力的民国期刊如《国文月刊》等,进行数字化并影印出版,为保护和利用民国文献拓展了新途径。

上海师范大学图书馆副馆长　庄雷

2016 年 6 月